社会保障の
計量モデル分析

これからの年金・医療・介護

国立社会保障・人口問題研究所 ――［編］

東京大学出版会

QUANTITATIVE MODEL ANALYSIS OF SOCIAL SECURITY
National Institute of Population and Social Security Research, Editor
University of Tokyo Press, 2010
ISBN 978-4-13-051132-2

まえがき

　本書は，私ども国立社会保障・人口問題研究所が約10年に及ぶ社会保障の計量モデルの開発とそれに基づく分析を集大成したもので，わが国最初の画期的な研究成果といえる．以下，その意義について冒頭にいくらか言及しておきたい．

　周知のとおり，社会保障をめぐる環境は少子高齢化のさらなる進展，経済成長の鈍化，非正規就業の増加など，厳しさを増している．日本経済の成長が伸び悩むなかで社会保障制度の持続可能性が問われる一方で，社会保障の機能強化が求められている．このバランスを考えるうえで，短期的な財政収支の動向のみならず，より長期的な視点から安定した制度改革を模索し，改革の方向性を明らかにしていくことが欠かせない．そのためには，経済社会の動きと社会保障制度の動向を整合的に分析するツールが必要である．マクロ計量モデル，OLGモデル，保険数理モデルなどはこうした目的に沿った有効な分析手法であり，長期的な社会保障制度のあり方を研究する際には，こうした各モデルから得られる結果を用いて計量的に議論することが不可欠である．

　本書は次の2部および終章で構成されている．

　すなわち，第I部（第1章-第4章）はこれまでの社会保障モデルを概観し，各モデルの目的・特徴・結果の活用・問題点（実用度や精度など）を整理し，社会保障分野におけるモデル分析の歴史とその今日的役割を考察した．

　第II部（第5章-第12章）にはマクロ計量モデル，OLGモデル，保険数理モデル，マイクロ・シミュレーションモデル，などの多様なモデルを用いた最新の社会保障分析を提示した．

　終章では第II部の分析結果を概観しながら政策的含意とモデル分析の今後の課題を述べ，社会保障の将来展望を行った．社会保障の給付と負担の関係の問題には計量モデル分析に必ずしもなじまない事項も数多くあるが，それにもかかわらず社会保障の規模と機能を考えるうえで計量モデル分析の重要性はいささかも減少するものではない．むしろ21世紀の少子高齢・人口減少社会にお

いてますます大きくなっていくと思われる．

　本書の特徴は，社会保障分野に対して経済学が提供できる数量モデルを網羅的に駆使した分析が行われていることである．序章「社会保障モデルの今日的役割」（大林守）では，社会保障モデルを取り巻く課題を多面的に概観し，理論モデルを数量モデル化する観点から理論モデルの現状を議論したうえで，実用的な数量モデル構築戦略をツール・ボックスアプローチとして整理している．ハード・ソフトウェア両面での計算能力の飛躍的上昇，データやモデルの情報公開の拡大は数量モデル分析を容易にしているが，社会保障政策を議論するには不適切な数量モデルが利用されたり，実用的な数量モデルが学術的業績として認められなくなったり，と多くの課題があることを指摘している．そして，多様な研究者や研究機関による実用的な数量モデルの開発・維持・改良の促進を可能とし，社会保障政策に資する役割を果たしていくためには従来と異なる新たな場が必要であり，数量モデルの自由なソフトウェアとしての公開の連鎖による社会協働型研究環境をモデル・コモンズと呼び，その可能性を論じている．

　1970年代から80年代にかけて，マクロ経済の動向などを記述し，経済政策の有効性を検証するために，政府をはじめ多くの機関・大学などでマクロ計量経済モデルが開発・運用された．その一環として社会保障を組み込んだ計量モデルに関する開発も進み，その成果は本書第Ⅰ部の史的研究に記述されているとおりである．しかし，計量経済モデルは本来的にミクロ経済学的基礎へ立脚すべきで，合理的期待による推計を行うべきという「ルーカス批判」（Lucas critique）など，一連のマクロ計量経済モデルに対する構造上の疑問なども提出され，モデル分析の気運は弱まったかにみえる時期も訪れた．

　一方，1980年代中盤になると，オーエルバッハ・コトリコフ（Auerbach-Kotlikoff）モデルを契機とする世代重複モデルが登場し，財政や社会保障などの動向を分析する有力な手段として徐々に浸透しはじめた．ミクロ経済学的基礎をもつ一般均衡型のモデルに，現実の人口動向を加えて政策的インプリケーションを引き出す方法は，社会保障を分析するための重要な手段として熟成しつつあるようにみえる．その一方で，現実の社会保障財政などを記述するには，やや理論的側面が強いという見方もある．

社会保障を記述するモデルとしてもっとも一般的なのは保険数理モデルであろう．保険数理モデルは，政府が年金・医療などの将来の財政状況を試算するために用いている手法であり，現実の制度を記述するにはもっとも適しているモデルといえるかもしれない．しかしながら，マクロ経済の将来動向に関しては，アドホック的な外部シナリオに依存せざるを得ないという短所も指摘されている．

　マクロ計量モデルは，いわゆる「ルーカス批判」などにより学術研究の俎上にはあがらなくなったものの，実用上の強い要請からマクロ計量モデルに対する需要は依然として高い．また"期待"を取り入れる試みを行うなど，批判に対する改良も進められている．マクロ経済の動向と社会保障を一体化して分析できるマクロ計量モデルの今日的意義はさらに高まりつつある．理論的な視点を重視する世代重複モデルについても，現実の制度をいかに理論的な枠組みのなかに組み込むかという努力が進められ，他のモデルにはない経済と社会保障の一般均衡的な理解を進めるうえで不可欠なツールとなっている．保険数理モデルにおいても，シナリオの現実妥当性を進めるとともに，政府による将来試算をトレース可能な研究も多数試みられるようになってきた．さらに，動的マイクロ・シミュレーションモデルによる将来推計は，より詳細な情報を入手する際の貴重なツールである．

　このように，各モデルはそれぞれ長所・短所を備えている．各モデルが相互に協力し合うことで短所を補い，また互いの研究成果を検討し合うことで，より信頼性の高い成果が得られることが期待できる．モデル相互間のこのような協調は社会保障分野に限らず，モデル分析の今後を考えるうえでも重要な試みであるといえる．今後の経済社会動向をふまえると，社会保障に求められている機能を十分に果たすためには，社会保障の各分野に対する資源配分の集中と選択が不可欠である．各種モデルの成果を総合的に勘案して得られる結果は，こうした政策を進めていくために欠かせない国民の広範な合意形成を得るうえで必要不可欠な情報である．さまざまなシナリオに沿って進められるシミュレーション結果から得られる情報は，政策決定においてもきわめて貴重なものであると考えられる．

　以上のように，社会保障を総合的に分析するために開発されてきた各種モデ

ルとその成果をまとめた本書は，わが国最初のもので，今後の当該研究の貴重な土台となるものである．すでにみたように本書の特徴は，社会保障分野に対して経済学が提供できる数量モデルを網羅的に駆使した分析が行われていることである．もちろん本書には未解決な部分も残されているものの，その先駆性からみて今後における社会保障政策研究分野にとって重要な画期的業績として評価されるにちがいない．

本書の編集は，大林　守（専修大学商学部教授），加藤久和（明治大学政経学部教授）のお2人と，当研究所の府川哲夫（社会保障基礎理論研究部）があたった．ここに記して深く感謝申し上げたい．また，快くご執筆を引き受けていただいた執筆者各位にも，この場をお借りして厚くお礼申し上げたい．

なお，各章のシミュレーションでは先般の政権交代後における社会保障改革案についてはふれていない．本書ではそれとは独立に，当該課題の検討に値する選択肢を適宜設定してシミュレーションを行っているので，この点は誤解のないようお願いしたい．いずれにしても，新政権の改革案の検証は今後の課題となってくることをご理解いただきたい．また，本書は国立社会保障・人口問題研究所の研究プロジェクトの成果に基づいているとはいえ，各章における見解はあくまでも執筆者個人の見解であり，必ずしも私どもの研究所の公式の共通見解ではないことも念のため申し添えておく．本書が今後の社会保障分野における計量分析の進展に少しでも役立つことができれば幸いである．

2010年1月

国立社会保障・人口問題研究所
所長　京極髙宣

[各章要約]

　第1章「社会保障分野におけるマクロ計量モデル」(山本克也・佐藤格・藤川清史)では社会保障マクロ計量モデルの歴史的変遷について，旧経済企画庁(内閣府経済社会総合研究所)と旧社会保障研究所(国立社会保障・人口問題研究所)の2つの流れを中心に追っている．わが国において作動する社会保障マクロ計量モデルを開発したのは1980年頃の関西経済研究センターが最初である．しかし，これとほぼ同時期の1981年に旧社保研でも岸(旧社保研研究員)が開発に成功し，これには旧経企庁の市川と林が協力した．市川と林は『財政の計量経済学』という研究を1973年に出版しているが，これはその後の社会保障モデルの理論的な支柱となる．旧経企庁では八代・小塩ほかが1997年に初めて社会保障マクロ計量モデルの開発を行った．現行の国立社会保障・人口問題研究所のモデル(最新版の成果は本書第6章)は，稲田ほかモデルと藤川モデルがルーツである．この稲田ほかモデルは岸モデルがルーツであり，また，藤川モデルは仁科モデルがルーツとなる．この岸モデルと仁科モデルには，市川・林の研究が重要な役割を担った．旧経企庁や内閣府経済社会総合研究所のモデルに目を移せば，長谷川・堀・鈴木モデルは加藤モデル，加藤・稲田モデル，稲田ほかモデルの影響も受けているし，増淵ほかモデルは稲田ほかモデルと八代・小塩ほかモデルの影響を受けている．また，八代・小塩ほかモデルも稲田ほかモデルの影響を受けている．こうしてみると，市川・林の『財政の計量経済学』は理論的な支柱であるが，モデルを作成し作動させているという点においては稲田ほかモデルが事実上，現行のすべての社会保障マクロ計量モデルの元祖といっても過言ではないものと思われる．なお，旧経企庁では社会保障マクロ計量モデルはメインのモデルではなく，報告も *Discussion Paper* などの媒体で行うのに対して，旧社保研ではメインのモデルとして開発するという意図があった．これは，現在の世界のモデルの趨勢が社会保障を財政から分化して取り出すことには積極的ではないことと関係するのかもしれない．

　第2章「OLGモデルによる社会保障の分析」(佐藤格)では，世代重複(OLG)モデルによるシミュレーション分析の歴史を概観しつつ，モデルを紹介している．サミュエルソンにより構築されたOLGモデルは，オーエルバッハとコトリコフが計算可能な大規模モデルを開発したことにより，社会保障制

度に関する分析に有効な手法として多く用いられるようになった．モデルの拡張は生存確率の導入や世代内の異質性の導入，海外部門の導入など，さまざまな方向へと広がった．これらの拡張はいずれも，社会保障制度，特に公的年金制度を分析するうえでは重要な要素である．さらに今後の拡張の可能性を示すとともに，OLG モデルによるシミュレーション分析の例を，モデルを利用して説明している．

第3章「年金制度の歴史的展開と保険数理モデルの変遷」（山本克也）では，公的年金制度を取り巻く環境の変化をみながら，アクチュアリー以外の保険数理モデルの変遷を追っている．1980 年代以前と以後で議論は分かれ，1980 年代以前の議論は賦課方式が多く支持され，かつ，スライド制の導入問題が主要な論点であった．そのなか，高齢化対策として積立方式の堅持を唱え，それを保険数理的に示したのが安藤であった．1980 年代以後では，世代間の公平性の議論が多くなった．高山や野口は，資本蓄積の機会に恵まれなかった者に対する一定の所得移転に理解は示したが，保険数理的に無理のある給付と負担の関係の継続を危惧した．その後，八田と小口が，積立金は国債を発行して一度に積み，2000-2150 年までの 150 年間で償還するということを主要なポイントとする研究を出し，世代間の公平性問題は大きくクローズアップされた．しかし，これ以降，経済理論的には正しいが実現可能性の乏しい年金制度改革案がしばしば世に出された．このようななか，2009 年 3 月 23 日に厚生労働省年金局が財政検証用プログラムとバックデータを公開した．財政検証モデルのプログラムと財政検証の仮定（人口の仮定，労働力率・就業率の仮定，経済的仮定）は独立した存在で，財政検証の仮定に批判はあるが，仮定を変えての分析は十分に可能である．今回の公開は，基本的な情報を共有できるという点で保険数理モデルのさらなる精緻化に対して強力なツールとなる．

社会保障に関するモデル分析は大学や民間機関のみならず，政府の研究機関においても行われている．内閣府経済社会総合研究所（ESRI）によるモデルはその代表例である．第4章「ESRI の社会保障モデルによる社会保障の分析」（増淵勝彦）では，その開発経緯とモデルの概要・試算結果を整理したものである．内閣府経済社会総合研究所のモデル（以下，ESRI モデル）は，その前身である経済企画庁時代のモデルをベースに，公的年金・医療・介護など

の主要な社会保障制度を明示的に組み込んだマクロ経済モデルである．この ESRI モデルは，経済財政諮問会議における経済・財政の中期展望作業の参考として用いられる目的をもっていた．政策的議論をリードすべく開発されたモデル概要を整理しておくことは，今後のモデル開発においても重要な参考資料となろう．

低成長に移行した日本経済においては，負担の分配が大きな課題となっている．第 5 章「短期マクロ計量モデルによる分析」（佐倉環・藤川清史）では，できるだけ社会が受容しやすい形で負担の分配の変更を実施することを目標に，負担の分配の変更が短期的に及ぼす影響について分析している．特に，非正規労働者の社会保険への加入の影響と，消費税率の上昇による物価上昇の影響について分析を行った．シミュレーションの結果，円高や世界貿易の縮小により，0.5-1.3％程度 GDP が低下することが明らかになった．また，短時間労働者への厚生年金適用は GDP の増加を抑制するものの，その効果は比較的軽微であり，マクロ経済に与える影響は限定的であることが明らかになった．

第 6 章「長期マクロ計量モデルによる分析」（佐藤格・加藤久和）では，最近の改革をふまえたうえで，さらなる改革の可能性と人口変動への対応方法について検討を行った．今後の選択肢として基礎年金の税方式化，後期高齢者医療制度の見直し（新たな高齢者医療制度の検討），マクロ経済スライドの延長，介護給付の効率化・重点化と被保険者の拡大などを取り上げた．分析の結果明らかになったことを以下にまとめる．基礎年金給付の全額消費税化は，財源確保の問題や逆進性の是正の問題はあるものの，貯蓄率を上昇させるとともに財政収支も好転させ，GDP を大きく引き上げる効果があった．人口変動への対応としては，マクロ経済スライドの延長よりも介護給付の効率化・重点化のほうが大きな効果をもつことがわかった．マクロ経済スライドの延長に関しては，現行のスライド調整率では不十分であり，より現実的に収支改善を考えるのであれば，スライド調整率を引き上げるだけでなく，スライド調整の期間も延長することを検討する必要があることが明らかになった．

第 7 章「児童手当の財源選択と経済厚生」（上村敏之・神野真敏）では，子どもに対する選好に差のある家計が共存する世代重複モデルを使い，児童手当を拡充する際の財源選択の問題を分析している．分析の結果，児童手当の拡充

は子どもを産んでいる家計がさらに子ども数を増やすだけでなく，これまで子どもを産まなかった家計も子どもを産むようになる可能性が示唆された．児童手当の財源としては消費税・所得税・一括税を想定し，それぞれの影響を分析した．シミュレーションの結果，児童手当の拡充などの財源は，公的年金に伴う世代間再分配を弱めるようなもの，すなわち年金課税や消費税が望ましいという結論が得られた．

第8章「長寿高齢化と年金財政」(中田大悟・蓮見亮)では，注目度は低いが年金財政に大きな影響を与える要因のひとつである長寿化について分析を行っている．年金数理モデルにパラメータとして与えられる経済前提の検討には世代重複モデルを利用している．ここから算出される賃金率と利子率を，一般均衡論的見地から可能な限り整合性が保たれた年金財政推計の経済前提算出のためのツールとして用いていることに特徴があり，これによりこれまで注目されてこなかったリスクを評価できるというメリットがある．このモデルのもと，長寿化と給付開始年齢の引き上げのインパクトを計算している．シミュレーションの結果，経済前提だけを世代重複モデルから得られたものに変えただけでも制度の持続可能性に深刻な影響がでるという結果が得られた．家計のライフサイクル行動を反映すると，長寿化は貯蓄の増加をもたらすが，貯蓄の増加は利子率，すなわち運用収益を低下させる．これに対しては，マクロ経済スライドと支給開始年齢の引き上げにより対応しなければならないことが明らかになった．また，年金財政の持続可能性を考える際には，運用利回りの長期変動を考慮し，特に人口シナリオごとに異なる見込み利回りを設定する必要があることが明らかになった．

第9章「厚生年金保険のシミュレーション分析」(山本克也・金山峻・大塚昇・杉田知格)では，2009年2月25日に厚生労働省が公開した財政検証用プログラムなどを用いて年金財政の持続性を考察する．その際，厚労省とは異なり最悪の状況を考慮する保険数理的保守主義の考え方に基づき，公的年金，特に厚生年金の改革案を提示し，年金財政シミュレーションを行う．これまでのこの種の研究は，年金局の推計値に似せたモデルを作成しそれを試算の道具に使ってきた．今回，年金局の数値に基づいて推計がなされるので，給付設計などの変更といったパラメトリックな改革案を示す本章のような試算には都合が

よい．試算には，1) 年金支給開始年齢の 67 歳や 70 歳への引き上げ，2) アメリカの OASDI 的な給付算定方式（所得の上昇につれて給付乗率を低下させる方式）の導入，3) カナダの OAS のように事後的なクローバック方式の導入，を考えた．年金財政の持続性を考えれば，支給開始年齢を引き上げたほうがよく，結果も 70 歳支給開始がもっともよかった．67 歳支給の場合でみると，アメリカ方式やクローバック方式といった給付削減策を伴うことが必要となっていく．いずれにしても，最悪の条件のなかで現行制度を続けていくならば，年金支給開始年齢を 70 歳まで引き上げることが必要であるが，一層の給付の適正化（中・高所得者の年金給付減額）の措置が可能であれば 67 歳支給でも可能というものである．

第 10 章「構造的 VAR モデルによる外来医療費の分析」（熊谷成将）では，外来医療費の需要ショック，すなわち実効自己負担率の引き上げと，供給ショック，すなわち薬剤一部負担の導入と同制度の廃止の時系列的な効果を「構造的」VAR モデルを用いて分析している．この結果，診療報酬の引き下げに直面した医療機関は医業収益を確保するために薬剤供給を増加させ，供給側が需要ショックを吸収する傾向が強まってきていると考えられる．したがって，患者自己負担率を 30% に引き上げて薬剤一部負担の制度を廃止した 2003 年 4 月から 2 年以内に，外来医療サービス（特に，薬剤の供給量）の変化をチェックする必要があったことが示唆された．

第 11 章「2030 年の高齢者像と年金制度改革」（稲垣誠一）では，高齢者の子との同居状況や所得分布などにかかわる結果を考察することで，公的年金制度の有する高齢期の所得保障機能について評価を行った．特に，単身高齢者女性について，同居家族や年金額の分布について考察を行ったうえで，範囲を高齢者全体に広げ，2030 年における家族や世帯の姿，年金額の分布や等価所得の分布といった高齢者像を定量的に示し，問題点を明らかにしている．また，公的年金制度改革案について，高齢者の所得分布への影響を分析するとともに，年金を受給する高齢者の立場からこれらの改革案を評価している．公的年金給付の分配をみると，高齢者の貧困層の増加が避けられないことが明らかになった．さらに，65 歳以上の高齢者全員を対象とした税方式への移行は，低年金・低所得者対策として必ずしも実用的ではないことも明らかになった．

第12章「INAHSIM による世帯推計および医療・介護費推計」（府川哲夫）では，INAHSIM 2009 推計を用いて世帯推計を行うとともに，医療・介護費の推計を行った．INAHSIM 2004 をもとに，65 歳以上人口に身体状態の情報を付加し，高齢者の移動先に施設を追加している点に特徴がある．この推計結果を応用して将来の医療費・介護費を推計することで，以下のことが明らかになった．第1に，主に介護費の上昇圧力により，将来の医療費＋介護費は 2040 年まで上昇する．第2に，高齢者の増加および介護サービスの充実により，65 歳以上の医療費＋介護費は，2050 年には GDP の 9% 程度に増加する．

保健・医療・福祉サービスを総合的・効率的に提供していくシステムを考えるうえで，マイクロ・シミュレーションモデルから得られる個人・世帯に関する情報およびシミュレーション分析による政策影響評価は，今後ますます重要になると考えられる．

終章「計量モデル分析から展望する今後の社会保障」は3つの節で構成されている．第1節「モデル分析研究の今後」（加藤久和）では社会保障制度に関するモデル分析の目的，異なるモデル間での連携の可能性，モデル分析の今後の可能性，について考察した．社会保障制度に関するモデル分析の目的は，社会保障財政を中心としたシナリオ予測やモデルを用いた経済分析である．社会保障制度に関するモデル分析で使用されるモデルには，経済・財政事情を取り込む目的をもつ伝統的なマクロ計量経済モデル，ミクロ経済学的基礎をもつ一般均衡型の OLG モデル，保険数理面に特徴をもつ保険数理モデル，マイクロ・シミュレーションモデルなどがある．モデル間の連携を図ることで多様なモデルの特徴をより有効活用することができる．その際，前提条件の整合性の吟味やモデルに組み込む社会保障制度の調整などが課題となる．異なるモデルを用いて政策効果のシミュレーションを複数実施した場合，モデルの違いが結果の違いを生むことは十分あり得る．モデル分析の結果はあくまでもひとつのシナリオであり，現実にはモデルではとらえきれない不確実性のもとで将来予測等が困難なケースも多い．この点は今後その重要性を高めると考えられ，モデル研究者に残された大きな課題のひとつであろう．

第2節「公的年金の将来展望」（井堀利宏）は私見に基づくオリジナルな公的年金の抜本的改革案について考察した．2004 年の年金改正は，中長期的に

ある程度の給付抑制とある程度の負担増加を併用して，公的年金制度の財政的な持続可能性を高めようとした．しかし，現行制度の根幹を維持したままでの改革にとどまっており，世代間の不公平，若い世代の不安・不信感の解消には至っていない．若年世代や将来世代の負担は限界を超えるのではないか，社会保障負担の増大に日本経済は耐えられるのか，単身世帯の増加や家族制度・労働市場の変容に公的年金は整合性を維持できるのか，こうした観点から公的年金を抜本的に改革する必要がある．再分配政策を有効に，かつ，望ましい方向で実施するには，対象を特定する，期間を特定する，経済的制約を考慮する，という3原則が重要である．これら3つの原則に基づいて公的年金の抜本的な改革案を検討した結果，賦課方式のみに依存する制度からできるだけ早く脱却して，個人勘定の積立方式を整備するとともに，公的年金に内在する過大な給付を縮小する必要があるという結論に達した．少子高齢社会では，自助努力を阻害しない社会保障のあり方を考えることが重要である．

　第3節「社会保障政策への示唆」（府川哲夫）は第Ⅱ部の分析結果をもとに将来の社会保障の規模を概観し，社会保障政策への示唆を考察した．社会保障の規模を考える際には，経済成長に対する悪影響を極力減らすことが求められる．具体的には労働インセンティブを阻害しない年金制度，経済を活性化させる税制，国民に安心感を与える医療・介護サービス，などが求められる．負担拡大が不可避であるなら，経済成長（効率性）をできるだけ損なわないような負担の仕組みを構築していくことが重要になる．日本は世界一の長寿国であるため，高齢化とともに給付が増加する制度の給付設計では他国に先駆けて各種の工夫をする必要性がもっとも高い．社会保障の給付水準や範囲を引き下げ・縮小して，積立方式あるいは民間保険によって代替するアプローチをとる際は，公的制度の財政的持続可能性とその制度の本来の機能を果たすこととのバランスを十分考慮することが重要である．将来の医療費プラス介護費は年金給付費にほぼ匹敵し，中長期的には給付に見合った負担は避けることができない．少子高齢社会に見合った社会保障の機能強化および新たな社会連帯の形態が求められている．社会保障の規模・機能・財源は一体としてとらえ，世代間・分野間のバランスを図ることが重要であるとしている．

目　次

まえがき───────────────────────京極髙宣　i
序　章　社会保障モデルの今日的役割──────────大林　守　1
   1　はじめに　1
   2　不安の解消という最終政策目標　2
   3　社会保障政策の範囲と混合原理　4
   4　マクロ経済理論の混乱　5
   5　社会保障政策とミクロ理論　9
   6　社会保障政策と数量モデル分析　10
   7　実用モデルの方法論　13
   8　社会保障モデルのツールボックスアプローチ　15
   9　社会保障モデルの維持，後継者育成とモデル・コモンズ　17
   10　まとめにかえて　21

第Ⅰ部　社会保障分野における計量モデル分析の歴史と今日的役割

第1章　社会保障分野におけるマクロ計量モデル──社人研モデルの系譜
　　　　────────────山本克也・佐藤格・藤川清史　31
   1　はじめに　31
   2　マクロ計量モデルの黎明期　32
   3　日本の公的機関の社会保障マクロ計量モデル　34
   4　社人研モデルの系譜　43
   5　おわりに　47

第2章　OLGモデルによる社会保障の分析──────佐藤　格　51
   1　はじめに　51
   2　OLGモデルの歴史　52
   3　おわりに　69
   補論　OLGモデルによるシミュレーション　70

第3章 年金制度の歴史的展開と保険数理モデルの変遷―――山本克也 85
  1 はじめに 85
  2 保険数理の基本とアクチュアリーのモデル 86
  3 年金をめぐる議論と保険数理モデル 89
  4 年金改革論の登場 96
  5 おわりに 102

第4章 ESRIの社会保障モデルによる社会保障の分析―――増淵勝彦 109
  1 はじめに 109
  2 社会保障モデルの概要 110
  3 社会保障モデルによるわが国経済のベースライン推計 117
  4 1999年年金制度改正の効果分析 119
  5 年金財政の財源選択に関するシミュレーション 120
  6 まとめと最近の活用状況 124

第Ⅱ部 社会保障の計量モデル分析

第5章 短期マクロ計量モデルによる分析―――佐倉環・藤川清史 129
  1 はじめに 129
  2 2009年度の財政検証と足元の経済状況 131
  3 モデルの構成 137
  4 シミュレーション 141
  5 まとめと今後の課題 146
  付論1 長期モデルと短期モデル 146
  付論2 厚生年金の適用拡大 151

第6章 長期マクロ計量モデルによる分析―――佐藤格・加藤久和 157
  1 はじめに 157
  2 最近の社会保障財政をめぐる動き 158
  3 モデルの概要 159
  4 シミュレーション 165
  5 考察 176

目　次

第7章　児童手当の財源選択と経済厚生　　　　上村敏之・神野真敏　179

1　はじめに　179
2　児童手当の効果（短期と長期）　182
3　子どもの限界効用　184
4　シミュレーション分析　186
5　まとめ　192
補論　本章のモデル　193

第8章　長寿高齢化と年金財政──OLGモデルと年金数理モデルを用いた分析
　　　　　　　　　　　　　　　　　　　　　　中田大悟・蓮見亮　201

1　長寿化と年金制度　201
2　長寿化に対応した年金制度改正案とその効果──年金数理モデルによる分析　208
3　長寿化がマクロ経済と年金財政に与える影響──ライフサイクルモデルの観点　213
4　人口構造の変動期における年金財政推計のあり方について　222
補論　世代重複モデルについて　223

第9章　厚生年金保険のシミュレーション分析
　　　　　　　　　　　　　山本克也・金山峻・大塚昇・杉田知格　233

1　はじめに　233
2　財政検証の簡単な説明　234
3　シミュレーションの設定　238
4　個々人に及ぼされる影響　244
5　年金財政シミュレーションの結果　246
6　おわりに　248

第10章　構造的VARモデルによる外来医療費の分析　　　熊谷成将　255

1　はじめに　256
2　医療機関の行動モデルと薬剤の供給　258
3　価格弾力性，受診率と薬剤の供給　260
4　モデルの推定　263
5　予測誤差の分散分解とショックに対する反応　266

6　おわりに　269
　　補論　構造的VAR（SVAR）　271

第11章　2030年の高齢者像と年金制度改革
　　　　──マイクロ・シミュレーションモデルによる分析──稲垣誠一　279
　　1　はじめに　279
　　2　研究の方法　282
　　3　シミュレーション結果と考察　286
　　4　2030年の高齢者像からみた公的年金制度改革案の評価　292
　　5　マイクロ・シミュレーションモデルの課題と展望　299

第12章　INAHSIMによる世帯推計および医療・介護費推計
　　　　　　　　　　　　　　　　　　　　　　　　　　府川哲夫　303
　　1　はじめに　303
　　2　INAHSIM 2009 推計　304
　　3　医療・介護費推計　313
　　4　考察と今後の課題　316

終章　計量モデル分析から展望する今後の社会保障
　　　　──加藤久和（第1節）・井堀利宏（第2節）・府川哲夫（第3節）　321
　　1　モデル分析研究の今後　321
　　2　公的年金の将来展望　329
　　3　社会保障政策への示唆　340

索引　355
執筆者一覧　358

序章 社会保障モデルの今日的役割

大林　守

1　はじめに

　国立社会保障・人口問題研究所では，1998-2000（平成10-12）年度社会保障の社会経済に対する効果分析モデル開発事業，2001-2003（平成13-15）年度社会保障改革分析モデル事業，2004-2006（平成16-18）年度社会保障総合モデル事業，そして2007（平成19）年度より社会保障モデルの評価・実用化事業を行ってきた．年金分析用マクロ計量モデルの開発から開始し，世代重複（OLG）モデル，保険数理モデル，多変量時系列（VAR）モデル，マイクロ・シミュレーションモデルと多様な社会保障問題に対応したモデル構築とシミュレーション分析を行い社会保障政策に資する役割を果たしてきた．

　本章では，これらの分析で利用したモデルを総称して数量モデルと呼ぶことにする．数量モデルの役割は，社会保障政策の創案，構想，設計，施行，評価，そして維持を定量化することである．数量モデルを利用することにより，政策選択に関する意見の相違を，採用した経済理論における行動仮説，経済変数間の因果関係，因果関係の強さ，そして政策効果を数値に翻訳することが可能となり，客観的な判断が可能となる．したがって，数量モデルの有用性は高い．

　以下，第2節では社会保障政策が不安の解消という最終政策目標に失敗してきたことを確認し，数量モデル分析が今後とも必要であることをみる．第3節では数量モデルの守備範囲を規定するために社会保障政策の範囲と原理を概観する．第4節では経済理論の数量モデル化という観点からマクロ経済理論の混乱状況を，第5節では社会保障のミクロ理論を評価する．第6節では実践的な数量モデル構築戦略を考えるために数量モデル分析の一般型を説明し，第7節

では実用的な数量モデルの方法論を議論，そして第 8 節では社会保障モデルのツールボックスアプローチを紹介し，本書第 II 部のモデル群と対応させている．ハード・ソフトウェア両面での計算能力の飛躍的上昇，数量モデルおよびデータの情報公開の拡大は数量モデルの開発を容易にしている．ところが，一部の実用的な数量モデルが学術的業績として認められなくなる風潮のために数量モデル開発の後継者が育たず，社会的に必要な数量モデルの開発，維持そして改良が十分に行われないなどの複数の好ましくない傾向が生じている．このため，第 9 節では多様な研究者や研究機関による適切な数量モデルの開発・維持・改良を可能とし，社会保障政策に資する役割を果たしていくために，モデル・コモンズという数量モデルの自由な公開の連鎖による社会協働型研究環境という新しい場の整備を梃子にしたインセンティブ問題の解決を提案している．

2　不安の解消という最終政策目標

　実用的な数量モデルにおける変数の分類を考えると，政策決定者にとって究極の政策目標である最終目標変数と，政策当局が実際に操作できる政策手段変数が対応していることが理想的である．しかし，実際には最終目標変数は観察可能であるとは限らないし，観察可能であっても政策手段変数により直接操作不能であることのほうが多い．

　そもそも，社会保障とは，英語の Social Security の翻訳であり，保障を意味する security は，ラテン語の語源では，se は「解放」を，curus は「不安」を意味しているとのことである．つまり，不安からの解放，危険や脅威のない平静な状態を意味している言葉であるから，不安からの解放が最終目標変数であると解釈できる．

　内閣府「国民生活に関する世論調査」(2008 年度) を手がかりに国民の不安の実態をみてみる．日頃の生活のなかで，悩みや不安を感じているか聞いたところ，「悩みや不安を感じている」と答えた者の割合が 70.8％，「感じていない」と答えた者の割合が 28.6％，と不安を感じている国民がそうでない国民を大きく凌駕している．悩みや不安を感じていると答えた回答者たちにその理由を聞くと，老後の生活設計についてが 57.7％，自分の健康についてが 49.0

％，今後の収入や資産の見通しについてが42.4％，家族の健康についてが41.4％という順となっている．今後，政府はどのようなことに力を入れるべきだと思うかを聞いたところ，「医療，年金等の社会保障構造改革」を挙げた者の割合が72.8％ともっとも高く，次が「高齢社会対策」（57.2％）であった．本来は不安を払拭すべき社会保障の現状が不安を助長するという本末転倒の現象が起こっている．

　国民生活に関する世論調査を時系列的に利用すると，現在の生活そして今後の生活の見通しに対する国民意識を時系列でみることができ，現在の生活と今後の生活に関するディフュージョン・インデックス（DI）を生活DIとして定義することができる[1]．現在生活DIは1年前と比べた生活感を聞いた質問を利用したもので，現在の限界的な生活満足状態をみることができ，「向上している」から「低下している」の回答率を減じたものである．そして，将来生活DIは，生活はこれから先どうなっていくと思うかという質問を利用したもので，将来の限界的な生活満足期待をみることができ，「良くなっていく」から「悪くなっていく」の回答率を減じたものである．生活満足度と不安が逆相関とみれば，生活DIの改善も最終目標変数と解釈することも可能であり，興味深い観測事実をみることができる[2]．

　図1の生活DIを時系列でみると，基本的に将来生活DIが現在生活DIより上にあることから相対的に先行きには楽観的であることがわかる．しかし，第1次オイルショック直後に両DIの水準は低下し，その後において現在生活DIはマイナス領域で推移している．そして，将来生活DIはプラス領域にあったものの，地下鉄サリン事件のあった1995年を境に，マイナス領域へ移行している．そして，2007年においては将来生活DIが現在生活DIより悪化している．つまり，現在よりも将来の生活が良くなると多くの国民が考えていたが，オイルショック以後では現在は良くないが将来は良くなるだろうと多くの国民が考えた．しかし，現在も良くないし将来も良くなると思えないという考えが大半を占めるようになってしまった．そのうえ，直近では現在より将来のほうが良くなるとは思えない将来不安の拡大が顕著となっている．そして，国民が政府に望むことは社会保障構造改善であるから，社会保障構造改革を中間目標として，個々の政策を操作することが不安の除去につながることになる．

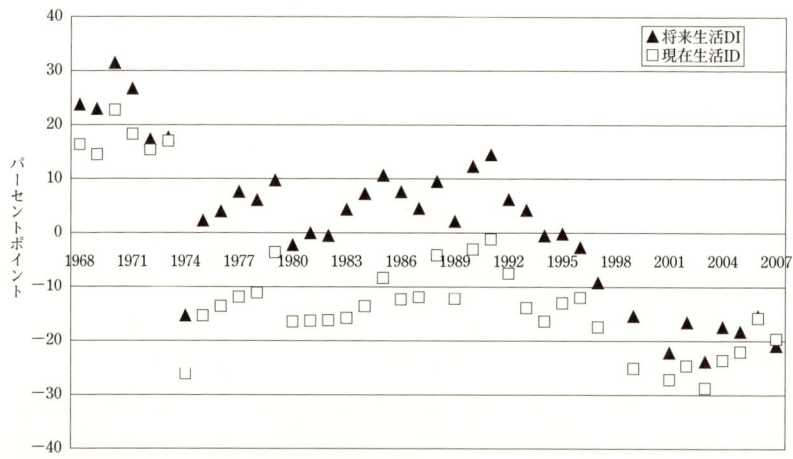

注：現在生活 DI＝向上している－低下している．
　　将来生活 DI＝良くなっていく－悪くなってく．
出所：各年の内閣府「国民生活に関する世論調査」より筆者作成．

図1　生活 DI

3　社会保障政策の範囲と混合原理

　社会保障とは，社会保険，社会福祉，公的扶助，保健医療，公衆衛生からなり，憲法第 25 条による国民の生存権を保障する規定である[3]．経済分析の観点からみると，社会保障とは，社会保険および公的扶助による国民個人に対する経済的保障が主たるものとなる．

　このように考えた社会保障の範囲は表1となる．社会保障は形態として，社会保険，生活保護，そして社会福祉に分かれる．社会保険は自助そして共助の性格をもち，医療保険，介護保険，年金，雇用保険，労災保険からなる．生活保護は公助の性格をもち，ミーンズテスト（資力調査）を経て提供される．社会福祉も公助の性格をもち，児童福祉，障害者福祉，児童扶養手当，特別児童扶養手当からなる．主に現金給付によるものは，年金，雇用保険，労災保険，児童手当，児童扶養手当，特別児童扶養手当である．そして，主に現物給付によるものは，医療保険，介護保険，児童福祉，障害者福祉である．

　社会保険は保険原理により提供されており，基本的には強制加入であり，保険数理による所得再分配，対価性・等価性，応益負担，貢献給付，さらに社会

表1 社会保障の範囲

社会保障形態	制度	現金給付	現物給付	基本原理	基本原則
社会保険	医療保険	△	○	社会保険原理	保険数理による所得再分配
	介護保険		○		対価性・等価性
	年金	○			応益負担原則
	雇用保険	○			貢献給付原則
	労災保険	○	○		公的負担原則
生活保護	生活保護	○	△	扶助原理	一方的所得移転
社会福祉	児童福祉		○		非対価性・非等価性
	障害者福祉		○		応能負担原則
	児童手当	○			必需給付原則
	児童扶養手当	○			
	特別児童扶養手当	○			

※基本原理欄の社会保険原理と扶助原理をまたぐ形で「混合原理」と記載されている。

出所：筆者作成.

保険であることから公的負担原則が存在している．扶助原理は，一方的所得移転，非対価性・非等価性，応能負担，必需給付を原則としている．実際にはこれらの原則が折衷的に運用されていることから，混合原理により運用されていると考えたほうがよい．

4　マクロ経済理論の混乱

　社会保障制度の維持のためには，負担と受益のバランスが必要である．現行制度を前提にした政府による財政検証が行われるが，それを外部からチェックすることが必要である[4]．さらに，現行制度の手直しをはかるパラメトリックな改革や社会保障制度の根本的な見直しをはかるパラダイマティックな改革を分析する枠組みとして，マクロ計量経済モデルによる分析が不可欠となる．

　厚生労働省の財政検証のための年金数理モデルに必要なさまざまな前提条件は，被保険者数推計を行うための出生率や死亡率による制度別の年齢別と年度別の被保険者数推計，基礎数として制度別の被保険者と受給権者の人数および標準報酬累計と年金額などの推計，基礎率として制度別被保険者および受給権者の脱退力や老齢失権率など年金の財政計算に必要な計算基礎率が必要である．それらに加えて，経済前提として物価上昇率，賃金上昇率，そして運用利回りを入力する必要がある．そのためには，単なる想定値ではなく，整合性のとれ

た予測値が必要となり，マクロ計量モデルの提供する情報が有用となる．

しかし，マクロ経済理論もマクロ計量モデルも，いわゆる主流モデルが失われてしまった現状がある．だからといって，マクロ経済予測の必要性はなくならないわけで，コンセンサスがない状況でも必要な数値を提供せざるをえないのが問題である．

伝統的なマクロ構造計量モデルは，Klein-Goldberger モデルの成功により普及したが，当初はケインジアン的な総需要決定モデルであったため，供給サイドや国際金融問題に対して脆弱であった．このため1970年代のオイルショックとそれ以後のスタグフレーション期，そして為替レートの変動制への移行といった現実経済の動きに追いつかずモデルパフォーマンスが低下した．この時期の主流モデルはいわゆる ISLM モデル，Mundell-Flemming モデルそして総需要・総供給モデルであり，マネタリスト対ケインジアンのマクロ政策論争が中心課題であった．しかし，合理的期待仮説（REH）によりマクロ構造計量モデルによる政策評価の不可能性を議論したLucas 批判，そしてマクロ構造計量モデルの識別問題における想定を強すぎるとしたSims 批判により，現在のマクロ経済理論には主流理論が確定できない状況となった．

Lucas 批判は，マクロ経済理論に REH を導入すると，ケインジアン経済学は経済理論に値せず崩壊するから，すべての景気変動専攻の学徒はその知的瓦礫から何を拾い上げることができるか考えるべきであると宣言した[5]．REH に基づく行動が重要となると，たとえば消費関数を考えた場合，将来の増税が期待されるような今期の減税は消費に影響を与えないという将来をみた期待の効果が重要となる．一方，伝統的なマクロ構造計量モデルにはこのような期待更新の効果は入っていないので，今期の減税は過去の動きを前提にして消費を増加させることになる．つまり，経済政策を発表すると，個人あるいは企業の行動が変化する結果，モデルのパラメータが変化することになり，過去のデータのみからパラメータを推計した固定パラメータのモデルでは経済政策の効果を正しく計測することはできない．この性質はREH 計量モデルの推計が政策シミュレーションの困難性を示している．

Lucas 批判と前後して，マクロ構造計量モデルに打撃を与えたのは，Sims (1980) による構造方程式の識別問題に対する批判である．Sims 批判は伝統

的な接近が強すぎる先験的な制約を課していると批判し，誘導型方程式によるVAR接近を推奨した．Simsによれば，経済変数は本来すべて内生変数であり，外生変数は存在しないから内生変数と外生変数の区別は恣意的であると主張した．そのため，識別問題を解くことは不可能であり，可能にするためにはありえないほど強い制約をおくことが必要だと主張した[6]．

マクロ経済理論の分裂を，Blanchard（2008）は，ニュー・クラシカル派，ニュー・ケインジアン派，そしてニュー成長派という3つの大きな流れとして整理している．

モデルは動学的モデルとなるので，経済成長論の復習をしておこう．Solowモデルは記述的であり，定常状態では，貯蓄性向の上昇，生産性上昇，資本の減耗率低下，そして人口成長率の低下は経済成長率を上昇させる．経済全体では消費か投資，言い方を変えると現在の消費か将来の消費かという動学的トレードオフを分析可能にしている．最適成長論のRamseyモデルとOLGモデルでは，Solowモデルの貯蓄性向一定というアドホックな仮定をはずし，家計の最適問題の解として貯蓄行動を定式している．Ramseyモデルでは，家計は永遠に生存すると想定され，人口成長率は意味がない．年金分析に多用されるOLGモデルでは，Ramseyモデルの永遠に生存する家計の想定から，もっとも単純なモデルでは2期生きる家計が繰り返し生まれてくる経済を想定する．3つの成長モデルの経済学的帰結は，個別のモデルの違いを前提にしても，Solowモデルの性格と非常に似ている．

ニュー・クラシカル派は，REH革命をさらに推し進め，経済変動を生産性ショックのような実物的なものによってすべて説明するRamseyモデルを応用したリアルビジネスサイクル（RBC）モデルを提唱した．このモデルでは，ケインジアンの瓦礫のなかから拾い上げるものは何もないとし，名目硬直性，不完全情報，貨幣需給，フィリップス曲線などが顧みられることはなく，いわゆるアロー・デブリュー経済における代表的エージェントの分析が行われる．つまり，不死の代表的個人の効用最大化，代表的企業の利潤最大化，そして一般均衡が達成される世界の分析である．つまり，経済は基本的に利己的な個人が構成しており（方法論的個人主義），完全競争市場で企業は利潤最大化を行い，経済は完全な相互依存性により特徴づけられる均衡の連続であり（一般均

衡），実物経済の意思決定は実質値により決定され貨幣錯覚はなく，個人は所与の情報セットのもとで最適行動をとっており，個人の期待は真の経済モデルの期待と一致する（REH）という経済観をモデル化している．当然のことながら，このタイプのモデルは現実経済追跡性を欠いていた．一方で，ニュー・成長派は，景気変動への興味から目を経済成長の根源的要因へ向けた．つまり，Ramseyモデルから離れ，知識や研究開発といった公共財的な外部性に成長の源泉を求める方向へと進み，興味深いことに，RBCモデルがRamseyモデルを精緻化する方向とはまったく異なる方向へと進展した．ニュー・ケインジアン派は，名目硬直性，不完全情報，マネー，フィリップス曲線の分析を深めようとしたが，多くの分析は部分均衡分析が多い．こういった動きは，三者がまったく別の方向性をもっているようにみえる．しかし，一部では収束の方向性も垣間みえる．特にニュー・クラシカル派のRBCモデルを出発点に，ニュー・ケインジアン派によってさまざまな不完全性を包含する動学的一般均衡（DSGE: Dynamic Stochastic General Equilibrium）モデルが発展している．これはRBCモデルの現実追跡性を高めるためにはケインジアンの瓦礫のなかから拾い上げてきたものが役に立ったということである[7]．

　こういったDSGEモデルの実証に積極的なのは各国の中央銀行の調査部門であり，多くのモデルが試作・発表されている．しかし，実際の政策論議にどの程度利用される段階にあるかといえば，アメリカの連邦準備銀行（以下FRB）においては，FRB-EDOモデルというDSGEタイプのモデルの実用化がはじまった段階である．Sims (2002) によれば，FRBにおいては，FRB/USモデルと呼ばれる期待形成をモデル整合的（REHを近似）なものやVARを利用したものに切り替えることができる大型マクロ計量モデルを基本とし，それに対して主観的修正とさまざまな個別モデルを補完的に利用した予測を利用している．いわゆる段階的接近法であり，ほとんどの政策現場なり予測現場では大同小異，似た手法が利用されている．その理由は，経済の現状をベースとしてどのような政策オプションがあるかを提示できるかどうかの2つの必要条件，つまりストーリー・テリング力と予測力において，段階的接近法を凌駕する方法はないのが現実だからである[8]．REH革命から30年以上経った現在でも，中央銀行の政策論議，あるいは2008年のサブプライム危機以降の財政出

動を考えても，古くさい単純なマクロ理論が利用されている現実がある．Krugman（2000）は，経済学者のツールボックスには，これまで使い古されてきたアドホックなモデルが必要であると断言している．マクロ経済学のミクロ的基礎が強調されてきたが，ミクロ的基礎の追求の成果が理論を発展させても，マクロ経済に関する理解の向上につながっていないという批判である[9]．

　結局，現状では，最新のマクロ理論は実用的ではないと結論できる．短期的分析には，IS/LMモデル，適応期待によるフィリップス曲線，そしてMundell-Flemmingタイプのマクロ計量モデル，そして長期的分析にはそういったモデルに新古典派生産関数を導入したSolowタイプのマクロ計量モデルの実用性が未だに存在する[10]．

5　社会保障政策とミクロ理論

　社会保障政策は，社会保険原理を主とし，扶助原理を従とした混合原理で実施されているのが実態であり，混合原理の理論的分析が必要である．しかし，理論的分析は個別の社会保障問題を分析することが多い．社会保障の存在理由のミクロ経済学的基礎は，市場の失敗，外部経済，公共財に求められる．

　社会保障政策の場合は，不確実性や情報の非対称性と絡むのが特徴的である[11]．保険市場を考える場合，情報の非対称が存在すると，市場で取引される保険の量が少なくなったり，市場そのものが成立しなくなったりする可能性がある．完全保険の世界を考える．危険回避的な個人と危険中立的な競争的保険企業を考え，ある確率で病気になる場合を考えると，保険料が病気になる確率と保険金額の積に等しいという保険数理的に公平で，保険により損失が完全にカバーされる保険による完全保険均衡が達成される．ところが，情報の非対称性があり，保険会社が加入者の病気になる確率を個々に識別できないと，平均的な危険度に合致する保険料を設定することになる．平均より危険度が低い個人には割高となるので保険を購入しない．すると，保険を購入するのは危険度の高い人のみとなり保険料は高くなるという悪循環が続くと保険市場が成立しなくなる．これを逆選択という．また，保険加入者のなかに健康に気を配る努力を怠る個人が出てくると危険度が上昇する．これをモラルハザードという．

モラルハザードがあると結局保険料が高くならざるをえなくなる．

社会保険の必要性に対する経済学的理由は，逆選択が存在するからである．生活保護は本来的には扶助原理で行われるものであるが，保険料を税でまかない，生活水準が最低限の文化的生活以下になった場合に保障する制度であると拡大解釈すれば，提供する側からは社会保険とみることも可能である．平均的な個人をカバーする生活保護保険を政府が維持する便益が高いから維持すると考えるわけである．

逆選択やモラルハザードの程度は，医療保険，年金，介護，失業保険そして生活保護のそれぞれで異なる．これまで多くの場合，個別の問題に関する理論的分析の蓄積はあるが，社会保険全体の総合的分析，社会保険原理と扶助原理の混合原理による社会保障政策の姿や，特定のリスクに対して社会保険と民間保険が並存し代替や補完が可能である場合の経済分析の蓄積が必要となる[12]．

また，社会保険料の多くは負担する側からすれば租税と同様であると考えることができるとすれば，公平性や効率性を議論するために税ベースの議論が参考となる．公平性や効率性を考えた税ベースは，総合的な所得か消費のどちらをベースとするかという選択問題となる．しかし，現実の税制は直接税として所得税を徴税し，間接税として一般消費税を徴税している．このため税ベースの原則的な議論より直間比率の議論や社会保障税源としての消費財の議論にすり替わることが多い．このように社会保障のミクロ分析に関しては，まだまだやり残されていることが多く，理論そして数量モデル両面の開発が必要である．

6 社会保障政策と数量モデル分析

議論を先に進めるために，数量モデル一般をみておく必要がある．社会保障政策を議論する場合に，必ず純粋経済理論と実態経済の差に直面する．政策論議に資するためには，一般的かつ数学的なモデルによる定性的な分析を，現実にそくした定量的な分析に変換する必要がある．

数量モデルは社会保障政策がもたらす直接・間接の複雑な効果を明らかにすることができる．政策効果を明らかにするのみならず，数量モデルは反事実（counterfactual）シミュレーション分析を行うことが可能であり，政策変更

の影響度合いを分析することができ，感度分析により行動仮説の役割を理解することができる．したがって，数量モデルを利用することにより，政策選択に関する意見の相違を，特定の行動仮説，経済変数間の因果関係，因果関係の強さ，そして政策効果の数値に翻訳することが可能となる．

実用的な数量モデルでは，最終目標変数と政策手段変数がうまく対応していることは稀である．そのため，最終目標変数ではなく中間目標変数を，参照変数を参考にしながら，政策手段変数で操作することが行われることが多い．そこで中間目標変数と政策手段変数の関係を数量モデルで表現することができる場合を考える．ある経済理論なり会計的関係により，外生変数（x）によって決まる変数を内生変数（y）と呼ぶ．たとえば，消費者の効用最大化問題を考えれば，所得と財の価格が外生変数として与えられれば，最適な需要量である内生変数が決まる．物品税により需要量を政策的に制御したい場合を考え，税率を政策手段変数（z）とすると，予算，価格，税率が与えられると最適需要量が決まる．もっとも単純かつ一般的に数量モデルは，すべての変数をかっこのなかに入れた陰関数（h）として表すことができる．

$$h(x, y, z) = 0 \qquad (1)$$

このモデルを解くことができれば，(1)式は以下のように書くことができ，誘導型方程式と呼ばれる．単一方程式の場合，行動方程式（構造型）と誘導型は同じものとなる．

$$y = f(x, z) \qquad (2)$$

なお，政府の目的関数を定義し，経済構造を前提として，政策手段変数に関して目的関数を最適化することも可能であり，その場合でも最適化問題を解いた解が f となると考えればよい．

ごく単純に考えれば，数量モデルとは，関数 f を数値計算可能な形に特定化することである．特定化の背景は経済理論であったり，保険数理理論であったりする．f が数値計算可能な形に表されていれば，変数である x と z に実際の値 x'，z' を代入するとモデルの解（y^*）を計算できるシステムとなる．この解を基礎解，ベース解，コントロール解と呼ぶ．基礎解が求まれば y^* と現実の値（y'）とを比較することが可能となり，モデルのあてはまりを評価できる．たとえば，線形に特定化ができているとすれば，モデルの係数つまりパラメー

タ (a, b, c) が与えられれば y^* が計算できるシステムとなる[13]．

$$y^* = a + bx' + cz' \tag{3}$$

基本解と現実値のあてはまりがよいことは，政策効果が計量化できていることになるから，モデルの妥当性にとって重要である．基本解が計算できれば，存在するデータでは直接観察できない変数もモデル内の変数と組み合わせた新しい変数を定義することにより間接的に入手できるし，外生変数や政策手段変数による内生変数の要因分割ができる．そして，基本解はシミュレーションや感度分析を行う場合のベンチマークとすることにより，さまざまな比較の基準とすることができる．

そこで問題となるのは，モデルのパラメータ (a, b, c) の値である．モデルのパラメータはデータが十分存在すれば，この関数 f は適切な誤差項を加法的に導入して計量経済学的手法により統計学的に評価してやることにより，行動仮説を係数の有意性やあてはまりの良さで評価することができる．この場合，y^* は予測値あるいは推計値と呼ばれる．計量経済学の立場からは，いかに統計学的に望ましいモデルのパラメータを入手するかが課題となる．通常は2段階最小自乗法など操作変数法が利用されている．

計量経済学の発展をみると，1950-70年代は構造方程式をマクロデータやミクロデータによって推計することが行われた．1980年以降は，それまでの構造方程式体系の識別問題の強い仮定が問題となった．マクロモデルではREH計量モデルが生まれたが，成果がよくないため自然消滅した．マクロデータが単位根をもつことから，VARモデルとその発展型が利用されている．1990年代はミクロデータの利用も盛んになり，プログラム評価分析が盛んになっている[14]．

しかし，実際には統計学的に信頼に足る分析をするために必要なデータがもともとない場合や，存在しても十分なサンプル数を入手することができない場合がある．OLGモデル，DSGEモデル，マイクロ・シミュレーションモデルがその例である．そこで，データが足りない場合は目の子想定あるいはカリブレーションと呼ぶ方法で決める場合もある．目の子とは，そろばんなどを使わないで目で確かめながら計算すること．また，目で見ておおよその見当をつけることである．カリブレーションは「較正」と訳すことができ，計測と結果の

違いにより計測器を調整する作業を意味し，時報を聞いて，時計が狂っていれば，それを調整して正しい時間にする行為にたとえることができる．

　カリブレーションは，平均，分散，自己相関，複数変数間の相関などの記述統計量や，他の実証分析結果の借用によりパラメータを想定した基本解を計算した後に実績値と比較してあてはまりを確かめるものである．カリブレーションの場合は，統計学的に f を評価できないのであてはまりの妥当性は主観的に評価することになる．いずれにしろ，ある特定化に関して基礎解と現実値が大きく異なるとモデルの現実経済追跡性が低いことから，特定化自体を見直し，パラメータの再推定や再カリブレーションを繰り返して満足のいく数量モデルに到達する必要がある．

7　実用モデルの方法論

　経済学は規範経済学と実証経済学という2分法を採用することにより，社会科学の基礎理論としての地位を築いてきた．実証分析は実証科学として何がどうであるかの分析を引き受け，規範経済学は何がどうあるべきかを受けもつわけである．

　大林（2006）でも議論したが，John Maynard Keynes の父である John Neville Keynes が提唱した規範経済学・実証経済学・応用経済学の3分法を考えておくことが有用である．ただし，現在使われている応用経済学とは意味するところが異なるので，以下では実用経済学と呼ぶ．通常，経済学は規範経済学と実証経済学の2分法をとる．しかし，父 Neville は経済学の現実への運用術としての実用経済学に独立した地位を与えるべきであると主張した．

John Neville Keynes の3分法
① 実証経済学 positive economics
　実証科学としてなにがどうであるか（What is）を考える．
② 規範経済学 normative economics
　規制科学としてなにがどうあるべきか（What ought to be）を考える．
③ 実用経済学 applied economics（本来は応用だが本章では実用経済学とする）

要するに，規範経済学も実証経済学もともに純粋理論であるという立場である．純粋理論は抽象的問題に対する抽象的思考であり，何らかの法則性を求めて理論と検証を繰り返す作業といってもよい．したがって，経済学運用術において最適な方法論が純粋理論と同じである必然性はなく，実用経済学の方法論の構築が重要となるのである．

実用経済学における方法論は，実証経済学用に開発された理論をテストするという形式をとるフォーマルでテクニカルな計量経済学的手法が最適とはいえない．より探索的な計量経済学的手法の開発が必要である．つまり演繹的で確証的な手法から，帰納的で探索的な手法が必要となるのである．実用経済学は，理論をテストするのではなく，理論を現実に適用するのである．もちろん，これまでのところそのような方法論が確立されてきたわけではない．しかし，現実に近接する応用分野において，かなり古めかしい理論や道具が使い続けられている状態を部分的には説明できるのではないだろうか．理論や道具の発展と実用レベルの要請とがうまく合致していないことを重視する必要がある．

いわゆるパラダイマティックな改革と呼ばれる望ましい政策の創案と選択という問題に対する実用経済学からの助言は，複数の競合する理論のなかから実現可能性の高い政策を，政治的・社会的影響も含めて選び出すことが重要となる．つまり実用経済学は，よりよい現実的な政策を選択するという社会的目標を達成するための技法の性格をもつわけである．そして，パラメトリックな改革と呼ばれる現在の制度を前提にしたうえで制度の改善を行う場合にも，実用経済学は現実的な代替案を提言する役割をもつ．

このように実用経済学における方法論は，特定化された理論の実証という実証科学的な計量経済学的手法が最適ではない．複数の競合する理論の存在を前提とした探索的な計量経済学的手法のほうが適している場合が多いため，演繹的で確証的な手法から帰納的で探索的な手法の開発が重要となる．また，しばしば古めかしい理論や道具が使い続けられているのは理論の最先端と実用のギャップが大きいことを示している．このような場合，理論の発展を待つという戦略もあり，間違いを犯さない経済学者がもっとも良い経済学者であるという見方もある．しかし，現実問題に対して不完全な理論と道具で立ち向かっていくことが重要である．

8 社会保障モデルのツールボックスアプローチ

社会保障で利用されてきた実用的な数量モデルを分類し，本書第Ⅱ部における章番号とモデル種類を対応させたのが図2のツールボックスアプローチである．大別すると，マクロ計量モデル，数値計算モデル，時系列モデル，ミクロ計量モデルとなる．本書では，ミクロ計量モデルは利用されていないがその他はすべて利用している[15]．マクロ計量モデルには伝統的な構造型モデルとREHモデルがある．マクロ計量モデルは時系列モデルを利用することもある．時系列モデルには，VARモデル，構造VAR（SVAR）モデル，外生変数VAR（VARX）モデル，ベイジアンVAR（BVAR）モデル，DSGEモデルがある．数値計算モデルには，応用一般均衡（CGE）モデル，部分均衡モデル（消費者余剰）モデル，マイクロシミュレーションモデル，OLGモデル，保険数理モデル，産業連関表がある．ミクロ計量モデルには，構造型モデル，費用便益（消費者余剰）モデル，プログラム評価に活用されるパネル計量モデル，質的選択モデルがある．そして，DSGEモデルは数値計算モデルであることもある．数量モデルの実践は，目的に合わせて，上記の分類を組み合わせたものを選択するツールボックスアプローチが現実的な手法となる[16]．

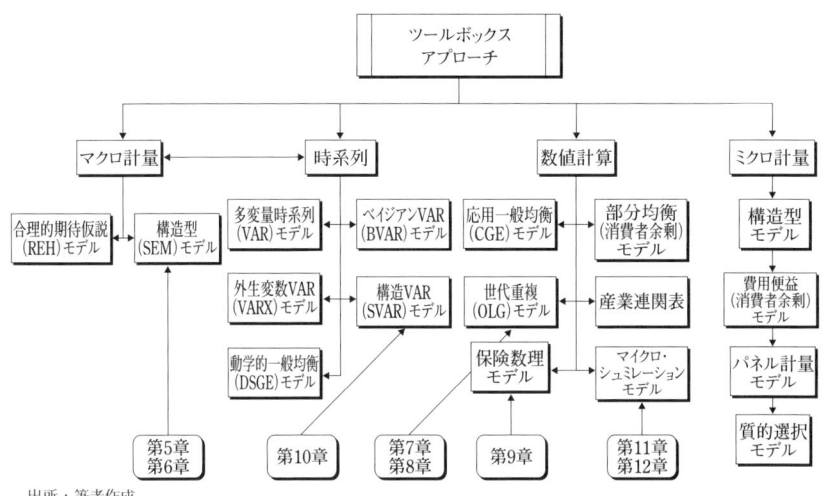

出所：筆者作成．

図2 ツールボックスアプローチ

数量モデルの式数により，大型，中型，小型モデルに分類できる．また，利用するデータにより，時系列データとクロスセクションデータ，パネル（クロスセクション・時系列）データに，データの集計の程度に応じて，マクロデータ，産業データ，ミクロデータ（個票），意識調査データに分類できる[17]．データの利用の仕方により，計量経済学・推測統計学を利用するものと記述統計，外部情報あるいは純粋な想定数値を利用するもの，あるいはそれらの混合に分類できる．モデル構築手法により，計量経済学的推計は，構造モデルの場合は単一方程式法かシステム推計，あるいはVAR推計に分類できる．数量モデルの性格により，政策立案用，政策評価（最適化・費用便益分析）用，予測用，シミュレーション用，そしてそれらのいくつかを兼ねたものに分類できる．

大型モデルには内生変数，外生変数，政策変数が多数含まれ，多様な分析ができる．細部にわたり整合的な数値を計算する必要のある伝統的なマクロ構造モデルは大きくならざるをえないのも事実である．内閣府経済財政モデル（2008年度版）は，推計式104本，内生変数2,342本，外生変数1,521個である[18]．しかし，常に大きいことが望ましいものではない．大型モデルの問題は，モデル構築に時間が必要であり，費用が高く，モデルが複雑で解釈が困難となることである．そして，モデル構造が複雑であると，定式化の誤りや係数のふれで結果が大きく変化する傾向があるため，政策変数の変化によるモデルの不安定化が起こりやすく，その原因解明が困難である．こういったことから，モデルの評価が困難となり，政策意思決定の現場，さらには一般的なモデルの信頼性を手に入れにくい．大型モデルは，一般均衡モデルが多くなるため，すべてがすべてに影響し，政策効果の結果の解釈も困難となることが多い．

小型モデルは，小規模なことからモデル構造の隅々まで目が届き，直接・間接の変数関係が理解可能で理論モデルとの距離が近い，モデル構造にメリハリをつけることにより必要な詳細化と大胆な簡略化を組み合わせ可能，重要な係数や構造方程式を入れ替えるといった試行錯誤により現実性を追求可能で，シミュレーションが行いやすい．小型モデルは集計レベルが非常に高いか部分均衡モデルであることが多い．

通常の場合は数量モデル構築にあたって，必要最小限のコンパクトなモデルが求められる．分析目的を絞り込み，必要最小限な内生変数，外生変数，政策

変数群を選択し，柔軟なモデル形態で分析を実現することが肝要となる．たとえば，マクロモデルを例に考えると，REHモデルとするかどうかが問題である．本来のREHモデルは，新しい情報が入ると個人も企業も最適な行動を変更する．つまり，推計式の係数が変化することになるため，実際のモデルでは強い仮定を置き，事実上は固定パラメータモデルに変換してしまい，モデル構造の点からは非常に非柔軟的なモデルとなる．このため近似的なモデル整合的期待を導入した数量モデルの開発が進められたが活用実績は芳しくなく，足踏み状態であることは否めない．VARモデルは，扱える変数の数が1桁以内のモデルしか実用的でないが，最近は複数のVARモデルを逐次的に接続することにより実用性を高める動きもある．DSGEモデルは，こういった両方の性格をもつが，開発段階であり，まだ実用性は低い．したがって，実用性の観点からは，消去法により，柔軟でデータ説明力の高い分析手法は伝統的なマクロ構造モデルとなる[19]．

9 社会保障モデルの維持，後継者育成とモデル・コモンズ

Leijonhufvud（1973）による「イコン族の生活」という経済学者集団をからかった疑似文化人類学的分析がある．それによると極北に居住する貧しいイコン族（経済学者）とはDS（需要供給）クロスとISLMクロスという2つのトーテムを崇拝する部族であり，数理経済学者を頂点としたカースト身分制をひいている．Modl（モデル）をうまく手作り工芸することが出世のためには必要であり，そのために必死である．計量経済学者はカーストでは最下層をなし，もっとも原始的な肉体労働を引き受けている．しかし，トーテム信仰にあまり毒されていない分，進取の気性があり，技術進歩をうまく受け入れ，工業化に成功しつつある．このため，蔑視と妬みという正反対のものが絡み合った評価を受けている．

この観察は30年以上前の経済学者の世界を描写したものであるが，的を射た観察である．確かに，現在では原始的な肉体労働ではなく最先端のITを利用しているのが計量経済学者であり，他の上位カーストとの混血も進んでいる．一方で，いまだに職人仕事的な面も残っているのも現実である[20]．

社会保障問題を分析するための実用的な数量モデルを構築するためにはモデルビルダーが必要となる．理想的なモデルビルダーが満たすべき要件は多い．まず，社会保障に関する研究興味があること，そして経済学の知識が基礎となることから，ミクロ経済学，マクロ経済学，情報経済学，厚生経済学，経済政策論，経済成長論，財政学，公共経済学，社会保障論，保険数理を修得していることが望ましいし，数量分析であるから，統計学，計量経済学，数値計算手法・シミュレーション手法を修得していることが望ましい．さらに，国民経済計算，財政，社会保障関連のデータの知識が必要である．さらに，現実のデータを使った分析は教科書的方法論には収まりきらない問題解決を強いられることが多いため，明確で確立された方法論に則った分析というより，妥協と折衷の連続である．しかも経験に学ぶことが多いために半端でない作業量をこなす力仕事を要求されることになる．何でも説明できる数量モデルは存在しない．目的に応じてもっとも適切な数量モデルをツールボックスから選び出すことが必要となる．そのためには，ツールボックスのなかにどのような数量モデルがあり，どのような数量モデルがどのような目的に適しているかを事前に知っている必要がある．数量モデルの選択，そして構築，モデルの性能を検証，もしモデルの改善や変更が必要ならば，振り出しに戻る．そして，モデルが満足いくものとなったら，政策シミュレーションを行い，それらを比較検討することにより問題の解を模索することが可能でなければならない．

　このような要求水準を満たすモデルビルダーが存在したとしても，実践的な社会保障問題に挑戦してくるかどうかというインセンティブ問題がある．まず，これだけの準備ができた研究者を輩出する「場」は少ない．教育学に正統的周辺参加理論というものがある．これは状況に埋め込まれた学習が重要であり，ある意味で徒弟制のような後継者の育成が重要であるという理論である．興味深いのは，McBreen（2001）によるとソフトウェア工学の最先端でも，後継者育成という観点において職人的な徒弟制度のほうが，従来の学校や資格制度よりも有効と断定していることである．そして，ソフトウェアにクレジットを入れることによって仕事に対して責任がもてるようになり，製品ではなく作品を作るインセンティブとなるとしている．これは経済学の世界に読み替えると，実用的な数量モデルを構築しているゼミや研究機関に若い研究者を送り込み，

指導者とともに経験を積ませ，論文を発表させ，一人前にしていくことが重要であることを示している．ところが，実用的な数量モデルはアカデミックな業績と直結しにくいから研究者にとって魅力的な分野とはかぎらない，このため実用的なモデルの継続的な開発，維持，そして改良はごく一部の組織や研究者によって支えられているのが実情である．論文投稿に有利なトピックに研究者が群がる結果，基本的な情報を提供できるインフラ的な数量モデルの維持可能性が低くなり，場合によっては，消えていくことも多い．実用モデルを作る研究者が後継者を育成すると同時に，成果が業績になるインセンティブの仕組みが必要なのである．その意味では，本書は貴重な研究成果発表の機会を実現している．しかし，そういったインセンティブの有効な恒常的な場がないかぎり，実用的な数量モデル開発の土壌は育たない．現在のアカデミックな論文誌への投稿を軸とするインセンティブの仕組みでは無理があり，新しい場の形成が必要となってくる．

その候補として考えられるのが，コンピュータの世界の自由なソフトウェア (free software) の考え方であり，数量モデルとデータを自由なソフトウェアとして流通させる考えである．自由なソフトウェアとは，無償のソフトウェアを意味するのではなく，ソフトウェアは特定の国・企業・団体・個人の所有物ではなく，人類の共有財産であり，誰でも開発・供給に参加でき，誰でも自由に使用できるものという理念に基づいてコピーレフトつまりコピー，研究，変更，配付などの扱いに関して，ほとんど，またはまったく，制限がつけられていないソフトウェアと定義されている[21]．ただし，自分の著作権を放棄することを意味するわけではなく，権利のうち帰属，非商用，派生作品の禁止，そして同様に共有という権利を組み合わせて，作品を受け取る人に対して与えるというものである．特に有名なのは商業的なオペレーティングシステムを採用せずにコンピュータの作動を可能にしているリナックス（正式にはGNU/LINUX）と呼ばれるコンピュータのオペレーティングシステムがあり，自由なソフトウェアの協働（マス・コラボレーション）で成功している．こういった協働の成功例には，インターネット上の百科事典のウィキペディアもある．もちろん，学術的な業績も主要な学会ジャーナルの論文はデータや実行プログラムを公開している．しかし，それは第一義的に追試可能性を保証するためで

あり，流通や改良の協働をあまり意図していない．

多くの公的機関は統計をマシンリーダブルなファイル形式で公開している．アメリカ・セントルイスFRBでは，EconDISC® (Economic Data and Information Service Center) というデータ公表サービスを行っており，そのなかのFRED®では2万以上の最新の時系列データを，さらにALFRED®では過去に公表されたデータを収集しマシンリーダブル形式で配布し，かつ利用者が自分のプログラムにそれらのデータベースを組み込むことを可能にしている[22]．また，多くの研究者は個人のホームページをもっており，業績などを公開している．マクロ計量モデルでは，エール大学のFairが先駆的に計量モデルと推計・シミュレーション用のFair-Parkeプログラムを公開し，更新している[23]．筆者も過去にマクロモデルをインターネットで公開した経験がある[24]．また年金に関しては八田・小口 (1999) の大阪大学・専修大学 (OSU) モデルとして公開されていたものが，現在はOSU2モデルとして新バージョンが公開されている[25]．社会保障に関する国民会議も年金，医療・介護費用シミュレーションを表計算ソフトで公開している[26]．社会保障の数量モデルにおいて，特に画期的だったのは，2009年に厚生労働省が，財政検証用のFORTRANとC言語によるプログラムとバックデータを公表したことである[27]．

こういった動きをさらに協働という次元に高める考えを，モデル・コモンズと呼ぶことができよう．数量モデルの多くは，共通のソフトウェアを利用している．したがって，原理的にはモデルを共有して，モデル・コモンズといえる環境を作ることは可能なはずである．ある研究者あるいは機関が（公共財的に）インフラストラクチャーとしての基本モデルと基本データベースを提供し，そのモデルをベースとした更新や改良を行う社会協働の仕組みを構築することが可能な環境条件が整ってきていると考えることができる．

たとえばマクロ計量モデルの例では，以下のような環境が必要となる．

① 国民経済計算，金融関係，国際収支などのデータの変数名はすべて共通のものとし，データ利用者は変数名を変更せず，新しい変数名もあるルールのもとに定義する．データは表計算やCSVフォーマットなどのマシンリーダブルな形式でダウンロード可能とする．

② 上記の公表統計の定義式を，主要な計量ソフトウェアのファイル形式で公

開する．
③ マクロ計量モデルは基本的に自由なソフトウェアとして公開する．
④ マクロ計量モデルを利用する研究者は，元のモデルの功績を尊重し，変更を加えた部分を明示して，成果は自由なソフトウェアとして公開する．

このようなモデル・コモンズという考えが拡大するかどうかは，閾値を超えるまで普及を促進する担い手の存在が必要となることは確かである．しかし，インターネット上では，社会的協働の成功例は多々あり，実現可能性は低くない．既成の学術論文において業績として認められにくいマクロ計量モデルが生き残るためのひとつの方向性であると考える．

10　まとめにかえて

本章では社会保障分析用の数量モデルに関する話題を議論した．単一のモデルで説明可能なほど，社会保障問題は単純ではなく，適切なモデル選択と迅速なモデル構築能力が要求されるため，ツールボックスアプローチの実用性が高い．

数量モデルのなかには，学術的な業績になりにくかったり，研究業績の蓄積には効率が悪かったりするものがあり，数量モデル開発のインセンティブが働く環境が必要となっている．このため，モデル・コモンズによる研究成果の公開の連鎖を通じた研究の場を創造していくことにより，協働の場を作っていくことが突破口となる可能性を指摘した．可能性が現実となるように努力することが，これからの課題である．

注
1)　社会実情データ図録の「生活の向上感の推移」がDIの発想を支援した．http://www2.ttcn.ne.jp/honkawa/2400.html（2009年10月20日アクセス）．
2)　個票データが入手可能であれば，属性を利用してより興味深い分析が可能となる．
3)　第25条　すべて国民は，健康で文化的な最低限度の生活を営む権利を有する．国は，すべての生活部面について，社会福祉，社会保障，及び公衆衛生の向上及び増進に努めなければならない．
4)　年金制度は保険数理モデルにより維持可能性が検討されている．国民年金法第四条の三および厚生年金保険法第二条の四において，「政府は少なくとも5年ごとに，

国民年金・厚生年金の財政に係る収支についてその現況及び財政均衡期間における見通し(「財政の現況及び見通し」)を作成しなければならない」と定められている.財政見通しの作成,マクロ経済スライドの開始・終了年度の見通しの作成を行い,年金財政の健全性を検証する.そして,次の財政検証までに所得代替率が50%を下回ると見込まれる場合には,給付水準調整の終了その他の措置を講ずるとともに,給付および負担のあり方について検討を行い,必要な措置を講ずる義務がある.

5) 合理的期待形成を簡単なモデルでみておく. p をインフレ率, E を期待値オペレータ, z をシフト変数とする. a と b を係数とすると t 期のインフレ率は,今期に期待する来期のインフレ率と今期のシフト変数で決まると考える.

$$p_t = aE_t p_{t+1} + bz_t$$

p_t を1期ずつずらしながら期待変数に代入を繰り返すと今期のインフレ率は,将来の期待シフト変数の関数になる.一時的ショックとは,将来のある期にシフト変数がある値をとるがその他は変化しないものとし,恒常的変化はある期以降は継続するものである.継続的ショックはある期にショックが起きてからさまざまに変化しうるが,代表的なものはある期にショックが起こってから次第に効果が減少していくものである.そうすると,予想されない一時的ショックはそれが起こるまでは影響はないがショック期にインフレ率がジャンプし,また元に戻る.予想されない恒常的ショックは,ショック期にインフレ率はジャンプし,その後減衰する.予想された一時的ショックの場合は,ショックの情報が発表された期に上昇し,ショック期まで継続し,その後元に戻る.予想された恒常的なショックの場合も発表期にジャンプしてそのままショック期まで継続し,ショック期以後は減衰する.

6) 数量モデルを以下のように構造型として定式化する.ここでは, X を政策変数そして Y を内生変数と考え,さらに $e1$ $e2$ を政策ショックと経済ショックと考える.政策ショックと経済ショックは平均ゼロで分散一定であると考える通常の場合,政策変数は外生変数であるが,ここでは政策ルール関数と解釈し,内生変数扱いとする.

$$X_t = a_0 + a_1 X_{t-1} + a_2 Y_t + a_3 Y_{t-1} + e_{1t}$$
$$Y_t = b_0 + b_1 X_t + b_2 X_{t-1} + b_3 Y_{t-1} + e_{2t}$$

この誘導型方程式は以下となる.

$$X_t = r_0 + r_1 X_{t-1} + r_2 Y_{t-1} + u_{1t}$$
$$Y_t = s_0 + s_1 X_{t-1} + s_2 Y_{t-1} + u_{2t}$$

Sims は,数量モデルを誘導型方程式からスタートすれば識別問題を回避できるとし,攪乱ショックが X や Y に与える影響を分析することにより政策分析を行うことを提唱した.しかし,誘導型方程式の誤差項がお互いに独立であると仮定することも強い仮定であり,通常はお互いに相関している.ということは,誘導型方程式の誤差項は政策ショックのみならずさまざまなショックが合成されたものであり,単純な VAR モデルから政策ショックを識別することはできない.結局,VAR モデルにおいても,識別問題が論じられる必要があるわけである.

この誘導型には, r と s に関して6個のパラメータ,政策ショックと経済ショッ

クの分散 2 個と共分散 1 個と,全部で 9 個のパラメータを推計する必要がある.一方,構造型方程式のほうは a と b の 8 個のパラメータと 2 個の分散と共分散で 10 個のパラメータがある.したがって,このモデルは識別不能である.外部情報によって,構造型方程式にひとつの制約を加えると識別の必要条件が満たされる.通常,2 つの制約を考えることが行われ,短期制約は $a_2=0$ として政策当局は 1 期遅れの情報で政策ルールを運用すると考え,長期制約は政策ショックの内生変数に対する長期的累積効果がゼロとすることにより,e_1 が識別可能となるから政策ショックを識別できることになる.

7) このモデルは最終的にはケインジアンの ISLM モデルのような簡素で操作性の高いモデルとなり,ミクロ的基礎と REH のもと,IS 曲線,金融政策ルール,そしてフィリップス曲線の 3 本の連立方程式に集約することができる.しかし,投資がないモデルであり,消費者の実質金利による現在財と将来財の選択が需要を決めるモデルであり,インフレーションは将来期待のみで決まることになる.加藤 (2007) によれば,もっとも現代的な DSGE モデルの標準的な方法論は,①データの観測=VAR の推計,②DSGE モデルの構築,③DSGE モデルのカリブレーション=ディープパラメータの設置,④DSGE モデルを解く=誘導型モデルへの変換,⑤VAR と誘導型 DSGE モデルとの比較とされている.Blanchard (2008) は,こういった最近のマクロ計量モデル分析の形式化を俳句のようだと皮肉っている.まず,はじめに動学的最適化行動による一般均衡モデルを構築し,次にひねりを入れて不完全性を導入し一般均衡を解き,そしてモデルのカリブレーションを行い,シミュレーション結果を出して厚生評価でまとめるという様式化を指している.

8) Altig (2005) は,FRB の政策決定現場においては,ストーリー・テリング力,つまりシナリオが提供できるかどうかが重要であると指摘している.政策現場において,データに裏づけられた分析であることは重要であるが,同時に代替的な政策手段が,なぜどのように経済に影響を与えるのかを説得的に説明できなければならないからである.その場合には誘導型係数は役に立たない.また,しばしば,理論的整合性とモデルの予測成績が一致しないし,理論的整合性の高いモデルによりデータを説明しようとしても,予測能力を高めるためには,結局その場限りのアドホックな仮定を導入せざるをえなくなり,モデルの最終的な姿は出発点の理論モデルと大きく異なることになってしまう.

9) たとえば,総供給関数における自然失業率仮説は,完全ではないにしろ現実をうまく説明する.しかし,Lucas の総供給関数はミクロ的基礎の典型であるが,すでに利用されることはない.ニュー・クラシカル派接近においても,ミクロ的基礎の追求は現実理解の助けにはならず,結局のところ物価決定に関するアドホックな仮定を置くというトリックを利用することにより暗黙の終戦状態にある.つまり,多くの時間と労力をミクロ的基礎に投じたが,マクロ経済現象の説明という次元では,元の木阿弥になったわけである.

10) ただし,Edge *et al.* (2008) では,DSGE モデルも政策論議に利用可能段階に近いとされているが,まだ実際には試運転段階であると判断できる.

11) アロー・デブリュー経済は条件付財市場を考え，条件つき財の請求権つまり予約券を取引する市場を考える．明日はビールを必ず飲むとするなら，気温 35 度のときのビール予約券と気温 20 度のときのビール予約券を購入しておくわけである．つまり，この場合は，今日のビールを含めると 1 財 3 状態の 3 市場が必要となり，それらが完全に機能していれば完備市場であるといい，厚生経済学の基本定理が成立する．つまり，財数と状態数を乗じた数の市場が存在しなければならない．たとえば，ある個人の消費生活を例にとって考えても，人生 80 年として，消費者物価指数品目でさえ 584 品目，それにかけることの 80 年分のさまざまな状態数という天文学的な市場数となる．もちろん，Arrow はこのような市場数問題を回避するために貨幣証券を導入することにより，財数プラス状態数の市場があれば完備市場となるという結果を出している．しかし，それでも個人はある状態において貨幣証券による所得をもつのみであり，必ずしもその状態における財数分の価格情報をもっているわけではないため，潜在的な不完全性が消えたわけではない．さらに状態数が把握できていることを前提にした議論は状態が外生的に与えられていることを意味し，市場自体を不安定化する投機行動などによる不確実性には対応できていない．我々は，不確実な将来を考えた経済問題を形式的に解けるが，そのために必要な条件がいかに大変なものであるかを認識しておく必要がある．

12) 民間保険が存在すると同時に社会保険が存在しかつ税制度をも含んだ Chetty and Saez（2008）のようなモデルを考えることが，社会保険原理と扶助原理の混合原理がどのように機能するかを分析することに有用である．また，Chetty and Saez（2008）は非対称情報における逆選択やモラルハザードの厚生分析や労働供給に関する実証分析に対して，十分統計量接近という構造型モデルや誘導型モデルに頼らない計量分析を提唱している点も興味深い．

13) 数量モデルが多変数であれば，変数がすべてベクトルであると考えることができる．たとえば，$y_i, f_i, i=1, 2, ..., N$ と考え，x と z も多変数であるとすれば，N 本の静学的な連立方程式体型となる．変数が時間の次元をもてば多変数動学モデルとなる．

14) Stock and Watson（2007）には，プログラム評価の計量分析を簡明な解説がある．

15) 社会保障政策も費用便益分析の例外ではない．政策により社会的便益を受ける一方で，強制的な保険料徴収や税など社会的な負担を生じさせる．行政機関が行う政策の評価に関する法律（2001 年法律第 86 号）により政策評価が義務づけられた．そこでは，政策の評価の客観的かつ厳格な実施を推進しその結果の政策への適切な反映を図るとともに，政策の評価に関する情報を公表し，もって効果的かつ効率的な行政の推進に資するとともに，政府の有するその諸活動について国民に説明する責務が全うされるようにすることが目的とされ，政策効果は，政策の特性に応じた合理的な手法を用い，できる限り定量的に把握することとされている．

費用便益分析の例を示しておこう．政策評価モデルのもっとも単純な方法は部分均衡接近によるものである．ミクロ経済の例として，Browning（1987）による税

序章　社会保障モデルの今日的役割　25

の厚生コストを考える．賃金所得に対する課税は，賃金率 (w), 限界税率を (m) とする．労働者は $(1-m)w$ の税引き後の賃金率に直面し，労働供給 (L) を供給している．この場合の厚生コスト WC は，η を労働供給関数の補償弾力性とすれば，以下のように書ける．

$$WC = (1/2)\eta wL[m^2/(1-m)]$$

　この式において，賃金率 w, 限界税率 m, 労働供給量 L は観測可能な変数であり，η の値さえ入手できればよく，この値をある程度の幅であっても外部情報で入手できれば，数量評価ができる．社会保障負担が給与税の形で天引きされるとすれば，m は所得税と社会保障負担の合計と理解すれば，この分析は税および社会保障の社会的費用の計測に応用することができる．このように部分均衡を利用した費用便益分析は勘弁に行うことができ，より詳細な分析の先駆け的な分析として利用できる．それにもかかわらず，このような分析の蓄積が日本では少ないのが現実である．金本ほか (2006) は部分均衡による費用便益分析の優れた啓蒙書であるが，引用文献に日本の実例の引用が少ないのが現状である．

16) 同じ接近法をモデルスイート (suits of model) と呼ぶこともある．

17) 統計法が改正され，個人情報などを削除したマイクロデータの利用が促進されるので，今後ミクロ計量経済学の利用可能性が拡大することが期待できる．重大な経済政策の転換がある場合は，准実験プログラムとして事前と事後のマイクロデータ収集と公表を呼びかけることが重要となる．

18) http://www5.cao.go.jp/keizai3/econome.html（2009 年 10 月 20 日アクセス）

19) マクロ構造モデルの例を考えてみよう．基本的には ISLM モデルに労働市場とマクロ生産関数を備えたモデルを考える．財市場の均衡は消費（貯蓄），投資，政府支出，税収，支出恒等式からなり，貨幣市場は利子率，マネー需給均衡式からなり，労働市場は賃金率と雇用（失業率）からなり，資本ストック蓄積，生産関数そして一般物価からなるモデルである．このモデルには，13 本の式があり，11 個の内生変数があり，それは，Y＝名目 GDP, P＝GDP デフレータ，C＝実質消費，I＝実質投資，S＝名目貯蓄，T＝名目税収，i＝利子率，w＝賃金率，K＝資本ストック，E＝雇用，U＝失業率．外生変数，G＝政府支出，MS＝マネーサプライである．もちろん，実際にはシフト変数としてここで明示しない外生変数，政策変数，ラグつき内生変数が含まれることになる．期待変数も REH 仮説をとらずに適応期待のような過去のデータから期待変数を定義するものならば，それらを含めることもできる．

　このモデルは，2 本の式を落とすと 11 個の内生変数に関する完全なモデルとなる．そして，8 タイプのモデルを同一モデルから生み出すことができる．たとえば CIT モデルは貯蓄関数と利子率関数を落としたモデルであり，事後的に消費貯蓄均等が成立するように GDP が決まり，貯蓄は残差として決まる．

　この 8 タイプのモデルのどれを選択するかは，背景にあるモデルの性格を先験的にもつ場合やモデルの説明力により判断する場合を考えることができる．8 タイプ

伝統的マクロ構造モデル

	被説明変数	CIT	IST	CST	CIS	CTi	ITi	CSi	ISi	方程式例
1	支出恒等式	Y	C	I	Y	I	C	I	C	$Y=P(C+I+G)$
2	消費関数	C		C	C	C		C		$C=C(w,E,T)$
3	投資関数	I	I		I		I		I	$I=I(i,Y,K_{-1})$
4	貨幣需給均衡式	i	i	i	i	Y	Y	Y	Y	$M(i,Y)=MS$
5	貯蓄関数		S	S	S			S	S	$S/P=S(w,E,T)$
6	税収関数	T	T	T		T	T			$T=T(P,Y)$
7	利子率関数					i	i	i	i	$i=i(MS,Y)$
8	消費貯蓄所得式	S	Y	Y	S	S	S	T	T	$Y=PC+S+T$
9	賃金関数	w	w	w	w	w	w	w		$w/P=w(U,Y)$
10	資本ストック定義式	K	K	K	K	K	K	K	K	$K=K_{-1}+I$
11	雇用関数	E	E	E	E	E	E	E	E	$E=E(Y,K_{-1})$
12	失業定義式	U	U	U	U	U	U	U	U	$U=L-E$
13	総供給関数	P	P	P	P	P	P	P	P	$Y/P=Y(E,K_{-1})$

出所：福地（1980）をもとに筆者作成．

のうちのあるモデルを選択してから推計し，各推計式が満足できるものであれば，そのモデルをベースに予測やシミュレーションを行う方法がある．より現実的には，個々の推計式のあてはまりのよさを基準に推計期間においてもっとも説明力の高い推計式を備えるモデルを選択する方法があり，これはデータに語らせたモデル選択を行うことにつながる柔軟なアプローチである．

20) 「イコン族の生活」をパスティーシュ（作風模倣）して数量モデルの世界を考えてみよう．計量経済学者は，最新の NC 工作機械（コンピュータ）により SNA データを利用した組み立て加工品としてのマクロ計量 Modl を作っていたが，次第に製品群を増加させ，近年ではミクロデータを利用したミクロ計量 Modl など豊富な品揃えを誇っている．マクロ計量 Modl は，Lucas が REH を壁に貼りだし宗教革命が起こり，さらに Sims が VAR モデル派を形成した．百家争鳴の状態となっている製造技法も，統計理論を重視する計量経済学集団がいると思えば，統計理論の規律を排し，カリブレーションと名づけられたパラメータ入手方法による数値計算集団がいる．

計量経済学者のカーストもさらに細分化され，現実のデータにはなるべくさわらず推定子特性の高い推計法を探る計量理論族，経済理論の現実データとの適合度を研究する理論検証族，現実データを説明する理論モデルを利用し政策問題に挑戦する問題解決族，VAR 分析に特化した VAR 族，そして数値計算・シミュレーションを駆使する数値計算族などがある．

数値計算族には，産業連関表を利用する経済表グループやローマクラブによる「成長の限界」で登場したシステムダイナミクス（SD）派があった．しかし，コンピュータの能力向上により，数値計算一般均衡モデルを駆使する CGE 派，RBC モデル派から突然変異した DSGE モデル派，人工経済や人工市場を分析するマイク

ロ・シミュレーションモデル派や最新の複雑系・マルチエージェントモデル派など
が存在する．
21) http://www.fsf.org/about（2009年10月20日アクセス）
22) http://econdisc.stlouisfed.org/（2009年10月20日アクセス）
23) http://fairmodel.econ.yale.edu/main3.htm（2009年10月20日アクセス）
24) http://rfe.org/showRes.php?rfe_id=1640（2009年10月20日アクセス）
25) http://www.geocities.jp/kqsmr859/（2009年10月20日アクセス）
26) http://www.kantei.go.jp/jp/singi/syakaihosyoukokuminkaigi/index.html（2009年10月20日アクセス）
27) OSUモデルが当時何の情報も公開されていなかった厚生労働省の財政検証モデルを公表データから構築して公開してから10年間が過ぎた．この間に浪費された資源は莫大であったが，今後は必要なくなったわけである．もっとも，厚生労働省の財政検証用のプログラムもコンパイルされ，ユーザインターフェイスを備えて公表されたわけではなく，ソースが提示されただけであり，誰でもが利用できる形式にはなっていない．アメリカでは，政府がスポンサーとなったマクロモデルとマイクロ・シミュレーションモデルを合体した年金シミュレーションパッケージが，ユーザフレンドリーな形で公開されている．http://www.polsim.com/SSASIM.html（2009年10月20日アクセス）

参考文献

阿部彩・國枝繁樹・鈴木亘・林正義（2008）『生活保護の経済分析』東京大学出版会．
大林守（2006）「経済モデルによる年金改革の分析――数量経済分析の観賞方法」府川哲夫・加藤久和編『年金改革の経済分析』日本評論社．
加藤涼（2007）『現代マクロ経済学講義』東洋経済新報社．
金本良嗣・藤原徹・蓮池勝人（2006）『政策評価ミクロモデル』東洋経済新報社．
八田達夫・小口登良（1999）『年金改革論――積立方式へ移行せよ』日本経済新聞社．
府川哲夫・加藤久和編著（2006）『年金改革の経済分析』日本評論社．
福地崇生（1980）『マクロ経済学』東洋経済新報社．

Altig, D. (2005) "Conference Panel Discussion," *Macroeconomics and Reality 25 Years later*, University of Pompeu Fabra.
Blanchard, O. J. (2008) "The State of Macro," *NBER Discussion Paper*, No. 14259.
Browning, E. K. (1987) "On the Marginal Welfare Cost of Taxation," *American Economic Review*, Vol. 77, No. 1.
Chetty, R. and E. Saez (2008) "Optimal Taxation and Social Insurance with Endogenous Private Insurance," *NBER Working Paper*, No. 14403.
Edge, R., M. Michael., T. Kiley and J. P. Laforte (2008) "A Comparison of Forecast Performance between Federal Reserve Staff Forecasts, Simple Re-

duced-Form Models, and a DSGE Model," *CAMA Working Papers*, Australian National University, Centre for Applied Macroeconomic Analysis.

Krugman, P. (2000) "How Complicated Does the Model Have to Be?," *Oxford Review of Economic Policy*, Vol. 16, No. 4.

Leijonhufvud, A. (1973) "Life among the Econ," *Western Economic Journal*, Vol. 11, No. 3.

McBreen, P. (2001) *Software Craftsmanship: The New Imperative*, Addison-Wesley Professional.

Mankiw, G. (2006) "The Macroeconomist as Scientist and Engineer," *The Journal of Economic Perspectives*, Vol. 20, No. 4.

Sims, C. A. (1980) "Macroeconomics and Reality," *Econometrica*, Vol. 48, No. 1.

Sims, C. A. (2002) "The Role of Models and Probabilities in the Monetary Policy Process," *Brookings Papers on Economic Activity*, No. 2.

Stock, J. H. and M. W. Watson (2007) *Introduction to Econometrics Second Edition*, Pearson, Adddison Wesley.

第Ⅰ部
社会保障分野における計量モデル分析の歴史と今日的役割

第1章 社会保障分野におけるマクロ計量モデル
――社人研モデルの系譜――

山本克也
佐藤　格
藤川清史

1　はじめに

　本章の目的は，社会保障のモデル分析のなかでも，特に「マクロ計量モデル」に焦点をしぼり，その開発の歴史的経緯をサーベイすることである．

　最初に，マクロ計量モデルの意味を解説しておこう．これは「マクロモデル」の中央に「計量」が挟まったものと考えられたい．「マクロ」とは一国経済を一塊にして鳥瞰的に扱うということであり，「モデル」とは現実経済を抽象化した物理体系で表現するということである．かつては漢字で「巨視的模型」と書かれたが，現在ではカタカナになった．「計量」とは統計的手法で推定されたパラメータを用いているという意味であり，パラメータを特定しない理論モデルではないことを明確にしている．マクロ計量モデルは，政府の財政政策（ケインズ政策）がマクロ経済に与える影響を数量的に分析する道具である．世界でのマクロ計量モデル第1号が，著書『ケインズ革命』で知られるアメリカの経済学者クラインによって開発されたことは偶然ではない．

　経済学をかじったことのある読者なら，「乗数モデル」という用語を耳にしたことがあるであろう．これは，政府支出が増加すると，他の事情が不変であれば，最終的には，国内総生産（GDP）は政府支出の増加額×1/s（ただし，sは家計の限界貯蓄性向）だけ増加するということを主張する理論モデルである．しかし，この理論モデルは時間軸がない静的（スタティック）モデルなので，GDPがどういう経路を経て最終点に到達するのかはわからない．経済政策の立案者は，政策の効果が毎年毎年どの程度現れるのかを数値情報として知りたいのである．そういう要求に応えるべく開発されたのがマクロ計量モデルであ

る．マクロ計量モデルは，しばしばマクロ・ダイナミックモデルとも呼ばれることがある．これは，モデルがラグ変数（時間的に遅れのある変数）を含む連立定差方程式で表現されており，均衡へ向かう経済諸変数の年々の値が計算できることを明示するためである．

さて，マクロ計量モデルの開発には，経済データの整備とコンピュータ（導入当時の呼称は電子計算機）の能力の向上が大いに関係している．1968年に新SNAといわれる国民経済計算の世界共通規格が発表され，日本政府もそれに準拠したデータ整備を行うようになった．同時に100本を超える連立定差方程式を解くことも可能になってきた．そうすると，政府部門やその一部である社会保障部門を細分化したモデルが開発されるようになる．本章は，そうした時代の流れを振り返ってみようというわけである．

本書の構成は，第2節のマクロ計量モデルの黎明期では，日本のマクロ計量モデルの初期の経緯について記している．次に，第3節で各機関の社会保障マクロ計量モデル（中医協モデル，旧経企庁・内閣府モデル，日大人口研モデル，旧社保研モデル，社人研モデル）について触れ，第4節では社人研モデルの具体的な系譜について検討し，第5節で簡単なまとめを行っている．

2　マクロ計量モデルの黎明期

わが国初のマクロ計量モデル（以下，単にモデルと書く場合は，マクロ計量モデルを指す）は，1957年8月に発表された，東京経済研究センターが作成したTCERモデルIである[1]．このモデルは，国民経済の支出面だけを説明しようとした年次モデルであり，方程式の数は7本というミニサイズであった．東京経済研究センターではより大規模なモデルの作成を試み，1958年10月にTCERモデルIIおよびIIIを発表した．この2つのモデルは，さきに発表したTCERモデルIに比べはるかに大規模なモデルで，四半期ベースのモデルである．そして，TCERモデルIIは，アメリカ経済におけるクラークモデルをわが国の経済に適合するように改良したものであり，国民所得の支出面の各項目と国民総生産の変動を説明するモデルとして作成されている．また，TCERモデルIIIは方程式の数が21本であり，本格的なモデルといえる．これもやはり，

アメリカの経済についてクラインとゴールドバーガー[2]が作成したモデルをわが国の経済に適合するように改良したモデルである．これらの TCER モデル II および TCER モデル III は，日本経済を計画的に分析しようとする意図よりは，今後のこの分野の発展の基礎としての役割が大きかった．新しい経済分析の有用性は，いち早く通商産業省（現経済産業省）において認識された．当時の通商産業省は，「もはや戦後ではない」というスローガンのもと，産業行政の方向を位置づけようとしていた計量経済学の手法を日本産業の構造分析に適用することに注目した．1959 年 10 月に，通商産業省調査統計部は MITI モデル I を作成し，「昭和 34 年日本産業の現状」において公表した．このモデルは，アメリカ経済に関するクラークモデルとクライン＝ゴールドバーガーモデルの折衷的なモデルであり，通商産業省における計量経済分析の今後の本格的作業を目指す試験的なものであった．

　一方，1960 年 10 月には，東京経済研究センターが TCER モデル IV を発表した．このモデルはわが国の経済構造が戦前と戦後でどう変化したかを分析するためのものであり，戦前については 45 本の方程式，戦後については 50 本の方程式を含むモデルである．TCER モデル I は経済構造を非常に単純化した小規模なモデルであったので，本格的な年ベースの長期モデルとしてはこの TCER モデル IV が最初である．

　同じく 1960 年 10 月には，経済企画庁経済研究所が EPA 短期予測モデル I を発表した．このモデルは，国民所得の支出項目について短期予測をするために作成したモデルであり，今まで作成されてきたどのモデルよりもごく短期の分析を意図して作成されたモデルである．当時のモデルは，東京経済研究センターがマクロ計量モデルの供給元であり，それを各省庁が自らの問題意識に合わせて改変していたようである．すなわち，通商産業省は経済政策の立案のために，経済企画庁は国民所得の分析や景気判断の材料として，そして大蔵省は財政問題にモデルを使おうとしていた．驚くことに，1960 年代にも今日のわれわれと同じ問題意識のもと，モデルは作成されはじめていたのである．

3 日本の公的機関の社会保障マクロ計量モデル

(1) 中医協モデル

戦後の社会保障制度充実の過程のなかで，1961年の国民皆保険・皆年金の達成は現在の制度の基礎を形成したという意味で重要である．現在でもそうであるが，厚生省（現厚生労働省）の政策立案の重点は，医療と年金（現在は介護も）がおよそ5年ごとのサイクルで現れる．これは，大きな制度改正がちょうど5年ごとにやってくることによる．とりわけ，1961年の皆保険達成のためには周到な段階を踏んでおり，各種審議会や白書による世論の喚起も行われていた．皆保険制度をスムーズに導入するためには国民健康保険の整備に加えて，政府管掌健康保険制度の赤字や無医村問題の解消に向けた取り組みを示すことが必要であった．医療に関して，その財源と供給体制の両方に問題があるという点は，今日も変わっていない．このころ，社会保障制度に関する経済的な関心事は医療問題であった．医療財源の問題や医師不足（あるいは無医村）の問題は，資源配分の効率性と所得配分の公平性を扱う経済学的な問題とされたのである．一方の年金制度のほうは，第3章で扱うように，この当時はもっぱらアクチュアリー（危険率・保険料率などの算出を業務とする人．保険計理人）の領分だとされた．

このような状況は，マクロ計量モデルの進展にも影響を与えた．「マクロモデル」という名が冠せられた日本の文献で，社会保障政策と関連した最初のものは，日本経済調査協議会（1969）であろう．その報告書の序文を引用しよう（引用中の脚注は筆者による）．「一昨年（1967年）末，中央社会保険医療協議会[3]（会長東畑精一氏）の委嘱により，「マクロモデルによる医療費の研究」に着手するべく，委員長に東畑精一氏（本会調査委員長），主査に高橋長太郎氏[4]（一橋大学教授）をお願いして委員会を発足せしめた．以後一年有余，委員長，主査をはじめ委員各位の熱心なる研鑽により，ここに『マクロモデルによる医療受給の研究』なる報告書をまとめることができた」．

この委員会の委員にはマクロ計量モデルの専門家の上野裕也のほか今井賢一[5]の名前もみられる．報告書の構成は2部構成であり，第1部が「マクロモ

デルによる医療の経済効果の研究」で，第1章「医療の経済効果の測定」，第2章「医療運営のマクロ的考察」，第3章「日本の医療モデル」となっている[6]．当時は，医療供給が医療需要に追いついていないという認識であったので，この研究では医療の「需要モデル」と「供給モデル」が作成され，医療需要の増加に見合う医療供給の増加策を検討することが目的とされた．ある意味で結論はみえているのだが，その解は医師数を増加させ，病床数を増加させるといったものであった[7]．その後，田中内閣時代には「一県一医大政策」が採用され医師の増加は実現した．また，厚生省による国立病院の整備や医療法人の増加[8]によって病床数も増加していった．その意味で，このモデルによる提言は，ほぼ実現されたといってよいだろう．

ただし，この報告書は，実際にマクロ計量モデルによる分析を行ったわけではない．マクロ計量モデルを作成したかったという熱意は伝わるが，マクロ計量モデルは作成されていないのである．後述するように，それはデータの利用可能性とコンピューター性能の制約によるのだろう．それでも本報告書に「マクロモデル」という名が冠せられているのは，将来の研究者に対する期待を込めた研究であったからであろう．実際，図1のフローチャートを念頭に研究は進められた．マクロ経済全体に目を配りながら医療政策を検討し，医療費の問題を診療報酬や医師の給与といったミクロな視点から積み上げようとしたという先見性は評価できる．

(2) 内閣府経済社会総合研究所（旧経企庁）モデル

次いで「医療の実証分析」を行ったのは，経済企画庁（以下，旧経企庁）の市川洋と林英機である．ここで「医療の実証分析」と記したのは，両氏のモデルもいわゆるマクロモデルではなく，1本の医療費関数を最小二乗法（OLS）で推定したものだからである．もちろん，医療セクターや年金セクターがあるマクロモデルの構築を意識していたようだが，それが実際に動いた形跡はない．市川・林（1973）『財政の計量経済学』は，旧経企庁の研究の集大成であり，両氏の業績の中核をなす[9]．そこで，ここでは『財政の計量経済学』の再検討を行うことで旧経企庁モデルのルーツを考える．

江見（1973）が指摘したように，「本書のねらいは財政現象をできるだけ計

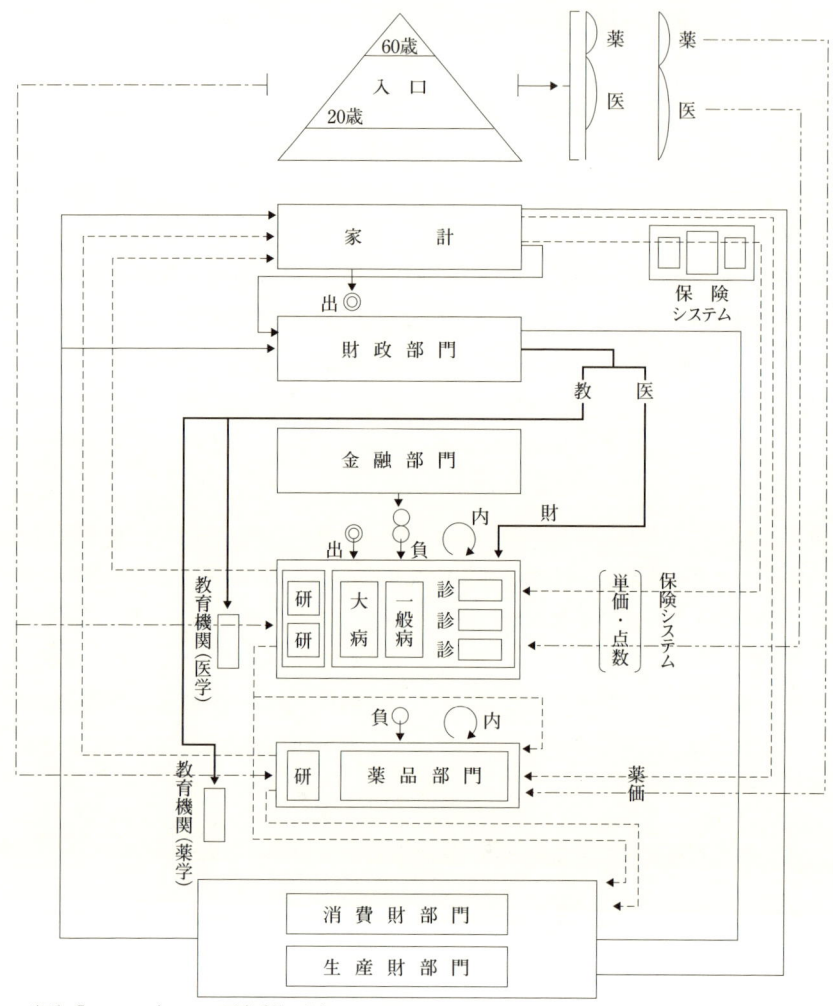

出所:『マクロモデルによる医療受給の研究』pp. 54-55.

図1 日本経済調査協議会のフローチャート

量的に表現することによって，財政活動自体の正確な理解に資するとともに，それを国民所得循環の一環として位置づけ，経済の計画や予測の精度向上に役立てようとしたもの」といえる．われわれの知る限りでは，こうした財政学と国民所得計算の融合研究は市川・林（1973）が最初のようである．これについては，財政現象自体に対する事実認識，制度とその運用についての実務的知識，

財政ベースを国民所得ベースに対応させるための国民経済計算の理解,計量モデルによる分析手法の習熟等必要とされる能力が多岐にわたるため,当時としては困難な作業であったと推測される.江見(1973)も指摘しているように,本章の知的貢献は,制度改正を「物価指数のような一本の制度改正に直して取扱い易い形」にできないかという,「制度の指数化」が工夫されたことである.「たとえば,租税収入は,経済主体の自立的経済活動と,税法という形で制度的に与えられた諸基準(税率,控除等)との組合せによって導かれる.もし後者が指標化できれば,財政モデルとマクロの経済モデルとを整合的にリンクすることができ,税収予測の精度は上昇するはずだ」というのが当時の基本的考え方であった.このように,マクロ計量モデルに対する「期待」を誰もがもっていたことは紛れもない事実である[10].

市川・林(1973)では,ひとつの章を割いて社会保障制度についての記述を行っていて,特に年金給付の定式化は興味深い.第3章で触れているように,市川は将来の年金給付の増大を見越していた.だが,当時のわが国の社会保障の費用は,今日に比べれば微々たるものであり,社会保障費は財政全体のなかで埋没していればよかった.例外として3K赤字(政管健保,国鉄,米)問題はあったが,政管健保の赤字は国鉄や米の赤字に比べれば桁が1つ小さかった.その意味で,社会保障制度は経済モデルの対象ではなかったのである.市川・林(1973)は財政モデルの精緻化を第1の目的としており,そのためには社会保障分野の記述をモデル上で行う"実験"が必要であったのだろう.なお,SNAの移転の項目に社会保障勘定がなかったので,社会保障分野を含んだモデルが動いていないのは上述の日本経済調査協議会(1969)と同様である[11].

社会保障を対象にしたマクロ計量モデルとして旧経企庁が実際に開発に成功したのは,経済分析の151号で報告された八代・小塩ほか(1997)である.本書第4章執筆の増淵勝彦によれば,「旧経企庁では,八代・小塩ほかモデルが,社会保障を明示したモデルの嚆矢といってよいと思います.少なくとも,本格的に明示したといえば,まず異論はないでしょう」とのことである.八代・小塩ほか(1997)のモデルの主たる目的は,年金の分析,言い換えれば人口高齢化に対応した公的年金制度の改革案を提示することであった.この年金の分析については,主に3つの特徴が挙げられる.ひとつ目は,公的年金制度とマク

ロ経済との相互関連を体系的にとらえたことである．2つ目は，保険料のみならず国庫負担や金利動向をも視野に入れた長期的な財政政策のなかで年金制度を考えたことである．そして，3つ目は，労働供給を内生化し，公的年金と労働市場との長期的な関係を明らかにしたことである．そして，モデルを動かした結果，次の3つの改革案，①報酬比例部分と基礎年金部分の両方に関して賃金スライド制をやめる，②60歳から64歳に一部受け取る部分年金を廃止し，支給開始年齢を65歳に引き上げる，③現在は保険料を払っていない3号被保険者（専業主婦）からの保険料徴収を行う，が採用され，厚生年金の保険料を2004年に19.1％に引き上げることができれば，それ以降は据え置くことが可能であるとされた．

その後，このモデルを拡張したモデルが増淵・松谷・吉田・森藤モデルである（本書第4章）．また，長谷川・堀・鈴木（2004）では，「日本経済中長期展望モデル（Mark I）」を用いた社会保障の分析を行っている．これは，短期変動が需要に支配される伝統的構造を有しつつ，中長期的成長経路を供給サイドが規定する年度ベースのマクロ計量経済モデルであると説明されるが，詳細は割愛する．

(3) 日大人口研モデル

旧社会保障研究所（以下，旧社保研）のモデルとほぼ同時期に，日本大学の人口研究所（以下，日大人口研）においても，マクロ計量モデルの開発がはじまった．モデル開発は日本医師会の委託研究として進められたので，焦点は医療の分析にあったが，フェイズIVでは介護も分析の対象となった．人口モデルについては，旧国立人口問題研究所（後に社人研）がナショナルセンターとして活動をしていたので，ある意味で後追い的な部分があり，後発の利益を最大限に利用して，短期的には出生率や死亡率のあてはまりは良好である．

日大人口研モデルの特徴のひとつ目は，出生率・死亡率を内生化していることである．ここでは出生率を考えてみよう．出生率は女性の行動に大きく左右される．昔と今を比べると，女性の社会進出が活発になり，女性の賃金は上昇しているが，こうした女性が子どもを産みたいと思ったとしても，結婚・出産に伴う機会費用は増大している．さらに結婚や育児にかかる直接の費用を考慮

すれば，もっと出生率は低下していくことが考えられる．こうしたメカニズムをモデルのなかに入れているのである．もちろん，経済的要因を数値化する場合の恣意性が否めないことには注意を要する．日大人口研モデルの特徴の2つ目は医療の部分であり，疾病構造の変化をモデル化していることである．医療費がかさんでいくのは高齢化が大きな要因であるが，このうち1）生活習慣病に罹患している高齢者，2）廃用症候群に罹患している高齢者の医療費が増大していることがわかっている．日大人口研モデルは年齢別に医療費を推計することで，この問題をクリアーしようと努めていた．詳細は不明であるが，日大人口研では2003年以降，モデルを発表していない．医療に関心を寄せたモデルは社会保障計量モデルのなかでも希少な部類に属するので，研究の続行が望まれよう．

(4) 旧社保研モデル

旧社保研においてもマクロ計量モデルをもつという計画はあった．旧社保研内部にはモデル開発の人材がいなかったので，外部から人材を招聘し開発の共同作業を行うと同時に，モデル開発のノウハウの蓄積も行おうという趣旨だったようである．このとき，招聘されたのが前述の市川と林[12]であった．旧社保研でマクロ計量モデルの作成を担当した岸に対するヒアリングによると，「年金・医療のマクロ計量モデルをもちたいという旧社保研所長の馬場敬之助の意向があって，マクロ計量モデル作成のプロジェクトははじまった」ということであった．

1978年9月28日に開かれた研究所部内の経済分析研究会で，林が「新SNAにおける分配勘定――とくに医療・社会保障を中心にして」という報告を行っている．この報告を聞いた馬場が社会保障マクロ計量モデルの可能性に関心を寄せ，モデル開発を岸に命じるということになったらしい（岸へのヒアリング結果）．林の報告にもあるように，SNAの体系が変わったことで社会保障マクロ計量モデルの端緒が開かれたのである．

モデルの開発経緯[13]については，年金制度開発研究基金（1979）に「国民経済計算と年金制度」という論考（市川，馬場，岸，林が参加している）の「まえがき」で，馬場が説明している．また，第4章の「社会保障を含む経済成長

モデルについてのメモ」という論考で，具体的なモデル像が明らかになっている．これを前提として，旧社保研では1980年に「社会保障の政策効果測定」(1980年4月-82年3月）という課題名で，マクロ計量モデルの研究が開始された．その後，1981年4月-82年3月には「社会保障の負担・給付が経済成長に及ぼす影響の分析」という研究課題も立ち上がり，この時期，モデルの研究は大いに盛り上がったようである．

これらの研究を大別すれば，1980年度の研究は社会保障マクロ計量モデル作成のための理論的検討といえ，1981年度は実際にマクロ計量モデルを動かすことに主眼がおかれた研究であるといえる．すなわち，1980年度が旧経企庁モデルと社会保障モデルをどのように合体させるかという理論的な検証が行われた時期（前述と同様な理由でモデルは動かなかった），そして1981年度が旧社保研モデルを実際に回しはじめた時期であるということがいえよう．

このことは，岸のヒアリングの結果と符合する．岸によると，昔のことなので記憶に曖昧な点はあるがとの前置きはあったが，「まだ，パソコンなどない時代で，計算は経企庁のコンピューターでやってもらっていた．研究会は月に1度程度のペースであったが，林先生の計算次第であった．プロトタイプ（ECモデル）をもとに，林先生が新SNA（68SNA）を使って数値を入れた．モデルがきちんと計算可能だということはわかったが，上記のモデルのプログラムが壊れてしまったために経企庁では計算ができなくなり，1981年ころから社保研で計算をやるようになった（元々は計算まで研究所でやるつもりはなかった）．パソコンでできる範囲のコンパクトなモデルをつくる，というのが市川先生の考えであり，方程式50本程度のモデルを構築することになった」ということであった．

ここまででわかったことは，旧社保研のマクロ計量モデルは，旧社保研の研究員であった岸の手によるものといえることである．その後も岸は，岸・三上(1982)，岸(1990a, b)と精力的な研究を行っていた．旧社保研のモデルの特徴は，主に年金の分析用であるということであった．このころすでに，年金給付額の適正化の必要性を訴えるなど慧眼であった．いずれにしても，市川・林両氏の協力はあったが，結局は岸が単独で旧社保研モデルの構築をしたといってもよいようである．

(5) 国立社会保障・人口問題研究所モデル

　国立社会保障・人口問題研究所（以下，社人研）は，旧社保研と旧国立人口問題研究所が1996年12月に統合して設立された．ここでは，人口・経済社会・社会保障の相互関係の全体像を明らかにするための理論的・実証的研究が実施されている．社人研では上記の目的達成の一翼を担うために，1998年4月-2001年3月，2001年4月-2004年3月，2004年4月-2007年3月の3フェイズにわたって再びマクロ計量モデルの開発に着手した．経済社会の動きと社会保障制度の動向を整合的に分析するツールの作成と学術的に価値あるモデルの作成を目指し，2009年4月からはフェイズⅣがはじまっている．社人研が報告するもので対外的に有名なものには，将来人口推計と社会保障給付費の2つがある．将来的には，これにマクロ計量モデルを加えた3本の柱としたいという思いも，マクロ計量モデルの開発に着手した大きな動機である．

　このうちフェイズⅠでは，基本となるモデルの構築を行った．基本モデルは加藤[14]の手により，これが現行社人研モデルの基本モデルである．このモデルの特徴は，マクロ経済・労働，財政および社会保障の3つのブロックから構成され，方程式は167本の中規模のモデルであるということであった．加藤(2001)では，「ベースケースでは1999年度に実施された厚生年金法改正の効果を取り入れて将来展望を行っている．2つ目のシミュレーションとして，この年金改革を実施しなかった場合，年金財政を中心にどのような結果となっていたかを計算した．年金給付額をみると，2020年度では115.1兆円，2050年度では244.5兆円と試算されており，ベースケースと比較するとそれぞれ11.0兆円，30.9兆円増加している．（中略）この展望結果はあくまでも一つの試算にすぎないものの，1999年度の厚生年金法改正が年金財政にとって不可欠であったことを示していると考えられる」とあるように，1999年の年金制度改革の評価が可能であり，また，1999年の制度改正を評価している．

　この加藤モデルは（図2），本書第6章で分析に使用されている佐藤・加藤モデルに進化している．本書の佐藤・加藤モデルは，操作性を重視したコンパクトなモデルの構築を目指していることに特徴がある．したがって，さまざまな部分でモデルの簡略化が図られている．たとえば，加藤モデルで存在した地

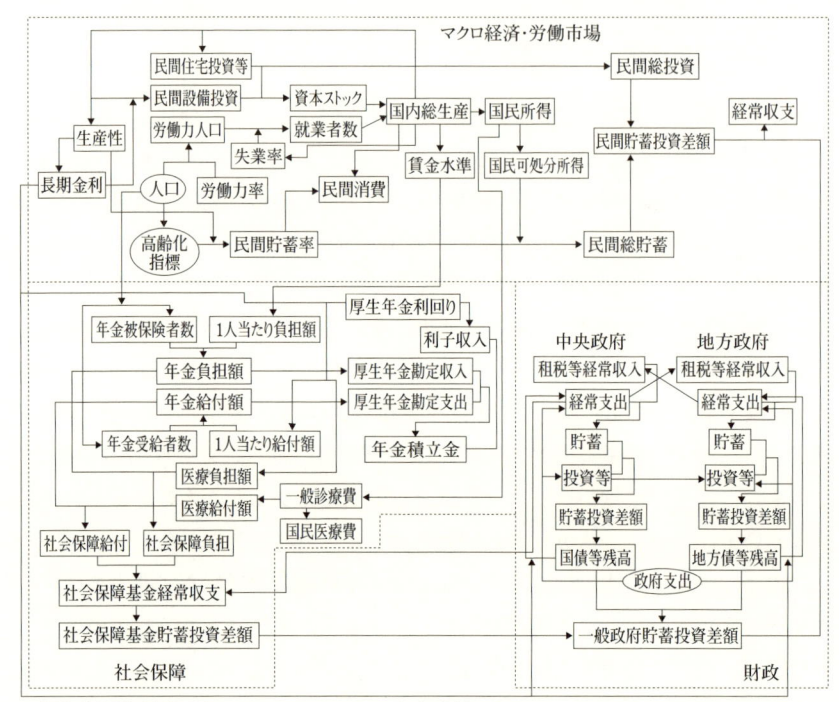

図2 加藤モデルのフローチャート

出所:『季刊社会保障研究』Vol. 37, No. 2, p. 113 (一部改変).

方政府が佐藤・加藤モデルにはない．しかしその一方で，社会保障の分析に重点をおいたモデル作りをしているため，年金だけでなく，医療や介護については，従来のモデルよりも複雑な分析を行うことが可能となっているという点に特徴がある．この特徴を生かして，論文中でも後期高齢者医療制度や介護給付の効率化・重点化，介護保険の被保険者の拡大といった問題についての分析が行われている．ただし，保険料率の変更が労働供給にどのような影響を与えるのか，あるいは自己負担率の変更が医療需要にどのような影響を与えるのかといったことについて分析できるモデルにはなっておらず，これらの点を改善していくことが必要であると考えられる．なお，社人研モデルの系譜については次節で検討しよう．

4 社人研モデルの系譜

(1) 甲南大グループモデル

　甲南大学グループモデルとでもいうべきモデルは，稲田ほか（1992）で，『季刊社会保障研究』第27巻第4号に掲載された「年金制度の計量分析——日本経済の成長経路をめぐって——」である．これは，供給サイドに立脚した超長期モデルに基づき，人口の高齢化と年金体系が経済成長に与える影響を計量的に分析している．まず人口高齢化の影響として，貯蓄の減少が資本蓄積を阻害し，経済成長にマイナスの影響を及ぼすということを考えている．また，労働力人口の減少と労働力の年齢構成の高齢化が経済成長を低下させるとしている．さらに，社会保障の給付・負担が家計の消費・貯蓄行動や労働供給行動に影響を与えるということを念頭においている．

　このモデルはプロトタイプモデルとして岸（1990b）[15]モデルを採用したうえで，その修正モデルとして，政府の資本ストックを加えた形での生産関数の再推定，ライフサイクル仮説を考慮に入れ，人口構成と所得成長率を説明変数に加えた形での民間貯蓄率関数の再推定，政府・社会保障部門の内生化，賃金・価格部門の導入，公的年金の受給者数・加入者数の内生化といったことを行った，タイプ1モデルというモデルを提示している．これは119本の方程式から構成されている．ただし，これらのモデルでは貯蓄総量が投資水準を規定するということを考えており，民間設備投資は民間資金過不足の帳尻を合わせるための残差として決定されているが，この仮定は現実的ではないことから，企業・家計を含む民間部門が消費・住宅投資・設備投資・その他投資・貯蓄投資差額を同時に決定する主体であるという視点からシステム推定を行った新モデルを提示している．これをタイプ2モデルと呼び，このモデルは122本の方程式から構成されている．そのうえで，年金水準引き上げの効果と，公共投資拡大の効果を分析している．年金水準引き上げの効果として，タイプ1モデルでは，貯蓄の減少から生産水準の低下，という結論を導くことができる．一方タイプ2モデルでは，消費水準が上昇するものの，それに伴う貯蓄水準の低下は主として住宅投資の低下という形で現れ，貯蓄投資差額や設備投資に与える

影響は小さいことから，資本ストックや実質 GNP への影響はモデル 1 と比べてかなり小さいという結論が得られる．また公共投資拡大の効果であるが，タイプ 1 モデルでは，ほぼ同額の民間設備投資をクラウド・アウトするものの，民間資本ストックと政府の資本ストックで生産性に差がないと仮定しているために，実質 GNP にはほとんど影響がない．タイプ 2 モデルでは公共投資が政府最終消費支出の減少でファイナンスされているということで，民間経済活動に中立的であるうえ，公共投資が資本ストックを増加させるため，実質 GNP が増加するという結論が得られた．ここから，資金不足を解消するためにどのような方法を採用するかによって，長期的な成長経路が異なってくること，モデルの構造を明確にしてさまざまな政策の波及経路をわかりやすく提示しておかなければならないことが示される．

このときのことを，本章の共同執筆者である藤川は，「稲田他モデルは，加藤さん[16]と関係があったと思うんですよ．そもそもは電力中央研究所で社会保障を含めたモデルを開発するプロジェクトだったと思います．その時の依頼主が加藤さんだったような記憶があります．同じプロジェクトで藤川は労働ブロックかなにかを作ったかもしれません．モデルを，岸モデルを基礎としてモデル開発することも，『季刊社会保障研究』に投稿するのも加藤さんの働きかけなのだろうと思います」と述懐している．これが社人研モデルのひとつ目の直接のルーツである．

(2) 仁科モデル，仁科・藤川モデル，藤川モデル

社会保障モデル開発研究会編（1979）が全体としては動かなかったことは注記したが，後の研究には影響を与えている．そのひとつに，仁科（1982）がある．これは，社会保障分野のうちで医療保険に注目したモデルである．仁科（1982）は社会保障モデル開発研究会編（1979）と中期財政モデル研究会（1980）を参考に作成されている．またその改訂版である仁科（1995）は，68 SNA 基準に従った社会保障モデルの構築を目的としたモデルで，社会保障部門を詳細に分析していることに特徴がある．

また，藤川の「日本経済と社会保障の計量モデル（1994 年改訂版）」がある．このモデルは，仁科（1982）の流れを汲んでおり，「日本経済と社会保障（年

金と医療)の計量モデル——数量分析の試み——」(1992)は上述の仁科との共同研究をふまえた研究である．実は，藤川(1994a)は，1992-1993年度の旧社保研プロジェクト「現代家族と社会保障——出生と保育に関する理論・実証分析」のなかの成果の藤川(1994b)の詳細版である．

　藤川によれば，「藤川のモデルは，そもそもは，仁科さんの医療モデルでして，仁科・藤川が共同で社会保障をカバーするようにしました．それを，旧社会保障研究所の粟沢さん[17]がみたのですね．そこで，社会保障研究所の研究会に参加して，社会保障研究所モデルを作りました．研究会は「現代家族と社会保障」というもので，宮島洋が主査でした．同じタイトルの本が1994年に東京大学出版会からでています．藤川(1994a)というのがありますが，これは雑誌の出版のタイミングがずれてしまって，順序が反対になっているのですが，1994年の東京大学出版会でのモデルと同じです．ですから，1994年の藤川のモデルは，社会保障研究所のモデルという認識でいます」ということである．この藤川モデルが社人研モデルの2つ目のルーツである．

　この藤川(1994a)および藤川(1994b)では，高齢化社会悲観論の根拠がどの程度深刻であり，また誤解があるとすればそれはどこなのか，さらに悲観論がある程度妥当するとして，それからの脱却は可能なのか，といったことについて，マクロ計量モデルの手法を用いて展望することが論文の目的となっている．モデルの特徴としては，生産関数をCES型にして，生産量が所与のもとで，生産要素の投入費用を最小化するような生産行動をとっているものと仮定していることや，労働力化関数を求め，労働供給を内生化していることが挙げられる．また社会保障を年金保険と医療保険，社会扶助金に分け，それぞれ推計を行っている．そのうえで，経済主体は法人企業・一般政府・対家計民間非営利団体・家計の4制度に，ブロックは実質国民総支出，名目国民総支出，所得支出勘定，資本調達勘定，労働，賃金・価格，金融の7ブロックに分割し，制度部門別の所得や実物資産は，金融変数とも相互関連しながら決定される構造になっている．

　モデルはケインズ型の需要先決型モデルである．このもとで，標準予測のほかに，人口高齢化が加速するケース，消費性向が低下するケース，労働力率が増加するケースについて，2000年までのシミュレーションを行っている．人

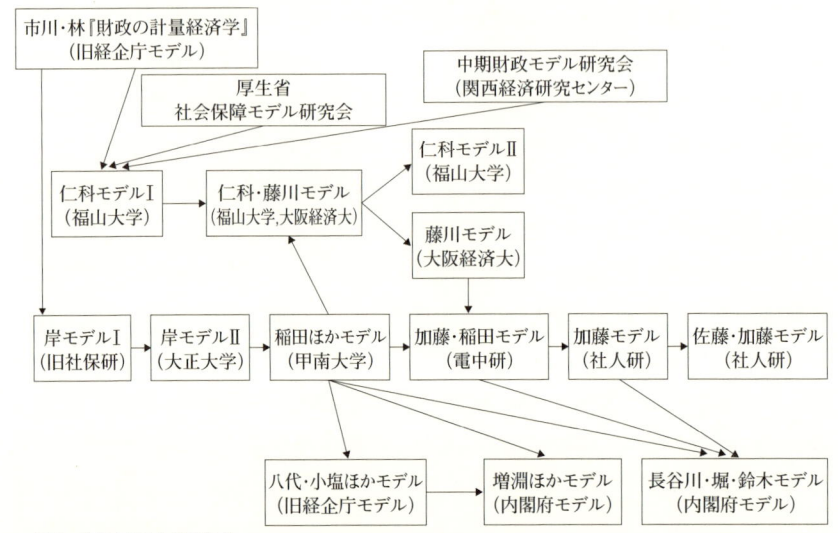

図3 社会保障マクロ計量モデルの系譜

出所：各種文献より筆者作成．

口高齢化のケースではインフレ化と社会保障支出の増加，貯蓄率の低下，消費性向低下のケースでは国内総生産・労働力人口・社会保障給付・社会保障負担の低下，労働力率増加のケースではすべての需要項目の増加と社会保障給付の増加，社会保障負担の減少という結果が得られている．これらの結果から，価格の伸縮性や男女の雇用機会の均等，医療の価格と数量に需要者の態度を反映させること，社会保障は負担する義務があるという合意といった仮定が満たされれば，将来について極度に悲観的になる必要はない，という結論を導いていた．

以上をまとめると，図3のようになろう．現在の社人研の佐藤・加藤モデルに影響を与えたのは，稲田ほかモデルと藤川モデルである．この稲田ほかモデルは岸モデルがルーツであり，また，藤川モデルは仁科モデルがルーツとなる．興味深いのは岸モデルと仁科モデルの両方ともに，市川・林の『財政の計量経済学』が重要な役割を担っていたということである．

5 おわりに

　本章では，社会保障を取り入れたマクロ計量モデルがどのように開発され，発展してきたのかということを概観した．中医協モデル，旧経企庁モデル，日大人口研モデル，旧社保研モデル，社人研モデルというように，さまざまな機関においてモデルの開発が行われてきた．旧社保研モデルは直接的には社人研モデルにはつながっていないが，社人研モデルのベースとなった稲田モデルが社保研の岸モデルをプロトタイプとしている．

　さらに旧経企庁や内閣府経済社会総合研究所のモデルに目を移せば，長谷川・堀・鈴木のモデルは加藤モデル，加藤・稲田モデル，稲田ほかモデルの影響を受けており，増淵ほかモデルは稲田ほかモデルと八代・小塩ほかモデルの影響を受けている．また，八代・小塩ほかモデルも稲田ほかモデルの影響を受けている．こうしてみると，市川・林の『財政の計量経済学』は理論的な支柱であるが，モデルを作成し作動させているという点においては稲田ほかのモデルが事実上，現行のすべての社会保障マクロ計量モデルの元祖といっても過言ではないものと思われよう．

注
1) 以下の記述は，通商産業省大臣官房調査統計部 (1964) による．
2) クライン＝ゴールドバーガーモデルは，アメリカ経済について支出，生産，分配の三面を通じてその変動を整合的に説明することを試みたもので，今日わが国における多くのモデルがこのモデルを参考にして作成されており，標準的な形であるといえる．
3) この機関の基本的な使命は診療報酬の改定である．
4) 成蹊大学教授，実証経済学の日本の先駆けの1人．名古屋大学助教授時代の1961年2月に「上野モデル」というマクロ計量モデルを発表した．
5) 一橋大学名誉教授，スタンフォード大学名誉シニアフェロー．
6) ちなみに第2部は，「専門職業としての医師に所得」で，第1章「医師所得の動向」，第2章「医師と他の専門職業との所得比較」，第3章「診療報酬の国際比較」であった．
7) もっとも，当時の厚生省には「医師数が不足している」との認識はなかったようだ．
8) 『厚生白書』の1956年版に次の記述がある．「病院の経営主体別に見ると，個人は1,634 (31.9%) でもっとも多く，地方公共団体1,024 (20%) がこれに次いで

いるが，さらに病院の種類別に経営主体を見ると，(中略)とくに医療法人立と市町村立の増加が著しく，4年間にそれぞれ3.1倍および1.7倍となっている．」
9) ちなみに，この著作は1973年に第16回の日経図書文化賞を受賞している．
10) 一方で，マクロモデルに対する批判はさまざま存在する．詳細は序章の大林論文を参照されたい．
11) 実は，中期財政モデル研究会（1980）というのがあって，おそらくこれが最古の社会保障を明示し，かつ動いていたという意味での初めてのモデルである．このモデルは政管・組合健保，国保といった健康保険や国民年金，厚生年金といった年金，そして雇用保険も取り扱っている．また，年金基金は財政投融資（当時）に流れるようになっており，制度の記述もよくできたモデルで，内生変数395個，外生変数130個といった比較的大きなものであった（ややテクニカルだが，このモデルは財政モデルと四半期の短期モデルが相互に依存する形で作成されていた）．
12) モデルの構築は林が行っていたようである．市川は本書第3章で述べるように，このころ関心は年金のほうに移っていたと思われる．
13) 旧厚生省（社会保障モデル開発研究会編，1979）でもモデルを開発しようとした形跡がある．シミュレーション結果が報告されていないこと，そしてその後の消息が不明なことを鑑みると，何かしらの問題が生じて研究が途中で頓挫したようである．理論モデルをみると，年金保険部門，医療保険部門，社会福祉部門（老人医療と今日の介護に通じる部門および身体障害者，児童保護費，精神薄弱者保護費，福祉手当，児童扶養手当など），生活保護部門，雇用保険部門まで考慮に入れたモデルである．特に年金については，実体経済との関係（保険料と賃金・雇用者や給付と物価の関係など）を明示しようと努力した形跡がみられる．
14) 社会保障基礎理論研究部室長，現明治大学政治経済学部教授．
15) 岸（1990a）の詳細版が岸（1990b）である．
16) 社人研モデルの加藤・佐藤モデルの加藤のこと．
17) 当時，社会保障研究所研究員．

参考文献

市川洋・林英機（1973）『財政の計量経済学』勁草書房．
市川洋・馬場啓之助・岸功・林英機（1979）「国民経済計算と年金制度」『年金研究年報 第1巻』財団法人年金制度研究開発基金．
市川洋・林英機・馬場啓之助・岸功（1980a）「第1章社会保障給付の物価スライド制の影響」『季刊社会保障研究』Vol. 16, No. 2.
─────（1980b）「第2章長期社会保障モデルの計測と分析」『季刊社会保障研究』Vol. 16, No. 2.
市川洋・林英機・馬場啓之助・岸功・三上芙美子（1981a）「第1章年金給付将来推計の修正」『季刊社会保障研究』Vol. 17, No. 2.
─────（1981b）「第2章長期社会保障モデルによるシミュレーション」『季刊社会保障研究』Vol. 17, No. 2.

市川洋（1982）「第4章 2025年金負担」『季刊社会保障研究』Vol. 18, No. 2.

稲田義久・小川一夫・玉岡雅之・得津一郎（1992）「年金制度の計量分析——日本経済の成長経路をめぐって」『季刊社会保障研究』Vol. 27, No. 4.

上野裕也（1961）「長期モデルについて」経済審議会企画部会・計量小委員会『計量小委員会報告』.

江見康一（1973）「書評：市川洋・林英機著『財政の計量経済学——租税，政府支出および社会保障の経済理論』」『季刊 理論経済学』Vol. 27, No. 3, 233-234.

加藤久和（2001）「マクロ経済，財政および社会保障の長期展望——供給型計量経済モデルによる分析」『季刊・社会保障研究』Vol. 37, No. 2.

岸功・三上芙美子（1982）「社会保障が国民経済に与える長期的効果」『日本年金学会誌』2号.

岸功（1990a）「第1章 超長期モデルによる社会保障の推計」『季刊社会保障研究』Vol. 17, No. 2.

――――（1990b）「新しい将来推計人口と社会保障」『大正大学研究紀要』第77号.

社会保障モデル開発研究会編（1979）『社会保障の計量経済学』大蔵省印刷局.

中期財政モデル研究会（1980）『日本経済と財政の計量分析——中期財政モデルの開発と応用』関西経済研究センター.

通商産業省大臣官房調査統計部（1964）『日本経済の巨視的計量経済モデル——その展望と評価』通商産業調査会.

仁科保（1982）「わが国における社会保障制度の計量経済学的分析——医療保険部分を中心として」『季刊理論経済学』Vol. 33, No. 2.

仁科保・藤川清史（1992）「日本経済と社会保障（年金と医療）の計量モデル——数量分析の試み」『大阪経大論集』第46巻第2号.

――――（1995）「わが国社会保障制度の計量分析（上・下）」『福山大学経済学論集』第20巻第1・第2合併号（上），第21巻第1号（下）.

日本経済調査協議会（1969）『マクロモデルによる医療受給の研究』（非売品）.

年金制度開発研究基金（1979）『年金研究年報 第1巻』.

長谷川公一・堀雅博・鈴木智之（2004）「高齢化・社会保障負担とマクロ経済——日本経済中長期展望モデル（MarkⅠ）によるシミュレーション分析」*ESRI Discussion Paper Series, 121*, 内閣府経済社会総合研究所.

林英機（1982）「3章長期社会保障モデルの今後」『季刊社会保障研究』第18巻第2号.

藤川清史（1994a）「日本経済と社会保障の計量モデル（1994年改訂版）」『大阪経大論集』第45巻第3号.

――――（1994b）「低出生率と高齢化の下での日本経済と社会保障——シミュレーション分析」社会保障研究所編『現代家族と社会保障』東京大学出版会.

森敬（1993）『戦後日本のマクロ計量経済モデル分析 1953-1961』有斐閣.

八代尚宏・小塩隆士・井伊雅子・松谷萬太郎・寺崎泰弘・山岸祐一・宮本正幸・五十嵐義明（1997）「高齢化の経済分析」『経済分析』第151号.

第2章 OLGモデルによる社会保障の分析[1]

佐藤　格

1　はじめに

　世代重複モデル（Overlapping Generations Model，以下OLGモデルと表記する）によるシミュレーション分析は，Auerbach and Kotlikoff（1983）以来，海外でも日本でも，さまざまな要素を取り入れつつ発展を続けてきた．特に公的年金制度をめぐっては，少子高齢化の進展に伴い世代間の対立が問題視されるようになったこともあり，世代ごとに厚生を評価することのできるOLGモデルが有用なツールとして用いられるようになったといえる．OLGモデルによるシミュレーションについては，すでに上村（2002）や川﨑・島澤（2003）などで詳細な解説がなされている．上村（2002）は，既存研究を整理し，今後の展望について解説している．特に基本モデルについては，動学的な移行過程のシミュレーション方法についても具体的に解説し，ブラック・ボックスと批判されがちであった部分について明らかにしていることに特徴がある．また川﨑・島澤（2003）では，OLGモデルのメリットや発展の方向性，高齢化の影響と対策を示している．OLGモデルのメリットとしてミクロ経済学的基礎と資源配分の状況の分析に優れていることを挙げ，Auerbach and Kotlikoff（1983）以来，遺産や不確実性，人的資本，所得階層，投資関数，政府の予算制約，政府支出の分類，社会保障制度の導入，海外部門の導入などが行われてきたということを，モデルにおいて具体的な関数形で示している．またモデルの解の一意性と安定性を保証することが非常に困難であることから，感応度分析が不可欠であると指摘している．さらに先行研究から，高齢化や年金改革がどのような結果をもたらすのかということを整理している．主な結果と

して，まず高齢化は貯蓄率の低下とともに，生産要素の労働力から資本ストックへの代替を発生させ，賃金率の上昇と利子率の低下が生じることを示している．また年金改革の影響として，賦課方式的な公的年金制度を縮小することで貯蓄率の上昇と経済成長率の上昇が見込まれるものの，二重の負担の問題が存在することについても指摘している．

本章ではOLGモデルによるシミュレーション分析の歴史を概観しつつ，モデルを紹介することとする．本章の構成は以下のとおりである．第2節ではOLGモデルがどのように発展してきたのかということを紹介する．第3節は今後の課題について述べることでまとめとする．また補論として，基本的なOLGモデルのシミュレーションの枠組みとシミュレーション方法を提示する．

2　OLGモデルの歴史

(1) OLGモデルの出現

OLGモデルが開発されるより以前においては，1人の代表的個人が存在すると仮定し，その個人の行動を分析することが一般的であった．それに対して，生存期間が有限である個人が毎期複数人存在することを想定しているのがOLGモデルである．もっとも簡単な例では，2期間（若年期と老年期）にわたり生存する個人が存在すると仮定される．各時点において，若年期にある世代と老年期にある世代が同時に存在し，若年期においては労働を供給することで賃金を得る一方，老年期においては労働を行わず，若年期の貯蓄をもとに消費を行うとされることが一般的である．このようなOLGモデルのはじまりは，Samuelson（1958）とDiamond（1965）にみることができる．Samuelson（1958）により構築された静学的モデルは，成長モデルを組み入れることにより，Diamond（1965）により動学的モデルへと発展を遂げることとなった．なお，これらのモデルは2期間あるいは3期間モデルであり，理論的な分析を行うためのモデルであった．このようなOLGモデルは，家計のライフサイクルには労働供給する期間と引退後の期間の2種類の期間が存在していることを反映したものといえる．すなわち，ある程度現実的な行動を仮定するなかで最

適な消費計画のあり方を考えた場合，若年期と老年期を明示的に区別するモデルが必要になったことが，OLG モデルの出発点であったと考えられる．これらのモデルが基礎となり，以下で説明する大規模な OLG モデルのシミュレーションが行われるようになった．

(2) OLG モデルによるシミュレーション

大規模な OLG モデルを使い，シミュレーション分析を行った最初の例としては，Auerbach and Kotlikoff（1983）が挙げられる．Auerbach and Kotlikoff（1983）の最大の特徴は，モデル内で家計の生存する期間が 55 期間という多期間にわたるということである．Auerbach and Kotlikoff（1983）では，2 期間モデル，特に第 1 期にのみ労働供給を行うようなモデルにおいては，利子率の変化が資源の現在価値に何ら影響を与えないという問題があることを指摘している．Auerbach and Kotlikoff（1983）は，多期間のモデルを採用し，労働供給を行う期間を複数期間にすることで，この問題に対するひとつの解決策を与えている．また，モデルは家計が 55 期間生存する OLG モデルとなっており，労働供給は外生，寿命の不確実性はないという構造である．ただしこの時点ではまだ社会保障制度は導入されていない．社会保障制度を取り入れたモデルの出現は，Auerbach and Kotlikoff（1987），本間ほか（1987）まで待たなければならない．

(3) 社会保障制度の明示的な導入

社会保障制度をモデルのなかに明示的に取り入れたものとしては，Auerbach and Kotlikoff（1987），本間ほか（1987）が最初である．いずれも労働供給が内生化されていることと，報酬比例的な要素を含んだ年金制度をモデル化していることに特徴がある．しかし一方で，寿命の不確実性は含まれていないモデルとなっている．また，人口成長率も外生的に与えられている．効用関数は，労働供給が内生化されたことを反映し，消費と余暇から効用を得るという形に変更されている．また公的年金の導入に伴い，予算制約式も年金保険料の拠出と年金給付を反映したものとなっている．

本間ほか（1987）では，寿命の伸びと人口成長率の低下が生じた「高齢化社

会」への移行過程をシミュレーションにより明らかにしている．このとき，年金給付水準を維持するためには初期定常状態のほぼ2倍の年金保険料率が必要となるばかりでなく，政府支出の増加も考慮に入れると，公的負担が43.1％に上ってしまうという結果を導いている．さらに，資本労働比率の低下，利子率の上昇，賃金率の低下も発生するとしている．これに対して，負担の増加を抑制するケースと財源調達方法を変化させるケースを想定し，シミュレーションを行っている．この結果，税収や年金保険料の不足は消費税によりまかなうこととともに，実質的な給付水準の引き下げることや積立金を保持することが，世代間の厚生の不平等度の緩和という観点からは有効であるという結論を得ている．

(4) モデル上のさまざまな要素の導入とその意義

ここまでみてきたように，OLGモデルは現実により近いシミュレーションを実行するための方法として次第に発展を遂げてきた．しかし，その後もさまざまな要素が取り入れられ，さらに現実に近い状況を再現できるようなモデルへと進化してきている．そこで，これまでどのような要素が新たに取り入れられてきたのかを紹介するとともに，それらの意義についても検討していくことにしたい．

生存確率と遺産

モデルの拡張の方向として，最初に挙げられるのは生存確率の導入である．年金制度の重要な役割のひとつとして，長生きのリスクに対応する，というものがある．補論に示すとおり，OLGモデルにおいて家計はライフサイクルの効用を最大化するように消費の計画を立てる．すなわち，経済に参入してから死亡するまでの期間についての最適な消費の計画にしたがうことで，ライフサイクルの効用が最大化されることになる．したがって，寿命に不確実性のない状況下では，年金制度の存在にかかわらず最適な消費行動を実現できることになる．なお，このとき遺産動機を考慮しないならば，死亡時に資産がゼロとなるように消費を行うことが最適とされる．一方寿命に不確実性が存在する場合，特に当初の予想よりも長生きをしたような場合には，死亡すると予測していた期において資産がゼロとなってしまい，その後消費を行うことが不可能となっ

てしまう．このような状況を発生させないためのひとつの方法が年金制度の導入である．すなわち，寿命に不確実性が存在しなければ，年金制度のもつ「老後の生活保障」という役割は非常に希薄になってしまう[2]．以上の理由により，社会保障制度，特に年金をモデルに取り入れた場合，長生きのリスクをモデル化することが非常に重要となる．さらに，公的年金が終身年金であることを考えると，寿命の伸び，言い換えれば各時点における生存確率の上昇は，年金受給者数を増加させる．したがって，生存確率の変化は年金財政にも影響を与えることになる．特に日本をはじめとする先進各国にみられる少子高齢化の影響を把握するためには，実際のデータに基づく生存確率を導入し，毎期ある確率で家計が死亡するという要素を取り入れることは不可欠であったといえるだろう．

　日本においては，岩本（1990）において，寿命の不確実性のあるモデルが構築されている．岩本（1990）は生命表のデータを用いて，家計が最大で100歳まで生存するという想定のもと，寿命の不確実性の有無が年齢―資産プロファイルに与える影響を示している．この結果，寿命の不確実性が存在することにより，年齢―資産プロファイルをより緩やかに減少させることが明らかにされている．また，高齢期においては流動性制約に直面することも明らかにされている．ただし，生存確率については生命表をもとにしているものの，家計数は初期状態で毎期1％ずつ上昇し，最終的に世代成長率が0％に低下すると想定しているように，現実の人口構成の変化をとらえるには不十分な設定となっている．またKato（1998）は将来人口のデータを利用した80世代のモデルを用いて，4種類の方法により公的年金の財源を確保した場合の比較を行っている．年金保険料，消費税，利子課税，相続税の4種類の財源調達方法を想定した場合，資本蓄積を促進させるという意味では消費税，より高い厚生水準の確保という意味では利子課税が望ましいということを示している．将来人口のデータはすでに岩本・加藤・日高（1991）でも取り入れられているが，Kato（1998）では，利子率も内生的に決定される一般均衡分析になっている点に特徴がある．

　なお，家計が子どもをもち，子どもの効用も考慮するようなモデルにおいては，子どもを育て終わるまでは死亡せず，子どもを育て終え，年金を受給する

ようになってから生存確率にしたがって死亡するような想定をおいているモデルも存在する．たとえばFehr, Jokisch and Kotlikoff（2003）では最大90歳まで生存する家計のもとで，死亡確率が正の値をとるのは68歳から90歳までの間としており，67歳までの期間に死亡することは想定されていない．またGokhale et al. (2001) は最大88期生存する家計を想定し，各家計は2人の子どもをもうけると仮定している．死亡確率が正の値をとるのは67歳から88歳までの間であり，66歳までの期間に死亡することは想定されていない．もしも誕生した翌年，あるいは経済に参入した翌年から死亡するという可能性を考慮したとすると，子どもが生まれる前に死亡するケースや子どもを育て終わる前に死亡するケース，あるいは子ども自身が早期に死亡するケースなど，さまざまな可能性が考えられ，計算の複雑さが一気に増すものと考えられる．したがって，退職後にしか死亡しないという仮定をおくことで，これらの可能性を排除する必要があったものと考えられる．ただし引退前に死亡することがないような設定にすることで，年金財政の計算に影響が出ることは避けられない．引退前には死亡しないことから，年金保険料の拠出額は過大になり，同時に少なくとも引退直後においては年金受給者数が過大になると考えられるため，給付額もまた過大になるだろう．拠出額や給付額が過大になることがシミュレーション結果に与える影響がどの程度のものであるかは明らかではないが，現実的なモデルの構築という観点からは，拠出額や給付額がどの程度過大になっており，それがシミュレーション結果にはどの程度の影響を与えているのかを明らかにする必要があると考えられる．

　さらに，生存確率の導入は意図せざる遺産を発生させる．生存確率は通常世代単位で設定される．すなわち世代全体でどの程度の割合の家計が次の期まで生き残るのかは既知であっても，自らが次の期に生存しているかどうかは未知である．したがって家計は最終生存年齢まで生存することを前提に消費計画を立てることになる．すなわち，最終生存年齢以前の資産額は，一般にゼロとはならない．もしモデルで設定される最終生存年齢以前に死亡した場合には，その前の期までの資産の残高が意図せざる遺産として遺される．したがって，生存確率を導入することにより，遺産は不可避的に発生する．岩本・加藤・日高（1991）では，人口高齢化が国民貯蓄に与える影響について，遺産を導入した

モデルを用いて分析している．特に遺産動機の強さと年金政策の効果について着目して分析した結果，高齢化で貯蓄率が上昇することと，遺産が民間の資産形成に大きな役割を果たすということを結論として導いている．

また遺産動機の存在を明示的に考慮しているモデルもある．遺産は通常，年金のような若年層から高齢者層への移転とは逆に，高齢者層から若年層への移転であると考えられる．たとえば宮里（1998）は遺産動機を考慮したうえでのネットの生涯負担額や所得再分配額を示している．また佐藤・上村（2006）は生存確率に基づく意図せざる遺産と消費としての遺産の2種類を考慮し，これらの遺産が公的年金の再分配効果をどの程度相殺しているのかということを分析している．

労働供給の内生化

年金制度の財源調達を検討する場合，保険料，すなわち賃金税という形，あるいは消費税という形をとることが多い．もっとも簡単なOLGモデルでは，消費は効用関数をもとに，生涯効用を最大化するように決定される．その際消費税が課されれば，それによって消費行動に変化が生じる．一方保険料，特に賃金に対して保険料が課される状況を想定すると，労働供給を内生変数として扱うか外生変数として扱うかにより，家計の行動に異なる影響を与えることになる．労働供給が外生であれば，保険料率が変化しても労働供給量は変化しない．すなわち，この場合の保険料は一括税と同じ効果をもつ．しかし一方で，家計の効用が消費だけでなく余暇にも依存するようなモデルを想定することにより，この結論が変化する．賃金に対して課税が行われれば，従来と同じだけの労働供給を行ったとしても，得られる賃金は少なくなる．したがって，従来と同じ水準の労働供給しか行わないのであれば，従来と同じ消費の水準を維持することは不可能である．一方消費水準を維持するためには，労働供給を増加させて，すなわち余暇を減少させてより多い賃金を得るしかない．したがって，保険料率の変化は一般に消費と余暇の選択を変化させる．すなわち，保険料が一括税とは異なる効果をもつことになる．このように，財源調達方法を正しく比較するにあたっては，労働供給を内生化することも必要である．

労働供給の内生化は，1987年の時点ですでにAuerbach and Kotlikoff（1987）や本間ほか（1987）で行われているが，その後も労働供給が外生とな

っているモデルは多く存在する．もちろん，分析の対象によっては労働供給を内生化することのメリットが薄いことも考えられる．また日本の労働供給がかなり非弾力的であるという状況を反映するために，労働供給を外生的に扱っている岡本（2007）のような論文もある．しかし少なくとも財源調達を議論するにあたっては，労働供給を内生化したモデルを構築することは不可欠であるといえる．

世代内の異質性

　OLGモデルは世代ごとの消費や貯蓄，労働供給といった行動を記述することが可能なモデルである．したがって，世代間の不公平性などを分析するにはもっとも適したモデルであるということができる．すなわち，もともとOLGモデルは世代内の異質性よりも世代間の異質性について分析することに主眼をおいたモデルであったといえるだろう．しかし雇用形態などをみても，現実にはさまざまな働き方があり，それぞれ異なる所得を得ているという状況がある．したがって，同一世代内の家計がすべて同質であるという仮定は，モデルをより現実に近いものとするなかでは，緩めていく必要のある仮定であると考えられる．たとえば公的年金の財源調達の方法を分析するような場合，一般的に消費税による財源確保が望ましいとされることが多い．これは以下のような理由による．第1に，少子高齢化の進展が世代間格差を発生させている状況下においては，高齢者にも負担が発生することで，現役世代の負担が軽減され，世代間格差の縮小に貢献するためである．第2に，消費税は資本蓄積を促進するため，高い水準の資本蓄積が経済厚生を高めるためである．しかし一方で，消費税は所得に関係なく，消費額に依存して課されるために，低所得者層に対して相対的に重い負担が発生することが考えられる．したがって，財源をどのように確保するのかということを分析するにあたっては，世代内の異質性についても考慮する必要があると考えられる．世代内の異質性はFullerton and Rogers（1993）で取り入れられ，以後実際のデータなどにそくした形でモデルに組み入れられるようになった．Altig et al.（2001）はUniversity of Michigan's Panel Study of Income Dynamics のデータをもとに各世代内に12の階層を設定し，5種類の税制がマクロ経済と厚生に与える影響を分析している．またConesa and Krueger（1999）では，Survey of Consumer Finances (SCF) と Panel Study of Income Dynamics (PSID) のデータをもとに労働生産性の確率的要素を特定し，両者の比較を行っている．さらにKotlikoff, Smetters and Walliser (1999) は PSID データを用い，最上位・最下位 2% ずつと，その中間 8% ずつというように，各世代内に 12 の階層を設定し，公的年金民営化の影響を分析している．

一方日本においても，世代内の異質性が導入された研究がなされている．たとえば宮里・金子 (2001) は「賃金センサス」の大卒, 高専・短大卒, 高卒, 中卒の平均賃金をもとに階層を分類し，世代内・世代間の両観点からの公平性について分析している．世代内の労働生産性の相違が所得の相違を生み出しているという設定のもとで，さまざまな保険料の徴収方法，あるいは所得階層が流動的か否か，さらには所得階層ごとに累進的な所得代替率を設定するといったケースについてシミュレーション分析を行っている．この結果，所得代替率の累進的な引き下げだけでは世代内・世代間の格差を同時に是正することはできず，累進的相続税とセットで改革を行うことが必要であるとしている．ただし，このモデルにおいて労働供給は非弾力的であり，人口成長率についても，終期の定常状態において「ゼロ」とおいているように，実際のデータに基づくものにはなっていない[3]．

また金子・宮里・中田 (2003) や金子・中田・宮里 (2004) は，同一世代内に学歴別賃金をもとにした 4 つの所得階層が存在するモデルを用いて，年金制度における財源選択が消費や貯蓄，生涯所得に及ぼす影響を分析している[4]．これらのモデルはひとつの世代を 4 つの所得階層に分類しているため，世代内の公平性についても分析できることに特徴がある．金子・宮里・中田 (2003) では基礎年金給付の 2 分の 1 を国庫負担によりまかなう場合の財源について検討し，世代間格差縮小のためには総合所得課税が望ましい一方で，生涯消費や生涯所得の増大のためには消費への課税が望ましいというように，公平性と効率性のトレードオフが生じていることを示している．

岡本 (2007) は，75 期，労働供給外生，所得 3 階層，公共サービスからも効用が発生するモデルを用い，最適な国民負担率の水準について分析を行っている．特に公的年金制度については，所得代替率を初期状態と同じ水準に保ち続けるケースと，保険料をスケジュールどおりに上昇させるケースを想定して

いる.分析は定常状態間の比較にとどまっているものの,少子高齢化により望ましい国民負担率の水準が上昇することを明らかにしている.

また上村・神野（2007）などでは,子どもに対する選好の異質性を表現したモデルを用いた分析を行い,出生率改善のために児童手当の拡充が必要であるという結論を得ている.

流動性制約

家計の行動について,各時点において個々の家計が保有する資産の総額を上回る水準の消費を禁止するような制約を課すことがある.このような制約を流動性制約と呼ぶ.なお,家計が流動性制約に拘束される状況は,モデル上,若年期と高齢期のいずれかで発生している.たとえば岩本（1990）では,家計の保有資産がゼロとなるのは,100歳に近い高齢のときであったという結果を得ている.また加藤（2000）や川出（2003a, b）も同様に,高齢期に流動性制約に直面するという結果を得ている.一方上村（2001）や佐藤・上村（2006）などでは,若年期にキャッシュフローを超える過剰な消費を行う可能性が高いことを指摘している.このように,若年期と高齢期の2つの時点において,モデル内の家計は,現実には考えにくい形で,自らの保有する資産額を上回る水準の消費を行う可能性がある.

モデル上で起こるこれらの過大な消費に対して流動性制約を課す理由として,上村（2002）では,現実の年齢別人口データを一般均衡モデルに組み込んだ場合の数値計算上の不安定性を回避することとしている.すなわち,家計が自らの保有する資産の額を上回る水準の消費を行うことにより,経済全体での貯蓄の総額が減少してしまう.一般にOLGモデルにおいては家計の貯蓄が経済全体での資本蓄積の量を決定するため,貯蓄の減少は資本蓄積を減少させる.補論(14)式,(15)式に示したとおり,資本蓄積の量は利子率や賃金率といった値を決定する重要な要素となっているが,利子率や賃金率が大きく変化すると,数値計算における収束の可能性を低下させることがある.したがって,現実的ではない家計の行動の可能性を排除するという観点だけでなく,計算において収束の可能性を高める観点からも,家計の行動に流動性制約を課すことが必要となる.

海外部門

モデルの拡張の方向としては,海外部門の導入も考えられる.もともとのモデルは閉鎖経済モデルからスタートしているが,現実には海外との関係も非常に重要である.特に閉鎖経済下においては,人口構成の変化が資本労働比率を変化させる.したがって,開放経済を仮定した場合,人口構成の異なる国の間では,資本移動が起こることが予想される.また制度変更の効果も,資本移動が想定されているかどうかによって異なることが予想される.これらのことから,開放経済を仮定した分析も行われるようになってきている.岩田(1997)は,日本とアメリカの2国が存在する状況を想定し,公的年金制度の民営化がもたらす影響を分析している.分析の結果,日本のみの完全民営化でも,アメリカに対して正のスピルオーバー効果が発生することや,部分的民営化も効用水準の引き上げや世代間の公平性の確保に有効であることが明らかにされている.ただしこのモデルは単純な2期間モデルであり,また効用は消費のみから得られるモデルとなっている.さらに資本が2国間で完全な移動性をもち,実質賃金と実質利子率が両国で等しくなるという想定となっている点に問題がある.また Fehr *et al.* (2003)では,アメリカ,EU,日本の3地域を想定し,子どもの効用を考慮に入れた91世代のモデルを用いて,移民の増加と公的年金の民営化が与える影響について,閉鎖経済を仮定した場合と開放経済を仮定した場合との比較を行っている.この結果,以下の結論が得られている.第1に,いずれの地域も高齢化により資本ストックが減少するが,高齢化の度合いの違いから,資本はアメリカから EU や日本へと流出することになる.第2に,移民を倍増させることの効果は小さなものにとどまるが,公的年金の縮小は長期的な厚生を大きく増加させることになる.このとき制度変更時において中高年世代となる家計の厚生は悪化するが,その悪化の程度は軽微なものにとどまり,若年世代,あるいは将来世代の厚生は大きく改善することになる.さらに Börsch-Supan, Ludwig and Winter (2005)では,フランス,ドイツ,イタリア,その他の EU,北アメリカ,その他の OECD,それ以外の7地域について,85期間のモデルを用いて分析を行っている.高齢化が資本移動をもたらし,当初は高齢化の進展している国から高齢化のあまり進んでいない国へと資本が輸出されるが,当初資本を輸入していた国でも次第に高齢化が進むため,

2020年頃を境に資本の動きが逆転することが示されている．また開放経済を想定することで，人口高齢化が貯蓄率や資本収益率に与える影響が拡散されることが明らかにされている．

なお閉鎖経済モデルであるが，同じ政策をとったとしても国や地域によって効果が異なることを示したものとして，Hviding and Mérette (1998) がある．Hviding and Mérette (1998) では，15期，労働供給外生のモデルを用いて，高齢化のなかで年金改革がどのような効果をもつのかということを分析している．年金改革については(1)段階的な民営化，(2)代替率の20％削減，(3)民間貯蓄の減少を政府貯蓄の増加で相殺，(4)引退年齢の4年延長の4種類を想定している．また，モデルではアメリカ，日本，フランス，カナダ，イタリア，イギリス，スウェーデンの7ヵ国について分析を行っている．いずれも閉鎖経済を想定しており，資本移動などについては考えられていないものの，各国のおかれている状況の違いにより，政策の効果が異なることを明らかにしている．

賦課方式と積立方式

公的年金の運営方式について，賦課方式と積立方式のどちらが優れているのか，という議論は古くから存在する．またその結論については，論文によってさまざまである．

たとえば Auerbach and Kotlikoff (1987) では，代替率の削減や引退年齢の引き上げ，積立金の増加が長期的な厚生水準を引き上げるものの，移行過程において生存する家計は厚生の低下に直面することを示している．また本間・跡田・大竹 (1988) では，高齢化社会においては，経済厚生の観点から評価すると，消費税の増税とともに，年金保険料の世代間格差を解消するために，年金積立金を保有することが望ましいことが示されている．また積立方式と賦課方式とを比較すると，本間・跡田・大竹 (1988) においては，シミュレーションにおけるすべての時点において，国民所得の水準は賦課方式のほうが大きくなるという結果が得られている．さらに増税の効果についても，移行過程の財政方式として積立方式を採用した場合と賦課方式を採用した場合の比較を行っている．この結果，すべての世代において賦課方式のほうが厚生水準が高くなったことから，保険料率の平準化が必ずしも各世代の経済厚生を高めることにはならないという結論を得ている．岩本 (1990) は，積立方式への移行は，税

収の不足分を消費税でまかなうことや年金保険料率を引き下げることと同様に，資本蓄積を促進させ，家計の効用を増加させる効果をもつという結論を得ている．上村（2004a）では，家計の資産運用リスクを考慮したモデルを構築している．分析の結果，少子高齢化に伴う年金保険料率の引き上げが経済厚生を低下させる一方，積立方式への移行は二重の負担が顕在化するため，現役世代の平均的な経済厚生を低下させることと，賦課方式はリスクのシェアという点において有効であることが明らかにされている．このことから，公的年金の規模は縮小する必要があるものの，制度を突然廃止するわけではなく，徐々に給付水準を削減することが望ましいという結論を得ている．Kotlikoff, Smetters and Walliser（1999）は，寿命に不確実性のない55期，12階層，労働供給内生のモデルを用い，アメリカの公的年金制度を民営化させることの効果を分析している．年金制度は現在のアメリカの制度を反映し，ベンドポイントも考慮したものになっている点に特徴がある．分析の結果，民営化が生活水準を上昇させることとともに，移行期の世代において厚生損失が発生することが明らかにされている．またİmrohoroğlu, İmrohoroğlu and Joines（1995）は，65期間のモデルを用いて，社会保障制度として公的年金制度と失業保険制度という2つの制度が存在することを前提に分析を行っていることに大きな特徴がある．なおモデルにおいて，個人は死亡リスクと所得に関するリスクに直面しているという仮定をおいている．このとき，社会保障制度は経済の動学的非効率性の問題を回避するのに有用であり，また民間の年金の有用な代替財となっていることを示している．これらの点により，社会保障の存在は，社会保障制度が存在しないときと比較して2.08% GNPを引き上げるとされる．

一方で政治的な決定の問題も重要である．一般的に積立方式への移行にあたり問題となるのは，二重の負担が発生することによる世代間の対立である．すなわち，少子高齢化の進展するなかで，積立方式への移行は将来の資本蓄積，あるいは将来世代の厚生を引き上げるものの，すでに保険料を支払っている現在の世代は追加的な負担を迫られる，あるいは十分な給付が受けられないなどの可能性がある．したがって，現役世代，あるいはすでに退職した世代は積立方式へ移行してもまったく恩恵を受けられない，あるいは恩恵をわずかしか得られない状況の発生することがある．したがって，積立方式への移行が政治的

に支持を得られない可能性がある．たとえば Conesa and Krueger（1999）では，同一世代に属する個人であっても，所得に関して異質な不確実性をもつ状況のもとで，民営化（積立方式への移行）が政治的に支持されないという結論を得ている．これは，賦課方式の社会保障制度には，もともと存在しない年金の市場を補完するという役割だけでなく，個人間で異なる所得の不確実性に対して，部分的な保険の機能を果たすという役割も存在しているという認識が前提となっている．Cooley and Soares（1999）は，4期間，労働供給内生のモデルを用い，過去の拠出を sunk cost として扱うような場合には，合理的かつ forward-looking な経済主体が利己的に行動したとき，年金がないような経済への移行が改善であっても，自分が引退するまで制度を維持することを望むことが最適となるため，制度が維持されることになること，動学的に効率的な経済でも，投票の結果，社会保障制度の存在する経済が均衡として選択されることなどの結論を提示している．

制度の評価

　日本における公的年金制度は，加入する制度の違い，再三行われる改革，控除の存在などにより，かなり複雑なものとなっている．そのなかで，改革のあり方，あるいは財源のあり方などについて詳細に分析している論文が多数存在する．

　たとえば過去からの改革について詳細に分析した例として，中嶋・上村（2006）や上村（2006）がある．中嶋・上村（2006）は，60世代のモデルを用いて，1973年改正以降の年金改革が各世代の拠出と給付のバランスや消費の推移，生涯期待効用の推移にどのような影響を与えているのかということを分析している．このモデルには，世代間格差への影響を数量的に明らかにできることと，賃金や世帯人員，税制などについて，データをもとにした非常に詳細な値を用いていることに特徴がある．分析の結果，給付と拠出の変更の組み合わせ方次第で，給付と拠出のバランスや効用水準を特定世代にターゲットを絞って調整できることが明らかにされている．また上村（2006）は，厚生年金と公務員共済年金の一元化が年金収益率に与える影響を分析している．1954年以降の制度改正を反映し，再評価率や標準報酬，定額単価，支給乗率，マクロ経済スライドなどをモデル化し，現実の制度を可能な限り取り入れていること

に大きな特徴がある．

　また直近の改革である 2004 年改革の評価を行った論文として，佐藤（2004）や北浦・木村（2007）が挙げられる．佐藤（2004）は特に厚生年金積立金に焦点をあて，年金積立金を取り崩したときの効果について分析を行っている．年金積立金が私的な資本ストックと同様に生産に使用されるという仮定をおいているものの，従来では毎期均衡すると想定されることが多かった年金会計の収支について，より現実に近い状況を想定するようになったという点に特徴がある．また北浦・木村（2007）は，年金積立金の取り崩しだけにとどまらず，2004 年改革のさまざまな効果を考慮した分析を行っている．特に，財政再計算の結果をトレースできるモデルを用いて，財政再計算を一般均衡化することで，2004 年改革の効果はどのように変化するのかということを分析している点に特徴がある．分析の結果，一般均衡化により，積立金が大きく減少すること，改革により積立金の減少する速度が増すこと，消費は改革を行うことで一旦低下するものの，将来的には改革前より増加すること，改革により公債残高が増大すること，生まれた年の遅い世代ほど改革により効用の改善がみられることなどが明らかにされている．

　さらに財源の確保に関しては，上村（2003），佐藤・上村（2006），金子・中田・宮里（2006）などで分析が行われている．たとえば上村（2003）は，公的年金に対する課税のあり方について分析を行っている．具体的には，公的年金等控除の縮小と，年金保険料控除の縮小を取り上げている．分析の結果，公的年金等控除を廃止すれば世代間の不公平は是正される一方，年金保険料控除を廃止すると，世代間の公平性の確保は実現できないことが明らかにされている．したがって，公的年金税制の改革は，本格的な高齢化が進展する前に公的年金等控除を縮小する方向で進めることが望ましいという結論を得ている．また佐藤・上村（2006）は，年金財源の調達方法と国庫負担の水準の変化が経済厚生や再分配に与える影響について分析を行っている．分析の結果，2004 年改正は世代間の公平性の確保には有効であったが，年金財源の一部を消費税，あるいは年金課税でまかなうことができれば，年金収益率の平準化や経済厚生のさらなる上昇が可能となるということが示されている．さらに金子・中田・宮里（2006）は，保険料水準固定方式のもとでの給付水準の変動の可能性と，基礎

年金の財源選択の効果について分析を行っている．またモデルでは『国民生活基礎調査』を用いて，所得を4階級に分類していることに特徴がある．分析の結果，保険料水準固定方式において世代間の公平性がより確保されること，国庫負担引き上げの追加的財源を消費税によってまかなうことは，経済効率性と世代内の公平性の点でメリットがあることが明らかにされている．

また，従来のモデルにおいては，すべての家計はフルタイム労働者であり，厚生年金に加入しているというような想定のもとで分析されることが多かった．この点について，より現実に近い設定をおいて分析しているものとして，中田・金子（2006）や中田・金子（2007）などが挙げられる．中田・金子（2006）では，パートタイム就労者に厚生年金の適用を拡大するケースや第3号被保険者にも定額の国民年金保険料の負担を求めるケース，基礎年金の給付にかかる費用を完全に租税のみでまかない，その財源を消費税に求めるケースなどの検討を行っている．この結果，消費税化は経済の効率性は高めるものの追加的に10%程度の税率が必要になること，パートタイム就労者や無業者への年金負担の拡大は短期的に年金財政を改善させるものの，長期的には年金財政の持続可能性に悪影響を与える可能性があることが明らかにされた．さらに中田・金子（2007）では遺族年金給付の改正についてのシミュレーションを行っている．具体的には，①遺族年金給付を夫の給付の50%程度に削減する案，②2分2乗式の年金給付に改める案，③扶助原理に基づく遺族給付を厚生年金保険制度から分離し厚生年金を保険原理に基づく給付により純化させる案，の3案である．この3案から得られる積立度合は，いずれも有限均衡方式の目標とする約100年後の積立度合を大きく上回る水準となるため，厚生年金の持続可能性は著しく高まることが明らかになった．ただし，この結果を受けて，給付と負担のバランスを再調整すべくマクロ経済スライドの適用期間を削減することを想定すると，今度は国民年金制度の破綻を招くことが示された．したがって，上記の改正案の実施に際しては，厚生年金保険料負担の軽減で対応することが妥当であるとしている．また，それぞれの改正案に基づけば，保険料率は，2004年改正時の最終保険料率18.3%よりも若干ではあるが低い負担で制度を持続できる可能性が示された．さらに公的年金制度の積立金額を幾分か軽減させることから，運用収益のぶれにより生じるリスクを軽減・回避させる効

果が期待できるという結論が得られた.

　日本における公的年金制度は,働き方などにより加入する制度が異なるため,すべての制度を反映させた形でモデルを構築することは非常に困難である.また国民年金のように定額の拠出を行い,定額の給付を受けるような制度は,OLGモデルのなかで分析することが難しい.したがって,比較的容易に分析可能な被用者年金,そのなかでも特に加入者数の多い厚生年金に加入している個人を想定して分析がなされることが多かった.しかし公務員共済年金や遺族年金などを扱ったり,あるいは従来厚生年金に加入していなかったパートタイム労働者を厚生年金に加入させるケースを扱ったりすることができるようになったことで,さらに分析の幅が広がってきているといえるだろう.もちろん,さまざまな制度を取り入れれば取り入れるほど,モデルは複雑化する.したがって,モデルの実行可能性を確保するために,モデルの一部を複雑化する代わりに他の部分が簡略化されるといったことも起こりうる.しかしより一層現実に近い事象を分析することができるように,今後はさらにさまざまな制度を取り入れつつ,モデルを精緻化していく必要があると考えられる.

児童手当

　児童手当をモデル化した研究として,上村・神野（2007）や上村・神野（2008）が挙げられる.賦課方式の公的年金制度が充実することは子どもを自発的に産むインセンティブを阻害し,人口が社会的に最適な水準を下回る可能性があることが指摘されている.このような問題意識のもとで,上村・神野（2007）では,現金給付に占める公的年金の割合が高いほど出生率が低くなることから,少子化対策としての現金給付の世代間配分の変更,具体的には現金給付のうち公的年金のシェアを減らし,児童手当のシェアを増やす政策の効果を分析している.この結果,集計された社会的厚生が高まり,平等化が促進されることが明らかにされた.また1人当たりの経済厚生で評価すると,経済厚生は一時的に上昇するものの,長期的には人口増加により低下するという結論が得られた.

　上村・神野（2008）は児童手当拡充の財源選択がもたらす経済厚生への影響を分析している.賦課方式の公的年金制度そのものが出生率を低下させる効果をもつこと,出生率を改善できた国々は児童手当をはじめとする家族政策が充

実していることなどから，今後出生率を改善するために，また若年世代のリスクや不確実性を除去し，多様な家族形態に社会保障制度を順応させる必要があるという意味でも，児童手当の拡充が必要であるとしている．選好に差のある家計が共存する世代重複モデルを用いて分析した結果，児童手当の拡充などの家族政策は社会的厚生を改善し，その財源としては年金課税や消費税のような，公的年金に伴う世代間の再分配を弱めるようなものが望ましいという結論が得られた．

経済前提の計算ツールとしての OLG モデル

最後に，保険数理モデルとの融合を図っている研究を紹介しよう．中田（2008）あるいは中田・蓮見（2009）では，OLG モデルと保険数理モデルの融合を目指している．通常の保険数理モデルにおいては，経済前提は計算の期間内において一定であると仮定されていることが多いが，それらの経済前提についてOLGモデルを用いて計算した値を使用することで，長寿化と給付開始年齢の引き上げのインパクトを分析している．シミュレーションの結果，経済想定だけをOLGモデルから得られたものに変えただけでも積立金が枯渇し，制度の持続可能性が失われるという結果が得られた．したがって，家計のライフサイクル行動による運用収益の低下には，マクロ経済スライドと支給開始年齢の引き上げにより対応しなければならないことが示された．また，年金財政の持続可能性を考える際には，運用利回りの長期変動を考慮し，特に人口想定ごとに異なる見込み利回りを設定する必要があるということが明らかにされた．

OLG モデルにおいては，一定の仮定はおかれるものの，家計が生涯効用の最大化という目的のもとで合理的に行動していると考えられている．さらに合理的な行動の結果労働供給量や貯蓄額が決定し，それが賃金率や利子率を決定するという構造になっている．高齢化による資本労働比率の上昇などを考えれば，経済変数が長期にわたって一定であるというように仮定するよりも，経済前提に OLG モデルから得られた値を使用することには大きなメリットがある．両者の長所を組み合わせることができれば，制度の将来像についてより信頼のできる結果が得られるものと考えられる．

3 おわりに

　OLGモデルがさまざまな形で改善され，より現実に近い状況を扱えるようになってきたということは，今までみてきたとおりである．特に生存確率を導入したことは，社会保障制度，とりわけ公的年金制度を分析するにあたり，非常に重要な貢献であったといえるだろう．また世代内の異質性も，特に財源調達を扱う際に重要となる．今後高齢化が進み，保険料だけでは拠出をまかないきれなくなるような状況が発生した場合の財源確保を分析する際には，世代内に異質な家計が存在する状況を想定することが不可欠であろう．さらに財源調達面だけではなく，さまざまな制度が分立する現在の日本における公的年金制度を分析するためにも，世代内の異質性は重要な役割を果たすものと考えられる．被用者年金制度だけをみても複数の種類があるばかりでなく，国民年金にみられるような定額の給付・負担を行う制度も存在する．また働いているにもかかわらず厚生年金の適用を受けないパートタイム労働者の扱いも，今後の公的年金制度のあり方を議論するうえでは，モデルに組み込むことが不可欠といえるだろう．第3号被保険者のように，保険料を納付しない者について分析するためには，個人単位ではない分析も必要になると考えられる．もちろん，これらの点をOLGモデルで分析するには，数多くの困難が存在する．

　たとえば労働供給が内生化されたモデルであれば，家計は労働供給量を自由に選択できることになる．したがって，非自発的な失業者は存在せず，完全雇用が実現されている状況しか扱っていないということになる．同様に，雇用形態もすべての個人について等しいと想定される．すなわち，このような想定のもとでは，常用雇用・派遣・パートなど，さまざまな雇用形態がある状況を分析することは困難である．特に日本のように，雇用形態ごとに加入する制度が異なり，支払う保険料も異なるような状況は，分析対象としては非常に重要であるにもかかわらず，OLGモデルで分析することは難しい[5]．雇用形態の差は，一部は労働に対する選好の違いなどで説明することが可能と思われるが，今後さらに研究を進め，モデルを精緻化していく必要があると考えられる．

　さらには海外との関係も重要である．上で紹介したとおり，高齢化と資本移動の関係を分析したモデルはすでにいくつか存在する．しかし急速に高齢化が

進む日本においては，まだ分析は十分であるとはいえないだろう．また資本移動だけでなく，労働力の移動，すなわち移民の問題も分析を進めていく必要があるだろう[6]．日本は世界のなかでも特に高齢化の進展が著しい国であるという特徴を考慮すれば，さらなる研究が期待される．もちろん，モデルの複雑化は計算時間の増加につながるばかりでなく，モデルの収束の可能性を低下させることが考えられるというように，計算には多大な困難が伴うと考えられる．しかし近年のパーソナルコンピュータの性能の向上は目覚ましいものがあり，計算の困難さはかなり軽減されてきているといえる．今後もさらにOLGモデルを用いたシミュレーション分析が発展していくことを期待したい．

補論　OLGモデルによるシミュレーション

ここでは佐藤・上村（2006）にしたがい，OLGモデルを利用してシミュレーション分析を行うときの手順について解説しよう．第2節で紹介したモデルも，基本的にはここで説明するモデルと同様の設定のもとで計算が行われていると考えられる[7]．すなわち，以下で説明するモデルは，第2節のモデルの構造をより理解しやすくするためのひとつの例である．

(1) 家計

OLGモデルを解くにあたっては，家計が予算制約をもとに効用を最大化していると想定する．したがって，効用関数と予算制約式がもっとも重要な要素となる．なお，OLGモデルでは，名前のとおり，どの時点をとっても，複数の世代がそれぞれ別の年齢の家計として同時に存在することになる．したがって，経済全体で集計する必要のある資本や労働といった変数については，ある時点におけるすべての年齢の家計の資産残高あるいは労働供給量を集計しなければならない．この集計を実行するために，世代を時点と年齢から定義することが必要となる．世代をi，時点をt，年齢をsで表すと，この3つの変数の間には以下の関係が成立することになる．

$$i = t-s \tag{1}$$

また，家計は寿命の不確実性に直面している．家計が経済に参入する年齢を

x として, $x+j$ 歳の家計が $x+j+1$ 歳時に生存している条件つき確率を $q_{j+1|j}$ とすると, x 歳の家計が $x+s$ 歳まで生存している確率 p_s は次のように表される[8].

$$p_s(t) = \prod_{j=0}^{s} q_{j+1|j}(t) \tag{2}$$

ただし, $x(s=0)$ 歳ではすべての家計が生存しているため $p_0=1$, D を最終生存年齢とすると, $D+1$ 歳には確実に死亡するため $q_{D+1|D}=0$, すなわち $p_{D+1}=0$ と想定される. 以上より, $x(s=0)$ 歳の家計数を N_0 とするならば, t 期の各年齢における家計数 $N_s(t)$ は以下のように表現できる.

$$N_s(t+s) = p_s(t+s)N_0(t) \tag{3}$$

たとえば 20 歳で経済に参入し, 最長で 100 歳まで生存すると想定し, また経済に参入する年を世代の名称とすると, これらの関係を図 1 で表現することができる.

次に, 家計の効用を 1 時点の効用関数と, 時間に関して分離可能なライフサイクル効用関数により記述する. 1 時点の効用は消費と余暇から得るものとし, ここでは CES 型として定義する. ライフサイクル効用関数は, 各時点における効用関数の割引現在価値の総和として求められる.

$$u_{i,s} = (c_{i,s}^{1-1/\rho} + \alpha l_{i,s}^{1-1/\rho})^{\frac{1}{1-1/\rho}} \tag{4}$$

$$U_i = p_s(t) \sum_{s=0}^{D} (1+\delta)^{-s} \left(\frac{u_{i,s}^{1-1/\gamma}}{1-1/\gamma}\right) \tag{5}$$

ここで, U_i は第 i 世代のライフサイクル効用, $u_{i,s}$ は s 歳時点での効用, c は消費, l は余暇, δ は時間選好率, γ は異時点間の代替の弾力性, ρ は同時点における消費と余暇の代替の弾力性, α は余暇のウェイト・パラメータを表している.

家計は利子所得と労働所得, 遺産, 公的年金を受け取り, 消費を行うものとする. このときの予算制約は下式のとおりである.

$$A_{i,s+1} = \{1+(1-\tau_r(t))r(t)\}A_{i,s} + (1-\tau_w(t)-\tau_{wp}(t))w(t)e_s(1-l_{i,s})$$
$$+ b_{i,s} + (1-\tau_h(t))a_{i,s} - (1+\tau_c(t))c_{i,s} \tag{6}$$

ここで, r は利子率, w は賃金率, e は人的資本プロファイル, τ_r は利子所得税率, τ_w は労働所得税率, τ_{wp} は年金保険料率, τ_h は相続税率, τ_c は消費税

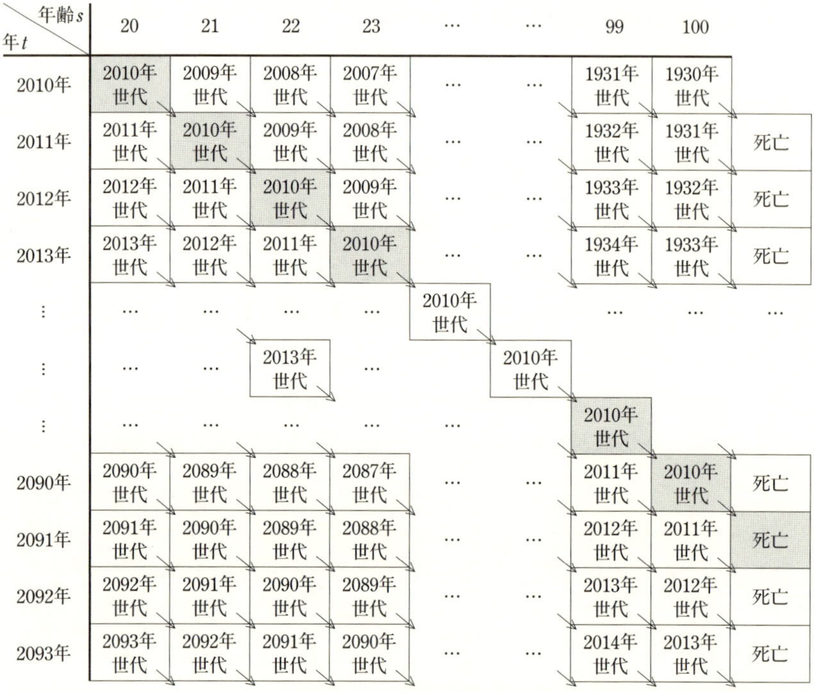

図1 年，年齢，世代

率である．また公的年金給付 b は，受給世代の現役時の労働供給量に依存して決定される．現役時の労働供給の総量をもとに標準報酬年額 H が計算され，年金給付率 β を乗じることにより，年金支給額が決定される．

$$b_{i,s} = bf_{i,s} + bp_{i,s} = \begin{cases} 0 & \text{if } s < R \\ \pi(t)\left(\beta_f(t) + \beta_p(t)\right)H(t) & \text{if } s \geq R \end{cases} \quad (7)$$

$$H(t) = \frac{1}{R+1}\sum_{s=0}^{R} w(t)e_s(1-l_{i,s}) \quad (8)$$

公的年金は基礎年金部分と報酬比例部分に分けられ，基礎年金支給額は bf，報酬比例部分支給額は bp として表されている．また，π は消費税率の上昇による物価上昇率，β_f は基礎年金の年金給付率，β_p は報酬比例部分の年金給付率である[9]．

さらに受け取る遺産 a は，寿命の不確実性から発生する．これらの遺産は

集計され，その時点において生存するすべての家計に均等に配分されるものとする[10]．

$$a_{i,s} = \frac{\sum_{s=0}^{D-1}(N_s(t) - N_{s+1}(t+1))A_{i,s+1}}{\sum_{s=0}^{D-1} N_s(t)} \quad (9)$$

また，流動性制約は次のように表され，消費 c はキャッシュフロー cm を超えることができないものとする．

$$cm_{i,s} = [(1+(1-\tau_r(t))r(t))A_{i,s} + (1-\tau_w(t)-\tau_{wp}(t))w(t)(1-l_{i,s})e_s \\ + b_{i,s} + (1-\tau_h(t))a_{i,s}]/(1+\tau_c(t)) \geq c_{i,s} \quad (10)$$

以上の設定のもとで，家計のライフサイクルにおける効用最大化問題を解くことで，消費と余暇の最適経路を導出することができる．

$$c_{i,s+1} = \left(\frac{p_{s+1}(t+1)}{p_s(t)} \frac{\{1+(1-\tau_r(t+1))r(t+1)\}}{(1+\delta)\zeta(t)}\right)^r \left(\frac{\nu_{i,s+1}}{\nu_{i,s}}\right) c_{i,s} \quad (11)$$

$$l_{i,s+1} = \begin{cases} \left(\dfrac{p_{s+1}(t+1)}{p_s(t)} \dfrac{\{1+(1-\tau_r(t+1))r(t+1)\}}{(1+\delta)\zeta(t)}\right)^r \left(\dfrac{\nu_{i,s+1}}{\nu_{i,s}}\right)\left(\dfrac{J_{i,s+1}}{J_{i,s}}\right) l_{i,s} & \text{if } s \leq RE \\ 1 & \text{if } s > RE \end{cases} \quad (12)$$

(2) 企業

集計された企業は資本 K と労働 L を使用して生産物 Y を産出する．ここでは生産関数の形状を Cobb=Douglas 型と想定する．生産関数は，特にモデルを一般均衡化する際に重要になる．

$$Y(t) = \Phi K(t)^\varepsilon L(t)^{1-\varepsilon} \quad (13)$$

このとき限界生産力原理により，賃金率と利子率は以下のように求めることができる．

$$w(t) = (1-\varepsilon)\Phi K(t)^\varepsilon L(t)^{-\varepsilon} \quad (14)$$

$$r(t) = \varepsilon \Phi K(t)^{\varepsilon-1} L(t)^{1-\varepsilon} \quad (15)$$

また，生産関数の1次同次性より，生産物は労働所得と資本所得に完全分配される．

$$Y(t) = w(t)L(t) + r(t)K(t) \quad (16)$$

(3) 政府

政府は一般会計と年金会計を保有する．一般会計は，税収 TR を得て，主に政府支出 G に加え，国庫負担率を Ω として年金会計への資金移転を行っている．また年金会計は，保険料収入 PC を得て，退職後の家計への年金給付 PB を行う．

$$B(t+1) = G(t) + \Omega(t)\sum_{s=0}^{D} bf_{i,s}N_s(t) - TR(t) + (1+r(t))B(t) \quad (17)$$

$$F(t+1) = PC(t) - PB(t) + \Omega(t)\sum_{s=0}^{D} bf_{i,s}N_s(t) + (1+r(t))F(t) \quad (18)$$

ここで，B は政府債務残高，F は年金積立金である．上に示したような一般会計と年金会計の均衡条件のもとで，一般会計と年金会計の収入と支出は，それぞれ次のように表される．ただし，g は1家計当たりの一般会計の支出である．

$$\begin{aligned}TR(t) = \sum_{s=0}^{D} (&\tau_c(t)c_{i,s} + \tau_w(t)\varepsilon_s w(t)(1-l_{i,s}) \\ &+ \tau_r(t)r(t)A_{i,s} + \tau_h(t)a_{i,s})N_s(t)\end{aligned} \quad (19)$$

$$G(t) = \sum_{s=0}^{D} gN_s(t) \quad (20)$$

$$PC(t) = \sum_{s=0}^{D} (\tau_{wp}(t)w(t)(1-l_{i,s})e_s)N_s(t) \quad (21)$$

$$PB(t) = \sum_{s=0}^{D} (bf_{i,s} + bp_{i,s})N_s(t) \quad (22)$$

(4) 市場均衡

経済には資本市場，労働市場，財市場があり，いずれも毎期均衡する．なお，各市場の均衡条件を示す前に，各期における総消費 C と総貯蓄 S を以下のように集計する．

$$C(t) = \sum_{s=0}^{D} c_{i,s}N_s(t) \quad (23)$$

第 2 章　OLG モデルによる社会保障の分析

$$S(t) = \sum_{s=0}^{D} A_{i,s} N_s(t) \qquad (24)$$

第 1 に，資本市場の均衡条件は，経済の総貯蓄が資本と等しくなることである．

$$K(t) = S(t) + F(t) - B(t) \qquad (25)$$

第 2 に，労働市場は完全雇用を仮定している．

$$L(t) = \sum_{s=0}^{D} (1 - l_{i,s}) N_s(t) \qquad (26)$$

最後に，均衡における財市場では，財の生産量が総消費，投資，政府支出の合計に等しくなる．

$$Y(t) = C(t) + (K(t) - K(t-1)) + G(t) \qquad (27)$$

(5)　定常状態と移行過程の確定

前節で提示されたモデルをもとにシミュレーションを実行するには，パラメータを設定しなければならない．シミュレーションにおける初期定常状態を得るためには，年齢別の人口構成が初期定常状態の値のまま変化しないものと想定して各パラメータの設定を行う[11]．なお移行過程の経路上では，初期定常状態においてすでに経済に参入している世代は，初期定常状態として設定された年までは初期定常状態と同じ家計行動にしたがうが，初期定常状態以降に参入する世代については，人口動態によって生じる税制や公的年金の将来的な変化を完全に予見して行動する．すなわち，生存期間中に初期定常状態を迎える世代は，初期定常状態の年までの家計行動が初期定常状態の消費，労働供給，貯蓄行動に縛られるが，初期定常状態の年以降は，初期定常状態の年までに残した貯蓄を所与として合理的に行動する．したがって，各世代は初期定常状態の年までは人口動態その他の変化をまったく予見できずに行動し，初期定常状態の翌年になって初めて将来のショックを予見できることになる．

(6)　パラメータの設定

シミュレーションを実行するために，モデルにパラメータを与える．ここで必要となるパラメータは，人的資本パラメータと，効用関数ならびに生産関数，

さらには政府の税制と公的年金にかかわるものである．上村（2002）には既存研究の効用関数のパラメータが一覧されている[12]．生産関数については，初期定常状態において，ある賃金率と利子率を実現するような効率パラメータ Φ と分配パラメータ ε を逆算して求める．最後に，税制と公的年金に関するパラメータを設定し，これらのパラメータのもとで初期定常状態を表現すると，退職年齢と，流動性制約に拘束される年齢が内生的に決定される．なお，川﨑・島澤（2003）で指摘されているように，シミュレーション結果の一意性・安定性を示し，分析の正当性・客観性を担保するためには，初期値やパラメータにさまざまな値を与えることにより感応度分析を行うことが重要である．

(7) シミュレーションの方法

以上の設定により，シミュレーションにおいて Gauss＝Seidel 法を利用することで合理的期待の移行過程を計測することができる．

（ステップ1）初期定常状態から最終定常状態にわたる賃金率と利子率の流列を初期値として与える[13]．

（ステップ2）初期定常状態から最終定常状態にわたる税率，保険料率の流列を初期値として与える．

（ステップ3）各世代が受け取る遺産の初期値を与える．

（ステップ4）各世代の家計の最適化行動によってライフサイクルの消費，余暇，貯蓄を決定する．

このとき，ある年齢において労働供給量がゼロまたは負になるなら，退職年齢 $RE+x$ 歳がスラック変数 μ^* を通じて内生的に決定され，ある年齢において貯蓄が負になれば流動性制約に拘束される最後の年齢 $E+x$ 歳がスラック変数 ϕ^* を通じて内生的に決定される．

（ステップ5）各期の年齢別人口と死亡した各世代の貯蓄から意図せざる遺産額を集計し，各期において生存している世代への遺産とする．これを新たな初期値としてステップ4に戻り，Gauss＝Seidel 法で収束させる．収束すればステップ6へ進む．

（ステップ6）各期における一般会計の税収と政府支出，年金会計の保険料収入と年金給付を集計する．すべての期において一般会計と年金会計が均衡す

るような税率，保険料率の流列を収束計算で求めるためにステップ2へ戻る．均衡すればステップ7へ進む．

（ステップ7）各期における労働と資本を集計し，賃金率と利子率の流列を計測する．再びGauss＝Seidel法による収束計算を行うため，これらの価格体系の流列を新たな初期値としてステップ1へと戻る．

以上の手順を繰り返し，各期における賃金率と利子率が変化しなくなったとき，合理的期待の移行過程の経路が確定することになる[14]．これを図で表すと以下のようになる（図2）．

OLGモデルのシミュレーションは通常このように行われ，結果が求められる．もちろん細かい設定はモデルにより異なるものの，効用最大化や利潤最大化，市場均衡などの条件をもとに，パラメータを適切に設定することにより，経済主体の最適化行動を前提とした経済の姿を求めることができるという点で

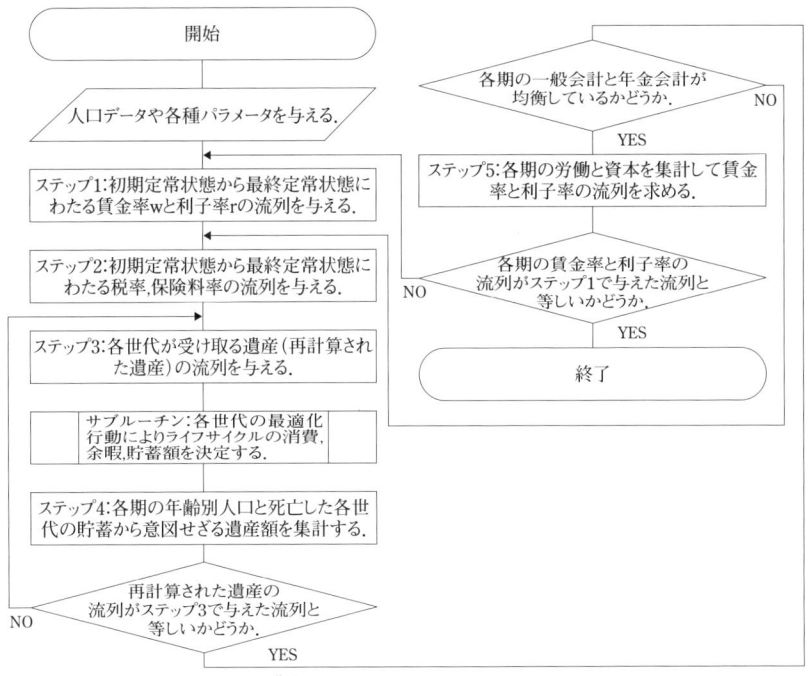

出典：佐藤・上村（2006）をもとに作成．

図2 フローチャート

は，いずれのモデルでも共通である．

　モデルの解法としては，Gauss=Seidel 法を用いることが一般的である．収束させるという観点からは Newton 法が優れていると考えられるが，Newton 法を適用するには，関数が微分可能であるという条件が不可欠である．OLG モデルの場合，必ずしも微分可能性が満たされるとは限らない．たとえば労働供給量が内生的に決定されるケースが考えられる．ある一定の年齢までは労働供給量を賃金率や利子率を考慮して決定するが，一定の年齢をすぎると引退し，労働供給を行わなくなる．したがって，労働供給を行わなくなる年齢では端点解が生じる．すなわちこの点において微分可能性が満たされなくなる．あるいは流動性制約を考えてみよう．流動性制約にかかることがなければ，家計は自らの意志で消費の経路を最適に設定し，行動することになる．このときには端点解は生じない．しかし流動性制約に直面すれば，本来意図した水準とは異なる水準の消費を行うことになる．したがって，流動性制約に直面する年齢と流動性制約に直面しない年齢との境界では，消費の経路がオイラー方程式だけでは決定されない．すなわち，ここでも端点解が発生し，微分可能性が満たされなくなる．したがって，労働供給の内生化や流動性制約の導入などにより，微分可能性を前提とする Newton 法を使用することができなくなるため，Gauss=Seidel 法を使用しなければならないことになる．

　また計算にあたっては，以前は Fortran，あるいは C を用いて計算することが一般的であった．特に Fortran は，古くから数値解析に用いられてきているばかりでなく，ライブラリも充実しているというメリットがあるため，これらの数値解析にあたって使用されることが多かったと考えられる．しかし最近では，川出（2003a）などにみられるように，スタック・タイム法という解法を，TROLL といった言語を用いて解くということも行われているようである[15]．

　なお，Web 上で OLG モデルのプログラムを公開している例として，http://www2.ipcku.kansai-u.ac.jp/~hkyoji/kenkyu/download.htm や http://www8.plala.or.jp/uemura/pesim2.html が挙げられる．

注

1) 本章の作成にあたっては，編者である大林守（専修大学商学部），加藤久和（明治大学政治経済学部），府川哲夫（国立社会保障・人口問題研究所社会保障基礎理論研究部）よりさまざまな助言をいただいた．もちろん，本章に残された誤りはすべて筆者自身の責任である．
2) その他の不確実性が存在する場合にはこの限りではないが，たとえば失業などによる所得の変動に対しては別の制度で対応すべきであり，リスクという観点で年金制度に課されている役割は，主に長生きのリスクに対する対応であると考えられる．
3) ただし，生存確率の計算にあたっては，将来推計人口の生命表の値を用いている．
4) 金子・宮里・中田（2003）では宮里・金子（2001）同様に「賃金センサス」の大卒，高専・短大卒，高卒，中卒の平均賃金をもとに階層を分類している一方，金子・中田・宮里（2004）は「国民生活基礎調査」の所得4分位階級を用いて階層を分類している．
5) この問題に取り組んでいるモデルは，中田・金子（2006）などわずかなものにとどまる．
6) 移民について分析している論文として，Shimasawa and Oguro（2009）が挙げられる．
7) もちろん，効用を何から得ているのか，あるいは海外部門を含むかどうかなど，ここで紹介するモデルから抜けている部分，あるいはここで紹介するモデルには含まれていない部分もあるが，基本的かつ一般的な枠組みとして提示する．
8) モデルにおいて，家計は労働供給を開始した時点を経済に参入した時点として扱うことが多い．すなわち，家計が経済に参入する年齢は一般に生まれた年齢，つまり0歳ではない．したがって，生まれた年齢とは異なる年齢に経済に参入することを想定し，x歳時点において経済に参入するとしている．
9) 公的年金の支給には物価スライドが組み込まれているため，消費税の増税に伴う物価上昇について，年金支給額の増加が考慮されている．なお，物価上昇率 π は以下の式で表される．

$$\pi(t) = \frac{1+\tau_c(t+1)}{1+\tau_c(t)}$$

10) 岩本（1990），岩本・加藤・日高（1991），上村（2001）など，t 期に発生した遺産は t 期に生存するある一定の世代に受け渡すといった想定の論文が多い．しかし上村（2004a）で指摘されているとおり，移行過程を計測する場合，初期定常状態の設定によっては，家計が初期定常状態で期待した遺産と，シミュレーションで受け取る遺産にギャップが発生し，移行過程の当初段階での計算にずれが生じることがある．この問題をできるだけ回避するために，本章では上村（2004a）と同様，t 期に生存するすべての家計に遺産を受け渡すと想定している．
11) 川出（2003b）などでは，現在を定常状態とは仮定せず，過去の一時点を定常状態と設定することにより，初期値が結果に大きな影響を与える可能性を排除している．

12) Auerbach and Kotlikoff（1987）など，初期値として与えるものを賃金率と利子率ではなく，資本と労働としているものも多いが，最終的に資本と労働をもとに限界生産力原理により賃金率と利子率が求められるため，いずれの方法でも同様の結果が得られるものと考えられる．
13) 上村（2004b）では，期待形成の違いが経済厚生に与える影響を分析している．将来世代の厚生水準は期待形成のあり方に大きく依存し，経済厚生は完全予見のときのほうが高いことが明らかになり，将来像を提示することが重要という結論を得ている．
14) 上村（2004b）では，期待形成の違いが経済厚生に与える影響を分析している．将来世代の厚生水準は期待形成のあり方に大きく依存し，経済厚生は完全予見のときのほうが高いことが明らかになり，将来像を提示することが重要という結論を得ている．
15) 伴ほか（2002）のように，TROLL は Forward Looking 型のマクロ計量モデルの解を求める際にも用いられている．また伴ほか（2002）によれば，スタック・タイム法は，数値解析の一般的な解法である Gauss＝Seidel 法と比べて，計算時間を短縮できるというメリットがあるとされる．

参考文献

岩田一政（1997）「日本とアメリカの公的年金制度民営化と経済厚生」『季刊社会保障研究』第 33 巻第 2 号．
岩本康志（1990）「年金政策と遺産行動」『季刊社会保障研究』第 25 巻第 4 号．
岩本康志・加藤竜太・日高政浩（1991）「人口高齢化と公的年金」『季刊社会保障研究』第 27 巻第 3 号．
上村敏之（2001）「人口高齢化の移行過程と年金政策」『財政負担の経済分析――税制改革と年金政策の評価』第 7 章，関西学院大学出版会．
―――（2002）「社会保障のライフサイクル一般均衡分析――モデル・手法・展望」『社会保障改革分析モデル事業報告書 平成 13 年度』．
―――（2003）「公的年金税制の改革と世代間の経済厚生」『総合税制研究』第 11 巻．
―――（2004a）「公的年金改革と資産運用リスクの経済分析」『フィナンシャル・レビュー』第 72 巻．
―――（2004b）「少子高齢化社会における公的年金改革と期待形成の経済厚生分析」『国民経済』第 167 巻．
―――（2006）「厚生年金と公務員共済年金の一元化に関するライフサイクル分析」『社会保障総合モデル事業報告書 平成 17 年度』．
上村敏之・神野真敏（2007）「公的年金と児童手当――出生率を内生化した世代重複モデルによる分析」『社会保障総合モデル事業報告書 平成 18 年度』．
―――（2008）「児童手当の財源選択と経済厚生」『社会保障モデルの評価・実用化事業報告書 平成 19 年度』．
岡本章（2007）「少子高齢化と国民負担率」橘木俊詔編『政府の大きさと社会保障制

度 国民の受益・負担からみた分析と提言』東京大学出版会，pp. 67-94.
加藤竜太（2000）「我が国の高齢化移行と財政赤字」『経済分析——政策研究の視点シリーズ第 16 号 財政赤字の経済分析－中長期的視点からの考察』69-113.
金子能宏・宮里尚三・中田大悟（2003）「厚生年金の財源選択が世代内格差と世代間格差に及ぼす影響——動学的世代重複モデルによるシミュレーション分析」『社会保障改革分析モデル事業報告書 平成 14 年度』.
金子能宏・中田大悟・宮里尚三（2004）「厚生年金における保険料固定方式の効果——重複世代モデルによる政策シミュレーション」『社会保障改革分析モデル事業報告書 平成 15 年度』.
――――（2006）「厚生年金における保険料水準固定と財源選択の効果——世代間と世代内の公平性に着目した一般均衡動学モデルによる分析」府川哲夫・加藤久和編『年金改革の経済分析——数量モデルによる評価』日本評論社.
川﨑研一・島澤諭（2003）「一般均衡型世代重複シミュレーションモデルの開発——これまでの研究事例と今後の発展課題」*ESRI Discussion Paper Series*, No.73.
川出真清（2003a）「高齢化社会における財政政策——世代重複モデルによる長期推計」*PRI Discussion Paper Series*, No. 03 A-25.
――――（2003b）「世代間格差と再分配——日本におけるシミュレーションモデルによる評価」*PRI Discussion Paper Series*, No. 03 A-26.
北浦義朗・木村真（2007）「多世代重複ライフサイクル一般均衡モデルによる 2004 年年金改革の分析」*KISER Discussion Paper Series*, No. 3.
佐藤格（2004）「ライフサイクル一般均衡モデルによる年金積立金取り崩しの効果の分析」『社会保障改革分析モデル事業報告書 平成 15 年度』.
佐藤格・上村敏之（2006）「世代間公平からみた公的年金改革の厚生分析」府川哲夫・加藤久和編『年金改革の経済分析——数量モデルによる評価』日本評論社.
中嶋邦夫・上村敏之（2006）「1973 年から 2004 年までの年金改革が家計の消費貯蓄計画に与えた影響」『生活経済学研究』第 24 巻.
中田大悟・金子能宏（2006）「パートタイム労働者への厚生年金適応拡大と年金財政——世代重複モデルによるシミュレーション分析」『社会保障総合モデル事業報告書 平成 17 年度』.
――――（2007）「遺族年金と年金財政——年金財政モデルによる分析」『社会保障総合モデル事業報告書 平成 18 年度』.
中田大悟（2008）「長寿化と公的年金財政——ライフサイクル仮説の観点から」『社会保障モデルの評価・実用化事業報告書 平成 19 年度』.
中田大悟・蓮見亮（2009）「長寿高齢化と年金財政——OLG モデルと年金数理モデルを用いた分析」『社会保障モデルの評価・実用化事業報告書 平成 20 年度』.
伴金美・渡邊清實・松谷萬太郎・中村勝克・新谷元嗣・井原剛志・川出真清・竹田智哉（2002）「東アジアリンクモデルの構築とシミュレーション分析」『経済分析』第 164 号.
本間正明・跡田直澄・岩本康志・大竹文雄（1987）「年金——高齢化社会と年金制度」

浜田宏一・黒田昌裕・堀内昭義編『日本経済のマクロ分析』東京大学出版会，pp. 149-175.

本間正明・跡田直澄・大竹文雄（1988）「高齢化社会の公的年金の財政方式——ライフサイクル成長モデルによるシミュレーション分析」『フィナンシャル・レビュー』第7巻.

宮里尚三（1998）「世代間再分配政策と世代間負担」『季刊社会保障研究』第34巻第2号.

宮里尚三・金子能宏（2001）「一般均衡マクロ動学モデルによる公的年金改革の経済分析」『季刊社会保障研究』第37巻第2号.

Altig, D., A. J. Auerbach, L. J. Kotlikoff, K. A. Smetters and J. Walliser (2001) "Simulation Fundamental Tax Reform in the United States," *The American Economic Review*, Vol. 91, No. 3.

Auerbach, A. J. and L. J. Kotlikoff (1983) "National Savings, Economic Welfare, and the Structure of Taxation," *NBER Working Papers*, Vol. 729.

────── (1987) *Dynamic Fiscal Policy*, Cambridge University Press.

Börsch-Supan, A., A. Ludwig and J. Winter (2005) "Aging, Pension Reform, and Capital Flows: A Multi-Country Simulation Model," *DNB Working Paper*, No. 65.

Conesa, J. C. and D. Krueger (1999) "Social Security Reform with Heterogeneous Agents," *Review of Economic Dynamics*, Vol. 2.

Cooley, T. F. and J. Soares (1999) "A Positive Theory of Social Security Based onReputation," *The Journal of Political Economy*, Vol. 107, No. 1.

Diamond, P. A. (1965) "National Debt in a Neoclassical Growth Model," *The American Economic Review*, Vol. 55, No. 5.

Fehr, H., S. Jokisch and L. Kotlikoff (2003) "The Developed World's Demographic Transition — The Roles of Capital Flows, Immigration, and Policy," *NBER Working Paper*, No. 10096.

Fullerton, D. and D. L. Rogers (1993) *Who Bears the Lifetime Tax Burden?*, The Brookings Institution.

Gokhale, J., L. J. Kotlikoff, J. Sefton and M. Weale (2001) "Simulation the transmission of wealth inequality via bequests," *Journal of Public Economics*, Vol. 79.

Hviding, K. and M. Mérette (1998) "Macroeconomic Effects of Pension Reforms in TheContext of Ageing Populations: OVERLAPPING GENERATIONS MODEL SIMULATIONSFOR SEVEN OECD COUNTRIES," *OECD Economics Department Working Papers*, No. 201.

İmrohoroğlu, A., S. İmrohoroğlu and D. H. Joines (1995) "A Life Cycle Analysis of Social Security," *Economic Theory*, Vol. 6, No. 1.

Kato, R. (1998) "Transition to an Aging Japan: Public Pension, Savings, and Capital Taxation," *Journal of the Japanese and International Economies*, Vol. 12.

Kotlikoff, L. J., K. Smetters and J. Walliser (1999) "Privatizing Social Security in the United States — Comparing the Options," *Review of Economic Dynamics*, Vol. 2.

Samuelson, P. A. (1958) "An Exact Consumption-Loan Model of Interest with or without the Social Contrivance of Money," *The Journal of Political Economy*, Vol. 66, No. 6.

Shimasawa, M. and K. Oguro (2009) "The Impact of Immigration on the Japanese Economy: A multi-country simulation model," *RIETI Discussion Paper Series*, No. 09-E-020.

第3章　年金制度の歴史的展開と保険数理モデルの変遷

山本克也

1　はじめに

　わが国を代表する公的年金制度には厚生年金保険制度と国民年金制度がある．国民年金の名称に"保険"がつかないのは，制度開始に際して無拠出の福祉年金が付随していることによる（福祉年金の受給者数は少数になっている）．周知の通り厚生年金保険の場合は，1942年の発足当初は労働者年金保険という名のブルーカラーの男子のみを対象とした制度であり，保険料率は6.4％で開始された．これが1944年の改正で厚生年金保険制度と呼称も変わり，ホワイトカラーの男子と女子の加入も義務づけられた．このときの保険料率は男子11％，女子11％という高い水準であった．それというのも，完全積立制度を目指した平準保険料率で保険料の徴収をしていたからである．年金制度の導入の背景としては，①インフレ対策として購買力を抑制すること，②労働移動を抑制すること，という戦時体制下ならではの理由があった[1]．

　一方の国民年金は1961年に開始された．開始前にはこれを無拠出で実施するという案もあったが，年齢で区切った無拠出の福祉年金を合わせて導入するという妥協を行い，拠出制を原則として開始された．制度開始時の保険料は100円（35歳以上は150円）であった．この保険料であれば，当時の計算で40年加入すれば月3,500円の年金額が受け取れるというものであり，国民年金も完全積立に近い考え方で保険料を取っていた[2]のである．

　こうした年金制度の論点を伝統に従って挙げれば，①財政方式に関する議論，②スライド制，③制度の一元化問題，がある．もちろん，そもそも年金制度が必要であるかという問題もあるが，実際に走っている制度を今さら廃止するの

は困難であろう．上記の論点のうち，③については2006年4月28日の閣議決定で「被用者年金制度の一元化等に関する基本方針について」が決められた．これにより，厚生年金保険と各種共済との一元化の具体的な日時や方針（国家公務員の共済制度の職域部分の廃止が2011年など）が決定したが，次の段階として国民年金と厚生年金との統合などの問題は残されている．それに対して，1980年代以降（それでも30年近い歳月が流れているが），クローズアップされてきたのは，④世代間の公平問題や年金損得論である．

本章においては，アクチュアリー（保険数理人）以外の研究者が作成してきた保険数理モデルの歴史を上述の年金をめぐる論点とあわせて考察するものである．本章の構成は以下の通りである．まず，保険数理について基本的な概念を記述する．次に年金制度の論点を整理し，あわせてどのような保険数理モデルが作成されて論点の議論がなされてきたかを考察する．最後に簡単なまとめを行う．

2 保険数理の基本とアクチュアリーのモデル

保険数理は保険制度，年金制度における制度運営，商品開発などの根幹を司る応用数学の一分野で，その嚆矢はHalley (1693) である．保険数理にはいくつかの基本的な概念があるが，そのひとつに給付・反対給付均等の原則または収支相等の原則という考え方がある．両者は見方を変えただけで同じことをいっている．給付・反対給付均等の原則とは，保険契約者が支払う保険料と，保険事故発生の際に支払われる保険金の数学的期待値が等しいことを示す原則のことをいう．$P=wZ$（Pは保険料，Zは保険金，wは事故発生の確率）の式で示され，事故発生の確率が高いほど保険料が高くなる．収支相等の原則とは，保険契約者全体が支払う保険料の総額と，保険会社が受取人全体に払う保険金の総額が等しくなるように計算するという原則のことをいう．いずれの原則も大数の法則に従っている．大数の法則とは，ある試行を何回も行えば，確率は一定値に近づくという法則であり，保険料を算出する際の基本的な考え方である．たとえば，サイコロを振って1が出るか6が出るかは予測できないが，数多く振れば，どの目が出る確率も6分の1に近づく．少数だと不確定なことも，

第3章　年金制度の歴史的展開と保険数理モデルの変遷　　　　　　　　　　87

多数（大数）でみると，確率に基づいた死亡率や事故率などにも一定の法則があることがわかる．

　もう少し実践的な概念に現価の議論がある．現価とは，たとえば年利3％で預金して，3年後から100万円を3年間にわたって受け取るためには，現時点でいくら預金する必要があるかといった問題を解くのに必要な概念である．この問題の答えは，次のように考える．すなわち，1年後に100万円を得るには，現時点で100万円÷1.03＝97.09万円の預金が必要である．これは，97.09万円もっていれば，3％の利息で97.09万円×1.03＝100万円という逆算が成り立つ．この考え方を応用して，2年後の100万円のためには100万円÷(1.03^2＝1.06）＝94.26万円，また3年後の100万円のためには，100万円÷(1.03^3＝1.09）＝91.51万円が必要となる．これを合計した

　　　　97.09万円＋94.26万円＋91.51万円 ＝ 282.86万円

が，利子率3％のもとで3年後に3年間100万円を受け取るための原資[3]である．これを利子率3％のもとの現価（正確には3年間の給付を受けるための）と呼ぶ．3年にわたって100万円ずつ受け取るから3×100万円＝300万円とならないのは利息の力のお陰である．

　通常の現価ではこの例のように100万円を基準にはせず，1という単位で計算される．こうすれば，50万円なら50万倍，100万円なら100万倍すれば，必要な現価（金額）がわかるという仕組みになっている．また，この種の現価を特に年金現価率（複利年金現価率）と呼ぶ．もちろん，実際のアクチュアリーはもっと複雑な計算を行って年金の数理計画を立てることになる．

　民間の保険会社や信託銀行では，金融商品として個人年金や保険を開発するために保険数理モデルを作成する．要は，死亡率や失業率などを勘案し，会社が儲け分を乗せても商品として売り出せるか（保険料があまりに高ければ，金融商品としては売り出せない）を検討する際に保険数理モデルを作成するのである．このとき，保険金の支払い分として算出される保険料を純保険料と呼び，その他経費（多くは広告・宣伝費）や会社の儲け分を付加保険料と呼ぶ（実際に個人が支払う保険料はこの純保険料＋付加保険料である）．それに対して，厚生労働省年金局数理課の職員を代表とした公的アクチュアリーには会社の儲けという規準は存在せず，基本的には純保険料のみの計算を行えばよい．わが

国の場合，社会保障制度は社会保険方式に基づいている．社会保険方式を保険数理的に考えれば，世帯または個人の所得の多寡に対して配慮した形で保険料（率）を定めることである．言い換えれば，所得の高い者には高い保険料を課し，低い者には低い保険料を課す（応能負担）．当然，このままでは不足が出るので，その分を税でまかなう（国庫負担または公費負担という）という方法を取る．

保険数理は複雑であるが，年金の究極の姿は実に単純な形をしている．それは，極限方程式と呼ばれる次のようなものである．保険数理的には，

$$\text{毎年の積立金利息} = \text{毎年の年金給付} \tag{1}$$

という等式が成立する場合を（完全）積立方式と呼び，

$$\text{毎年の保険料収入} = \text{毎年の年金給付} \tag{2}$$

という等式が成立する場合を（完全）賦課方式と呼ぶ．積立方式は各世代が自らの年金を事前に積み立てているので，人口構造が高齢化してもその影響を受けない方法とされる．しかし，物価の上昇や経済の好転により現役世代の賃金が上昇した場合には，年金だけが取り残される可能性がある．一方，賦課方式は人口構造が若い場合には保険料は低廉に抑えられるが，逆に人口構成が高齢化すると保険料は相当に高くなる．わが国の制度は，厚生年金も国民年民も（完全）積立方式を目指して発足した．しかし厚生年金の場合は，戦後の人びとの生活困窮を知っていたGHQの指示[4]により，保険料率が大幅に引き下げられたこと，その後も保険数理的にみて必要な保険料の引き上げを厚生省（当時）が具申しても与野党が一致して反対したことといった問題があった（これは国民年金も同様）．加えて，後述するように積立金の利息も抑えられていたために物価の上昇率に負けてしまう（積立金の減価問題）という問題も生じていた．

唯一幸運だったのは当時人口構成が比較的若かったことと，厚生年金の満額支給が開始されるのは1983年からということもあって，積立金の蓄積は進んでいった．わが国の場合は加入最低年限が25年，満期が40年であるので厚生年金の老齢年金受給者（遺族年金や障害年金の給付は制度開始時期から出ている）は1968年から受給者が出はじめた．この受給者は時間の経過とともに増えることになり，これにあわせて年金給付費も増大していく．この給付費に必

要な保険料を算定する場合，時間の経過と無関係にほぼ一定の拠出水準でまかなうように設定することを平準保険料方式という．わが国も制度発足当初は平準保険料方式を採用していたが，1954年改正で段階的に保険料を引き上げていく段階保険料方式を採用した．同時に「少なくとも5年ごとに財政再計算を行う」ということが法律上規定された．

現在までのところ公的年金会計全体では，

$$\text{毎年の積立金利息}+\text{毎年の保険料収入}+\text{国庫負担}>\text{毎年の年金給付} \quad (3)$$

であるから積立金の蓄積は進んでいるが，保険料率の上昇を防ぐために2004年の年金制度改正により積立金の取り崩しを解禁した．その結果，(3)式の左辺第一項の部分は将来的にはゼロとなり，わが国の年金制度は賦課方式に近い形になっていく[5]ことになる．

3　年金をめぐる議論と保険数理モデル

年金をめぐる議論は，実は国民年金の導入の際（1959年の第31回国会に国民年金法案が提出されて法律が通り，1961年4月から施行開始）の1950年代の半ばにはじまる．もちろん，厚生年金保険（旧労働者年金保険）は1941年3月に公布，1942年6月から保険料徴収などが開始されていたが，戦時期であったので十分な議論がつくされていたかという点では疑問が残る．この1950年代後半，厚生年金保険制度にも関連することも含めて挙がっていた議論は，
財源調達の方法と財政方式について
- 拠出制か無拠出（税金）制か．
- 賦課方式か積立方式か．
- 積立金の運用方法および運用先．
- 保険料はどの程度にするか．また，定額か所得比例か．
- 国庫負担を設けるか否か．

給付設計および給付水準について
- 給付水準はどの程度とするか．
- 給付は個人単位か夫婦単位か．
- 給付は老齢年金だけか障害年金・遺族年金も含めるか．

- 年金額は定額年金，所得比例年金，2階建てのどれか．2階建てであればその割合は．
- 物価等のスライド制を導入するか否か．導入した場合の後代負担はどうするか．
- 支給開始年齢は何歳とするか．
- 加入対象者をどの範囲にするか．

その他
- 負担能力のない者にはどのような対策を加味するか．その際，負担能力のない者の給付水準はどうするか．
- 保険料納付など記録事務はどうするか．
- 官民格差と年金制度の一元化論．

といったことであった．このように議論は多くあったが，現在では解消されたものもある．官民格差の解消については，1997年には旧3公社JR，NTT，JTの共済年金が厚生年金へ統合された．さらに上述の閣議決定により，各種共済制度の厚生年金への統合が図られているとのことである．その代わりに，特に1980年代以降にクローズアップされたのは，世代間の公平問題と年金損得論である．これは，1973年の改正で年金給付額が大幅に改定され，かつ，スライド制が導入されたこと（賃金および物価[6]）が原因である．この改正により財政方式は賦課方式的側面を強めていく．また，同時に後代負担の増大という問題がクローズアップされていくことになる．その意味でいえば，1973年までは年金制度を拡充していた時期と呼ぶことができる．一方，1973年の制度改正以降は年金給付水準の拡充がなされたが，同時に年金制度の改革が必要になってきた時期でもあった．

(1) 1972年までの議論

朝鮮戦争の特需を契機として1955年からわが国は高度経済成長を経験した．特に1960年の池田内閣で閣議決定された国民所得倍増計画[7]以降，年金も充実しろという声が高まっていった．それまでは"あめ玉年金"と呼ばれる程度の給付設定であった[8]のが1965年の厚生年金保険法の改正により，"1万円年金"と称されるほどの給付改定が行われた．その後も年金の給付は改定され，

1973年の"福祉元年[9]"にはスライド制（賃金スライドおよび物価スライド）を備え，また代替率でいえば60%が達成された．

　上述の通り，国民年金創設前夜の1950年代後半，年金に関する議論は多方面にわたっていたが，とりわけ経済との関係が密接であった財政方式に関しては経済学者も混じえた議論が展開された．厚生大臣官房企画室（1958）『年金制度の経済効果』で検討されたのは，賦課方式論を説く「久保構想」（厚生大臣官房企画室：全国民を対象とする老令年金制度試案）と積立方式論を説く「年金委試案」（厚生省国民年金委員検討試案）であった．この研究には早坂忠，新居田宏，根岸隆といった後の近代経済学の代表的研究者となる者たちが加わっていたことは興味深い．高度成長もはじまっており資金需要も旺盛であったので，両論併記ではあったが，この研究では積立方式の価値に重きをおいているような印象がある．

　しかし，当時の一般的な論調は賦課方式に分があるという感じであった．それは，「久保構想」にみられた高齢者への年金給付の緊急性を配慮するといった意味での賦課方式支持（社会保障研究者に多かった）と，比較的若かった人口構成を背景とした低廉な賦課方式保険料を望む声（財界や労働組合）が大きかったからである．加えて，高いインフレ率や運用の問題から積立金の減価もクローズアップされていた．1950年代から60年代にかけて，厚生年金保険は平準保険料率には足りない保険料率ではあったが，遺族や障害を除いて本格的な給付を行う必要がなかったので年金基金は蓄積していった．

　これは国民年金についても同様であり，保険料の引き上げは国会においては与野党ともに反対されたが，厚生年金保険と同様に本格的な給付には時間があったので（福祉年金は存在したが），積立金の蓄積は進んでいた．しかし，年率10%以上の経済成長率は年金基金を減価させることにもつながり，財政方式として賦課方式が大きく主張されることになっていったのである．インフレは経済成長に伴い仕方がない面もあるが，年金積立金の運用利回りは問題であった．

　年金積立金の運用先としては，その大半を大蔵省（当時）の資金運用部[10]が握っていた．資金運用部資金は財政投融資に流れたが，これの利回りが市中金利よりも相当程度低かった．野口（1989）によれば「とくに重要なのは，市中

金利よりもかなりの低利での融資を行ったことである．（中略）1950年代には，長期プライムレートと資金運用部貸付金利との間に3％ポイント程度の差があった．1960年代になってこの差は2％ポイント程度に縮小したが，歩積両建てなどにより民間の金利がより高かったことを考慮すると，財政投融資による融資はきわめて有利だったといえる」と述べている．このことは，貸し手である年金基金にとっては"きわめて不利"であったことになる．

利回りの低さも問題であったが，その運用先自体も問題となった．資金運用部に流れた資金はどちらかといえば重厚長大の産業に流れたが，年金基金の本旨から国民に身近な部門における還元融資の必要性が叫ばれ，1961年に年金福祉事業団が設立された．これは国民年金，厚生年金の積立金の還元融資を行う機関で，主な事業内容としては事業主が設置する福利厚生施設や個人の住宅資金への融資，年金受給者に対する年金担保融資，加入者への教育資金融資，大規模年金保養基地の設置，運営，年金財政の基盤を強化する市場運用事業などを行っていた．2001年4月1日に年金資金運用基金が設立され，年金福祉事業団は解散したが，業務の一部は年金資金運用基金が承継している．

1960年代に入ると高度成長も本格化した．この時期の議論は，①積立金はインフレで減価してしまうので賦課方式に切り替えろ（保険料も低廉ですむ）という乱暴な意見から，②スライド制の導入を考えれば，賦課方式の方が過去勤務債務[11]に対応可能であるといった保険数理的には一理ある議論，そして③人口高齢化はいずれやってくるので，将来に備えて一定水準の積立金を維持しておくべきであるという議論，があった．①の議論には，重厚長大な投資を行う財政投融資の原資として年金積立金が果たして適当なのかというものがあり，これには積立金の利回りの低さに対する批判も含まれていた．②に関しては，繰り返しになるが，わが国の年金制度は毎年の積立金利息で毎年の年金給付がまかなわれる完全積立を目指してきた．しかし，スライド制を導入すると困ったことが起こる．もともと，完全積立を目指す年金制度の場合，物価スライドであろうと賃金スライドであろうと，給付改定を実施すると計画外の給付が発生してしまう．これを後発債務と呼び，当然にこれを負担する方策が求められる．②の議論をする者は，この負担を賦課方式の保険料率に求めた．実際，わが国では1954年から段階保険料方式（年金制度改正時に保険料が上昇してい

く方法）に切り替わっていたので，移行は容易であった．さらに，人口構造が比較的若かったので，賦課方式の保険料率にすれば，スライド制を導入しても低廉な保険料率が達成できるという考え方であった．

そのようななかにあって，スライド制年金における年金基金の重要性を説いたのは安藤（1971）であった．安藤は年金の実質的価値の維持に重きをおいてスライド制年金を提唱し，かつ，年金基金の積立金が存在する場合と賦課方式にしてしまった場合との保険料率の比較を自らが作成した保険数理モデルによって実証した．安藤モデルの特徴は，定常人口から次第に高齢化した後の人口を再現して数理計算をしていることである．短期的には賦課方式の保険料率は抑制できるが，人口高齢化後は積立方式の保険料よりも高くなってしまう．安藤（1971）は，今日では常識であるが，高齢化した人口のもとでは積立金が一種のバッファーとなり，保険料率の上昇を防いでくれることを説いた．しかも，賦課方式論が跋扈するなか，それを行ったのである．安藤は給付改定の必要性を説いたが，同時に応分の負担を求めること，そして将来の世代に過度な負担を求めずにすむ方法として積立方式の年金制度の維持を主張した．安藤（1971）は確認できる限り，アクチュアリー以外の者が成した最初の保険数理モデルでもある．厚生省（当時）も積立方式堅持の方針を貫いたので，賦課方式の年金制度にはならなくてすんだ．しかし，1973年の改正は財政方式の議論に新しい局面をもたらすことになった．

(2) 1973年以降の議論

1973年の改正により，わが国の年金制度はスライド制を導入して大幅な給付改定を行った．その結果，標準世帯の所得代替率は62％となり世界的な給付水準になった．しかし，大幅な給付改定はいくつかの検討事項を必要とした．年金水準の改定は，リッチな年金受給者を生み出すことになった一方で，無年金者や低廉な年金給付しか受けられない者との格差問題を引き起こすことになった．この頃，保険数理モデル的発想に基づくいくつかの試算が出ている．丸尾（1973）は「公的年金改革の財政プラン」と題する論考を寄せている．これは，厚生省（当時）の公表資料から厚生年金の収支を2005年まで推計するものであった．議論の中心は，やはり積立方式的な発想から賦課方式的な発想へ

というものであった．しかしその背後にあったのは，今でいうところの基礎年金の導入と，それに対する財源として賦課方式の保険料を課すというものであった．丸尾（1973）は，「(中略) ナショナル・ミニマムを保障するという発想に改め，まったく掛け金を掛けてこなかった人や十分に掛けてこなかった人にも，すでにみたように，一定年令に達した場合や，廃疾者の場合等に，ナショナル・ミニマムに相当する基礎年金を支給するようにしていくことが賦課方式化の一つの意味である」と述べている．これは，「久保構想」の延長線上にある考え方である．いわば，基礎年金を導入し，これの財源を賦課方式の保険料でまかなうことで現に困窮している高齢者に年金給付を行おうとするものである．

また，西（1974）は「賦課方式の現実的考察――厚生年金　政府資料による検証」という論考で，「世代間の公平という問題は，今日の段階で賦課方式を採用すれば，当面は保険料は現行の半分以下に引下げられるが，年金成熟期の昭和八十五年度には，月収の26％（自民党橋本竜太郎氏）あるいは30％（前厚生省年金局長横田陽吉氏）にも達し，後代世代の負担増についての合意を得ることが困難である，というように論じられている．これに反し現行制度では，現在の保険料は7.6％であるが，1年に0.3％の割合で増加し平成22年度には19.6％となり，世代間の不公平が少なくなるというのが，政府ならびに反対論者[12]の論拠である」としている．この時期，1973年の改正により2010（平成22）年には事実上の賦課方式になることが厚生省（当時）の財政計算によってわかっていた．西（1974）は，厚生省（当時）の推計結果でも36年後には賦課方式になるのであるからこれを直ちに切り替えても構わないという発想で試算をした結果，約40％の保険料が引き下がるという結論を導いた．

市川・北村（1973）では，①年金制度に対する高齢化の影響を試算し，②対策として支給開始年齢の引き上げと保険料率の引き上げを試みている．すべてをみたわけではないが，経済専門誌が取り扱った保険数理的な年金分析の最初である．この市川・北村（1973）にはいくつかのエポックメーキングがあった．市川・北村（1973）では，まずその発想を「(中略) 年金の将来保険料負担は重くなることが，ほぼ確実に想定される．この事実をデータに基づいて明らかにし，負担が重くなる場合の対応を検討するのが本研究の目的である」として

いる．1970 年代の出生率は人口置換水準の 2.07% を上回っていたものの，1950 年代後半の劇的な低下を引きずって，この傾向が固定したと判断しうるには十分な時間があった時期である．その時々の高齢者をその時々の若者が支えるというのが年金制度の基本型であることからすると，近い将来の高齢化は若年層の負担の増大を意味することは明らかであった．その意味で，高齢化に対応するために支給開始年齢の引き上げと保険料率の引き上げという手段をとっているこの研究の価値は非常に大きい．

実は分析手法の点でも，のちの経済的な研究の基本形になっている．すなわち，

$$B_t = C_t + F_{t-1} \cdot r \tag{4}$$

(ただし，B_t：年金給付，C_t：年金保険料，F_t：年金積立金，r：利子率，t：時間)

を用いて F_t が枯渇しないようにスライド係数や支給開始年齢を調整する[13]という作業を繰り返している．これは，上述の極限方程式の議論とまったく同じ考え方である．結果を述べると，厚生年金については 2005 年までは年金の積立金が枯渇しないとの結果を示し，また，国民年金の積立金は，1985 頃には枯渇するという推計を得ている．事実，1983 年および 84 年には国民年金の積立金はマイナスになり，国民年金の救済という意味合いを大きくもつ 1985 年の基礎年金の導入へとつながったのである．また市川（1975）は，『季刊現代経済 19』に「年金財政の予測モデル」として市川・北村（1973）で用いたモデルの解説を行っている．

ここまでをまとめると，年金制度にかかわる議論は多数あったが，大きくクローズアップされていたのは財政方式の議論であったことがわかる．事前の積立を必要としない賦課方式の年金制度は，困窮する高齢者に対して年金給付をスムーズに給付ができる（言い換えれば，拠出期間を考慮しないで年金給付が行える）という意味で多くの社会保障研究者に支持された．また，若かった人口構成を背景として低廉な負担ですむという意味では労使双方にも人気があった．決定的だったのは，実際の積立方式が運用的には不利な条件におかれ，かつ，物価も高騰するので積立金の減価が著しかったことである．賦課方式論は根強かったが，厚生省（当時）も大蔵省（当時）も積立方式（正確には修正積

立方式）を支持していたので，賦課方式にはならずにすんでいた．しかし，2010年には賦課方式的側面が大きくなることも予測されていたのである．モデル上の意義をみると，安藤（1971）は積立方式が今でいう世代間の公平性を保障する方法（積立金の取り崩しが保険料収入を補助し，給付をまかなうという考え方）であることを指摘していた．これは，賦課方式論（当時は，多くの経済学者も賦課方式論を支持していた）全盛の時代にあっては卓見であった．また市川・北村（1973）も，本書第9章で取り扱う年金支給開始年齢引き上げ論をすでにシミュレーションに取り込んでいるところは慧眼であったといえよう．

4　年金改革論の登場[14]

　1973年は福祉元年であったが，同時に高度経済成長の終わりを告げる第1次オイルショックの年でもあった．1976年の厚生年金保険法改正は，1974年，75年の異常な物価上昇[15]に対して，標準報酬月額60％の給付水準を維持しようとするものであった．1976年改正では，定額部分の単価も標準報酬月額の再評価率もそれぞれ65％に引き上げられた．この結果，28年加入の標準的年金は妻の加給6,000円を含めて9万392円となり，年額100万円年金などといわれた．この改正で，定額部分の被保険者期間の上限が420月（35年）に延長されたが，この期間比例の考え方をそのまま受け入れたのは問題であった．期間比例の要素を無条件に認めると，それは年金給付額を増大させ，後代負担にとって大きな問題となるからである．この当時，給付乗率を調整して年金額を引き下げるなどの保険数理的な措置が必要であったと思われる．厚生年金の改正とともに国民年金も改正され，特に老齢福祉年金が，1976年10月から1万3,500円に引き上げられた．1976年改正以後，厚生年金と国民年金は物価スライドによって，77年度9.4％，78年度6.7％，79年度3.4％と3年間で合計20.7％引き上げられた．しかし，この頃になると，消費者物価は次第に安定しはじめていた．現行制度でも消費者物価上昇率が5％を超えないと物価スライドは行われないことになっているが，79年度の特例として，3.9％のスライドが行われた．

これに対して 1973 年の 5 月に社会保障長期計画懇談会（以下，長期懇）が厚生大臣の私的諮問機関として発足し，同年 9 月，社会保障充実の基本方向についての中間発表が行われた．さらに 74 年 2 月，社会福祉施設整備計画についての意見が発表され，また，同年 11 月には，医療保障と年金制度についての中間報告が行われ，75 年 8 月「今後の社会保障のあり方について」と題する意見が発表された．長期懇は医療と年金に対して提言を行ったが，75 年 8 月報告における年金制度の改善に関する提言を挙げると，

① わが国の年金制度は，今後は，皆年金制のもとで老齢年金受給者の全体としての平均加入期間は 40 年程度となろう．したがって，各制度単独に，その平均加入期間を基礎にして，給付水準を考えることには問題がある．
② 老齢年金の水準は，老齢者を扶養する現役労働者の生活水準とのバランスが，重要な指標である．
③ 年金制度の当面の問題としては，5 人未満事業所などの厚生年金の未適用の問題，障害年金や遺族年金についての制度間の通算措置の問題，単身老齢者と配偶者のある老齢者との年金のバランスの問題，妻の年金権の問題，年金の重複支給の問題，などを挙げている．
④ 支給開始年齢の制度間格差の問題．将来は 65 歳支給を目指すべきである，という示唆が行われている．すなわち，「年金の所得保障機能が本格化する段階を考えれば，定年年齢の引き上げを図る一方，現存する制度間格差の調整をもはかりつつ，支給開始年齢の計画的な引き上げを図る必要がある」．

などであった．この 1975 年の提言が示すことは，世代間の公平性の問題が年金問題の主役になりつつあったということでもある．しかし，その後，年金制度の見直しについては，長期懇の報告の 1 ヵ月後の 1975 年 9 月に三木首相のライフサイクル計画が発表された．ついで同年 10 月には，社会経済国民会議の提言が発表され，年金制度にナショナル・ミニマムを設定する提案がなされた．そして，同年 11 月には，田中正己厚相（当時）が談話として「基礎年金構想」を明らかにしたのである．現職の大臣が基礎年金という新しい制度を，談話とはいえ提案したことには大きな反響があった．これ以後 1977 年にかけて，各種の構想や提言が，労働組合，政党，研究団体などから発表され，年金

改革論は百家争鳴の体を成していた.

すべての老人に, ナショナル・ミニマムとしての年金を公平に支給するというのは, 単純に社会正義に叶うものとして支持を受けた. これは, 年金財政方式として賦課方式が指示された状況とまったく同じ理屈である. しかし, ナショナル・ミニマムのレベルは, 提案者の立場によって高低があった. 厚生年金の現行水準をナショナル・ミニマムとして, さらにその上積みを考えようという無茶な提案まであった. その意味でいえば, 低経済成長と高齢化という条件下で年金制度を維持していくということに対しては, まだそれほど現実味がなく, 人びとは高度成長の幻影をみていたのであろう. こののち, 1985年改正で基礎年金が導入されるが, この時期に関しては膨大な先行研究 (たとえば久保, 2005) が存在するのでそれらを参考にしてほしい.

(1) 経済学的背景に基づく改革論の登場

上述の通り, 市川・北村 (1973) が『経済分析』に年金改革論議を掲載した. このときの最大の貢献は年金支給開始年齢の引き上げのシミュレーション分析を行っていることである. これは, パラメトリックな改革案のひとつとして現在でも通用する議論である. こうした"経済学者"による年金改革論が活発になるのは1980年代以降である. それにはいくつかの理由があるが, その最大の理由は, フェルドシュタインやコトリコフらの先行研究や年金研究を行うのに都合のよい手法 (第2章で扱う世代重複モデルなど) が多数存在したことが挙げられる. 第2の理由としては, 数値シミュレーションのしやすさといったことも挙げられよう. 年金問題は結局金銭の問題であり, 適当な割引率を用いて年金保険料や年金給付の現価が計算可能である. そのため, シミュレーションも容易であった. 経済学者にとってこの分野への参入障壁が低かった理由は他にも, Samuelson (1958) や Aaron (1966) による社会保険パラドックス (social insurance paradox) が共通理解として存在していたことがある. 社会保険パラドックスとは人口成長率と賃金成長率の和が利子率よりも大きい場合には, 積立金をもたない賦課方式の年金制度が積立方式の年金制度に比べて個人の厚生を増大させることを示したものである[16]. ここにきて, 年金をめぐる論点は,

① 積立方式の優位性（これは，年金の収益率を世代によって変化させない（世代間の公平性を重視する）という考え方に基づき，拠出立ての制度を想定することも多い）
② 年金民営化論（2階部分は拠出立ての制度に改め，1階部分は税方式による制度へ移行）
③ 年金財政のポートフォリオ（年金財政方式の選択にあたって，それぞれの制度のもとで得られる収益の平均とリスクを考慮しポートフォリオの発想をもつべきであるという問題意識から，年金財政方式の選択に平均・分散アプローチを用いる方法が推奨された．結果として，賦課方式を縮小し，積立部分にまわす比率を高めることが許容され，部分的な積立方式への移行が支持されることが多かった）

と次第にその焦点が変わっていき，この多くが特に経済学者の関心事項であった．なかでも世代間格差の問題には多くの関心が寄せられ，経済理論的には正しいが，実現可能性の乏しい年金制度改革案がしばしば世に出された[17]．こうした年金改革論の多くは，まず，制度移行のコスト問題をクリアできなかった．加えて，制度改正によって既得権が奪われる者（既裁定者）の反対があっても屈しない態度で臨み，説得することができるかという根本的な問題があったようである[18]．もちろん，現行の年金課税の問題や相続税の限界税率の低下傾向を批判する冷静な経済学者もいた．しかし，世代間格差論は一種のブームを形成し，他の有益な議論に関心が向きにくかったことも事実である．

(2) 経済学者の手による保険数理的モデル

わが国の実質的な意味での経済学者の手による年金改革論の幕開けは，『季刊現代経済』の2つの論考，高山（1981）の「厚生年金における世代間の再分配」と野口（1982）の「わが国の公的年金の諸問題」であろう．高山（1981）では厚生省（当時）の資料を用い，1980年以前の厚生年金制度をもとに世代間所得移転の大きさを内部収益率，移転所得，給付・保険料比率を用いて検討している．すなわち，厚生年金制度において，給付額に占める保険料の比率が約13％しかなく，厚生年金制度が実質的に賦課方式であるということを示した．また，厚生年金の内部収益率を求め，1978年の受給者のそれは平均で年

20％強であるということを示した．その他にも，段階保険料方式の不透明性や厚生年金保険における世代間の再分配所得が生活保護基準を平均的に上回っていること，制度間格差について，厚生年金給付のうち世代間の再分配に相当する金額は，平均して国民年金給付のそれの3倍強になっていることを見いだしている[19]．この論考でもっとも高山が主張したかったのは，保険の部分と移転の部分を明確に分けるべきであるということである．繰り返しになるが1973年改正で年金給付は増額改訂されたが，なかでも賃金スライドによる影響が大きい．賃金スライドは給与の価値を時間的に調整し，それを基準に年金額を計算することになる．一方，保険料はその時々の賃金を基準に支払っているので，結局，年齢の高い者ほど年金給付と年金保険料のギャップが大きくなる．高山は，この当時の高齢者に対して，戦争や戦後の彼らの努力，資産形成のチャンスに恵まれなかったことから一定の所得移転を認めているが，この移転の方法が賃金スライドという制度に内包されてしまったことを批判していた．事実，賃金スライドは1999年に凍結されるまで続いてしまったのである．言い換えれば，特段の配慮をする必要のない世代にまで賃金スライドによる恩恵を与えてしまったのである．

　野口（1982）でも厚生省（当時）の資料を用い，年金給付の構造（スライド制による給付の実質的価値維持機能の検証，加入期間比例の可否），保険料算定根拠，そして公的年金が家計貯蓄に与える影響の考察を行っている．スライド制による給付の実質的価値維持機能の検証では，結局は賃金スライドの恣意性の問題を指摘したかったのだろう．1999年に凍結された賃金スライドは1人当たり手取賃金の伸び率によるとはいえ，その基準は今ひとつ不明確であった．加入期間比例は，積立分よりも他の世代からの移転分のほうが大きいので，その根拠が薄弱であるとした．保険料算定根拠については，①均衡保険料率と平準保険料率の比較，②累積保険料と将来の純給付額との比較，により考察を加えている．結果，1965年にはすでに均衡保険料率が平準保険料率を下回るということになった[20]．また，累積保険料と将来の純給付額との比較では，1980年の57歳の被保険者は現在価値で生涯に支払う保険料よりも生涯の給付が，2,700万円多いことがわかったのである．そして，この差の大部分は世代間の移転であるとしているが，この差を野口は問題とはしなかった．それは，

年金受給世代から現役世代へは遺産などによる移転があり，原理的にはこの差が相殺できると野口は考えていたからである．野口が問題視していたのは，むしろ制度間格差，たとえば自営業や農業従事者の子が被用者になった場合，その子は厚生年金受給者への移転と，親（国民年金で給付が低い）の扶養の二重の負担が生じることを問題視した．また，公的年金が家計貯蓄に与える影響については，これは貯蓄を減少させるとしていた．

　その後，大阪大学を中心とした関西圏のグループや一橋大学のグループが，世代重複モデルを用いた分析や数値シミュレーションを活発に行った．なかでも八田・小口（1999）は，世代間の公平性を確保するために積立方式への財政方式の転換を主張し，OSU（大阪大学・専修大学）モデルと呼ばれる表計算ソフトとマクロ言語によるプログラムパッケージを公開した．八田・小口（1999）では，①基礎年金部分は消費税による賦課方式とする，②報酬比例部分は市場収益率方式に移行すべきである，③積立金は国債を発行して一度に積み2000-2150年までの150年間で償還する，という3つを主要なポイントとしてシミュレーションが組まれている．このOSUモデルはいくつかの派生物を生みだし，代表的なものには，人口推計の不確実性が年金財政に与える影響を考慮した鈴木・湯田・川崎（2003）や2004年改正を評価した日本経済研究センター（2005）[21]がある．

　もちろん，OSUモデルとは別系統のモデルも存在する．たとえば，独自の人口推計を用いて財政予測を行い，年金改革の持続可能性を検証した小椋・山本（1993），世代ごとに厚生年金の総受取額と総拠出額を分析し，それらを均等させる保険数理的に公正な年金についての提案を行った田近・金子・林（1996），わかりやすさを重視した「所得比例年金」へ移行し，基礎年金は廃止した「最低保障年金」を導入した年金研究会（2005）がある．

　また2004年年金改正[22]を分析したものには以下の論考がある．変数を確率的に変動させて，将来の年金財政の健全性や給付水準のリスクを推計した北村・中嶋・臼杵（2006），賃金上昇率や積立金収益率（運用利回り）などの前提が異なると将来的に積立金の水準がかなり異なることを示した山本・青山・岡田（2006），最終保険料を法定する保険料水準固定方式の導入によって改革前と比較して2025年の社会保障負担率は1.7％低下するが，潜在的国民負担

率の低下は 1.2% にとどまること,給付と負担の世代間格差はほとんど是正されないこと,財政再計算の想定が崩れれば,所得代替率が 50% を下回る可能性や保険料が 18.3% を超える可能性も否めないこと等を示した,川瀬ほか (2007) である.

5 おわりに

本章においては年金制度および大まかな制度改正の流れと保険数理モデルの変遷を追ってきた.保険数理モデルは特に 1980 年代以降に多くみられる.それは,単純に一部の例外を除いて社会保障の研究者は数理に関心がなかった(わからなかった?)ことによる.1990 年代後半になると,OSU モデルはあったが,ハンドリングの悪さやデータに開示されていない箇所もあり使いにくい側面があった.そこを改良したのが RIETI モデルである.一方で,OSU モデルとは別系統のモデルも多数存在する.これは,支給開始年齢が引き上がっていくプロセスをどのように仮定するのか,制度間の移動はどうするのかといった OSU モデルでもブラックボックスになっていた部分に独自の仮定をおいていたり,そのことに起因して医療モデルの被保険者相当部分を年金に用いたりしたモデル[23]であった.

2009 年 3 月 23 日,保険数理モデル史上において画期的な出来事があった.厚労省年金局が財政検証用プログラム(Fortran と C++で記述されている)とバックデータを公開したのである.これには布石があって,まず 1999 年の財政計算時に「厚生年金・国民年金数理レポート 1999 年財政再計算結果」が出された.これには数理のロジックや再計算プログラムの一部も掲載されたという点において,それまで財政再計算ごとに出されてきた「年金と財政」という財政再計算の結果と基礎率の報告書という性格の書物と一線を画している.また,2004 年の改正時期には公的年金タスクフォースという任意団体が厚労省からプログラムを入手し,それが一部の研究者や専門家の手に渡った.そして,2009 年の財政検証期には,厚労省のホームページから誰でもダウンロードできるという形態になったのである.パソコンの普及や Fortran,C++といったプログラムを実行できる無料の統合コンパイラの登場が,このプログラ

第 3 章　年金制度の歴史的展開と保険数理モデルの変遷　　103

ム公開へと導いたのであろう[24]．

　公開されていなかったことにより財政計算には疑心暗鬼になったが，今回公開された厚労省プログラムをみるとそれは杞憂に過ぎなかった．厚労省プログラムは，奇妙なロジックを使用して推計値が歪められているということはない．たとえば，C 案（標準ケース）ではなく，A 案（現状の労働力率がそのまま推移）を用いて年金の被保険者数（厚生年金，国民年金，各種共済など）を計算し最終的な収支計算までを行うと，年金財政は100年を待たずして枯渇するようになっている．C 案のほうが A 案のよりも被保険者数が多いので，これはプログラムとしては当然な振る舞いである．その意味で，財政検証モデルのプログラムと財政検証の仮定（人口の仮定，労働力率・就業率の仮定，経済的仮定）は独立した存在なのである．もちろん，財政検証の仮定に批判はあるが仮定を変えての分析は十分に可能である．今回の公開は，基本的な情報を共有できるという点で保険数理モデルのさらなる精緻化に対して強力なツールとなるであろう．

注

1) 詳しくは，横山（1977）参照．
2) この成立過程は，小山（1980）に興味深い記述がある．
3) 3年間にわたって100万円を受け取るのだから単純に3×100万円＝300万円とならないのは利息の力である．もちろん，100万円も銀行に預けていればそこにも利子がつくことになる．
4) 村上（2000），pp. 130-131.
5) 正確には100年後に1年分の給付をまかなうに足る積立金を残すが，そこから生じる利息収入は微々たるものである．
6) スライド制には2種類あって，物価スライドと賃金スライドがある．物価スライド制とは，年金給付を前年（1-12月）の全国消費者物価指数の変動に応じ，翌年4月から自動的に年金額を改定することである．年金額の高低にかかわらず，すべての受給者が対象となる．一方の賃金スライドは賃金の上昇に合わせて年金額を引き上げることで，経済発展による賃金上昇という成果を年金受給者にも分配する制度であった．賃金スライドは年金を受けるための裁定手続きをしたときと，5年ごとの制度改定時に実施された．
7) 10年で達成する予定が，計画から6年後の1967年には達成されてしまうほどの急成長であった．
8) 厚生年金保険のスタートが1943年であるから，最低限の25年加入での給付が出

はじめるのが 1958 年からであり，これに備えて給付改定を行う必要もあった．
9) 革新自治体の誕生や参議院での保革伯仲などの当時の政治状況への危機感から，田中角栄内閣は 1973 年を福祉元年と位置づけ，社会保障の大幅な制度拡充を実施した．具体的には，老人医療費無料制度の創設（70 歳以上の高齢者の自己負担無料化），健康保険の被扶養者の給付率の引き上げ，高額療養費制度の導入，年金の給付水準の大幅な引き上げ，物価スライド・賃金スライドの導入などが挙げられる．
10) 大蔵省預金部（1925 年発足）を改組して 1951 年設置された国営金融機関．資金源は，郵便貯金や厚生年金，国民年金その他の特別会計（簡易生命保険と郵便年金は除く）の積立金および余裕金その他の資金で資金運用部に預託されたもの，ならびに資金運用部特別会計の積立金および余裕金である．
11) 年金制度発足時または制度変更時などに発生する積立不足のこと．制度発足時の場合は，すでに年金支給開始年齢以上であった者に対する措置（典型例は福祉年金）に伴う"債務"．要は保険料を支払わないか，払うとしても少額で年金給付を支給することによる債務のこと．また，制度発足後には，給付増額などの制度変更（典型例は賃金スライドや物価スライド）を行った場合，予定した基礎率通りに年金制度が推移しない場合（たとえば，利回りが予定利率に達しないなど），財政再計算等で基礎率の見直しを行った場合などに生じる積立不足を指す．
12) ここでいう反対論者というのは賦課方式に反対する者という意味である．
13) 支給開始年齢を引き上げれば受給者が減少し，また被保険者は普遍であるか被保険者の期間も延長するならば逆に増加して年金財政は好転する．
14) この部分は小山（1982）に多くを負っている．
15) 1973-74 年にかけてのオイルショックと狂乱物価の時期には，物価と給料が 1 年間で 125-135％ もアップする程のインフレとなり，戦後初めて実質経済成長がマイナスとなった．この時期，日本列島を高速交通網（高速道路，新幹線）で結び，地方の工業化を促進し，過疎と過密や，公害の問題を同時に解決するという『日本列島改造論』が出版され，開発の候補地とされた地域では土地の買い占めが行われ，地価が急激に上昇した．この影響で物価が上昇してインフレが発生し，1973 年春頃には物価高が社会問題化した（総合研究開発機構，1996）．
16) 牛丸（1996）に詳しいサーベイが掲載されている．
17) 権丈（2005）によれば，「公的年金の世代間格差論」が日本でこんなにも流行ったのは，「日本経済新聞社」「阪大財政学グループ」「一橋年金研究グループ」の影響であるということである．
18) 飯尾・黒田（2005）の衆議院議員に対するアンケートによると，民主党は年金制度の抜本的改革を主張する議員が多いが，自民党は現行制度を支持する高齢世代とそうではない若年世代の対立がみられるという．
19) なお，権丈（2005）が指摘しているように，村上（1984）での高山（1981）に対する一部の評価は誤りである．世代間の公平性問題は国民年金の創設時にすでに論じられており，将来の高齢化を慮った議論もあった．
20) 1954 年から段階保険料に移行していたが，当時は平準保険料率も参考として計

算値が出されていた．野口のいうバイアスというのは，平準保険料率を求める際に起因する生命表や将来人口推計に依存する．この頃は，出生率が回復するモデルを採用していたために，その誤差が大きかったものと思われる．

21) この事業には小口登良自身も参加している．

22) 『年金改革の経済分析　数量モデルによる評価』（日本評論社）には，2004 年改正期の多岐にわたるモデル分析がある．

23) 小椋・山本（1993）では，厚生年金と被用者年金（組合健康保険と旧政官健康保険），国民年金と国民健康保険，共済短期と共済長期に被保険者・受給者が相当することを利用している．この方法は，2004 年の財政再計算時に使用されていたことが「平成 16 年度財政再計算」の解説書で確認できる．

24) http://www.mhlw.go.jp/shingi/2009/02/s0223-9.html で入手できる．s0223-9i.zip というファイルをダウンロードして解凍すると，プログラムソース等というフォルダが出現する．これに，プログラムが入っている．また，機器構成一覧.xls というファイルには厚労省でプログラムを動かす際の OS やコンパイラ，機器構成の情報を見ることができる．作動させる場合には，利便性を考えて OS は Sun の Solaris 10，コンパイラも Sun の SunStudio 12 を使用したほうがよい．ただし，日本語は Shift-JIS になっているので，EUC に変換する必要がある．

参考文献

安藤哲吉（1971）「スライド制年金と財政方式」『共済新報』連載 2 月号-12 月号．

飯尾潤・黒田貴志（2005）「政治家における世代と政党間競争——衆議院議員調査を手がかりに」北岡伸一・田中愛治編『年金改革の政治経済学』東洋経済新報社．

市川洋・北村博（1973）「年金の将来推計」『経済分析』第 45 号．

市川洋（1975）「年金財政の予測モデル」『季刊現代経済』No. 19．

牛丸聡（1996）『公的年金の財政方式』東洋経済新報社．

小椋正立・山本克也（1993）「公的年金保険のコストと負担のシミュレーション」『日本経済研究』No. 25．

大河内一男編（1982）『年金革命への道——基本年金を提唱する』東洋経済新報社．

川瀬晃弘・北浦義朗・木村真・前川聡子（2007）「2004 年年金改革のシミュレーション分析」『日本経済研究』No. 56．

北村智紀，中嶋邦夫，臼杵政治（2006）「マクロ経済スライド下における積立金運用でのリスク」，『経済分析』第 178 号，23-52．

権丈善一（2005）「公的年金における世代間格差をどう考えるか——世代間格差論議の学説史的考察」『LRL』11 月号．

久保知行（2005）「年金改革の原点——「年金の鬼」からのメッセージ」ぎょうせい．

小林惟司（1997）『保険思想の源流』千倉書房．

小山進次郎（1962）「国民年金制度の将来」『共済新報』第 3 巻 1 号．

―――（1980）「国民年金制度創設の舞台裏」『国民年金二十年秘史』日本国民年金協会．

小山路男 (1982)「年金改革論の背景」社会保障研究所編『年金改革論』東京大学出版会.
鈴木亘・湯田道生・川崎一泰 (2003)「人口予測の不確実性と年金財政――モンテカルロシミュレーションを用いた人口予測の信頼区間算出と年金財政収支への影響」『会計検査研究』第 28 号.
総合研究開発機構 (1996)『戦後国土政策の検証 (下)』総合研究開発機構.
高山憲之 (1981)「厚生年金における世代間の再分配」『季刊現代経済』No. 43.
田近栄治・金子能宏・林文子 (1996)『年金の経済分析――保険の視点』東洋経済新報社.
玉井金五 (2002)「日本社会保障と「財政調整」システム」『大原社会問題研究所雑誌』No. 523.
西寛治 (1974)「賦課方式の現実的考察――厚生年金 政府資料による検証」『週間社会保障』No. 800.
日本アクチュアリー会 100 年史編纂委員会編 (2000)『日本アクチュアリー会 100 年史』日本アクチュアリー会.
日本経済研究センター (2005)「社会保障財政の全体像と改革の方向」『社会保障改革の政策評価研究報告書』.
年金研究会 (2005)「安心・信頼のできる年金制度改革を」社会経済生産性本部.
野口悠紀雄 (1982)「わが国公的年金の諸問題」『季刊現代経済』No. 50.
─── (1989)「財政投融資と日本」宇沢弘文編『日本経済 蓄積と成長の奇跡』東京大学出版会.
八田達夫・小口登良 (1999)『年金改革論――積立方式へ移行せよ』日本経済新聞社.
馬場克三・後藤泰二 (1982)『保険経済概論』国元書房.
丸尾直美 (1973)「公的年金改革の財政プラン」『週間社会保障』No. 712.
村上貴美子 (2000)『戦後所得保障制度の検証』勁草書房.
村上雅子 (1984)『社会保障の経済学』東洋経済新報社.
山本克也・青山一基・岡田荘一郎 (2006)「保険数理モデルによる年金制度の評価」府川哲夫・加藤久和編『年金改革の経済分析』日本評論社.
横山和彦 (1977)「公的年金制度の歴史と現状」国民生活センター編『年金制度と高齢者労働問題』お茶の水書房.

Aaron, H. (1966) "The Social Insurance Paradox," *Canadian Journal of Economics and Political Science*, 32, 371-374.
Chris, L. (2007) "An Over View of Actuarial History," *A Seminar on the Potential of Historical Resources for New Research*. The Seminar was held on 14 June 2007 at Staple Inn. http://www.actuaries.org.uk/knowledge/actuarial_history (アクセス 2008 年 1 月 15 日).
Halley, E. (1693) "An Estimate of the Degrees of the Mortality of Mankind, Drawn from Curious Tables of the Births and Funerals at the City of Bres-

law; With an Attempt to Ascertain the Price of Annuities upon Lives (PDF), " *Philosophical Transactions of the Royal Society of London*, 17, 596-610.

Samuelson, P. (1958) "An Exact Sonsumption-loan Model of Interest with or without Social Contrivance of Money, " *Journal of Political Economy*, 66, 467-82.

Trwblidge, C. L. (1989) *Fundamental Concepts of Actuarial Science*, Actuarial Education and Research Fund.

第4章 ESRIの社会保障モデルによる社会保障の分析

増淵勝彦

1 はじめに

わが国の社会保障支出は，国民皆保険・皆年金の導入（1961年），いわゆる「福祉元年」（1973年）の大幅な給付水準の引上げなどを経て，人口構造の急速な高齢化のなか，これまで着実に拡大してきた．ILOが定めた国際基準による社会保障給付費の国民所得に対する比率をみると，1960年度の4.9%から，最近時（2006年度）は23.9%という水準に達している．この水準は，アメリカよりは大きいが主要なヨーロッパ諸国に比べると小さい[1]．しかし，これを機能別にみると，「高齢」が50.1%，「保健医療」が30.8%，「遺族」が7.2%と，高齢者向けないし高齢者が高いウェイトを占める項目の割合が際立って高く，「家族」（3.4%）などの子育て関連の項目が低いことがわかる．このことは，わが国の少子・高齢化が他国に例のないスピードで進展していることと考え合わせると，社会保障支出が今後も不可避的に増加していくことを示唆している．経済と社会保障制度との相互依存関係は今や自明であり，経済を社会保障制度の外的与件とみなすことはできなくなった．こうしたなかで社会保障改革の論議を進めていくためには，個別制度の改革の是非を論じるだけでなく，社会保障制度が全体として経済・社会にどのような効果を与えているのか，またその効果が社会保障制度の成果にどのようにフィードバックされているのかを，検証することが必要である．

著者たち（内閣府経済社会総合研究所（ESRI）の社会保障モデルユニット[2]）は，このために，2002年当時，公的年金・医療・介護などの主要な社会保障制度を明示的に組み込んだマクロ経済モデルである「社会保障モデル」を

開発し，社会保障の効果を総合的に評価することを目標に研究を行い，その結果を公表した[3]．本モデルは，八代ほか（1997）が開発したモデルを基礎としているが，その単なる更新にとどまらず，次のような点で新しい試みを行っている．

1) 国民経済計算（SNA）が68SNAから新体系の93SNAへ移行したことに伴い，モデルも新概念・新基準のデータに基づくものに移行した．
2) 公的年金の期待受給額の割引現在価値である「年金資産」[4]の考え方を導入し，社会保障制度のもとでの人びとの現在と将来にわたる貯蓄・消費の選択が資本蓄積に影響し，さらにマクロの成長率を左右するという経路を明示した．
3) 年金制度改正の内容をより正確に描写するべく，年金制度を実態にそくして可能な限り詳細に定式化した．
4) 医療ブロックを拡充した．医療需要については年齢階層別に需要を推計し，高齢化の進展が医療需要に与える効果をより明確に内生化した．
5) 介護保険制度の発足に対応し，介護ブロックを新規に作成・追加した．

本章では，①本モデルの概要を説明し，次いで，これによる，②2001年当時最新であった1999年財政再計算（公的年金の将来見通し）に則したベースライン推計，③1999年年金制度改正の効果の分析，④基礎年金の財源選択を中心とする政策シミュレーションの結果，を改めて紹介する[5]．2009年の現在では，1999年財政再計算と年金制度改正はすでに過去のものであるため，結果の諸変数の値，特にその水準自体は意味がなくなっているものが少なくないが，制度の持続可能性や財源選択をめぐるシミュレーションの政策的含意は，依然として有効であると考えられる．

2 社会保障モデルの概要

(1) モデルの基本的な特徴

社会保障モデルは，大きくは次の3つのセクターより構成される．
① マクロ経済セクター：本モデルの各セクターをリンクする役割の部分であ

り，わが国経済のマクロ的なベースライン，すなわち政策評価の基準を推計するために用いられる．
② 労働供給セクター：厚生労働省（国立社会保障・人口問題研究所）が公表している将来人口推計に基づき，将来における労働力人口を男女別・年齢別に推計する．
③ 財政・社会保障セクター：公的年金・医療をはじめとする社会保障制度の給付と負担のあり方を，中央・地方政府の財政収支と関連づけながら分析する．これは，本分析の政策シミュレーションの主たる課題でもある．

本モデルは，基本的には新古典派的な考え方に基づく供給サイドモデル[6]であり，経済成長率は労働力人口および資本蓄積の動向，技術進歩率という実物要因によって規定される．ただし，労働力人口は基本的には人口推計により決定されるが，就労インセンティブを表す就業率は，社会保障制度の変更によっても影響を受ける．資本蓄積も，基調は民間貯蓄によって規定されるものの，社会保障制度や税制の変更により影響される形になっている．また，供給サイドモデルの特性として，成長率はマネーサプライなどの貨幣的要因から独立であり，物価上昇率（GDPデフレータ）も外生とされている．モデルの基本構造は，図1に示される．

(2) 各セクターの特徴

マクロ経済セクター

「マクロ経済セクター」は，本モデルの各セクターをリンクする役割を担い，わが国経済の長期的な供給能力を推計するとともに，政策変更のマクロ経済に及ぼすインパクトを分析するためのベースラインを提供する．本セクターは，実質GDP，貯蓄，投資，長期金利などの主要なマクロ変数の推計式によって構成されている．

実質GDP

実質GDPは，資本ストックおよび労働力を生産要素とするコブ＝ダグラス型生産関数で決定される．資本ストックについては，公的資本ストックの生産性上昇効果を考慮し，民間企業の設備投資に加えて，政府の生産関連社会資本への投資が資本蓄積に寄与する形になっている．労働力は，労働セクターにお

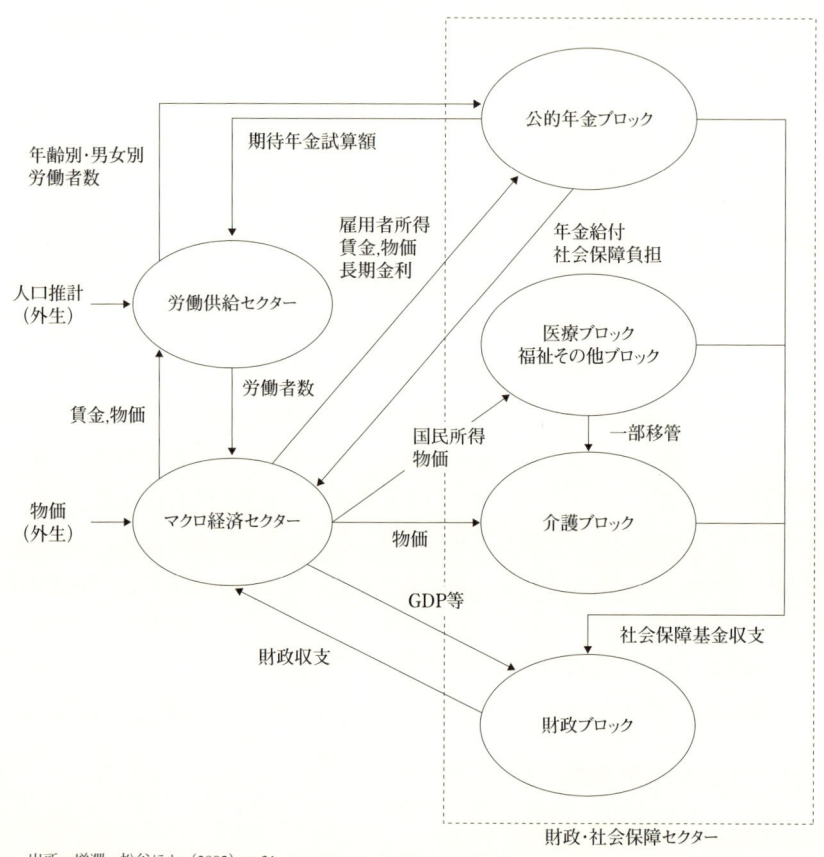

図1 社会保障モデルのセクター別の構造

出所：増淵・松谷ほか（2002）p. 21.

いて決定される値を用いている．また全要素生産性（TFP）上昇率は，1990年代の趨勢として年率約0.98％という結果を得た．

投資

投資，すなわち国内総固定資本形成は，民間設備投資，住宅投資，政府投資，在庫投資の4つからなる．このうち政府投資は，政策により外生的に決定されるが，民間設備投資は，民間貯蓄から政府の貯蓄投資差額を控除したもの，すなわち民間部門が投資可能な貯蓄額を主たる説明変数として定式化されている．経済のグローバル化の進展に伴い，資本蓄積が国内貯蓄に規定される程度は以

前より低下していると考えられるものの，推計結果をみる限り，国内貯蓄が資本蓄積の主たる担い手であることは変らない（いわゆる投資のホームバイアス）．国内総固定資本形成は，短期マクロモデルの場合のように最終需要を構成するのではなく，長期的な経済成長能力を左右する資本蓄積のペースを決定するために用いられる．

貯蓄

本モデルでは，家計貯蓄と企業貯蓄を合わせた民間貯蓄を，社会保障の効果を組み込んだ拡張ライフサイクル仮説に基づく貯蓄率関数で推計している．その説明変数は，①高齢化比率，②1人当たり期待年金資産額の雇用者所得に対する比率，および③中央・地方政府の累積財政収支の対名目GDP比である．①は，65歳以上人口の15歳以上人口に対する比率で定義され，ライフサイクル仮説の考え方に基づき，貯蓄を取り崩す高齢者の比率が高まるにつれてマクロの貯蓄率が低下する過程をとらえるものである．②は，Feldstein（1995）等に示されたように，社会保障給付の充実は個人資産の必要性を低下させ，貯蓄率にマイナスの影響を与えるとの考え方に基づく．期待年金資産額は，退職後，平均寿命までの1人当たり厚生年金受給額（基礎年金部分を含む）の割引現在価値で定義される．③は，財政収支の赤字の累積が将来の財政負担の増加を意味すると解釈されれば，民間部門はそれに備えて貯蓄を増加させるとの考え方（リカードの中立命題）に拠っている．

労働供給セクター

「労働供給セクター」は，2050年にかけての労働供給の長期推計を算出する．具体的には，就業率を男女別に15歳以上5歳刻みの年齢階層（70歳以上は一括）ごとに推計し，それを各時点における男女別・年齢階層別の推計人口に乗ずることにより，労働供給を推計している．推計人口には，国立社会保障・人口問題研究所が1997年1月に公表した「中位推計」を用いた．就業率の推計においては，男女とも，雇用者，農林水産業従事者および自営業者に分けて推計される．60歳以上の年齢階層の雇用就業率では，公的年金のあり方が労働供給に影響を与える可能性が高いため，実質賃金と期待年金資産額を説明変数として推計し，年金給付額が就業率に与える影響の内生化を試みた．また，有配偶女性の雇用就業率については，少子化や育児施設の充実度の影響を評価で

きるよう，保育所所在率（5歳以下の子どものうち保育所に入所している比率）を説明変数に追加した．

さらに，雇用者就業者は（1-失業率）が乗じられて雇用者に変換される．この際の失業率は「自然失業率」に等しいと想定され，過去数年間の平均値が男女別・年齢階層別に外生的に与えられている[7]．

財政・社会保障セクター

「財政・社会保障セクター」は，SNA体系における「一般政府」の収支構造を再現し，公的年金・医療をはじめとする社会保障制度の給付と負担のあり方を，中央・地方政府の財政収支と関連づけながら分析する．一般政府は，中央政府，地方政府および社会保障基金の3部門によって構成されるが，本セクターは，公的年金や医療，福祉に関連する「社会保障基金」と，中央・地方政府を統合した「中央・地方政府」という2つの部門に圧縮した．一般政府の収支は，これら2つの部門を合計したものとして計算され，社会保障の給付・負担のバランスだけでなく，政府消費や公共投資，公債の利払い費などの公共支出や税収の動きが整合的にとらえられている．

本セクターの特徴は，社会保障基金と中央・地方政府との間の経常移転が把握できることである．社会保障の財源には，民間部門が払う各種の社会保険料だけでなく，中央・地方政府からの国公庫負担がある．国公庫負担のうち一部は，社会扶助金として中央・地方政府から民間部門に直接給付されるが，それ以外は社会保障基金に経常移転として受け渡され，社会保険料と合わせて社会保障給付の財源となっている．本セクターでは，これらの関係を明示的に定式化することにより，社会保障の財源としての税と社会保険料の組み合わせについて定量的な分析を行うことが可能である．本セクターの中心である「社会保障基金」は，さらに以下の基本構造をもつ各ブロックで構成される．

公的年金ブロック

公的年金ブロックは，国民年金，基礎年金，厚生年金，共済年金の各勘定から構成される．各勘定は，その被保険者数の全被保険者数に対する比率に比例した分担率で基礎年金勘定に基礎年金拠出金を拠出し，基礎年金勘定はそれをもとに基礎年金を給費する．各勘定は，基礎年金部分に上乗せされる独自給付部分の収支を管理している．

第4章　ESRIの社会保障モデルによる社会保障の分析　　　　115

　各勘定の収支構造をみると，収入は年金保険料，国公庫負担，基礎年金交付金，積立金運用収入，前年度剰余金およびその他収入の6項目から，支出は年金給付，基礎年金拠出金およびその他支出金からなる．これらより決まる収支差額が，毎年積立金に加算されていくことになる．

　被保険者数は，第1号（農業，自営業従事者とその家族および学生），第2号（被用者）および第3号（第2号被保険者の被扶養配偶者）からなり，国立社会保障・人口問題研究所の人口推計，労働供給ブロックで決まる雇用者数などから決定される．保険料収入は，マクロ経済ブロックの1人当たり雇用者所得と連動して決まる標準報酬年額に，保険料率および被保険者数を乗ずることにより求められる．

　年金給付は，1人当たり給付額に人口構成を反映した受給者数を乗じて求められる．基礎年金給付額は2000年度以降，物価スライドを反映させて計算した[8]．厚生年金の報酬比例部分の給付額については，新規裁定分が加入期間を考慮した累積標準報酬年額に支給乗率を掛けたものとなり，既裁定分は物価スライドを用いて推計している．

医療ブロック

　医療ブロックは，国民医療費ベースの医療費を推計する部分，国民医療費の負担を決定する部分，これらを医療保険制度ベースの数値に変換する部分から構成される．

　国民医療費ベースの医療費は，年齢階層別の1人当たり医療費と人口要因から推計される．医療費の推計においては，まず一般診療医療費が，年齢階層別（0-14歳，15-44歳，45-69歳，70歳以上）の1人当たり入院医療費，同入院外医療費に分けて推計される．推計においては，1人当たり医療費を診療報酬と薬価基準との平均改定率で実質化し，これを所得要因としての1人当たり国民所得，価格要因としての実効自己負担率（100％－健保組合別の医療給付費で加重平均した給付率）で説明している．

　医療費の負担は，事業主負担保険料，被保険者負担保険料，患者自己負担および公費負担に分けられる．保険料収入は，保険料率の算定方式が保険組合別に異なるため本来であれば制度別に定式化すべきであるが，ここでは，医療費が制度別ではなく年齢階層別に推計されていることに対応してマクロ的に推計

した．患者自己負担は，年齢階層別の医療費に実効自己負担率を乗じて定義的に求めている．公費負担は，国民医療費の総額から，保険料収入と患者自己負担とを控除した残差として算出した．

以上の諸変数は国民医療費ベース（医療保険制度だけでなく社会福祉の医療扶助などを含む）であるが，医療ブロックの最後では医療保険制度ベースの数値に変換され，財政ブロックに受け渡される．

福祉その他ブロック

福祉その他ブロックは，雇用保険等，業務災害保障，家族手当，生活保護，社会福祉，公衆衛生，恩給および戦争犠牲者援護を集計したものである．このうち雇用保険等および業務災害保障は社会保険方式をとり，恩給および家族手当には事業主負担があるが，他の制度は無拠出で公費負担により運営されている．

福祉その他給付は，国民所得および失業率により説明される．国民所得の増加は，福祉その他給付の改定を通じた引き上げをもたらす．また失業率の上昇は，失業手当の増加により福祉その他給付の増加をもたらす．福祉その他保険料収入は，負担のベースとしての国民所得により説明される．

福祉その他公的負担は，多くの制度が公費で運営されていることを反映し，その大半が福祉給付にほぼ等しくなっている．

介護ブロック

介護ブロックは，2000年度に発足した介護保険制度を定式化したものである．介護保険制度は，被保険者を40-64歳の第1号被保険者，65歳以上の第2号被保険者に分け，各々について要介護者を要支援，要介護度1から5までの6段階に分類して認定し，その段階に応じて給付を行っている．本モデルの公表時は，介護保険制度はまだ発足後間もなく，将来推計に十分なだけのデータが揃っていなかったため，費用の推計においてはどうしても当時の最新データに依存せざるをえなかった．すなわち，当時の直近（2001年5月）の年齢階層別・要介護度別の認定率（＝該当する要介護者数／被保険者数）を算出し，これに年齢階層別の将来人口推計（中位推計）を乗じることにより，将来の要介護度別の認定者数を推計する[9]．さらに，要介護認定者を直近の分布状況をもとに在宅・施設別（在宅，介護老人福祉施設，介護老人保健施設，介護療養

型医療施設の4類型）に割り振ることにより，将来の要介護度別・施設別の認定者数を求める．他方，在宅・施設別の保険給付決定状況（支給額）を各々の介護サービス受給者数で除し，1人当たりの要介護度別・施設別の平均受給額を算出する．介護費用の総額は，この要介護度別・施設別の平均受給額に，対応する将来の推計認定者数を乗じたものを合計することにより算出される．介護費用の負担割合は，現行制度をふまえ，保険料および公費負担が各々45%，自己負担が10% とした．

3 社会保障モデルによるわが国経済のベースライン推計

次に，社会保障モデルによる，わが国経済の2050年までのベースライン推計（標準ケース）を概観する．標準ケースは，外生変数の想定など，モデルの外から与える情報については，1999年財政再計算の「基礎率」を採用した場合である（基礎率のうち合計特殊出生率などの人口学的要素は，そのまま採用した．しかし経済的要素については，物価上昇率（1.5%）は，足下ではデフレのため採用せず，GDP デフレータの2025年度以降の上昇率としてのみ採用した．また，実質 GDP 成長率，賃金上昇率，積立金の運用利回りなどは，本モデルでは内生変数であるため，採用していない）．これは，政策評価の基準を提供するとともに，1999年年金制度改正を含む2002年当時の社会保障政策を不変とした場合のわが国経済の姿を描くものであって，いわゆる予測や展望ではない．しかしその姿は，追加的に特段の制度改正を行わなければわが国経済がどのような経路を辿るかについて，ひとつのイメージを与えてくれる．

実質 GDP 成長率（潜在成長率）は，1999-2050年度の平均で対前年度1.1%，うち前半の1999-2025年度は同1.5%，後半の2025-2050年度は同0.7% となった（表1）．後半の減速は主として労働力人口が減少することによる．この間，民間貯蓄率は，高齢化の進展をして17.3% から9.5% へと大きく低下する．公的年金部門に目を転じると，国民年金は，高齢化の進展と第1号被保険者の減少を背景に2040年以降に赤字の拡大が避けられず，持続可能性に疑問を残している．他方，民間雇用者が加入する厚生年金は，2050年度にもわずかながら黒字を維持しており，1999年改正による給付水準抑制と保険料率の

表1　標準ケース

年度	実質 GDP (10億円)	名目 GDP (10億円)	長期金利 (%)	民間貯蓄率 (%)
1999	525,696	513,682	1.75	17.34
2005	581,594	571,145	1.69	15.95
2010	632,565	636,886	1.52	14.35
2015	675,665	700,928	1.67	12.22
2020	718,453	783,335	1.65	11.55
2025	764,255	880,113	1.92	11.84
2030	801,931	994,873	1.86	11.76
2035	833,709	1,114,231	1.83	11.26
2040	860,228	1,238,524	1.90	9.91
2045	883,299	1,370,027	2.12	9.54
2050	911,208	1,522,542	2.46	9.89

年度	国民年金（兆円）			
	収入	うち保険料収入	支出	収支
1998	6.42	1.97	5.93	0.49
2005	6.11	1.91	6.20	▲0.08
2010	6.34	2.34	6.29	0.05
2015	6.45	2.73	6.37	0.08
2020	6.57	3.21	6.26	0.32
2025	6.28	3.26	6.10	0.18
2030	6.27	3.40	6.38	▲0.11
2035	6.32	3.44	7.00	▲0.68
2040	6.59	3.52	8.16	▲1.57
2045	6.89	3.64	9.41	▲2.51
2050	7.05	3.83	10.50	▲3.46

年度	厚生年金（兆円）			
	収入	うち保険料収入	支出	収支
1998	32.11	20.62	27.03	5.08
2005	37.75	27.91	33.18	4.57
2010	45.11	34.55	39.33	5.78
2015	53.34	41.67	44.60	8.74
2020	63.40	50.40	47.79	15.62
2025	71.55	56.30	51.25	20.31
2030	81.48	62.86	59.38	22.10
2035	91.94	69.45	72.25	19.70
2040	102.16	76.11	90.40	11.76
2045	112.01	82.76	106.39	5.62
2050	123.32	90.60	119.85	3.47

出所：増淵・松谷ほか（2002）p. 24.

段階的引き上げによる効果が大きいことがうかがえる.

4 1999年年金制度改正の効果分析

1999年年金制度改正のうち,年金収支に影響を与えるのは次の6点である.①厚生年金の報酬比例部分の給付乗率1,000分の7.5を1,000分の7.125とする(給付水準の5%削減,2000年4月実施),②65歳以上は基礎年金・報酬比例部分とも賃金スライドを行わず,物価スライドにとどめる(2000年4月実施),③報酬比例部分の支給開始年齢を段階的に65歳に引き上げる,④厚生年金および国民年金の保険料(率)は5年間据え置いた後,2005年度から段階的に引き上げる,⑤60歳代後半の民間給与所得者に対して在職老齢年金を導入する(2002年4月実施),⑥学生に対する国民年金保険料の免除制度(2000年4月実施),低所得者に対する同半額免除制度を導入する(2002年4月実施).

本分析では,年金収支に与える影響が大きい①-③を取り上げ,その効果を定量的に分析することを試みた.具体的には,標準ケースはこれら支出削減策を含んだ場合であるので,これらが実施されなかった場合のシミュレーションを行い,これと標準ケースとの乖離(符号は逆)を政策の効果と考えた.いわゆる Counter-factual Simulation である.

結果を要約すると,厚生年金勘定の収支は,2025年度に13.8兆円,2050年度に33.7兆円ほど,制度改正がない場合より改善する.また国民年金勘定の収支は,2025年度に0.8兆円,2050年度に2.4兆円ほど改善する.厚生年金給付について削減率を求めると,2025年度には24.0%,2050年度には13.7%となる.この結果,一般政府財政収支も改善し,民間の資本蓄積がクラウドインされることにより実質GDPも高まりをみせる.

以上の結果は,1999年改正による支出削減がすでにかなりの規模のものであることを示している.仮に3つの削減策をまったく行わなかった場合,厚生年金収支は2025年度に赤字化し,2050年度には赤字幅が30.2兆円に拡大することが示される(図2).

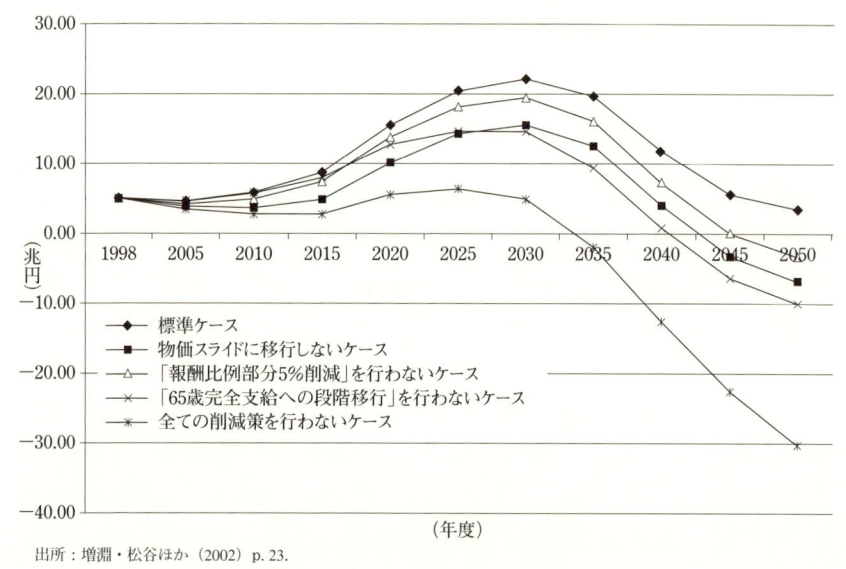

図2 厚生年金勘定の収支の推移

出所：増淵・松谷ほか（2002）p. 23.

凡例：
- 標準ケース
- 物価スライドに移行しないケース
- 「報酬比例部分5%削減」を行わないケース
- 「65歳完全支給への段階移行」を行わないケース
- 全ての削減策を行わないケース

5 年金財政の財源選択に関するシミュレーション

1999年改正では，基礎年金の国庫負担割合について「当面平成16年度までの間に，安定した財源を確保し，国庫負担の割合の2分の1への引き上げを図るものとする」との附則が設けられていた．この課題は財源を特定できないまま2004（平成16）年改正に引き継がれ，目標も2009年度（平成21年度）に先送りされてきたが，つい最近，特別会計の剰余金を取りあえずの繋ぎ財源として実現されることとなった．しかし，恒久的な財源は依然として確保されていない（したがって，ここまでの分析では国庫負担率は3分の1）．そこで本節では，基礎年金の国庫負担率を附則どおりの50%，さらに全額負担の100%に引き上げ，その財源としてもっとも有力視されている年金目的消費税の増税を行うケースを取り上げる．以下では，そのうち，消費税率引き上げ幅が最小と最大という点で代表的な2つのケースを説明する．

(1) 「基礎年金国庫負担率50%，厚生・国民年金勘定の収入不変」ケース

基礎年金の国庫負担割合を引き上げると，年金保険料は，国庫負担の増加に見合った減額が可能になる．1999年改正の附則に従って国民・厚生・共済の各年金勘定において基礎年金の国庫負担率を2004年度から50%に引き上げ，他方で保険料（率）を国庫負担の増加をちょうど相殺するように引き下げ，各勘定の収入を標準ケースから不変に維持したケースは表2のとおりである．財源は，前述のとおり年金目的消費税の増税による．

厚生年金の保険料率は，収入を不変に維持した場合，2005年度に1.4%ポイント，2025年度に1.9%ポイント引き下げが可能となる（1999年財政再計算ではそれぞれ1.2%ポイント，2.4%ポイントと試算）．また，国民年金の保険料は，2005年度に月額2,800円（＝年額33,700円/12月），2025年度に月額5,900円引き下げが可能となる（同それぞれ3,000円，6,400円）．これに対応して消費税率は，2005年度に0.9%ポイント，2025年度に1.4%ポイントの引き上げが必要となる（同再計算では1999年度に0.9%ポイント，2025年度に1.5%ポイント）．ただし，国民・厚生年金勘定の収支は，物価スライドのもとでの消費税率引き上げに伴う物価上昇を反映して年金給付が増加するため[10]，いずれも若干ながら赤字化する（表2）．

マクロ経済への影響は，基礎年金の国庫負担割合の6分の1の財源振替えという限定的な制度変更であるため，ごく小さい．

(2) 「基礎年金を全額国庫負担，厚生年金勘定の収支不変」ケース

基礎年金を2004年度から全額国庫負担とし，他方で保険料率を国庫負担増をちょうど相殺するように引き下げ，厚生年金勘定の収入ではなく収支を標準ケースから不変に維持したケースは表3に示される．

厚生年金の保険料率は，2005年度に5.1%ポイント，2025年度に6.3%ポイント引き下げが可能となる．すなわち，保険料率の水準は2005年度に14.8%に下がり，2025年度でも21.3%にとどめることができる．これに対応して消費税率は，2005年度に4.0%ポイント，2025年度に6.2%ポイント引上げが必要となる（1999年財政再計算では1999年度に3.5%ポイント，2025年度

表 2 「基礎年金国庫負担 50%,厚生・国民年金の収入不変」ケース(標準ケースからの乖離)

年度	実質 GDP (変化率:%)	名目 GDP (変化率:%)	消費税率 (変化幅:%PT)	実質賃金率 (変化率:%)	長期金利 (変化幅:%PT)
1999	0.00	0.00	0.00	0.00	0.00
2004	0.15	0.52	0.65	0.59	0.03
2005	0.13	0.66	0.91	0.61	0.05
2006	0.12	0.69	1.00	0.62	0.05
2010	0.10	0.78	1.17	0.66	0.07
2015	0.08	0.85	1.30	0.72	0.08
2020	0.05	0.80	1.27	0.71	0.08
2025	▲0.00	0.78	1.35	0.68	0.09
2030	▲0.03	0.80	1.42	0.65	0.09
2035	▲0.05	0.83	1.49	0.66	0.10
2040	▲0.07	0.88	1.58	0.70	0.11
2045	▲0.10	0.93	1.68	0.70	0.13
2050	▲0.14	0.94	1.73	0.64	0.14

(変化幅)

年度	国民年金 (兆円)				保険料引き下げ幅 (1,000 円/年)
	収入	うち保険料収入	支出	収支	
1998	0.00	0.00	0.00	0.00	0.00
2004	0.00	▲0.58	▲0.01	0.01	▲31.16
2005	▲0.00	▲0.61	0.02	▲0.02	▲33.65
2006	0.00	▲0.64	0.03	▲0.03	▲35.59
2010	0.00	▲0.69	0.04	▲0.04	▲43.69
2015	0.00	▲0.77	0.04	▲0.04	▲53.99
2020	0.00	▲0.83	0.04	▲0.04	▲61.31
2025	0.00	▲0.92	0.11	▲0.11	▲70.90
2030	0.00	▲1.01	0.12	▲0.11	▲81.95
2035	▲0.00	▲1.15	0.13	▲0.13	▲100.02
2040	▲0.00	▲1.36	0.17	▲0.17	▲125.47
2045	▲0.00	▲1.55	0.21	▲0.21	▲150.32
2050	▲0.00	▲1.69	0.23	▲0.23	▲170.30

(変化幅)

年度	厚生年金 (兆円)				保険料引き下げ幅 (%PT)
	収入	うち保険料収入	支出	収支	
1998	0.00	0.00	0.00	0.00	0.00
2004	0.00	▲1.75	0.05	▲0.05	▲1.34
2005	▲0.00	▲1.87	0.24	▲0.24	▲1.44
2006	0.00	▲1.96	0.32	▲0.31	▲1.48
2010	▲0.00	▲2.36	0.47	▲0.47	▲1.67
2015	▲0.00	▲2.84	0.60	▲0.60	▲1.87
2020	▲0.02	▲3.16	0.64	▲0.66	▲1.90
2025	0.01	▲3.53	1.17	▲1.16	▲1.91
2030	0.00	▲3.98	1.22	▲1.22	▲1.93
2035	▲0.00	▲4.64	1.38	▲1.39	▲2.04
2040	0.00	▲5.51	1.70	▲1.70	▲2.20
2045	0.00	▲6.19	2.00	▲2.00	▲2.28
2050	▲0.01	▲6.64	2.15	▲2.16	▲2.24

出所:増淵・松谷ほか(2002)p.31.

表 3 「基礎年金全額国庫負担,厚生・国民年金の収支不変」ケース(標準ケースからの乖離)

年度	実質 GDP (変化率:%)	名目 GDP (変化率:%)	消費税率 (変化幅:%PT)	実質賃金率 (変化率:%)	長期金利 (変化幅:%PT)
1999	0.00	0.00	0.00	0.00	0.00
2004	0.55	2.22	2.79	2.20	0.16
2005	0.44	2.77	3.96	2.09	0.20
2006	0.40	2.98	4.40	2.09	0.20
2010	0.46	3.50	5.14	2.29	0.24
2015	0.55	3.99	5.73	2.59	0.26
2020	0.53	4.21	6.12	2.60	0.27
2025	0.56	4.27	6.23	2.61	0.27
2030	0.63	4.47	6.44	2.70	0.27
2035	0.72	4.83	6.83	2.83	0.28
2040	0.83	5.41	7.41	3.02	0.29
2045	0.97	5.95	7.88	3.17	0.30
2050	1.15	6.34	8.12	3.28	0.30

(変化幅)

年度	厚生年金(兆円)				保険料引き下げ幅 (%PT)
	収入	うち保険料収入	支出	収支	
1998	0.00	0.00	0.00	0.00	0.00
2004	0.18	▲6.86	0.18	▲0.00	▲5.21
2005	0.97	▲6.65	0.96	0.00	▲5.10
2006	1.29	▲6.82	1.28	0.00	▲5.14
2010	1.92	▲7.95	1.92	0.00	▲5.68
2015	2.51	▲9.57	2.50	0.00	▲6.38
2020	4.32	▲9.94	4.33	▲0.01	▲6.21
2025	4.67	▲11.21	4.65	0.02	▲6.33
2030	5.09	▲13.12	5.09	▲0.00	▲6.61
2035	6.03	▲15.39	6.03	0.00	▲7.02
2040	7.69	▲18.02	7.69	0.00	▲7.53
2045	9.35	▲20.17	9.34	0.01	▲7.81
2050	10.63	▲22.02	10.64	▲0.01	▲7.85

出所:増淵・松谷ほか(2002) p.34.

に6.0%ポイントと試算).厚生年金勘定の支出が消費税率引き上げに伴って増加している分,「収入不変」の場合より保険料率の引き下げ幅は抑制されている.他方,国民年金勘定は,基礎年金を全額国庫負担とすると旧法受給者に対する給付を管理するだけの勘定となるため,将来的には廃止されることになる.したがってここでは検討しない(表3).

マクロ経済への影響をみると，実質 GDP が 2005 年度に 0.4％，2025 年度に 0.6％ほど標準ケースから増加していることが注目される．これは主として，年金保険料の大幅引き下げの効果が，消費税率引き上げによる物価上昇の効果を上回って，実質賃金が上昇し，女性や高齢者を中心に雇用労働力が増加するためである．平易にいえば，「物価が上がっても手取り賃金がそれを上回って増えたために就労意欲が高まった」ということである．基礎年金の賦課ベースを雇用者の賃金から国民全体の消費支出に「薄く広く」転換することにより，潜在成長率が高まる可能性があることが示唆される．

6　まとめと最近の活用状況

以上，内閣府経済社会総合研究所の社会保障モデルと，それによる年金制度改正の効果分析や政策シミュレーションの結果を概観してきた．冒頭でも述べたとおり，これらは，現行のひとつ前の 1999 年財政再計算と年金制度改正をふまえているため，個別の数値によっては，現在では意味がなくなっているものが少なくない．特に 2000 年度移降，足下まではそうである．

しかし，その定性的な政策的含意は，依然として有効であろう．前節でみたとおり，基礎年金の全額国庫負担への移行は，労働供給を促進することにより潜在 GDP を高める可能性が示された．最近の年金制度改正をめぐる議論では，基礎年金の全額国庫負担化には，①既加入者の納付実績を給付に反映させる限り，移行期間が数十年の長期にわたること，②年金保険料という独自財源を失うことにより，他の支出項目と財源をめぐる競合が生ずること，③生活保護制度など，他のセイフティーネットとの関係の再整理が必要になる可能性があることなど，さまざまな問題点が指摘されている．これらに関して，社会保障モデルがいいうることはあまりない．しかし，基礎年金の全額国庫負担化がマクロ経済の供給面に好影響をもたらす可能性があることは，これまであまり指摘されていない．今後の年金制度改正において，これら問題点だけでなく，こうしたメリットの可能性も合わせて議論されるとすれば，それだけで本研究の目的はかなり達成されたといえよう．

なお，社会保障モデルの開発は，政府の経済財政諮問会議などにおいて経

済・財政の中期（5-10年程度）の展望作業に資することを目的として開発されたマクロ計量モデルである「経済財政モデル」[11]の社会保障セクターを分担する目的も，合わせもっていた．経済財政モデルは，政府の毎年の「展望と指針」，いわゆる「骨太の方針」の主要な経済指標およびバックデータ[12]を作成する，政策的に重要なモデルである．社会保障モデルは，それ自体は開発後に更新されていない[13]が，部分的ながら経済財政モデルのプロトタイプモデルとして，現実の政策形成の基礎をなしている．

注
1) 国立社会保障・人口問題研究所（2008）によると，比較可能な最近時のデータはILO基準でなく2005年のOECD基準であり，日本26.2％に対し，米国20.3％，イギリス28.2％，ドイツ36.7％，フランス40.7％，スウェーデン42.3％となっている．
2) 著者のほか，松谷萬太郎 内閣府経済社会総合研究所上席主任研究官付，吉田元信 内閣府経済社会総合研究所経済社会研究調査員（四国電力），森藤拓同経済社会研究調査員（りそな銀行）（肩書きはいずれも当時）．報告書全文はhttp://www.esri.go.jp/jp/archive/e_dis010/e_dis009.htmlで入手可．
3) もちろん，政府として経済と社会保障制度との長期的な全体像を描くのは，厚生労働省の財政再計算の役割である．ESRIの社会保障モデルユニットが同省とは別途，同じ目的で社会保障モデルを開発したのは，本文にもあるとおり，今日，経済・社会と社会保障制度との相互依存関係が徐々に強まっており，両者を明示的に内生化したモデルが必要であると考えたからである．財政再計算では，経済変数は所与であり，社会保障制度からマクロ経済へのパスがない．
4) 公的年金に限らず，医療，介護など，すべての社会保障制度にかかわる変数は民間貯蓄に影響すると思われるが，ここでは戦略的に，公的年金による「年金資産」をもっとも影響力が高い変数と考えて明示的に導入してみた．定義は加藤（1998）のそれに拠った．しかし，その民間貯蓄の変動に対する説明力は必ずしも高いとはいえない（$t=-1.987$）．これは，ひとつには，年金資産と個人（金融）資産の競合関係により，年金資産の変動が一部，個人金融資産のそれに代替されたためと考えられる．この結果をふまえれば，個人金融資産も内生化することが望まれるが，著者たちの能力を超えるので見送った．
5) いうまでもなく，本章で提示されている分析や解釈は，あくまでも著者たちの個人的意見であって，内閣府や内閣府経済社会総合研究所などの公式見解を示すものではない．
6) 50年という長期を展望する以上，経済の趨勢的な姿を規定するのは供給サイドの実物要因であると考えた．
7) 失業率が外生であることは，本モデルが長期の供給サイドモデルであり，経済は

常に完全雇用の状態にあると想定されていることが理由である．しかし，「過去数年間の平均値」では実績値に過度に依存しかねないので，推計を試みるなど，再検討の余地があるかもしれない．
8) スライド率にはわずかにプラスの物価上昇率を想定しており，デフレが進んだ現実の経済環境とは異なっている．
9) 介護ブロックの作成においては，当時はデータも制約されており，「比率」をベースに将来推計を行っているが，現在から振り返ると，そうした「比率」は大きく変化しているとみられる．後述する，政府の経済・財政の中期展望用マクロ計量モデル「経済財政モデル」も，同様に「比率」をベースに将来推計を行っているが，同「比率」は随時更新されている．
10) この点については，消費税率の引き上げによる物価上昇は給付に反映させないという考え方もあり得るが，ここでは一般的な物価上昇と区別しなかった．
11) 2001年11月公表．開発は，内閣府の政策統括官（経済財政―経済社会システム担当）部門が担当した．その後，見直しと改定が加えられ，現在のモデルは2008年3月公表の第2次再改定版である．
12) 展望と指針に「参考資料」として添付されている．
13) 2002年2月のモデル公表後，ESRIにおいてはモデルの運用マニュアルの作成などが行われた．

参考文献

加藤久和（1998）「民間貯蓄，高齢化及び社会保障――わが国におけるライフサイクル仮説の検証」『電力経済研究』No. 40.
国立社会保障・人口問題研究所（2008）「平成18年度 社会保障給付費」．
内閣府経済社会システム担当政策統括官部門（2001）「経済財政モデル（第一次）について」内閣府 HP（http://www5.cao.go.jp/keizai3/econome.html）．
増淵勝彦・松谷萬太郎・吉田元信・森藤拓（2002）「社会保障モデルによる社会保障制度の分析」*ESRI Discussion Paper Series*, No. 9.
八代尚宏・小塩隆士・井伊雅子ほか（1997）「高齢化の経済分析」『経済分析』第151号．

Feldstein, M. (1995) "Social Security and Saving: New Time Series Evidence," *NBER Working Paper*, 5054.

第Ⅱ部
社会保障の計量モデル分析

第5章 短期マクロ計量モデルによる分析[1]

佐倉　環
藤川清史

1　はじめに

　日本経済が低成長に移行して久しい．1970年代以前の高度成長期は，社会のパイが急速に拡大する時期であり，当時の重要な政策課題は，拡大したパイを，国民からの不満が出ないように分配することであった．少なくとも最近までは，「日本の所得配分は比較的平等だ」という共通認識が社会にあったことから，この点では当時の日本政府は成功したといえるだろう[2]．実際，日本の高度成長期には，労働分配率は上昇し社会保障の制度整備も行われた．しかし，高度成長はやがて終焉を迎え，パイの拡大がストップすると，潜んでいた問題点が顕在化する．本書が扱っている少子高齢化と社会保障の給付と負担の世代間不均衡の問題が典型例であるが，その他にも，都市の高齢化，地球温暖化問題などがそうである．大きな財政赤字を抱える今日，これらの新課題の解決は容易でない．高度成長期には「所得をどう配分するか」が政府のひとつの政策課題であったが，今日の日本の政策課題は，新課題に対応するために「負担をどう配分するか」へと変化せざるを得ない．社会保障関連でいえば，2004年の年金改革は，「100年安心プラン」[3]と政府が銘打ったものの，2009年の財政検証では，早くもその実現性に黄色信号がともった．50％の所得代替率を維持するためには，現役世代の負担増を検討せねばならない状況となっている[4]．負担の分配の変更をいかにうまく行うかが，今後の政策運営に求められていることなのである．

　さて，社会保障の制度改革は，長期的な視野に立って行われるべきものである．しかし，人びとのマインドは，必ずしも長期的な視野をもっているわけで

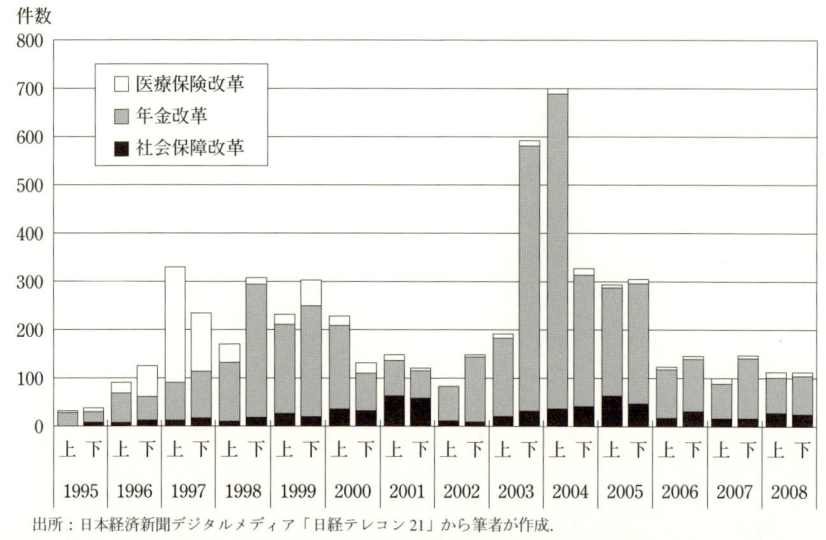

図1 『日経新聞』での社会保障改革関連記事の件数

出所：日本経済新聞デジタルメディア「日経テレコン21」から筆者が作成．

はない．22世紀にはわれわれの子孫にほぼ確実に被害が及ぶであろう地球温暖化への対策への出費には，日本の社会が概して消極的であるのはその一例であろう．図1は，日経4紙[5]を対象に，「年金改革」「医療保険改革」「社会保険改革」をキーワードとして記事検索した際の記事のヒット件数である．新聞記事の掲載件数は，社会の関心の高さのバロメータといってよいだろう．図1で記事数の増減をみると，医療保険制度改革（患者自己負担の増加）が行われた1997年には「医療保険改革」についての記事が増加し，また，年金制度の大幅変更が議論された2004年では，「年金改革」の記事が急増している．このように，社会は社会保障制度の負担増に対して敏感に反応している．言い換えれば，こうした改革への社会の反発は大きかったと想像される[6]．本章の最初で述べたように，今後の政策課題は「負担の分配」である．そこで重要なのは，負担の分配の変更を，できるだけ社会が受容しやすい形で実施することであろう．

そのためには，負担の分配の変更が，短期的にどの程度の影響を及ぼすのかを知っておく必要がある．そこで，本章の目的は，その検証材料のひとつとして，四半期のマクロ計量モデルを用いて，社会保障改革の短期的な影響を分析

することにある．本書第6章の佐藤・加藤のモデルは，供給サイドから国民経済をみた長期モデルを用いての，年金改革の分析である．本章のモデルは，そういう意味で，佐藤・加藤モデルの相方という性格をもっている．

本章では，まだ不完全ではあるが，社会保障改革分析用の日本経済の四半期モデル[7]を紹介する．シミュレーションでの関心は，今後予想される社会保障の制度改革のなかで，非正規雇用者の厚生年金への加入が短期的に日本経済に与える影響，消費税率の上昇による物価上昇が短期的に日本経済に与える影響である．そのうえで，これらの政策の社会受容性を検証していきたい[8]．

本章の構成は次のとおりである．以下の第2節では，国民の関心の高かった2004年度の年金改革の内容を概説するとともに，足元の経済状況を整理する．第3節では，本章で用いるマクロ計量モデルを解説する．第4節では，同モデルを使った標準解とシミュレーションの結果を整理する．最後に，付論1として，マクロ経済の見方について長期と短期の2つの見方があり，それによりモデル構造が異なることを述べる．付論2では，厚生年金の適用拡大の影響について述べる．

2 2009年度の財政検証と足元の経済状況

(1) 2004年度の年金改革

年金制度は，人口推計と年金の財政予測にもとづき，5年に1度見直されてきた．直近の改革は2004年である．まずは，2004年度改革の内容を確認しておこう．年金制度の改革とは，基本的には，現在の修正賦課方式下で，保険料率を引き上げながら，所得代替率をできるだけ維持するということであった．2004年度改革もまたしかりであり，次の諸点が盛り込まれた[9]．

① 保険料率の変更とマクロ経済スライドの導入

将来（2017年以降）の保険料水準を固定したうえで，その収入の範囲内で給付水準を自動的に調整する．たとえば，厚生年金では保険料率を2004年10月から毎年0.354%ずつ引き上げ，2017年に18.30%に到達した時点でそれ以降は固定する．一方の給付については（少なくとも2023年までの年金給付

水準調整期間内は)「スライド調整率」を用いて調整する（つまり，抑え込む）．スライド調整率とは，公的年金全体の被保険者数の減少（3年平均）率と平均余命の伸びを勘案した率（現行 0.3％）の和であり，おおむね 0.9％．新規裁定者については「名目賃金上昇率－スライド調整率」，既裁定者については「物価上昇率－スライド調整率」の公式で給付額を減少させる．

② 所得代替率 50％以上の維持と有限均衡方式の採用

マクロ経済スライドを 2023 年まで実施することにより，所得代替率（夫の厚生年金と夫婦の基礎年金合計と現役世代の平均的収入の比率）は 2004 年の 59.3％から 50.2％にまで低下する[10]．その時点でマクロ経済スライドによる給付の調整を終えると同時に，それ以降は所得代替率 50.2％を維持する．その後，積立金を取り崩し，おおむね 100 年程度の間に年金財政を均衡させ，積立金を給付費の 1 年分にする（有限均衡方式という）．

③ 基礎年金の国庫負担の変更

基礎年金の国庫負担割合を 2 分の 1 とし，2009 年度までに現在の約 3 分の 1 から 2 分の 1 へ引き上げる．ただ，その財源をどうするかについては決められなかった．

実は，2004 年度の改革では次の 2 点も議論された．

④ 厚生年金の被保険者の拡大

現行の被保険者の条件は，「正社員の所定労働時間の 4 分の 3 以上」（おおむね 1 週間の所定労働時間が 30 時間以上）または「年間収入が 130 万円以上」（年間収入 130 万円以下は配偶者などの扶養家族になるので加入義務なし）の雇用者であるが，それを「1 週間の所定労働時間が 20 時間以上」または「年間収入が 65 万円以上」のいずれかに該当する雇用者に変更する．

⑤ 基礎年金の国庫負担増額の財源

基礎年金の国庫負担を引き上げる際の財源を消費税に求める．将来的には，基礎年金全体の財源も租税（消費税の増税）に求める．

厚生年金の被保険者の拡大は，労働者側（連合）からは，より多くの労働者が厚生年金のしくみに参加できるということで歓迎した[11]．しかし，パート従業者が多い卸売小売業界などの反発が大きく[12]，最終的には見送られることになった．ただし 5 年後を目途に再検討されることになった[13]．また，基礎年金

財源の変更は，小泉純一郎首相（当時）の公約が「消費税の見直しをしない」ということであり，経済的にも消費税増税のタイミングではないということで，結論が先送りされた[14]．

さて，年金改革の中心論点は，長期的な視点での制度維持可能性である．しかし，具体的な改革案の実行可能性（あるいは国民の受容可能性）は，上記のように足元の政治経済情勢に左右されることから，年金改革の短期的な影響も無視できない．長期的視点での制度の維持可能性を高めるための保険料引き上げや給付見直しではあるが，逆に短期的視点では，社会保障制度が不安定との印象を与え，将来への不安感を醸成する．実際，保険料の引き上げや給付の抑制は短期的にみると可処分所得を低下させ家計最終消費を減少させ，保険料引き上げは労働コスト上昇にもなるので雇用の減少を導く可能性もある．こうした国内総生産（GDP）抑制的な影響が，将来への不安感の理由である．この影響が実際のところどの程度かを知ることは，現実的な改革スケジュールを考えるうえで有意義であろう．われわれは，そうした問題意識に立って，マクロ計量モデルを用い，年金制度改革が日本経済におよぼす短期的影響の定量的分析を行うことにした．その前に，足元の経済状況を確認しておきたい．

(2) 家計の消費構造

図2は家計可処分所得と家計最終消費支出を比較したものである（上が可処分所得，下が家計最終消費支出）．

1998年から2001年までをみると，家計の可処分所得が減少しているにもかかわらず，家計の消費額はほとんど変化していない．家計消費のライフサイクル仮説に従えば，マクロでの人口高齢化とともに貯蓄率が低下するものだが，この時期の貯蓄率低下はきわめて大きい．この時期は長期にわたって，家計消費にラチェットがかかっていたことになる[15]．その結果，家計の貯蓄率は1996年の10.5％から2007年の3.3％へと低下した[16]．

経済が上向きはじめた2001年以降は，家計の可処分所得と家計の消費額が並行して動いている．そこで，本章のモデルでは，直近の情報を重視するという意味で，消費関数は2001年以降で推定した．

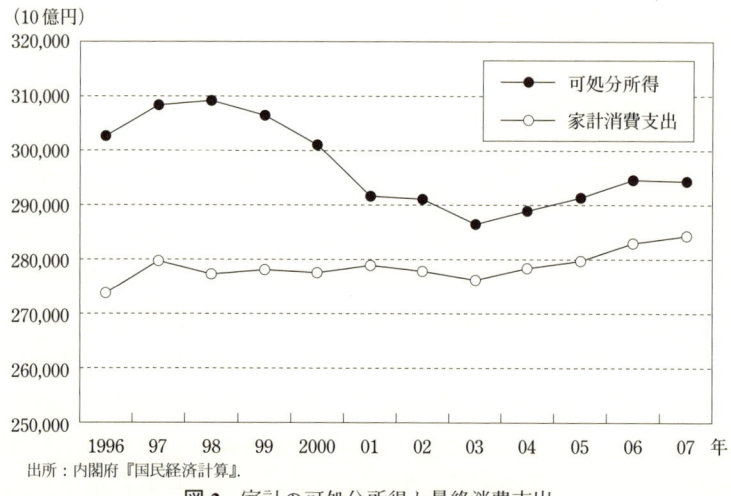

図2 家計の可処分所得と最終消費支出

出所：内閣府『国民経済計算』.

(3) 非正規雇用者の増加

現在の日本企業では，雇用期間の期限がなくフルタイムで働く「正社員」のほかに，「非正規雇用者」と総称されるさまざまな就業形態が増加している．これら非正規雇用者は，徐々に増加傾向にあったのだが，顕著に増加をはじめたのは1990年代後半以降である．

図3に次の2つの統計を基礎にして，「非正規雇用者」の比率の時系列での推移を示した．

① 『労働力調査』の週の労働時間が35時間未満の雇用者の比率
② 『毎月勤労統計調査』のパート比率[17]．

両統計で非正規雇用者の比率は類似しており，いずれの統計でも非正規雇用者の比率が増加傾向にあることがわかる．ただ，『毎月勤労統計調査』は，「労働者派遣法」の改正の影響を鮮明に反映しているようである．「労働者派遣法」1999年度の改正では，対象業務が一部を除き原則自由化され，派遣労働の規制が残ったのは，港湾運送・建築・警備・医療，製造業務だけになった．この改正時には，パート比率が約3ポイント上昇した．また，2004年度の改正では，製造業務での派遣と医療関連業務の紹介予定派遣も解禁された．この改正

図3 非正規雇用者比率（％）の増加

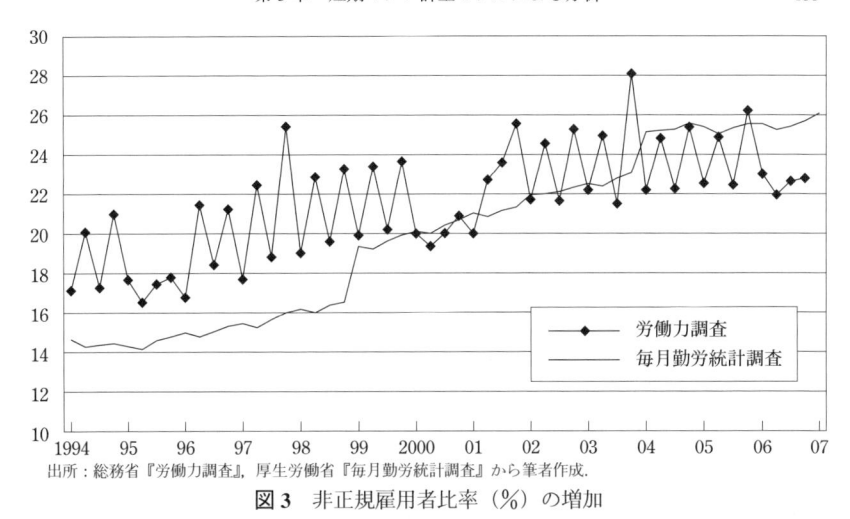

出所：総務省『労働力調査』，厚生労働省『毎月勤労統計調査』から筆者作成．

時には，パート比率の約2ポイントの上昇があった．

さて，1日の所定労働時間あるいは1ヵ月の所定労働日数が，同種の業務に従事する通常の就業者と比較して，おおむね4分の3以上の就労者は厚生年金に加入することになっている．週に30時間以上働いている人は，厚生年金に加入するルールになっているといってもよい．『労働力調査』の例は35時間未満だが，厚生年金に未加入の雇用者の比率の近似値とみることができるが，季節変動が大きく扱いにくそうである．そこで，本章では，『毎月勤労統計調査』でのパート労働者を，非正規雇用者として扱い，厚生年金に未加入の雇用者とすることにした．

(4) 政府投資の減少と海外依存の増加

図4に2001年の第1四半期を1とした名目GDPの構成項目の推移を示した．GDPの名目額はほとんど変化していないので，ここで示したグラフは，GDP構成項目のシェアの変化とみてもよいであろう．

周知のように民間消費とGDPとは安定した関係にあり，民間消費はGDP同様にほとんど変化していない．こうした2001年以降の経済環境下で，特徴的な事実を2点指摘したいと思う．

① 第1の特徴は政府投資の減少である．バブル崩壊後の不況対策として，政

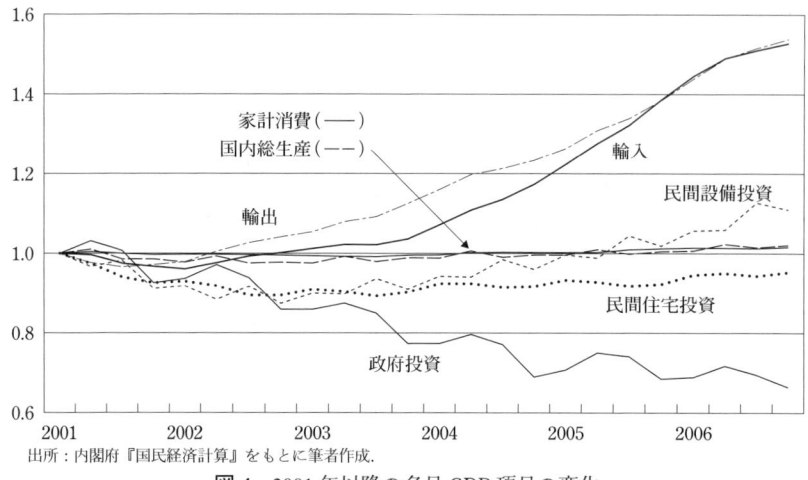

図4 2001年以降の名目GDP項目の変化

出所:内閣府『国民経済計算』をもとに筆者作成.

府が1990年代に採用してきた政策は,基本的には公共投資の追加による需要創出であった.しかし,2001年からの小泉政権はこの方法から離別し,民間需要を重視する小さな政府路線へ舵をきった.

② 第2の特徴は需要供給両面での経済の国際化である.輸出と輸入のシェア上昇は,他の需要項目に比較して際立って大きい.企業は,国内需要が伸び悩むなかで外需に活路を見出だそうとした.海外に進出した日系企業への部品供給増加も輸出増加を加速した.それと表裏一体の関係にあるのが,海外進出した日系企業からの完成品の輸入の増加である.中国を中心とする新興国からの輸入も増加した.

民間主導の経済に移行したことと輸出のウエイトが増加していることは,非正規雇用者の増加と無縁ではない.企業はコスト削減努力を続けないと生き残れないからである.価格以外で輸出競争力をつけることも今後の日本経済の課題であるが,総需要の60%を占める安定的な内需である家計消費を萎えさせないことも重要課題であろう.

3 モデルの構成

(1) 短期モデル

政策評価を行う場合に，その政策の影響が及ぶ空間的範囲と時間軸をどう設定するかは重要である．本書は政策評価の道具として「モデル」を用いるが，その政策評価の空間的・時間的範囲によって，モデルの構造も異なってくる．年金制度の長期の持続可能性を論じるのであれば長期モデルがふさわしいであろうし，社会保障制度の変更が足元の経済状況への影響を論じるのであれば短期モデルがふさわしいであろう[18]．本章の分析対象は，日本の社会保障制度改革の短期的経済効果である．したがって，政策効果の空間的範囲は日本国内に限定し，モデルの時間軸も短期である．本章のモデルは，社会保障制度が需要構造にどのような影響を与えるかを念頭に置いて構築されており，需要先決型のケインズ型モデルといわれる．

(2) 本章のマクロモデルの主要構造方程式

われわれのモデルは，前述のように最終需要が経済の規模の大枠を決定するケインズ型モデルである[19]．モデルは社会保障制度変更が需要面に与える影響を分析できるように，マクロの需要ブロックを中心として構成されている．年金制度の変更が資本蓄積を変化させ，経済の潜在成長力に影響を及ぼすような長期効果は考慮されていない．モデルの基本的な決定関係を図5に示す．

われわれのモデルの特徴は次の2点である．

① 家計の可処分所得は社会保障負担と明確にリンクされており，社会保障制度の改革が，家計の可処分所得を変化させ，家計の消費需要に影響し，それがGDPの規模に影響する．

② 社会保障制度の改革が，要素の相対価格を変化させ，企業の設備投資や労働需要に影響を与えて，最終需要に影響する．本モデルでは雇用者を「正規」（ここでの定義は正社員などのように顧主にとって社会保障負担の発生する雇用者），「非正規」（ここでの定義はパート労働者のように顧主にとって社会保障負担の発生しない雇用者）の2つに区分している．モデル

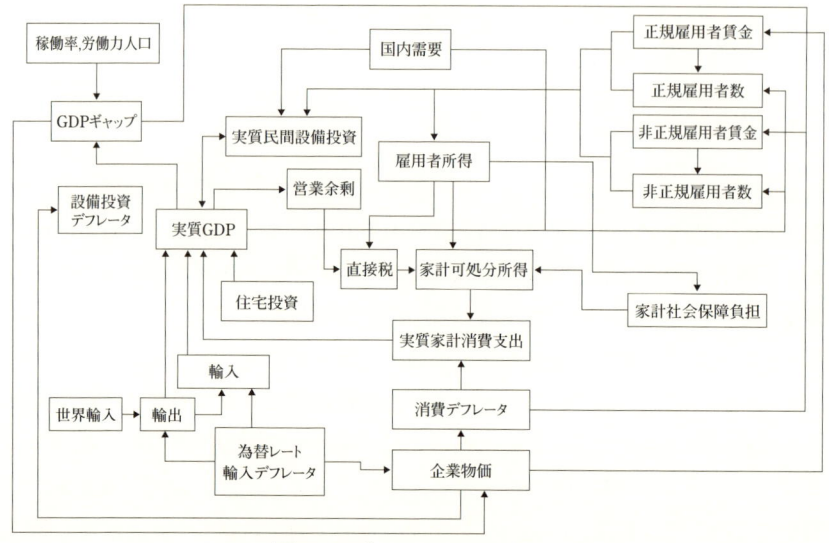

図5 モデルのフローチャート

にはこれらの雇用者と資本設備の代替関係が明示的に組み込まれている．
支出ブロック

支出ブロックは短期マクロモデルの根幹をなす部分である．国内総支出（GDE）を民間部門の消費・投資，政府部門の消費・投資の合計に海外への輸出を加えて，海外から輸入を控除して定義する．このモデルでは，国内総支出（GDE）を国内総生産（GDP）とする短期モデルである．

①家計最終消費支出

家計の最終消費支出については，1人当たり家計の実質消費（CH/POP）を，1人当たり実質可処分所得と資産効果（1人当たり家計の金融資産残高）で説明している．

②民間企業設備投資

民間企業設備投資（IF）は本モデルにおいては，労働と資本設備の代替メカニズムを明示するために重要な役割を果たす．ここでは，市場要因として国内需要，コスト要因として代替的要素費用である1人当たり賃金で説明しており，資本ストック調整原理を仮定している．

③民間住宅投資

住宅投資は実質可処分所得と住宅ストックの関数となっている．

④輸出・輸入

輸出入は価格変数と所得変数で規定するオーソドックスな方法を用いている．輸出（EX）は輸出デフレータと世界貿易財価格の相対価格と世界輸入（WRI）を説明変数として推計しており，輸入（IM）は輸入物価指数（PIM）とGDPデフレータの相対価格および，国内需要を説明変数として推計した．

価格・賃金ブロック

ケインズ型モデルでは，賃金は外生変数扱いである．価格変化は需給ギャップに短期的には鈍感である．しかし，価格が需給ギャップにまったく反応しないというのも現実的ではない．そこで，本章のモデルでは物価が需給ギャップにある程度反応する内生変数としている．さらに賃金は物価の変化に反応する構造になっている．

①GDPギャップ率

GDPギャップは潜在GDPと現実のGDPの乖離率である．まず，コブ＝ダグラス型のマクロの生産関数を推定する．ここで，GDPは労働投入（就業者）と稼働率で修正された資本投入で説明される．この生産関数の説明変数のうち，就業者に労働力人口を代入し，稼働率には過去の最高値を代入して潜在GDP（生産用力）を計算する．潜在GDPと現実のGDPとの差がGDPギャップであり，潜在GDPに対する率がGDPギャップ率である．

②国内企業物価

国内企業物価は本モデル内で基本となる価格である．ここでは国内の需給要因としてGDPギャップ率で説明をしており，コスト要因としては輸入物価を用いている．

③GDP項目のデフレータ

GDPの構成項目のデフレータについては，基本的に国内企業物価で説明する形をとっている．

④1人当たり賃金

非正規雇用者の賃金（時給）はGDPギャップ率の減少関数となっている．また，労働供給要因（制度要因）としてパート比率を用いており，パート比率

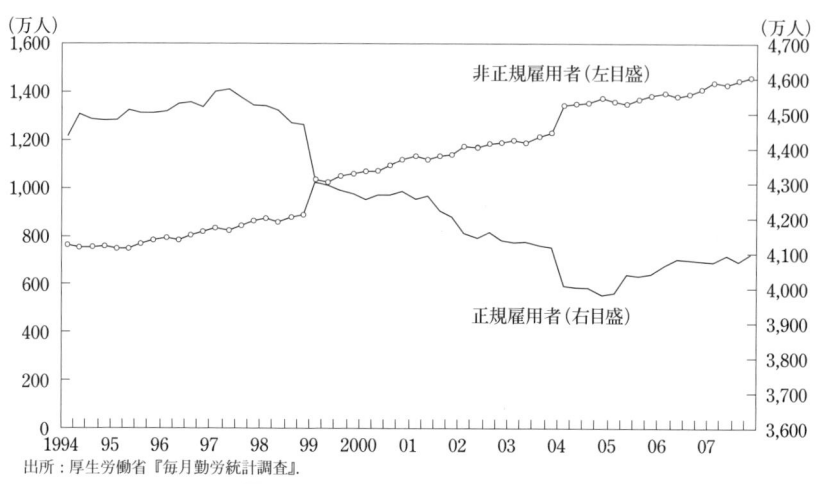

図6 正規・非正規雇用者数の推移
出所：厚生労働省『毎月勤労統計調査』.

が上昇すると1人当たり賃金が増加することになる．正規雇用者の賃金（1人当たり）は消費デフレータの増加関数であり，有効求人倍率の増加関数となっている．

労働ブロック

　本モデルの特徴は，雇用者を，正規雇用者と非正規雇用者に分割している点である．非正規雇用者数は国内財需要の増加関数であり，非正規雇用者の賃金の減少関数として定式化されている．また，非正規雇用者数は，需要要因と賃金以外にも，派遣労働制度の変更にも影響を受けたと考えられる．制度変更時の不連続な変化についてはダミー変数を用いて対応した．一方，正規雇用者数は，国内需要の増加関数であり，非正規雇用者賃金の増加関数とした．賃金要因としては，正規労働者の賃金ではなく非正規雇用者賃金を用いたのは，非正規雇用者賃金が上昇した場合，（非正規雇用者を減らして）正規雇用者として雇用する傾向がみられるからである．正規雇用者数についても，派遣労働制度の変更に関してダミー変数を用いた．

　図6に，本モデルで用いた正規雇用者数（右目盛）と非正規雇用者数（左目盛）を示した．これらは，毎月勤労統計のパート労働者比率を用いて，非正規雇用者数を算出し，それ以外の雇用者を正規雇用者とした数字である．正規雇用者数の減少と非正規雇用者数の増加がみてとれる．

4 シミュレーション

ここでは，前節で概要を説明したマクロモデルを用いて以下のとおりシミュレーションを行う．シミュレーション期間は方程式の推定サンプル内の2004年第2四半期-2006年第1四半期である．本章のシミュレーションの目的は，GDPなどの経済変数の将来予測ではなく，前提状況の変化が経済に与える効果を「基準解との差」として求めることである．したがって，すでに実績値が存在する期間についての検討を行った．

本章の主目的は社会保障制度変更の短期的影響の把握であるが，直近では，世界的不況に加え，円高の進行が日本経済に与える影響も懸念されている．そうした経済状況のなかで，リファレンスケースとして，次に示すシミュレーションもあわせて行った．
① 世界貿易量減少ケース
② 円高ケース
③ 厚生年金の適用拡大ケース
④ 基礎年金の国庫負担分を消費税でまかなうケース

(1) シミュレーション1——世界貿易縮小ケース

IMFが2009年1月末に公表した世界経済見通しによると，世界的な景気の減速により2009年の世界貿易のうち，たとえば財・サービスの輸入は先進諸国全体でマイナス3.1％，その他の国（新興市場および途上国）でもマイナス2.2％になると予測している．前述したように，外需の割合が拡大しつつある今日，世界的な貿易の縮小は日本経済にも大きな影響を及ぼす．ここではIMFの予測値をもとに，世界貿易（輸入額）が標準ケースに比べて3％減少する場合を想定し，2004年から世界輸入額を減らしてシミュレーションを行った．

世界輸入額の減少に伴い日本の輸出も減少し，企業の投資，消費などすべて基準解に比べマイナスとなる．GDPも基準解と比べてマイナス0.5％となるが，これは2006年第1四半期では2兆8,000億円である．前節では近年の日本の輸出入のシェアが上昇していることにふれたが，その結果，輸出減少が

表1 シミュレーション1——世界貿易縮小ケース

基準解からの乖離幅（シナリオ1） (10億円)

	国内総生産	家計最終消費支出	民間住宅投資	民間企業設備投資	財貨サービスの輸出	財貨サービスの輸入	雇用者の社会保障負担
2004Q2	−2654.9	−927.5	−384.8	−1481.4	−1089.6	−1228.4	−43.9
2004Q3	−2731.1	−1009.3	−420.8	−1518.7	−1129.8	−1347.5	−47.7
2004Q4	−2772.3	−1076.5	−440.8	−1579.1	−1127.4	−1451.6	−53.2
2005Q1	−2820.8	−1139.8	−449.9	−1613.6	−1150.5	−1532.8	−53.4
2005Q2	−2801.6	−1187.8	−442.6	−1658.9	−1111.1	−1598.7	−56.7
2005Q3	−2822.8	−1216.9	−423.6	−1666.9	−1154.5	−1639.1	−59.5
2005Q4	−2828.5	−1239.7	−394.0	−1708.3	−1155.3	−1668.7	−62.4
2006Q1	−2856.1	−1249.1	−358.2	−1735.8	−1202.8	−1689.9	−62.9

基準解からの乖離率（シナリオ1） (%)

	国内総生産	家計最終消費支出	民間住宅投資	民間企業設備投資	財貨サービスの輸出	財貨サービスの輸入	雇用者の社会保障負担
2004Q2	−0.5	−0.3	−2.0	−1.8	−1.7	−2.2	−0.5
2004Q3	−0.5	−0.3	−2.1	−1.9	−1.7	−2.4	−0.6
2004Q4	−0.5	−0.4	−2.3	−2.0	−1.7	−2.5	−0.6
2005Q1	−0.5	−0.4	−2.3	−2.0	−1.7	−2.7	−0.7
2005Q2	−0.5	−0.4	−2.3	−2.1	−1.6	−2.8	−0.7
2005Q3	−0.5	−0.4	−2.3	−2.1	−1.6	−2.9	−0.7
2005Q4	−0.5	−0.4	−2.2	−2.1	−1.6	−3.0	−0.8
2006Q1	−0.5	−0.4	−2.0	−2.1	−1.6	−3.0	−0.8

GDPに与えるマイナスの影響は以前より大きくなっていると思われる．

また，経済縮小に伴って雇用者の社会保障負担も減少しており，正規・非正規雇用者数も基準解と比較して0.2-0.7%程度減少する．両者を比較すると，非正規雇用者の減少幅のほうが0.2-0.3%ポイントほど大きいが，これは国内需要に対する弾力性が非正規雇用者のほうが大きいことによる．非正規雇用者が景気変動のバッファーになっていることがわかる．

(2) シミュレーション2——円高ケース

2008年に入ってから円ドルの為替レートは，1ドル100-120円台で推移してきた．しかし，アメリカの金融不安を受けて，2008年後半から円高が進み，一時は80円台の水準にまでなった．2009年の現在でも1ドル90円台で推移している．円高が進むと輸出価格が割高になるので，輸出産業への需要が減少し国内総生産にマイナスの影響を与えるとともに，企業収益や雇用情勢も悪化

表2 シミュレーション2——円高ケース

基準解からの乖離幅（シナリオ2） (10億円)

	国内総生産	家計最終消費支出	民間住宅投資	民間企業設備投資	財貨サービスの輸出	財貨サービスの輸入	雇用者の社会保障負担
2004Q2	−3047.2	−5.2	43.0	−86.7	−2518.2	−1228.4	−0.7
2004Q3	−4237.4	−147.2	91.4	−1148.9	−2571.4	−1347.5	−10.7
2004Q4	−5049.6	−399.8	121.1	−1906.3	−2573.9	−1451.6	−26.1
2005Q1	−5817.6	−718.8	121.2	−2452.2	−2737.0	−1532.8	−40.6
2005Q2	−6307.1	−1062.4	88.4	−2953.8	−2679.8	−1598.7	−57.5
2005Q3	−6713.2	−1395.7	28.9	−3317.4	−2688.5	−1639.1	−74.1
2005Q4	−6974.5	−1712.5	−54.7	−3668.8	−2577.6	−1668.7	−90.8
2006Q1	−7172.3	−1988.0	−152.0	−3929.7	−2504.8	−1689.9	−103.0

基準解からの乖離率（シナリオ2） (%)

	国内総生産	家計最終消費支出	民間住宅投資	民間企業設備投資	財貨サービスの輸出	財貨サービスの輸入	雇用者の社会保障負担
2004Q2	−0.6	0.0	0.2	−0.1	−4.0	0.8	0.0
2004Q3	−0.8	−0.1	0.5	−1.5	−3.8	0.8	−0.1
2004Q4	−1.0	−0.1	0.6	−2.4	−3.8	0.5	−0.3
2005Q1	−1.1	−0.2	0.6	−3.1	−3.9	0.1	−0.5
2005Q2	−1.2	−0.4	0.5	−3.7	−3.9	−0.5	−0.7
2005Q3	−1.3	−0.5	0.2	−4.2	−3.8	−1.2	−0.9
2005Q4	−1.3	−0.6	−0.3	−4.6	−3.6	−1.9	−1.1
2006Q1	−1.3	−0.7	−0.9	−4.8	−3.3	−2.5	−1.3

する．ここでは，2004年から現在まで，10円だけ円高になったと想定し，円高が及ぼす日本経済への影響がどの程度の大きさであるかを検討する．

円高による輸出減少は大きく，基準解と比較して3-4％の減少，金額にして2兆を超える現象となる．それに伴い設備投資も徐々にマイナスの幅が大きくなり，GDPは2006年第1四半期で基準解と比較してマイナス1.3％となる．正規・非正規雇用者数は基準解と比較すればマイナスになるものの，その値は0.1-0.9％ポイントであり，経済の縮小に伴って徐々にその値が拡大する．

(3) シミュレーション3——厚生年金の適用拡大ケース

次に2004年の改革で見送られた短時間労働者の厚生年金の適用拡大ケースについてシミュレーションを行った．ここでは，付論2で説明するように，非正規から正規雇用者へ移行する人数をおおよそ400万人と考え，それら移行する非正規雇用者の賃金を計算し，その額をそれぞれ（正規，非正規）の賃金俸

表3 シミュレーション3――厚生年金の適用拡大ケース

基準解からの乖離幅（シナリオ3） (10億円)

	国内総生産	家計最終消費支出	民間住宅投資	民間企業設備投資	財貨サービスの輸出	財貨サービスの輸入	雇用者の社会保障負担
2004Q2	−185.5	−270.2	−87.6	121.3	0.1	−51.0	145.4
2004Q3	−356.1	−351.4	−132.8	2.3	0.4	−125.3	136.2
2004Q4	−501.9	−428.2	−175.7	−117.8	1.2	−218.7	132.6
2005Q1	−610.9	−489.3	−211.5	−229.9	2.7	−317.0	117.7
2005Q2	−681.0	−550.2	−238.8	−306.4	4.7	−409.7	115.0
2005Q3	−720.4	−605.5	−258.3	−353.8	7.7	−489.6	112.7
2005Q4	−742.8	−656.0	−268.0	−385.7	11.0	−555.8	111.6
2006Q1	−742.3	−690.4	−268.0	−407.5	15.5	−608.3	106.8

基準解からの乖離率（シナリオ3） (%)

	国内総生産	家計最終消費支出	民間住宅投資	民間企業設備投資	財貨サービスの輸出	財貨サービスの輸入	雇用者の社会保障負担
2004Q2	0.0	−0.1	−0.4	0.2	0.0	−0.1	1.8
2004Q3	−0.1	−0.1	−0.7	0.0	0.0	−0.2	1.7
2004Q4	−0.1	−0.1	−0.9	−0.1	0.0	−0.4	1.6
2005Q1	−0.1	−0.2	−1.1	−0.3	0.0	−0.6	1.5
2005Q2	−0.1	−0.2	−1.3	−0.4	0.0	−0.7	1.4
2005Q3	−0.1	−0.2	−1.4	−0.4	0.0	−0.9	1.4
2005Q4	−0.1	−0.2	−1.5	−0.5	0.0	−1.0	1.4
2006Q1	−0.1	−0.2	−1.5	−0.5	0.0	−1.1	1.3

給額へ上乗せ，あるいは減額して調整を行った．モデルでは正規，非正規の賃金俸給が変化すると，それに伴い雇主および雇用者の社会保障負担が増加し，それが他の変数に影響を及ぼすしくみになっている．

厚生年金の適用拡大によって，雇用者にとっての社会保障負担も基準ケースより拡大する結果となっている．また，最初のうちは雇用コストの上昇による雇用から資本設備への要素代替が起こっており，民間企業設備投資が基準ケースよりプラスになっている．GDPは基準ケースよりはマイナスとなるもののその割合はマイナス0.1％ポイントと小さく，前述の貿易縮小ケースや円高ケースと比較すると経済全体に与える影響は少ないことがわかる．

(4) **シミュレーション4――基礎年金の国庫負担分を消費税でまかなうケース**

本ケースでは，国庫負担の引き上げが行われ，その財源として増税が実施される場合を想定している．首相官邸（2008）「社会保障国民会議最終報告」に

第5章 短期マクロ計量モデルによる分析

表4 シミュレーション4——基礎年金の国庫負担分を消費税でまかなうケース

基準解からの乖離幅（シナリオ4） (10億円)

	国内総生産	家計最終消費支出	民間住宅投資	民間企業設備投資	財貨サービスの輸出	財貨サービスの輸入	雇用者の社会保障負担
2004Q2	－1052.2	323.2	1645.0	－1865.6	－54.0	1100.8	－1576.6
2004Q3	－1272.8	46.3	1107.5	－1704.8	－62.9	659.1	－1561.2
2004Q4	－1545.5	－32.4	593.2	－1768.5	－66.2	271.7	－1568.8
2005Q1	－2073.9	－296.7	164.3	－2009.2	－67.7	－135.2	－1613.0
2005Q2	－2457.0	－53.3	－109.9	－2753.6	－62.2	－521.8	－1864.6
2005Q3	－2663.5	－36.2	－468.4	－2950.6	－57.9	－849.6	－1800.3
2005Q4	－2646.8	－82.1	－809.7	－2790.1	－48.2	－1083.1	－1637.5
2006Q1	－2691.0	－453.8	－1168.1	－2294.2	－37.5	－1262.6	－1393.4

基準解からの乖離率（シナリオ4） (%)

	国内総生産	家計最終消費支出	民間住宅投資	民間企業設備投資	財貨サービスの輸出	財貨サービスの輸入	雇用者の社会保障負担
2004Q2	－0.2	0.1	8.4	－2.3	－0.1	1.9	－19.4
2004Q3	－0.2	0.0	5.6	－2.2	－0.1	1.2	－19.3
2004Q4	－0.3	0.0	3.0	－2.2	－0.1	0.5	－18.8
2005Q1	－0.4	－0.1	0.9	－2.5	－0.1	－0.2	－20.3
2005Q2	－0.5	0.0	－0.6	－3.5	－0.1	－0.9	－23.1
2005Q3	－0.5	0.0	－2.5	－3.7	－0.1	－1.5	－22.3
2005Q4	－0.5	－0.1	－4.5	－3.5	－0.1	－1.9	－20.0
2006Q1	－0.5	－0.2	－6.6	－2.8	0.0	－2.3	－17.3

よると，2009年に必要な年金の国庫負担金は10兆円であり，これは基礎年金分の2分の1にあたるが，それをすべて国庫負担でまかなうとすると20兆円が必要ということになる．ここではまず10兆円分の財源をまかなうために消費税率を現在の5％から5％引き上げて，10％になると仮定する．本章では，消費税率上昇の効果のうち，消費者物価の上昇を通じた影響のみに注目する．われわれは過去の経験から，消費税率1％の上昇は消費デフレータを0.7％上昇させると想定し，5％の消費税率引き上げを消費デフレータの3.5％上昇に対応させて，シミュレーションを行った．また，このケースでは，雇用者と雇主にとっては基礎年金分の負担が軽減されることになるため，ここではその分の社会保障負担が軽減されることも考慮に入れた．

基礎年金分の雇用者の社会保障負担が減ることにより名目可処分所得は増加するものの，消費税率引き上げによって消費者物価は上昇するため，家計の消費支出は基準解と比較してもほぼ同じ水準にとどまる結果となる．一方，企業

設備投資は労働コストの減少による資本から労働への要素代替が起こり，すべての期で基準解よりマイナスの値をとっている．また，物価の上昇により住宅投資も次第に減少する傾向にあり，結果として GDP はすべての期で基準解を 0.2-0.5% 程度下回る結果となった．

5 まとめと今後の課題

今回のシミュレーションでは，社会保障制度変更の影響を考慮に入れたシナリオに加え，円高や世界貿易の変化が日本経済に与える影響についてもあわせて検討を行った．その結果，GDP の削減効果は，世界貿易縮小ケースで 0.5% 程度，円高ケースで 0.6-1.3% 程度であった．

現在，非正規雇用者の雇用不安，将来不安などが大きな問題として取り上げられているが，より広く雇用者にセーフティネットを提供するという点で，厚生年金の適用拡大は必要な政策であると思われる．今回のシミュレーションでは，厚生年金が適用拡大することにより労働コストが上昇し，GDP を抑制する結果になったが，円高ケースなどに比べるとマクロ経済に与える影響は比較的限定的であるという見方もできるであろう．また，国庫負担比率を引き上げ，その財源を消費税の増税でまかなう案も議論の俎上にあげられているが，基礎年金分を消費税増税でまかなうシミュレーションでは，GDP を 0.2-0.5% 程度減少させる結果となった．

ただし，本章のモデルには改善すべき点がある．本モデルには財政ブロックがなく，消費税率の引き上げの影響は物価上昇のみに限られる．財政ブロックの作成は今後の課題としたい．また，技術的なことであるが，設備投資のストック調整が弱く，投資関数についてもさらなる検討が必要である．

付論 1 長期モデルと短期モデル

どんな市場であれ，経済学は市場を需要側と供給側との両側面から分析する．長期的には供給量は生産能力に規定される．財への需要が生産能力に満たない場合（デフレギャップがある場合）は，財価格が低下し財需要が増加すると同

時に生産能力が削減されることで調整される．また，供給以上の財需要があった場合には，財価格が上昇し財需要が低下すると同時に生産能力が増強されることで調整される．こうした考え方を基礎にしたモデルを「新古典派モデル」という．ただ，一般には価格の調整スピードは遅いと考えられており，生産設備の増強や廃棄には時間がかかる．したがって，新古典派モデルは長期のモデルとみなされる．デフレギャップが生じた場合の処方箋はというと，さまざまな規制を緩和したり既得権益を廃することによって，価格の調整機能が働きやすい環境を作るということになる．小泉元首相が「構造改革なくして景気回復なし」といったのは，基本的にはそういう意味である．

一方，デフレギャップが存在する場合，価格による市場調整を待たずに，外生的な需要を増加させて，そのギャップを埋めようとする考え方がある．これがいわゆる「有効需要管理政策」である．これは需給ギャップを，価格が動かない短期間に，数量で調整しようとする考え方であり，こうした考え方を定式化したものを「ケインズモデル」という．デフレギャップが生じた場合の処方箋はというと，政府が赤字公債を発行して，公共事業を発注するとか減税により家計消費を刺激するなど，需要増加政策をとることになる．当時の反小泉派の論客が主張していたのは，緊縮財政路線を改めよということであった．

(1) 新古典派型長期モデル

新古典派モデルというと，財の供給側を重視した「新古典派成長モデル」が有名であろう．「成長論」という用語からも，新古典派モデルが長期の視野をもっていることがわかる．新古典派モデルの特徴は，供給された財は必ず何らかの形で需要される点にある．つまり，消費されなかった財は投資財として需要される．

以下に新古典派モデルの基本的な構造を示した．それを図解したものが図7である．ここでは，簡単化のために，資本ストックが変化しない静学的なモデル体形にしている．

$$\text{財供給} \quad Y = Y(L, \bar{K}) \tag{1}$$

$$\text{財需要} \quad C = C(Y), I = Y - C(Y) - \bar{G} \tag{2}$$

貨幣需要 $\dfrac{\bar{M}}{P} = kY$ (3)

労働供給 $N_S = N_S\left(\dfrac{W}{P}\right)$ (4)

労働需要 $N_D = N_D\left(\dfrac{W}{P}, Y\right)$ (5)

まず，財市場であるが，労働投入（L）と資本投入（K：外生）によって，国内総生産（Y）が生産される．関数Yを生産関数という．これが，GDPの決定式である．財の需要については，消費（C），投資（I）と政府支出（G：外生）からなるが，投資はGDPのうち支出されなかった残り（つまり貯蓄）という定式化である．通貨市場での供給量（M）は外生変数である．貨幣需要は名目GDPの定数倍であるとされる．この定数は，しばしばマーシャルのkと呼ばれる．貨幣は価格を決める役割があるだけで，実体経済とは関係がないとするのが新古典派モデルの特徴である．

企業は利潤最大を目指して労働者を需要する．利潤を最大化するための条件は，実質賃金（W/P）＝労働の限界生産力である．限界生産力逓減の法則により，労働の限界生産力は雇用者の減少関数とされ，労働の需要関数は右下がりとなる．他方家計は労働を供給するが，これは実質賃金の増加関数である．家計にとって，労働を供給する際の限界負効用は逓増するので，それに見合う実質賃金が必要となるのである．新古典派モデルでは，価格による市場調整機能を重視する．したがって，労働市場の均衡では非自発的な失業は発生していない．

図7では，現在の関数を太線で表している．ここで，技術進歩などで生産関数が上方にシフトした場合を考えよう．財市場の生産関数は細線のようにシフトし，財の生産量が増加するとともに限界生産力も増加する．それに伴って労働需要関数も労働市場の細線のように上方シフトし，実質賃金が上昇し，雇用量が増加する．他方，図には示していないが，貨幣供給量が同じであれば，生産量の増加によって物価は低下する．

図7 新古典派モデルの図解

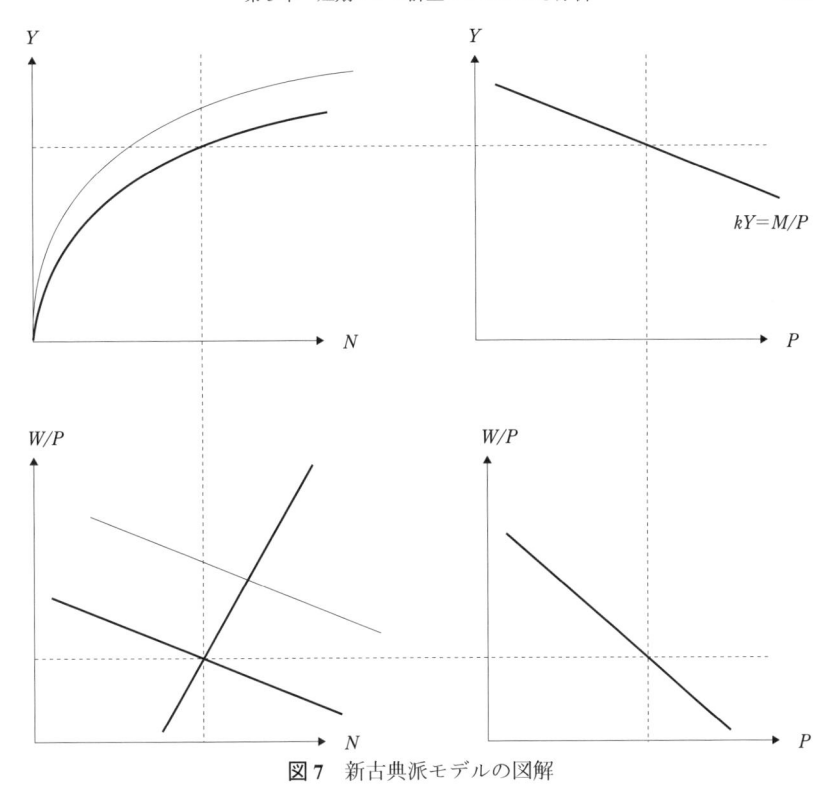

(2) ケインズ型短期モデル

ケインズといえば,「ケインズ政策」の名前で知られる.不況時(供給過剰の状態)の対策として,政府支出を増加し,供給に見合う有効需要を創出しようという政策である.不況対策ということからもわかるように,ケインズモデルは短期的な視野をもったモデルである.

以下にケインズモデルの基本的な構造を示した.それを図解したものが図8である.

$$\text{財需要} \quad Y = C(Y) + I(R, Y) + G \tag{6}$$

$$\text{貨幣需要} \quad \frac{\bar{M}}{P} = L(R, Y) \tag{7}$$

労働需要　　$N_D = N_D\left(\dfrac{W}{P}, Y\right)$ 　　　　　　　　　　　(8)

労働供給　　$W = \bar{W}$ 　　　　　　　　　　　　　　　　　(9)

　まず，財市場については，生産能力にある程度の余力があることが前提とされ，需要される量（Y）が供給可能であるとする．投資（I）は利子率（R）の減少関数として定式化される．財市場を均衡されるGDP（Y）と利子率の組み合わせはIS曲線として知られる．他方，貨幣需要（L）は利子率の増加関数として定式化される．価格を所与として，貨幣市場を均衡されるGDP（Y）と利子率（R）の組み合わせはLM曲線としてしられる．

　さて，労働需要は新古典派と同様に，労働の限界生産力仮説を基本にしているが，利潤最大というより，所与の生産量を生産するための費用を最小化すべく労働者を雇用しているといったほうがよい．実質賃金（縦軸）と雇用者（横軸）の平面では，右下がりに描かれる．ケインズモデルでは労働供給関数がない．労働者は（制度的に決定された）現行の名目賃金で無限に弾力的に労働を供給すると仮定される．労働市場に描かれた水平線は，現行の名目賃金を前提にした実質賃金である．

　労働需要曲線は，価格（縦軸）とGDP（横軸）の平面に描くこともできる．ただ，雇用量の変化と生産量の変化の方向は同方向であるが，実質賃金と価格の変化方向は反対向きなので，価格－GDPの平面では，労働需要曲線は右上がりになる．この曲線は総供給（AS）曲線と呼ばれる．また，IS曲線とLM曲線の交点を，価格（縦軸）とGDP（横軸）の平面に移し替えたものを総需要曲線という．AD曲線とAS曲線は，財・労働・貨幣の3つの市場が均衡していることになる．価格が上昇するとLM曲線は左上にシフトするので，均衡GDPは低下する．つまり，総需要（AD）曲線は右下がりになる．AS曲線とAD曲線の交点で，GDPと価格が決まることになる．

　図8で，太線で示された状態を現状とし，現状では失業が発生しているとしよう．そこで，政府が支出を増加させ需要を刺激したとすると，IS曲線は右上にシフトする．その結果，AD曲線も右上にシフトする．そのことによって，GDPは上昇するが，価格も上昇する．こうした状況は労働市場の均衡も変化させる．生産量が増加したので，労働需要関数が右上にシフトする．同時に物

図 8 ケインズモデルの図解

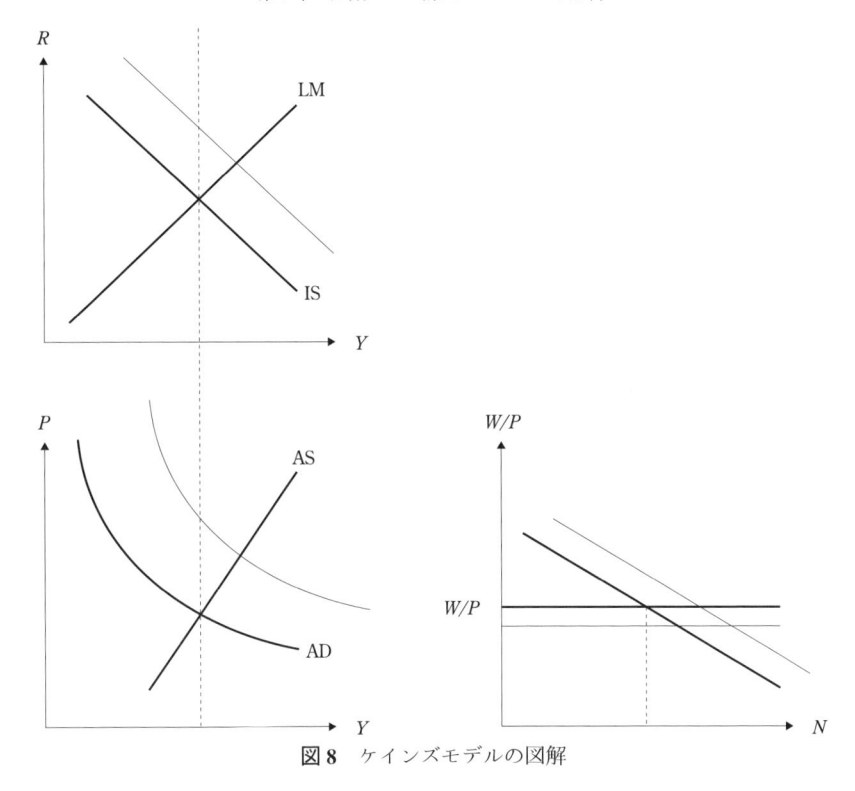

価の上昇によって現行の名目賃金のもとでの実質賃金は低下する．このことにより，失業が減少方向に向かうことになる．

付論 2　厚生年金の適用拡大

　厚生年金の適用基準を，週労働時間 20 時間以上，または年収 65 万円以上と想定すると，加入者はどの程度変化するのだろうか．

　厚生労働省（2003a）によると，この基準変更に伴い最大で 396 万人の非正規労働者が新たに厚生年金の被保険者になる見込みだとしている．この試算は，パート労働者の総数を 588 万 8,000 人，そのうち適用対象事業所に勤務する者は 438 万 1,000 人と推定し，仮に厚生年金の加入条件を「労働時間が 20 時間以上または年収が 65 万円以上」とすると，表 5 に示すように，その 81.7％ が

表5 パート労働者の週所定労働時間階級・年収階級別分布

| 前年の収入 | 週所定労働時間 | | | |
(万円)	20時間未満	20-25時間	25-30時間	合計
000-065	18.3%	8.6%	4.1%	31.0%
065-103	13.0%	20.3%	15.5%	48.7%
103-130	1.7%	3.1%	3.7%	8.5%
130-	1.7%	4.0%	4.7%	11.8%
計	37.1%	36.0%	27.0%	100.0%

出所:厚生労働省 (2003a)『多様な働き方に対応できる中立的な年金制度を目指して』.

表6 パート労働者の年収別の分布

(単位:%)

| 区分 | 労働者計 | 平成17年1年間の年収(税込み)金額 | | | | | | | | | | | | | | | 年収なし | 不明 |
		60万円未満	60-70万円未満	70-80万円未満	80-90万円未満	90-100万円未満	100-110万円未満	110-120万円未満	120-130万円未満	130-140万円未満	140-150万円未満	150-200万円未満	200-250万円未満	250-300万円未満	300-500万円未満	500万円以上		
平成18年 パート計	100.0	12.2	4.5	6.6	7.9	13.2	8.0	5.8	6.1	3.6	2.9	9.7	4.1	1.9	1.4	0.2	8.0	3.9
男	100.0	14.2	3.2	3.9	6.4	10.4	3.3	3.0	4.4	4.4	2.4	10.1	5.5	3.2	3.7	0.7	16.2	5.0
女	100.0	11.5	4.9	7.5	8.4	14.2	9.6	6.7	6.7	3.3	3.1	9.6	3.7	1.4	0.6	0.0	5.1	3.5

出所:厚生労働省 (2007)『平成18年パートタイム労働者総合実態調査結果の概況』.

加入することになるというのが根拠である.

また厚生労働省 (2007) によると,パート労働者の年収別の分布 (2006年) は表6のようになる.年収65万円以上が厚生年金への加入条件になれば,この調査からは,パート労働者のおよそ概算で (65万円の切れ目がないが),85%程度が厚生年金に加入することになり,厚生労働省 (2003a) の試算より多くなる.

しかし,そもそも週労働時間が30時間以上の全労働者が厚生年金に加入しているわけでもない.厚生労働省の別の調査「派遣労働者に対する厚生年金保険の適用について」によると,「派遣労働者」のうち労働時間が30時間以上である率は約90%であるが,厚生年金への加入率は約67%にすぎない.

このように「週の労働時間20時間以上と年収65万円以上」の条件拡大によって,新たに厚生年金への加入する者を推定するのはかなり困難である.そこで,われわれのモデルは,実態を厳密には再現していないものの,非正規雇用者とは『労働力調査』でいう「パート」であり,彼らは厚生年金に未加入であ

ると仮定する．そして，シミュレーションでは，厚生労働省（2003a）にしたがって，約400万人の非正規雇用者が新たに厚生年金に加入すると想定する．

注

1) 本研究は，国立社会保障・人口問題研究所のプロジェクト「社会保障モデルの評価・実用化事業」の成果の一部である．また，本稿の作成にあたって，日本経済研究奨励財団からの研究助成を受けている．本章の問題意識は，石川・佐倉・藤川（2006）の問題意識と同様であるが，そこでは「短期的影響分析」とはいいながらも，使用したマクロモデルは「年モデル」であり，社会保障改革の足元の影響を知るという目的には必ずしも合致していなかった．そういう反省から，今回は四半期のマクロ計量モデルの開発を試みた．
2) ただ，近年はこの平等感は急速に崩れつつある．2006年度の経済財政政策担当大臣報告の第3章「家計を取り巻く環境の変化と人間力強化に向けた課題」では，経済的格差を示す代表的な経済指標であるジニ係数で家計の所得格差を検討しているが，最近までの動きをみてみると，1979年の0.35から2001年の0.50へと上昇している．人口の高齢化の影響を差し引いても格差が拡大していることを，政府も認めている．http://www5.cao.go.jp/j-j/wp/wp-je06/06-00303.html#sb3_3_1
3) 「持続可能な安心できる年金制度の構築に向けて（厚生労働省案）」．
4) 厚生労働省は2009年2月23日公的年金の財政検証を発表した．2038年度以降も所得代替率は50.1％とかろうじて半分を維持するものの，『日本経済新聞』2月24日の論評は運用利回りなどの想定に甘さがあり，年金制度のもろさが鮮明になったと手厳しい．
5) 日経4紙とは『日本経済新聞朝夕刊』，『日経産業新聞』，『日経流通新聞』，『日経金融新聞』（現在，日経金融新聞は休刊中）．
6) 社会保険庁は，2007年2月に同年度の事業計画案を公表し，「基礎年金番号と被保険者記録の適正な管理」に努めるとした．しかしそのなかで統合整理されていない年金番号が約5,000万件（厚生年金番号4,000万件，国民年金番号1,000万件）あることが明らかになった．これがいわゆる「宙に浮いた年金記録」である．このこと自体は，国民の大きな批判を浴び，新聞でも大きく報道されたが，それが年金制度の一元化や基礎年金財源の租税化など年金改革と連動して議論されることはなかった．そのため，この時期に「年金改革」のヒット件数は少ない．
7) このモデルの開発には，旧国民経済研究協会のメンバーが加わっている．そのモデルは「曙」と呼ばれていた．現在は国立社会保障・人口問題研究所（IPSS）の研究プロジェクト所属ということで，「IPSS曙」と名づけたいと思う．
8) パート労働者への厚生年金の適用拡大，あるいは基礎年金の国庫負担増の財源としての消費税増税については議論があり，それらの実現可能性は明確ではない．2004年の年金改革法案取りまとめの際に，当時の坂口厚労大臣がパートの厚生年金加入には「反対意見もあるので，少し時間をかけて実施することになる」，財源

9) については「恒久的で安定した財源が必要だ．消費税増税はその有力な手段になる」(『日本経済新聞』，2004年1月8日朝刊) とコメントしている．しかし，結局どちらも実現していない．ただ，政策の実施は別にして，これら政策の経済効果を本章で検討することは有益であると考える．
9) 社会保険庁 (2004)，西沢 (2008) に詳しい解説がある．2004年度の改革では，離婚女性の年金分割など女性の自立に向けた新しい動きもあるのだが，本章の対象ではないので説明は割愛した．
10) これは2004年時点での数字．本章の注3で記したように，2009年2月の公的年金の財政検証では，2038年度以降も所得代替率は50.1%とかろうじて半分を維持するものの，新聞報道によるとこの予想も想定にあまさがあるとの指摘がある．
11) 日本労働組合総連合会 (2007) は，「パート労働者は年金よりも現在の手取りが増えることを望んでいる」といわれることに関して，「パート賃金そのものが低いことが問題だ」と述べている．
12) 時期はずれるが，2007年2月に会員企業1,150社に対して「パート労働者への厚生年金適用拡大に関する緊急アンケート」を行っている．それによると，パート労働者への厚生年金適用拡大については，全産業で72.7%が反対，卸小売業では83.0%が反対であった (日本商工会議所，2007)．
13) 社会保険庁 (2004)．
14) 基礎年金財源の租税化はその後も議論されている．橘木 (2005)，麻生太郎「消費税を10%にして基礎年金を全額税負担にしよう」中央公論2008年3月号．『日本経済新聞』「年金制度改革　本社研究会第2次報告」2008年12月8日朝刊．
15) ラチェット効果 (ratchet effect: 歯止め効果) とは，家計の可処分所得が減少しても，消費は過去の消費習慣のため比例的には減少しないことをいう．
16) 太田 (2007)．
17) 『労働力調査』は家計単位の調査，『毎月勤労統計調査』は事業所単位の調査．『毎月勤労統計調査』の「パート比率」という用語には注意を要する．『毎月勤労統計調査』の「パート」は，常用労働者であることが条件となっている．常用労働者とは1ヵ月以上の就労契約をしている労働者である．常用労働者のうち1日の労働時間が正規雇用者より短いか，1ヵ月の出勤日数が正規雇用者よりも少ない労働者をパートという．つまり，1ヵ月未満の短期契約で働いている労働者 (典型例は日雇い派遣) はこの範疇には入っていないことになる．
18) 長期モデルと短期モデルの構造については文末の「付論1」を参照されたい．分析対象によってモデル構造が異なることを，人間にたとえると次のようになる．長期的な健康維持のためには，適度に運動し，栄養は薬物より食事から摂るのが良いだろうが，病気を患っているときは，ベッドで安静にしながら薬物で急性の症状を和らげるのが健康回復への通常の対応であろう．このように，人間の健康維持に関して長期と短期では処方箋が異なるように，経済でも同じようなことがいえる．
19) モデル内に社会保障変数を明示的に組み入れたものとしては，短期モデルの例として藤川 (1994)，仁科 (1995) などがあり，長期モデルの例として，稲田ほか

(1992)，加藤（2001），増淵ほか（2001），山本・佐藤（2001）などがある．

参考文献

アクリー，G.・都留重人監訳（1964）『マクロ経済学の理論』岩波書店．
安部由紀子・大竹文雄（1995）「税制・社会保障制度とパートタイム労働者の労働供給行動」『季刊社会保障研究』第 31 巻第 2 号．
石川英樹・佐倉環・藤川清史（2006）「年金制度改革の短期的影響分析」『年金改革の経済分析』日本評論社，第 9 章所収．
稲田義久・小川一夫・玉岡雅之・得津一郎（1992）「年金制度の計量分析」『季刊社会保障研究』第 27 巻第 4 号．
加藤久和（2001）「マクロ経済，財政および社会保障の長期展望」『季刊社会保障研究』第 37 巻第 2 号．
国民経済研究協会（2002）『税制改革の財政及びマクロ経済への影響報告書』国民経済研究協会．
仁科保（1995）「わが国社会保障制度の計量分析（上・下）」『福山大学経済学論集』第 20 巻第 1・第 2 合併号，第 21 巻第 1 号．
西沢和彦（2008）『年金制度は誰のものか』日本経済新聞出版社．
橘木俊詔（2005）『消費税 15％ による年金改革』東洋経済新報社．
藤川清史（1994）「低出生率と高齢化の下での日本経済と社会保障」社会保障研究所編『現代家族と社会保障』東京大学出版会，第 12 章所収．
堀雅博・田邉智之・山根誠・井原剛志（2001）「短期日本経済マクロ計量モデル（2001 年暫定版）の構造と乗数分析」*Discussion Paper Series*, No. 6.
増淵勝彦・松谷萬太郎・吉田元信・森藤拓（2001）「社会保障モデルによる社会保障制度の分析」*Discussion Paper Series*, No. 9.
山本克也・佐藤格（2001）「社人研マクロモデルによる社会保障改革の計量分析」『季刊社会保障研究』第 37 巻第 2 号．

Web 資料による参考文献

太田智之（2007）「家計貯蓄率の低下は今後も続くのか」みずほリサーチ（みずほ総合研究所）．
　http://www.mizuho-ri.co.jp/research/economics/pdf/research/r070501japan.pdf
厚生労働省（2002）「派遣労働者に対する厚生年金保険の適用について」．
　http://www.mhlw.go.jp/shingi/2002/09/s0905-2b.html
――――（2003a）「多様な働き方に対応できる中立的な年金制度を目指して」．
　http://www-bm.mhlw.go.jp/shingi/2003/02/s0224-5a.html
――――（2003b）「持続可能な安心できる年金制度の構築に向けて（厚生労働省案）」．
　http://www.mhlw.go.jp/houdou/2003/11/h1117-1.html

─────（2007）「平成 18 年パートタイム労働者総合実態調査結果の概況」.
　http://www.mhlw.go.jp/toukei/itiran/roudou/koyou/keitai/06/index.html#chousa
社会保険庁（2004）「平成 16 年年金改正の概要」.
　http://www.mhlw.go.jp/topics/2004/02/dl/tp0212-2a.pdf
首相官邸（2008）「社会保障国民会議最終報告」.
　http://www.kantei.go.jp/jp/singi/syakaihosyoukokuminkaigi/saishu.html
内閣府（2006）「平成 18 年度 年次経済財政報告（経済財政政策担当大臣報告）」.
　http://www5.cao.go.jp/j-j/wp/wp-je06/06-00303.html#sb3_3_1
日本商工会議所（2007）「パート労働者への厚生年金適用拡大に関する緊急アンケート」.
　http://www.jcci.or.jp/nissyo/iken/070214part_chousa.pdf
日本労働組合総連合会（2007）「パートタイム労働者等の厚生年金適用について」.
　http://www.jtuc-rengo.or.jp/kurashi/kouseinenkin/data/20070315teisyutu.pdf
※各 URL は 2009 年 8 月現在

第6章 長期マクロ計量モデルによる分析[1]

佐藤　格
加藤久和

1 はじめに

　少子高齢化の進展に伴い，社会保障給付費が増加し続けている．このような状況に対応し，将来にわたり持続可能で安定的・効率的な制度を確保するため，社会保障制度はさまざまな改革が行われてきた．さらに，2006年12月に公表された新しい人口推計においては，2002年の推計よりもさらに少子化・高齢化が進むと予測されている．また今回の推計の特徴として，死亡率についても高位，中位，低位の推計が行われたが，このことは高齢化の進展に対するオルタナティブなシナリオをもたらし，社会保障への影響を詳細に分析する手がかりとなっている．

　そこで本章においては，社会保障に関する選択肢の幅を検討する見地から，消費税を用いて基礎年金部分を租税でまかなう方式や，2008年4月から導入されたものの，見直し案もある後期高齢者医療制度の代替案を検討する．また平均寿命の上昇（死亡率の低下）は社会保障に関する給付を増加させ，社会保障財政を赤字化させる要因になると考えられるが，この財政の悪化を防ぐ方法として，マクロ経済スライドの延長や介護の効率化・重点化を図るといった案を検討する．

　本章の構成は以下のとおりである．次の第2節では，最近の社会保障改革について簡単に触れる．また第3節では，分析に使用するモデルの概要について説明する．第4節において，第3節で紹介したモデルを用いたシミュレーションを行う．最後の第5節では得られた結果をまとめ，今後の課題について述べる．

2 最近の社会保障財政をめぐる動き

近年，社会保障に関してさまざまな改革が行われている．本章において取り上げる年金・医療・介護の分野においても，それぞれ改革が行われている．これらの改革がそれぞれの財政，あるいは社会保障財政にどのような影響を与えるのかということを順にみていくことにしよう．

まずは年金制度に関する改革を取り上げる．年金制度に関しては，2004年に大規模な改革が行われた．この改革は「社会経済と調和した持続可能な制度の構築と制度に対する信頼の確保」と「生き方，働き方の多様化に対応した制度の構築」の2点を目標にしている．特に，基礎年金の国庫負担割合の引き上げや財政検証の実施，保険料水準固定方式の導入やマクロ経済スライドによる給付の自動調整といった項目は，年金財政に大きな影響を与えることになる．

医療に関しては，2005年に診療報酬の改定と健康保険法などの改正が行われた．この結果，高齢者について一部負担金が引き上げられる一方，児童の自己負担額が引き下げられたり，標準報酬月額の上下限が変更されたりした．さらに2008年4月からは，75歳以上の後期高齢者について，独立した医療制度である後期高齢者医療制度が導入された．財政的には，費用のうちの5割を公費[2]で負担し，約4割を「後期高齢者支援金」と呼ばれる若年者の保険料，残りの1割を高齢者の保険料でまかなうこととされる．ただし，この制度についてはさまざまな意見も寄せられており，見直しも検討されている．

介護については，「保険給付の効率化・重点化」と「保険給付費と保険料上昇の抑制」を目標に，2005年10月に改正が行われた．この結果，保険給付の範囲を「介護」に要する費用に重点化し，「居住」「食事」を保険給付の対象から外す一方，要介護度が同じなら，どこでサービスを受けても給付と負担が同じになるように改善が図られた．

第 6 章　長期マクロ計量モデルによる分析

3　モデルの概要

(1)　概要

　本章では，操作性を重視して，なるべくコンパクトなモデルを構築することを目標としており，内生変数は 88 個，外生変数は 103 個となっている．また，モデルはマクロ経済ブロックと社会保障ブロックに大別され，人口や労働力率などの変数が，マクロ経済ブロックと社会保障ブロックに影響を与える構造になっている．さらに，マクロ経済ブロックと社会保障ブロックとの関係をみると，社会保障支出の規模が，貯蓄率を通じてマクロ経済にも影響を与えると想定している．図 1 は，モデルの構造を表したものである．
　マクロ経済ブロックは供給側を中心にデザインし，成長経路と社会保障財政の関係を明確化した長期モデルとしている．また，人口をはじめとする外生変数の入れ替えも容易であり，これらに異なる外生変数を想定することで，さまざまなシミュレーションが可能になっている．

(2)　構造

①　マクロ経済ブロック

　マクロ経済ブロックは，長期的な視点からの分析のため，供給面を主体としたモデルとなっている（図 1）．したがって，モデルは生産関数を中心として

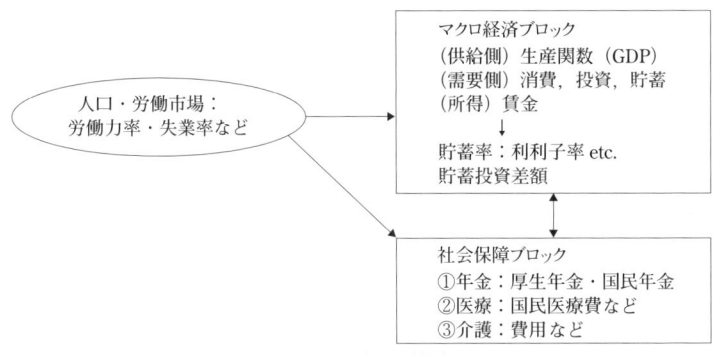

図 1　モデルの構造

構成されることになる．生産関数の投入要素である資本と労働については，それぞれ以下のように計算している．

　資本は民間企業資本ストック（⑦）をもとに計算しており，民間企業資本ストックは前期の資本ストックの残高に，今期の民間企業設備投資（⑤）を加え，資本減耗分（⑥）を差し引くことにより求めている．民間企業設備投資額は，民間貯蓄額（④）と厚生年金保険負担を説明変数として決定される．厚生年金保険負担が民間企業設備投資の説明変数になっているのは，厚生年金の企業負担を考慮しているためである．また，民間総貯蓄額の大きな要素である家計貯蓄額（⑭）は家計貯蓄率（⑬）から決定され，家計貯蓄率は失業率，政府貯蓄投資差額（⑯），家計可処分所得（⑫）のほかに，社会保障負担にも依存している．すなわち，家計貯蓄率と民間企業設備投資において，社会保障部門からの影響を受けているモデルとなっている．また労働供給量（⑨）については，労働力人口（①）に失業率と労働時間指数を乗じることによって求められている．これらの要素によって，実質GDP（⑧）の値が決定される．

　マクロ経済ブロックの方程式の概要は以下のとおりである．

① 　労働力人口$=F$（年齢区分別人口，年齢区分別労働力率）（年齢区分：15-44歳，45-64歳，65歳以上）
② 　国内銀行長期金利$=F$（GDPデフレータ，政府貯蓄投資差額）
③ 　生産・輸入品に課される税$=F$（家計消費）
④ 　民間貯蓄$=F$（家計貯蓄）
⑤ 　民間企業設備投資$=F$（民間貯蓄，政府貯蓄，1期前民間企業資本ストック）
⑥ 　固定資本減耗$=F$（民間企業資本ストック）
⑦ 　民間企業資本ストック$=F$（1期前民間企業資本ストック，民間企業設備投資，固定資本減耗）
⑧ 　実質GDP$=F$（民間企業資本ストック，稼働率，労働供給，タイムトレンド）
⑨ 　労働供給量$=F$（失業率，労働力人口，労働時間指数）
⑩ 　雇用者所得$=F$（名目GDP）
⑪ 　名目GDP$=F$（実質GDP，GDPデフレータ）

⑫　家計可処分所得＝F(雇用者所得，社会保障負担)
⑬　家計貯蓄率＝F(家計可処分所得，失業率，政府貯蓄投資差額，社会保障負担)
⑭　家計貯蓄額＝F(家計貯蓄率，家計可処分所得)
⑯　プライマリーバランス＝F(政府貯蓄)
⑰　家計最終消費支出＝家計可処分所得－家計貯蓄
⑱　政府貯蓄額＝F(生産・輸入品に課される税，所得・富等に課される税，社会保障給付，社会保障負担)

これらをフローチャートで表すと図2のようになる．

②　社会保障ブロック

　社会保障ブロックは，制度の詳細な描写を行うのではなく，より操作性を重視した設計となっている．また，社会保障ブロックでは，社会保障制度全般を取り上げるのではなく，社会保障制度・財政の大きな割合を占めている社会保険（年金・医療・介護）の給付と負担を検討することを目的としている．そのため公的扶助や社会福祉に関する動向は含まれていない．なおこれは，国民経済計算（93SNA）で定義される社会保障基金の概念に沿った整理でもある．社会保障ブロック全体では34本の制度方程式と定義式から構成されている．

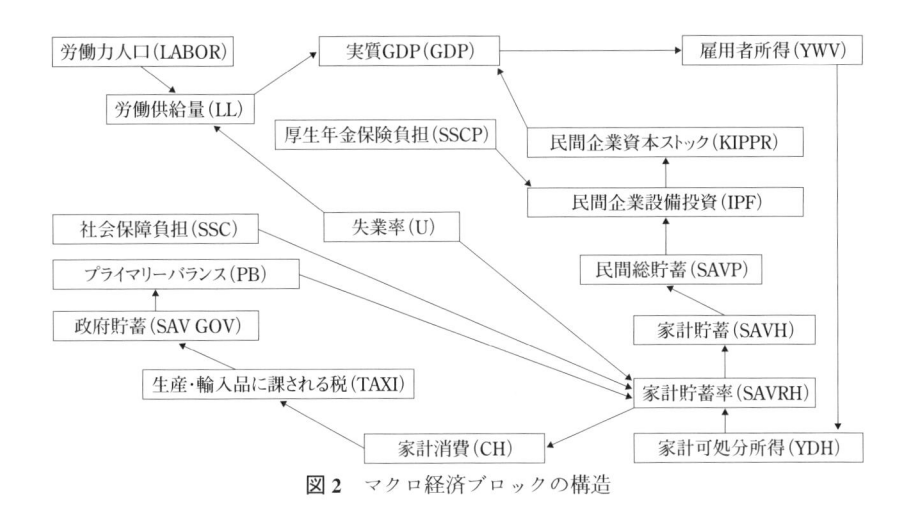

図2　マクロ経済ブロックの構造

年金ブロック

　公的年金にかかる給付と負担を計算するブロック（年金ブロック）は18本の方程式からなる．制度方程式については推定期間を1980-2004年度とし，すべてOLSで推定した．給付については，厚生年金と国民年金の給付額を別個に推計し，両者の合計から公的年金給付額全体を求めている．厚生年金については，1人当たり老齢厚生年金給付額（下記方程式①）および1人当たり遺族厚生年金給付額（④）を，物価スライドやマクロ経済スライドを考慮しながら計算しており，これに老齢厚生年金および遺族厚生年金受給者数（②，⑤）を乗じてそれぞれの給付額を求め（③，⑥），これから厚生年金全体の給付額を求めた（⑩）．国民年金（基礎年金）については，1人当たりの基礎年金給付額を推定し（⑨），これに基礎年金受給者数（⑧）を乗じて基礎年金給付額絶対を求め，さらに国民年金給付額を推定している（⑨，⑪）．年金にかかわる社会保障給付額（国民経済計算ベース）は，厚生年金と国民年金給付額から推計している（⑫）．

　負担については6本の方程式を用意した．厚生年金被保険者数を推計し（⑭），これから厚生年金負担額全体を計算する（⑬）とともに，国民年金にかかわる負担額を求めて（⑮），両者の合計から年金にかかわる社会保障負担額（国民経済計算ベース）を推計している（⑯）．なお，以上に加え，厚生年金積立金を算出する方程式を加えている（⑰）．

　年金ブロックの方程式の概要は以下のとおりである．

① 　1人当たり老齢厚生年金給付額＝F（一期前給付額，物価上昇率，マクロ経済スライド率）
② 　老齢厚生年金受給者数＝F（65歳以上人口）
③ 　老齢厚生年金給付額＝1人当たり老齢厚生年金受給額×受給者数
④ 　1人当たり遺族厚生年金給付額＝F（1人当たり老齢厚生年金受給額）
⑤ 　遺族厚生年金受給者数＝F（75歳以上女子人口）
⑥ 　遺族厚生年金給付額＝1人当たり遺族厚生年金受給額×受給者数
⑦ 　1人当たり基礎年金給付額＝F（一期前給付額，物価上昇率，マクロ経済スライド率）
⑧ 　基礎年金受給者数＝F（65歳以上人口）

第 6 章　長期マクロ計量モデルによる分析　　　　　　　　　　163

⑨　国民年金基礎年金給付額＝F(1 人当たり国民年金基礎年金給付額，受給者数)
⑩　厚生年金給付額＝F(老齢厚生年金給付額，遺族厚生年金給付額)
⑪　国民年金給付額＝F(国民年金基礎年金給付額)
⑫　社会保障年金給付額＝F(厚生年金給付額，国民年金給付額)
⑬　社会保障年金負担＝F(厚生年金保険負担＋国民年金保険負担)
⑭　厚生年金保険負担＝F(1 人当たり名目賃金，保険料率，被保険者数)
⑮　厚生年金被保険者数＝F(20-64 歳人口，雇用者比率)
⑯　国民年金保険負担＝F(保険料，第 1 号被保険者数，納付率)
⑰　基礎年金拠出金＝F(国民年金基礎年金給付額，国庫負担割合，厚生年金給付額／社会保障年金給付額)
⑱　厚生年金積立金＝F(前期積立金，運用利回り，公費負担額ほか)

医療ブロック

　医療ブロックは，年齢 4 区分別の一般診療費を推計し，これから国民医療費などを求めるという手順をふんでおり，12 本の方程式から構成されている．

　最初に，0-14 歳，15-44 歳，45-64 歳，65 歳以上の 1 人当たり年齢 4 区分別一般診療費を求め（①-④），これに該当する年齢区分別人口を乗じて一般診療費の合計を推計し（⑥），さらに国民医療費を一般診療費の関数として計算した（⑦）．医療にかかわる社会保障給付額は国民医療費の水準に依存するとし（⑧），患者負担比率の仮定などから将来の公費負担額を算出した（⑨）．負担については，政府管掌健康保険被保険者数の推計（⑨）をもとに，医療にかかわる社会保障負担額を求めた（⑫）．また後期高齢者医療制度の導入に関する検討を行うため，老人医療費についても別個に推計した（⑤）．

　医療ブロックの方程式の概要は以下のとおりである．

①-④　年齢区分別 1 人当たり一般診療費
　　＝F(1 期前 1 人当たり診療費，1 人当たり所得，患者負担，医療機関数，平均余命)（年齢区分：0-14 歳，15-44 歳，45-64 歳，65 歳以上）
⑤　一般診療費＝Σ(年齢区分別 1 人当たり一般診療費×当該年齢区分別人口)
⑥　老人医療費＝F(75 歳以上 1 人当たり一般診療費×75 歳以上人口)
⑦　国民医療費＝F(一般診療費)

⑧ 社会保障医療給付額＝F(国民医療費)
⑨ 公費負担額＝F(国民医療費×(1－患者負担比率))
⑩ 政府管掌健康保険被保険者数＝F(20-64歳人口×雇用者比率(EMP_R))
⑪ 国民健康保険被保険者数＝F(Σ年齢区分別人口×(1－年齢区分別雇用者比率))
⑫ 社会保障医療負担額＝F(1人当たり名目賃金, 保険料率, 被保険者数, 一期前負担額)

介護ブロック

　介護保険に関しては制度開始から8年しか経過していないため，モデルの推定に必要な時系列データが得られない．そのため，2004年度の厚生労働省『介護保険事業状況報告』などの結果から必要なパラメータを計算し，これをもとに構成した3本の方程式で計算を行っている．最初に要支援・要介護認定者数を求め（①），1人当たり介護費用およびその将来の上昇幅から介護にかかわる社会保障給付費を計算している（②）．介護にかかわる社会保障負担額は平均的な保険料その他から求めた（③）．

　介護ブロックの方程式の概要は以下のとおりである．

① 要支援・要介護認定者数＝65歳以上人口×0.164
② 社会保障介護給付費＝(1人当たり費用×(1＋物価上昇率)×要支援・要介護認定者数)×0.9
③ 社会保障介護負担額＝F(介護保険料, 40歳以上人口)

社会保障給付・負担

　以上で求めた年金，医療，介護の給付額，負担額から，以下のように社会保障給付額および負担額を推定している（①，②）．なお，ここで示した給付額，負担額は国民経済計算ベースのものである．

① 社会保障給付額＝F(年金社会保障給付＋医療社会保障給付＋介護社会保障給付)
② 社会保障負担額＝F(年金社会保障負担＋医療社会保障負担＋介護社会保障負担)

第6章 長期マクロ計量モデルによる分析

4 シミュレーション

(1) ベースケース

モデルの構築にあたっては,「平成21年財政検証結果」をある程度再現できることを目標とした．経済前提や人口の想定についても「平成21年財政検証結果」と同様のものを使用している．すなわち,人口については2006年人口推計の出生中位・死亡中位を想定し,長期の経済前提は物価上昇率1.0％,賃金上昇率2.5％,運用利回り4.1％とおいている．「平成21年財政検証結果」における財政見通しは,これらの前提をもとに計算されているが,本章のモデルも,これらの値を使用した場合には,ほぼ同様の結果が得られるように構築されている．結果のひとつの例として,厚生年金積立金の推移を示す（図3）.

(2) シミュレーションのケース分け

シミュレーションにおいては,それぞれの制度における改革を取り入れて,それらの効果を観察している．また年金に関しては,基礎年金部分を全額,消費税によって租税化したケースを想定したシミュレーションも行っている．さらに,死亡率が低下した状況を想定し,それに伴う財政状況の悪化を改善する方法についても検討を行った．具体的には以下のようなケースを想定してシミ

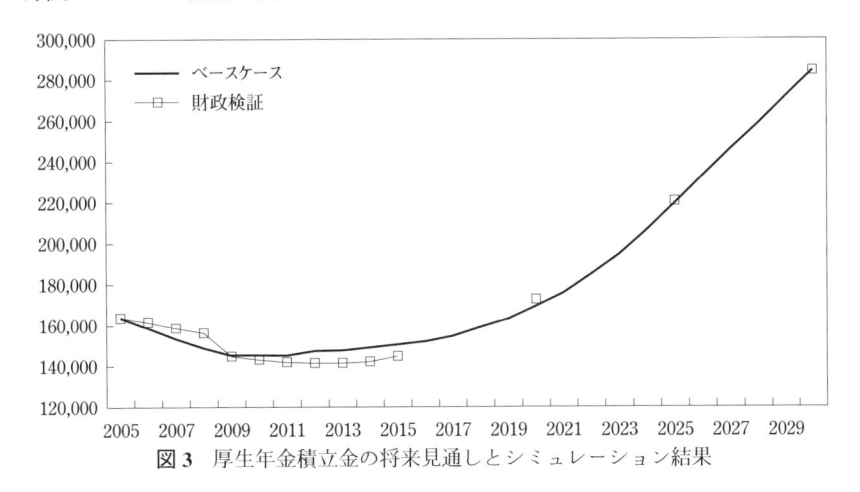

図3 厚生年金積立金の将来見通しとシミュレーション結果

ュレーションを行っている．

　　ケース1　ベースケース
　　ケース2　基礎年金を全額消費税化
　　ケース3　旧老人保健制度が維持された場合
　　ケース4　人口推計を出生中位・死亡低位に変更
　　ケース5　人口推計変更＋マクロ経済スライド延長
　　ケース6　人口推計変更＋介護給付の効率化・重点化＋20歳から介護保険料負担

　ベースケースは前節において示したケースである．繰り返しになるが，経済前提や人口の想定について「平成21年財政検証結果」と同様の数値を用いて，「平成21年財政検証結果」をある程度再現できることを目標としている．ケース2以降の各ケースにおいては，経済前提のうち利子率と賃金上昇率について，モデルにより内生的に決定される数値を用いている[3]．

　ケース2では，基礎年金を全額消費税化するケースを想定している．このときの消費税率は，『国民経済計算』の国民年金給付額を，家計最終消費支出額で除算することで求めている．またケース3では，後期高齢者医療制度が実施されず，以前の制度であった老人保健制度が維持されたとしたケースを想定する．

　ケース4以降では，人口推計について出生中位・死亡低位のものを使用している．すなわち，高齢化がさらに進展した場合にどのような影響が発生するのかという点について分析を行っている．またケース5とケース6においては，高齢化の効果を相殺する方法としてマクロ経済スライドの延長と介護給付の効率化・重点化を取り上げ，これらの政策変更が高齢化の影響をどの程度相殺できるのかを分析している．なお「介護給付の効率化・重点化」とは，「介護保険制度改革について（追加資料）」に基づくものであり，このなかの「介護予防対策が相当進んだケース（ケースⅠ）」のような給付費の伸びを想定している．なお，この際，保険料の水準も低下することになる．すなわち，ここで想定している「介護給付の効率化・重点化」においては，介護に関する給付・負担の両方が減少することになる．同時に，保険料を負担する年齢を現在の40歳以上ではなく20歳以上として計算を行っている．この場合にも，保険料を

表1 介護給付の効率化・重点化を図るケースにおける給付費と保険料水準

	2008-2010 年度	2011-2013 年度	2014-2016 年度
給付費	6.5 兆円	7.5 兆円	8.7 兆円
保険料（40 歳以上）	3,900 円	4,400 円	4,900 円
保険料（20 歳以上）	2,800 円	3,300 円	3,900 円
参考：現行制度の保険料	4,300 円	5,100 円	6,000 円

出所：「介護保険制度改革について（追加資料）」より筆者作成.

負担する人数が増加する分，1人当たり保険料率は低下することになる．具体的には，表1のような推移が示されていることから，この推移をある程度再現できるようにモデルを構築している[4]．

なお，これらのシミュレーションは，いずれも2010年から制度の改革が行われると想定して計算を行っている．

(3) シミュレーションの結果

社会保障年金給付対 GDP 比

社会保障年金給付対 GDP 比は一旦上昇し，2020年頃にピークを迎えた後，緩やかに下降する．またベースケースとの比較を行うと，基礎年金の財源として消費税を用いるケース2だけは社会保障年金給付対 GDP 比が低下するが，それ以外のケースではいずれもベースケースを上回る水準で推移することになる．高齢化の進むケース4とケース5では，特に高い水準をとることになる．マクロ経済スライドの延長や介護の効率化・重点化によっても，高齢化の影響を相殺することはできていない．なお，ケース2における社会保障年金給付の絶対額そのものはベースケースよりも高い水準にあるが，分母であるGDPが大きく伸びているため，対GDP比でみるとベースケースを下回るという結果になっている．

社会保障年金負担対 GDP 比

社会保障年金負担対 GDP 比はケース2において突出して高い値をとっている．これはケース2の前提が基礎年金の全額を消費税によりまかなうとしているためである．すなわち，従来国庫負担などにより社会保障年金負担に計上されなかった部分も，明示的に社会保障年金負担の一部として取り扱っているた

図4 社会保障年金給付対 GDP 比

図5 社会保障年金負担対 GDP 比

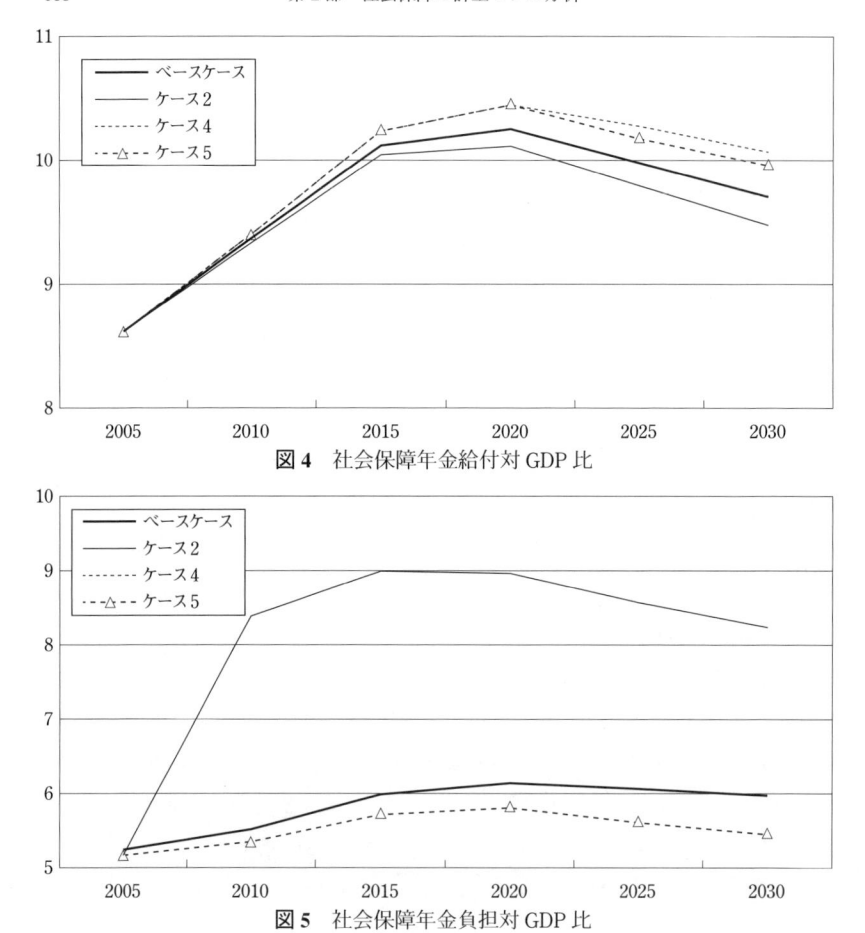

めに，値が大きく上昇する結果となった．また，ケース4とケース5はいずれもベースケースを下回る水準となっている．これはケース4とケース5においては，1人当たり賃金がベースケースよりも低い水準となっているためである．

厚生年金積立金

次に，厚生年金積立金の推移をみてみよう．厚生年金積立金は，「平成21年財政検証結果」をほぼ再現するように設定されたベースケースを除けば，2030年にはすべてほぼゼロもしくはマイナスの値をとっている．このことから，2030年前後に積立金が枯渇してしまう状況となると考えられる．図1でみた

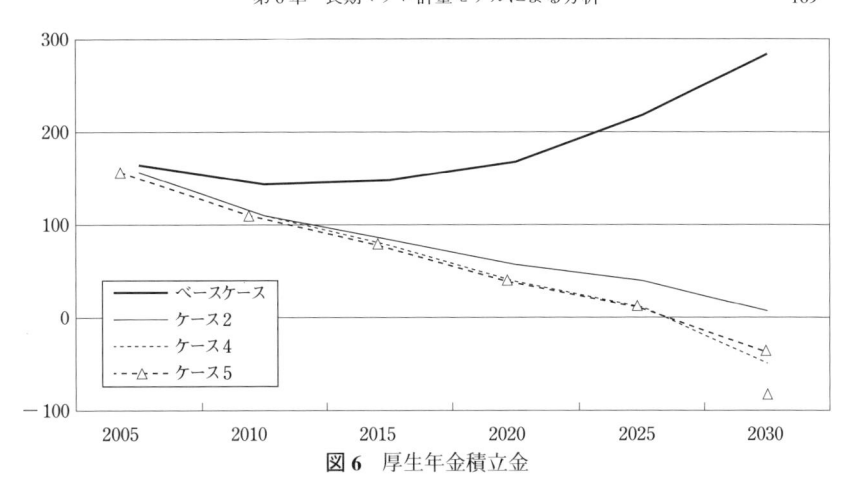

図6 厚生年金積立金 (凡例: ベースケース, ケース2, ケース4, ケース5)

とおり，厚生労働省の想定する経済前提のもとでは，2030年の段階でも積立金が枯渇することはない．したがって，本章のシミュレーションは厚生労働省による将来見通しと比較するとかなり厳しい状況であるが，この理由としては，将来見通しで想定されていた金利の水準が高いことが挙げられる．「平成21年財政検証結果」においては4.1%という金利を想定して将来見通しを計算していたのに対し，本章ではモデルで内生的に決定された利子率を使用して積立金の推移を描いている．内生的に決定される利子率の水準は，シミュレーション期間を通じて一貫して4.1%よりも低く，これが積立金の枯渇を招く理由であるといえる．このことから，元の経済見通しについて，より厳しい値で推移する可能性を考慮に入れた試算も必要だったのではないかと考えられる．また個別ケースをみると，ケース4とケース5では，給付額増加の影響を強く受けていることがわかる．

国民医療費対 GDP 比

国民医療費対 GDP 比は一貫して上昇していく．特にケース3とケース4はいずれもベースケースを上回る水準となっている．すなわち，国民医療費は高齢化の影響を強く受けることになる．

社会保障医療負担対 GDP 比

社会保障医療負担対 GDP 比は2025年まで上昇傾向を示すが，その後低下していく．また個別ケースでは，ベースケースにおいてもっとも高い値をとる一

図7 国民医療費対 GDP 比

図8 社会保障医療負担対 GDP 比

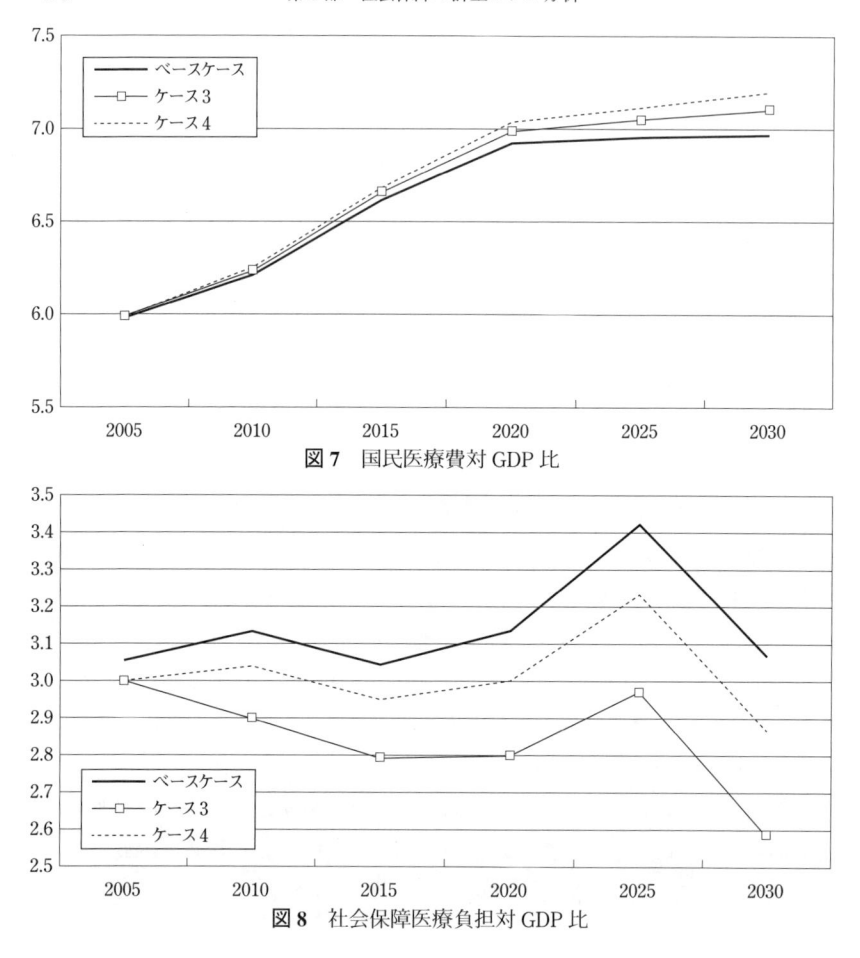

方，旧老人保健制度の維持を想定したケース3においてもっとも低くなる．ケース3では，高齢者の保険料負担額が大きく減少するため，経済全体での負担額も大きく減少する．したがって，後期高齢者医療制度の創設により財政収支が改善するという見方もできるが，一方では同制度の導入で，費用のかかる部分を切り離しただけと考えることもできる．前述のとおり，後期高齢者医療制度においては，費用のうちの5割を公費で負担し，約4割を「後期高齢者支援金」と呼ばれる若年者の保険料，残りの1割を高齢者の保険料でまかなうこととされる．

上でみたとおり，国民医療費は高齢化の影響を強く受けて増加していく．したがって，後期高齢者医療制度の導入は，医療財政収支の改善という観点からは評価できる．しかし費用を他の制度につけ替えるだけであれば，社会保障財政の改善にはつながらないのではないかと考えられる．

社会保障介護給付対 GDP 比

社会保障介護給付対 GDP 比は一貫して上昇を続けることになる．特に高齢化の進展を想定したケース 4 において，ベースケースよりも高い値をとることになる．しかしケース 6 のように，介護給付の効率化・重点化を行うことで，給付額はかなり減少することになる．介護給付の効率化・重点化がどの程度実行可能性のあるものなのかということについては今後さらに検討する必要があるが，財政収支の改善のためには，効率化・重点化の検討は欠かせないと考えられる．

社会保障介護負担対 GDP 比

社会保障介護負担対 GDP 比は一貫して上昇を続ける．ケース 6 では 20 歳から介護保険料の負担がはじまると想定しているため，負担額が増加することになる．この結果，社会保障介護負担額そのものがベースケースを上回り，GDP 比でみてもベースケースより大きい数値となっている．

実質 GDP

次に実質 GDP の推移をみてみよう．基礎年金の財源を消費税により確保す

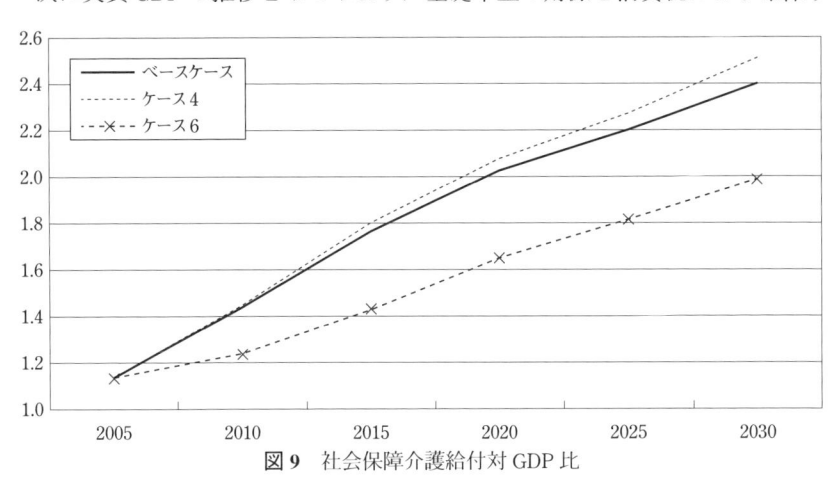

図 9 社会保障介護給付対 GDP 比

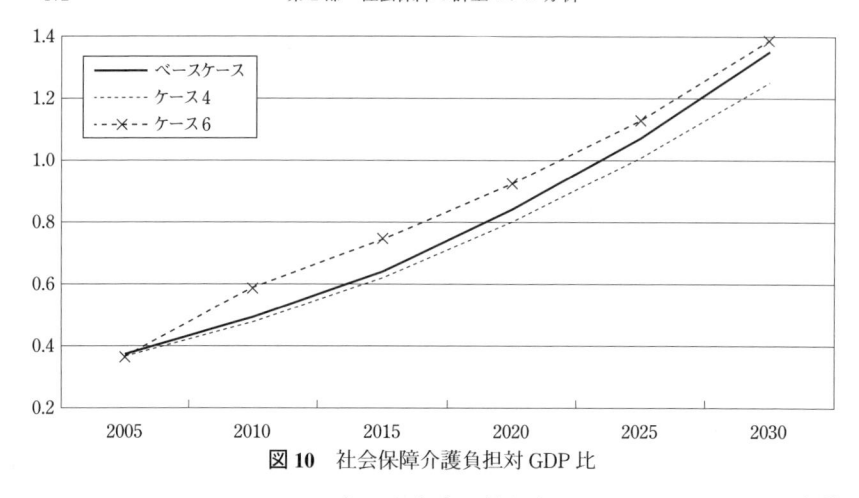

図 10 社会保障介護負担対 GDP 比

るケース2において，GDPはもっとも高い値をとることになる．また，介護給付の効率化・重点化を図るケース6では，ベースケースをわずかに下回る程度で，ベースケースとほぼ変わらない値を実現している．これらの各ケースでは負担の増加，あるいは給付の減少により財政収支が大きく改善しており，それが民間投資を増加させ，GDPの押し上げにつながっていると考えられる．またケース2では，年金目的の消費税の導入に伴い，貯蓄率も上昇している．こちらも同様に投資を増加させ，GDPを上昇させるという効果をもたらしていると考えられる．一方ケース3では老人保健制度を維持することに伴い，高齢者の医療に関する負担が減少する．これが財政収支を悪化させることにより投資の減少を招き，GDPの水準も低下することになる．同様に，高齢化が進展するケース4とケース5においても，社会保障給付の増加が財政収支を悪化させる効果が強く働いていると考えられる．マクロ経済スライドの継続はGDPの低下をわずかに抑制する効果をもつものの，ベースケースの水準を回復させるほどの効果はもたないことがわかる．民間投資が政府の貯蓄にも依存するというモデルの特性が大きな影響を与えている面はあるが，以上のように，財政収支の改善，あるいは貯蓄率の上昇をもたらすようなケースにおいて，GDPが基準ケースよりも高い水準をとることが明らかになった．

プライマリーバランス

プライマリーバランスをみると，ケース2で大きく好転している以外は，い

第6章　長期マクロ計量モデルによる分析

表2　実質 GDP　　　　　　（兆円）

年	ベースケース	ケース2	ケース3	ケース4	ケース5	ケース6
2005	598.3	598.1	598.1	598.1	598.1	598.1
2010	640.4	641.1	639.0	639.0	639.0	639.2
2015	685.5	696.4	682.3	682.5	682.5	684.2
2020	730.8	753.3	724.9	725.1	725.1	728.9
2025	779.9	814.2	769.9	769.9	770.1	776.4
2030	826.9	872.7	811.3	811.0	811.6	820.7

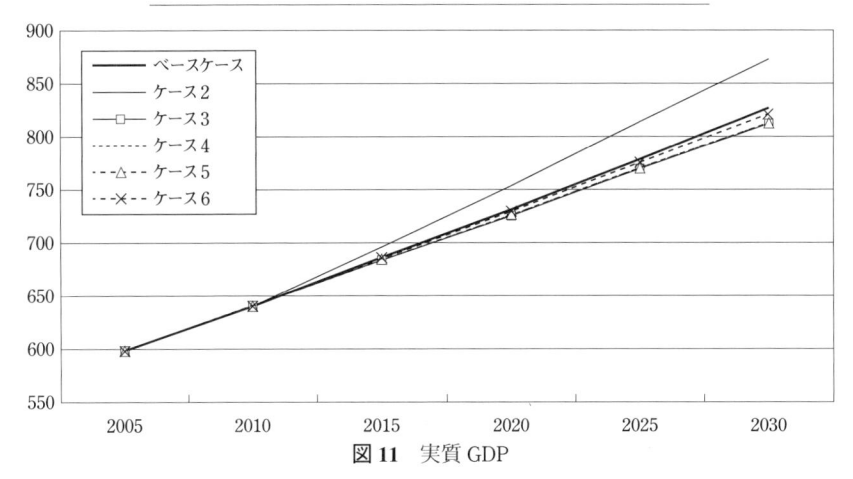

図11　実質 GDP

ずれもベースケースとほぼ同じかあるいはベースケースを下回る水準で推移している．ケース2におけるプライマリーバランスが大きく好転する理由は，以下のように説明できる．ケース2では，基礎年金全額を消費税によりまかなうことを想定している．すなわち，基礎年金部分は毎期収支均衡するものとしている．実際の基礎年金部分は毎年赤字が発生しており，この赤字がプライマリーバランス悪化の一因を担っている．ケース2では基礎年金部分を収支均衡させていることにより，プライマリーバランス悪化の要因のひとつが消滅するため，プライマリーバランスが好転することになる．一方，ケース3からケース6では，いずれもベースケースに比べ悪化がみられる．ケース3では老人保健制度の維持に伴い高齢者の負担が減少し，その分が政府の負担になったことが原因と考えられる．またケース4-6は死亡率低下により高齢化が進展し，年金・医療・介護にかかる費用が増加することの影響であると考えられる．同時

表3 プライマリーバランス　　　　(兆円)

年	ベースケース	ケース2	ケース3	ケース4	ケース5	ケース6
2005	−35.4	−36.1	−36.1	−36.1	−36.1	−36.1
2010	−39.6	−27.1	−41.6	−41.3	−41.3	−39.8
2015	−45.9	−30.5	−48.6	−48.5	−48.5	−46.0
2020	−49.4	−33.1	−53.7	−53.9	−53.9	−50.7
2025	−49.2	−33.1	−55.9	−56.3	−55.8	−52.4
2030	−53.0	−36.7	−61.7	−62.6	−61.8	−57.8

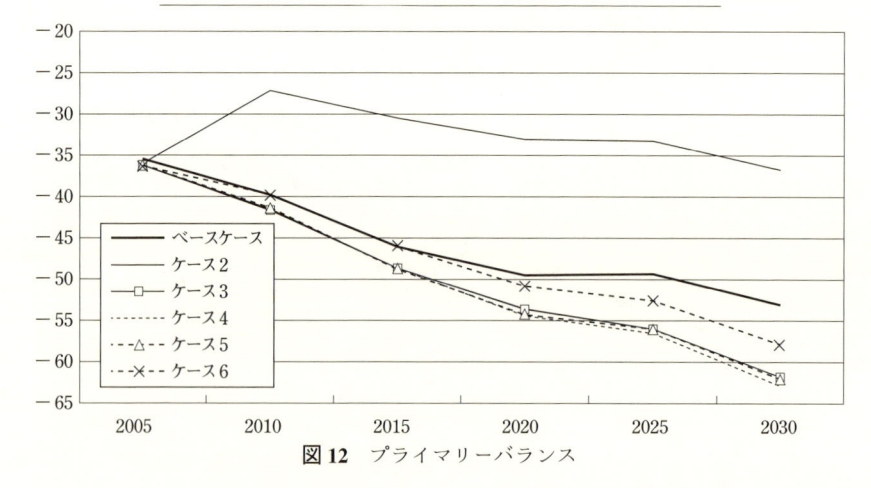

図12 プライマリーバランス

に，ケース5のようにマクロ経済スライドを延長したり，あるいはケース6にみられるように介護の効率化を行ったりしても，プライマリーバランスへの影響はわずかなものにとどまることがわかる．

(4) マクロ経済スライドの変化

　ケース5でみたように，現在のスライド率（0.9%）では，調整期間を2050年まで延長しても死亡率の低下を相殺するには不十分であることが明らかになった．そこで，新たに2つのパターンを想定し，マクロ経済スライドの効果を検討した．具体的には以下のようなパターンを想定している．
・　スライド率を最大3%まで引き上げるが，調整期間は2023年のまま据え置く．
・　スライド率を最大3%まで引き上げるとともに，調整期間を2030年まで

第 6 章　長期マクロ計量モデルによる分析

表4　マクロ経済スライドの変化　（兆円）

スライド終了年	2023	2023	2023	2030	2030
スライド率(%)	0.09	0.17	0.30	0.14	0.30
2005	156.3	156.3	156.3	156.3	156.3
2010	109.2	109.6	110.1	109.4	110.1
2015	79.5	84.7	93.0	82.7	93.0
2020	43.4	59.7	85.0	53.6	85.0
2025	12.0	44.9	95.4	35.0	100.0
2030	−45.5	6.3	84.9	2.9	115.7

延長する．

　いずれも0.1％ずつスライド率を増加させ，それぞれのスライド率における厚生年金積立金の水準により評価を行っている．主な結果をまとめたのが表4である．

　比較の基準として，ケース4，すなわち人口の高齢化が進んだケースを取り上げた．このケースにおいては，厚生年金積立金の項で示したとおり，2030年には積立金がマイナスになってしまうと計算される．これを改善し，少なくとも2030年の時点において積立金の値をプラスに保つために必要なスライド幅を示している．

　まず，マクロ経済スライドを2023年までとした場合，2030年時点における積立金の水準をプラスに保つためには，1.7％のマクロ経済スライドが必要となる．また，マクロ経済スライドを3％とすれば，積立金は2030年において84.9兆円となる．

　一方でスライド期間を延長し，2030年までスライドを継続すれば，2030年における積立金の水準をプラスに保つために必要なスライド率は1.4％ですむことになる．さらにスライド率を3％まで引き上げれば，積立金は2030年において115.7兆円となる．

　なお，マクロ経済スライドは物価や賃金の上昇率次第では，まったく調整が行われない場合もありうる．したがって，毎年1.7％のスライドが実現すると想定することは現実的ではない．より現実的に収支改善を考えるのであれば，スライド率を引き上げるだけでなく，スライド調整の期間も延長することを検討する必要があると考えられる．

表5　生産関数の要因分解　　（％）

年	成長率	資本	労働	残差
2011-20	1.361712	1.258473	−0.34557	0.448804
2021-30	1.209267	1.092125	−0.33432	0.451458
2031-40	0.729988	0.8512	−0.57151	0.450301
2041-50	0.524844	0.566719	−0.49623	0.454356

(5) 長期的な成長の要因

また，経済成長がどのような要因によって実現されているのかを確認するために，要因分解を行った．この際，期間は2011年から2020年，2021年から2030年，2031年から2040年，2041年から2050年のように区切って計算を行っている．労働の寄与度は一貫してマイナスになっているが，これは人口減少に対応した結果である．なお労働の寄与度がマイナスでも，当初は資本の寄与度と残差（全要素生産性）で十分に相殺することができる．しかし資本の寄与度も次第に低下するため，経済成長率そのものも低下している．

5　考察

本章においては，最近の改革をふまえたうえで，(1)社会保障に関する選択肢，(2)人口変動への対応方法，について検討を行った．社会保障に関する選択肢としては，(a)基礎年金の税方式化，(b)後期高齢者医療制度の見直し，の2つを想定した．また(2)人口変動への対応としては，(a)マクロ経済スライドの延長，(b)介護給付の効率化・重点化と被保険者の拡大，を想定した．結果を簡単にまとめると以下のようになる．

基礎年金部分を全額消費税によりまかなうことで，貯蓄率が上昇するとともに財政収支も好転し，GDPをはじめとするマクロ経済変数の値を大きく引き上げることになる．また後期高齢者医療制度については，旧老人保健制度の維持を想定したようなケースにおいて，社会保障医療負担額，すなわち保険料負担の部分が大きく減少する．現行制度（後期高齢者医療制度）は，高齢者部分を分離して負担をつけ替えただけであり，また制度自体，高齢者から拠出される保険料でまかなうことのできる部分は費用のわずか1割にすぎず，収入の大

部分を他の制度に依存している．したがって，医療財政収支の改善という観点からは評価できるが，費用を他の制度につけ替えるだけであれば，社会保障財政の収支改善にはつながらないのではないかと考えられる．なお，こうした結果はモデルの設定による部分が大きいため，今後も後期高齢者に対する医療制度のあり方を継続的に検討する必要があろう．

次に，人口変動にどのように対応するかという面では，マクロ経済スライドを現行のスライド率のまま延長するよりも，介護給付の効率化・重点化を行ったほうが効果が大きいことが明らかになった．マクロ経済スライドの延長は，十分な大きさの調整が行われれば，年金財政収支を改善し，積立金の枯渇を防ぐ効果をもつ．ただしマクロ経済スライドは物価や賃金の上昇率次第では，まったく調整が行われない場合もありうるため，より現実的に収支改善を考えるのであれば，スライド率を引き上げるだけでなく，スライド調整の期間も延長することを検討する必要がある．

最後に，今後検討すべき課題について指摘しておきたい．第1に，本章のモデルにおいては，後期高齢者医療制度の導入に伴い，需要がどの程度抑制されているのかが明らかにされていない．したがって，後期高齢者医療制度の有無にかかわらず医療に対する需要量が変化せず，結果として医療給付額についても変化がないというモデルになっている．しかし実際は制度の導入により需要の抑制も発生していると考えられる．制度が発足して間もないこともあり，十分なデータが得られるまで時間がかかる可能性はあるが，今後検討すべき課題である．第2に，介護の効率化・重点化の実現可能性についての検討が必要である．今回は「介護保険制度改革について（追加資料）」にもとづき給付・負担を計算したが，この効率化・重点化についても，その効果を改めて検討する必要があると考えられる．最後に，保険料率の変更が労働供給にどのような影響を与えるかを検討しなければならない．本来，保険料率の変更に伴い，家計の労働供給行動も変化するものと考えられるが，本章のモデルにおいてはそれが考慮されていない．この点についても，今後検討していかなければならない課題である．

注
1) 本章は，国立社会保障・人口問題研究所 一般会計プロジェクト「社会保障モデルの評価・実用化事業」の成果をもととしている．本章を作成するうえでは研究会メンバーの大林守（専修大学），藤川清史（名古屋大学大学院），上村敏之（関西学院大学），稲垣誠一（一橋大学），熊谷成将（近畿大学），佐倉環（日経メディアマーケティング），中田大悟（経済産業研究所），神野真敏（総合研究開発機構），小黒一正（世界平和研究所）といった所外委員の先生方や所内研究者の有益なコメントをいただいた．もちろん，本章に残される誤りのすべては筆者のみの責任である．また，本章における見解はすべて筆者個人の見解であり，所属とはなんら関係がないことをお断りしておく．
2) 国：都道府県：市町村＝4：1：1の割合．
3) 物価上昇率については「平成21年財政検証結果」同様，1％としている．
4) ただし本章においては，保険料は賃金に保険料率を乗じることで計算しているため，保険料率が表1と同率で変化すると想定して保険料率を設定している．

参考文献
石川英樹・佐倉環・藤川清史（2006）「年金制度改革の短期的影響分析」『年金改革の経済分析——数量モデルによる評価』日本評論社，第9章．
稲田義久・小川一夫・玉岡雅之・得津一郎（1992）「年金制度の計量分析——日本経済の成長経路をめぐって」，『季刊社会保障研究』Vol 27, No. 4.
加藤久和（2001）「マクロ経済，財政および社会保障の長期展望」『季刊社会保障研究』Vol. 37. No. 2.
加藤久和（2006）「社会保障財政の将来展望——年金制度を中心に」『年金改革の経済分析——数量モデルによる評価』日本評論社，第5章．
厚生労働省（2004）「介護保険制度改革について（追加資料）」平成16年11月8日．
厚生労働省（2005）「厚生年金・国民年金 平成16年財政再計算結果（報告書）」，http://www.mhlw.go.jp/topics/nenkin/zaisei/zaisei/report/pdf/all.pdf
厚生労働省（2006）「社会保障の給付と負担の将来見通し——平成18年5月推計について」．http://www.mhlw.go.jp/houdou/2006/05/dl/h0526-3a.pdf
国立社会保障・人口問題研究所（2002）「日本の将来推計人口（平成14年1月推計）」．
国立社会保障・人口問題研究所（2006）「日本の将来推計人口（平成18年12月推計）」．
増淵勝彦・飯島亜希・梅井寿乃・岩本光一郎（2007）「短期日本経済マクロ計量モデル（2006年版）の構造と乗数分析」『経済分析』第180号．
増淵勝彦・松谷萬太郎・吉田元信・森藤拓（2001）「社会保障モデルによる社会保障制度の分析」*ESRI Discussion Paper Series*, No. 9.

第7章 児童手当の財源選択と経済厚生[1]

上村敏之
神野真敏

1 はじめに

　北欧諸国やフランスで，低迷していた出生率が反転して改善したことは有名である．その一方で，イタリアや韓国，そして日本の出生率は，依然として低位で推移している．多くの論者は，出生率を改善できた国々において，児童手当をはじめとする家族政策が充実していることを指摘している[2]．各国の税控除や社会保障給付制度を複数の「モデル家族」に適用し，家族政策の国際比較を行う研究が「子どもをもつ家庭への経済的支援策の22ヵ国比較プロジェクト（研究拠点：イギリス．ヨーク大学社会政策研究所）――2001年」で行われ，所（2004）によりまとめられている．所（2004）によると，日本では税控除を主とした家族政策が施行されており，一方，出生率が反転したフランスでは，税と児童手当の両面から支援されただけでなく，子ども3人の家計に対しての所得制限つき給付が充実した結果だと指摘している．

　ほとんどの先進国では，高齢者向けの社会保障，主に公的年金を充実させることに，過去の半世紀以上を費やしてきた．日本においても，少なくともバブル経済が崩壊するまでは，高い経済成長率と低い失業率が達成されてきた[3]．そのため，家計が直面するリスクは，老後に訪れる所得減少にもっぱら偏っていた．この背景から，老後のリスクの軽減が，公的年金の充実として実現し，社会保障は主に高齢者向け所得保障として成長したのである．

　ところが，バブル経済の崩壊やグローバル化により，経済成長率は低く推移し，失業率も高まった．家計のライフサイクルからみれば，老後のリスクに加えて，若年期にも予測できない不確実性が高まるようになった．近年では，若

年世代の不平等度が高まっていることも指摘されている[4]．

　リスクや不確実性への対応が困難な1人親世帯や単身世帯が増加し，子どもをもたない単身世帯や共稼ぎ世帯の増加が出生率を抑制している．労働市場の自動的な調整に期待できないならば，積極的に若年世代を対象とする家族政策の実施を検討すべきであろう．なかでも，児童手当の拡充は，若年期のリスクや不確実性を軽減し，女性労働を引き出しつつ，出生率の改善を期待できる政策だといえる[5]．

　日本の児童手当政策は，児童を養育している家計に手当を支給することにより家庭における生活の安定に寄与するとともに，次代の社会を担う児童の健全な育成および資質の向上に資することを目的とする．児童手当は，12歳到達後の最初の3月31日までの間にある児童（小学校修了前の児童）を養育している家計に支給される．支給月額は，所得制限はあるものの3歳未満は一律1万円，3歳以上は第1子・第2子は5,000円，第3子以降は1万円となっている．

　児童手当は日本特有の制度ではなく，多くの先進諸国でも支給されている制度である．いくつかの欧州の先進諸国の制度をみてみよう．フランスは第1子に対する児童手当はなく，第2子からの支給である（第2子に約1万7,000円，第3子以上は約2万2,000円）．しかし，その支給期間は20歳未満までと長く，年齢が上昇するにつれて支給額も増額される点も注目に値する（11-16歳は約4,000円，16-19歳は約9,000円の増額）．スウェーデンは，第1子から支給され，義務教育終了前の16歳未満まで支給される．ただし20歳まで奨学金の支給もあり，フランスと同様，支給期間の長い国のひとつである．またその額も，子ども数が多いほど充実している（第1・2子は約1万6,000円から順次給付額が多くなり，第5子以上に対して約3万円）．ドイツは，第1子から支給され，義務教育終了前の18歳未満まで支給される．支給額は，第1子から約2万3,000円と高い．イギリスは，第1子から支給されるが16歳未満と短い．支給額も第1子に約1万6,000円，第2子以上に約1万円と，子どもが多くなるほど少なくなる点は珍しい点である（2006年度『少子化社会白書』内閣府より）．特に支給期間が短く低額なイギリスと比べても，日本の児童手当は，期間と支給額ともに低水準である．また所得制限が設けられているのも日本の

第 7 章 児童手当の財源選択と経済厚生　　　　　　　　　　　　　　181

特徴である．

　さて，2009 年夏の衆議院選挙で政権が交代し，民主党をはじめとする連立内閣が発足した．民主党は子ども手当をマニフェストの主軸に掲げていた．これにより，日本の児童手当政策は大きな転換を迎えた．子ども手当の制度では，2010 年度は 15 歳以下の子ども 1 人に対して一律 1 万 3,000 円，2011 年度以降は一律 2 万 6,000 円を所得制限なしで支給する．2010 年度予算には子ども手当が予定通り盛り込まれた．このような児童手当の拡充が出生率を改善するまでの影響力をもっているかどうかは，今後の研究が待たれるところである．

　ポスト工業化の社会経済において，専業主婦世帯はもはや標準モデルではなくなりつつある．それにもかかわらず，税制や社会保障制度は，専業主婦世帯を主軸にして設計されてきた．北欧諸国やフランスが，高齢者向けから家族向け社会保障にウェイトを移してきたように，日本でも児童手当などを拡充することで，若年世代のリスクや不確実性を除去し，多様な家族形態に社会保障制度を順応させる必要がある[6]．

　児童手当の拡充を重視するいまひとつの理由は，公的年金との関係にもある．Cigno（1993）などが指摘するように，賦課方式の公的年金の存在そのものが，出生率を低下させる効果をもつ[7]．他の家計が産んだ子どもが支払う保険料によって，自分の老後が保障される公的年金のもとでは，自分の子どもを産むインセンティブが阻害される．この場合，子どもが公的年金を通して外部性をもつことになり，外部性の内部化のためには，児童手当の拡充が必要となる．

　児童手当の拡充が必要だとしても，その財源の調達をどのように行うかが問題となる．特に，巨額の公債残高をもち，財政再建を優先せざるを得ない日本では，児童手当の拡充における財源調達の問題は避けて通れない．そこで本章では，児童手当の財源選択として，消費税，所得税，一括税を想定し，それらが経済厚生に与える影響を分析し，望ましい児童手当の財源選択のあり方について考察する[8]．

　専業主婦世帯モデルが崩壊し，さまざまな形態の家計が出現した状況を受けて，本章のモデルでは，子どもをもつか否か，貯蓄をもつか否かによって，異質な家計を想定する．児童手当を拡充すれば，子どもをもたない家計の一部が子どもをもつ家計に移行するだろう．その一方で，児童手当の財源となる税負

担の増加により，児童手当を受けられない子どもをもたない家計は，純粋に税負担が増える．児童手当の拡充とその財源が，異なるタイプの家計に対して分配上の影響をもたらすことになる．

児童手当を拡充することによって，子どもを産んでいる家計がさらに子どもの数を増やすだけでなく，子どもを産まなかった家計が子どもを産むようになるという変化の動学的な分析は複雑である．しかし，このような変化も考慮することは，児童手当の効果を分析するうえで重要であると考えられる．ただし，その複雑さゆえ，子どもを産まなかった家計が，児童手当の拡充によって子どもを産むようになるような理論モデルは，これまで存在しなかった．このような変化を分析できる点が，本章のモデルの特徴でもある．

本章では，以上の問題意識にしたがい，子どもに対する選好が異なる家計が存在する世代重複モデルのもとで，児童手当の拡充と財源選択の問題を経済厚生によって分析する．基本モデルは上村・神野（2008）であるが，本章では，消費税，所得税，一括税といった児童手当の財源のバラエティを扱えるようにモデルを拡張する[9]．

2 児童手当の効果（短期と長期）

児童手当を拡充する場合，どのような影響がもたらされるだろうか．児童手当の効果には，短期的な効果と長期的な効果が存在すると考えられる．図1に児童手当の波及効果をまとめる．児童手当を拡充すると，短期的には，出生に携わる育児時間の増加に伴い，家計の労働量の低下を招くため，資本労働比率は上昇する．長期的には，税負担の増加により貯蓄量は低下するが，出生率が高まることが期待され，その結果，長期的には年金給付額の増加は見込めるものの，その一方で資本労働比率の低下を招く．長期的な側面に注目すれば，児童手当の拡充は，年金給付の増額と資本労働比率の低下というトレードオフの関係をもっている．

また別の見方をすれば，児童手当の拡充による出生率の上昇は，児童手当の直接的効果であり，その一方で資本労働比率低下の効果は，間接的効果だと考えられる．これら2つの効果は，相反する効果であり，各家計がもつ選好パラ

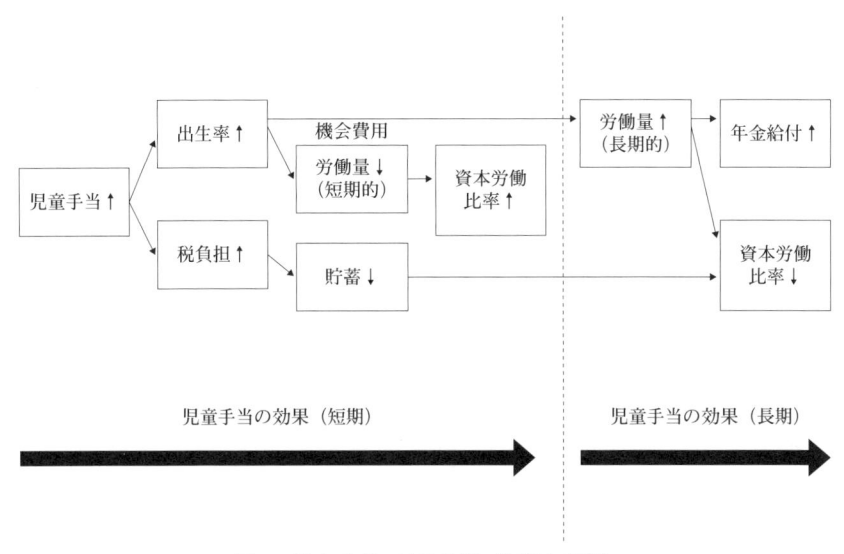

第 7 章　児童手当の財源選択と経済厚生　　183

図 1　児童手当の波及効果（短期と長期）

メータに依存する．家計の選好パラメータを計量分析によってもとめ，児童手当の影響を分析したものに加藤（1999）がある．また，マクロ経済の相互関係を考慮した計量モデルを用いて，児童手当拡充の効果などを分析したものに加藤（2000），増田（2008）がある．これらの研究によれば，児童手当拡充は出生率を改善するものの，女性労働の減少をもたらすため，その効果は限定的であることが述べられている．

　マクロ経済の相互関係を考慮した計量モデルによって，児童手当拡充のマクロ的効果は分析できるものの，児童手当拡充によるミクロ的効果，つまり各家計個別の厚生レベルは分析できていない．児童手当のミクロ的な影響に注目すると，児童手当の拡充の直接的な恩恵は，子どもを産む家計に限られる．子どもを産まない家計にとっての児童手当の拡充による恩恵は，児童手当の拡充によって増えた次世代の労働者が支払う年金保険料の増加分に起因する給付額の増加という，間接的でかつ限定的な効果だけになる．そのため，児童手当の拡充がもたらす各家計への影響は，子どもを産むか産まないかによって大きく異なってくる[10]．

　しかしながら，児童手当の間接効果はこれだけではない．児童手当の拡充は，

子どもを産まなかった家計が子どもを産むという間接効果もある．さらに，子どもを産む費用が高く，子どもを産み育てるだけで貯蓄をできなかった家計が貯蓄するという効果ももつ．つまり，児童手当の拡充によって，家計の最適選択が変更される．このような影響をふまえた分析は，動学経路を複雑にし，理論的な分析結果を導出することは難しくなる．そのため，本章では家計の最適選択の変化を含めた児童手当の拡充の効果を，シミュレーションを用いて分析する．

3 子どもの限界効用

　子どもと貯蓄量の有無に注目した場合，4タイプの家計が存在すると考えられるが，モデルの単純化のために，家計を次のような3タイプに分類する．子どもを産むが貯蓄しない家計をタイプ1，子どもを産み貯蓄する家計をタイプ2，子どもを産まず貯蓄する家計をタイプ3とし，これら3タイプの家計について分析を行う[11]．

　各家計の効用関数を次のような式で特定化する．

$$U_t^i = \alpha \ln(c_{t,y}^i) + \beta \ln(c_{t+1,o}^i) + \gamma \ln(n_t^i - D^i) \tag{1}$$

ここで $c_{t,y}^i$ は労働期の消費，$c_{t+1,o}^i$ は老年期の消費，そして n_t^i は子どもの数である．α, β, γ は，それぞれ労働期の消費，老年期の消費，子どもの数に関する選好パラメータである．上つきの i は第 i 家計，下つきの t は第 t 期，y は労働期，o は老年期の変数であることを表す．以下，添え字に関して同様とする．

　また，各家計は子どもの数に対する選好に差があることを仮定し，それを効用水準で表したものを D^i とする．家計は D の値が小さい家計から順に均一に分散しているとする．この値が大きいほど，子どもの数に対する選好が大きくなると仮定する．D^i は異時点間において独立とし，親から子への遺伝はないものとする[12]．また，$D^i \in [\underline{D}, \overline{D}]$ であり，所与として与えられるものとする．

　(1)式の第3項に注目する．仮に Groezen, Leers and Meijdam (2003) や Groezen and Meijdam (2008) などのように，効用関数を

$$U_t^i = \alpha \ln(c_{t,y}^i) + \beta \ln(c_{t+1,o}^i) + \gamma \ln(n_t^i) \tag{1'}$$

のような形に特定化した場合，子どもが増えることによって得られる限界効用は，

$$\frac{\partial U_t^i}{\partial n_t^i} = \gamma \frac{1}{n_t^i}$$

となる．この場合，子どもの数がゼロのときの限界効用は無限大となり，ゼロ以下の数を選ぶことはなく，家計は必ず子どもを産む．その一方で，本章のように効用関数を特定化した場合，子どもが増えることによって得られる限界効用は，

$$\frac{\partial U_t^i}{\partial n_t^i} = \gamma \frac{1}{n_t^i - D^i}$$

となる．ここで，子どもの数がゼロのときの限界効用は $-\gamma\frac{1}{D^i}$ であり，子どもへの愛情を表す D^i がある一定範囲で分布していると仮定する限り，(2)式の値はある有限の値となる．この場合，必ずしも稲田条件[13]を満たさないため，家計の最適選択による子どもの数は，端点解であるゼロも含む結果となる．またこのような形で効用関数を特定化することによって，D^i に応じて子どもの数に対する限界効用の値が変化するため，子どもの数が分布した経済を分析することも可能になっている．

ところで，子どもに関する選好パラメータである γ が分散することによっても，子どもの数が分布した経済を分析することも可能である．しかし，子どもを産まない家計を考慮するためには γ の値をゼロにする必要があり，児童手当の拡充によって子どもを産まなかった家計が産みはじめるといった動学的な変化を分析することができない．このため，本章の分析では，効用関数を(1)式のように特定化し，児童手当の拡充によって，子どもをもたなかった家計が子どもを産みはじめる動学的な変化も含むことで，より詳細に児童手当の効果を分析している．

このような特徴をもつ効用関数のもと，各家計は各家計の子どもに対する選好に応じて子どもの数と貯蓄量を最適に選択する．各個人は，労働期と老年期の2期間生存し，世代が重複する経済を想定する．このような経済のもと，子どもを産む費用に対して補助金を給付する，つまり児童手当を拡充する政策効果を分析する．児童手当の財源として，一括税，所得税，そして消費税を各家

計に課し，それぞれの課税方式による影響の差を比較する．さらに，政府は所得の一定額を年金保険料として徴収し，各家計に一定額の年金を給付する．なお，モデルの詳細は補論を参考されたい．

4 シミュレーション分析

本節では，児童手当拡充の効果をシミュレーションの手法を用いて分析する．効用最大化による子どもの数と貯蓄量の選択により，各家計は表1のように分類される．児童手当率がゼロの場合に得られる状態を初期定常状態とし，財源の異なる児童手当の拡充が及ぼす各家計への影響を分析する．分析するケースは，表2にまとめてある．ケースAは消費税，ケースBは所得税，ケースCは一括税を児童手当の財源とする．また，ケース1は労働期世代と老年期世代の双方に対して課税，ケース2は労働期世代に対してのみ課税，ケース3は老年期世代に対して課税する場合を考える．

ケースAの消費税は，特定の世代のみへの課税は技術的に困難であるから，労働期世代と老年期世代の双方に対する課税の場合のみを考える．また，ケースB-3は，老年期世代の年金給付額に対する所得税を想定しており，いわゆる年金課税に相当する[14]．ケースCの一括税は，現実的には課税が困難であ

表1 家計のタイプ

変数/タイプ	タイプ1	タイプ2	タイプ3
子どもの有無	もたない	もつ	もつ
貯蓄の有無	行う	行う	行わない
D^i の値	$D^i \leq D_t^n$	$D_t^n < D^i < D_t^s$	$D_t^s \leq D^i$

表2 児童手当の財源選択のケース分け

ケース	内容
A	消費税を課税（労働期世代と老年期世代の双方に対して課税）
B-1	労働期世代と老年期世代の双方に対して所得税を課税
B-2	労働期世代のみに対して所得税を課税
B-3	老年期世代のみに対して所得税を課税
C-1	労働期世代と老年期世代の双方に対して一括税を課税
C-2	労働期世代のみに対して一括税を課税
C-3	老年期世代のみに対して一括税を課税

るが，ケースAの消費税とケースBの所得税を評価するときの基準としての役割をもたせるために設定する．

図2は，それぞれのケースにおける定常状態の児童手当率と1人当たり社会的厚生水準との関係を示している[15]．本章のモデルでは，賦課方式の公的年金の存在によって，家計による出生（子ども需要）が社会的に過小になっている．そのため，児童手当がゼロの段階から，徐々に児童手当率を高めるほど，1人当たりの社会的厚生が増える．ただし，あまりに児童手当率が高すぎるならば，その分だけ財源調達のための税負担が増え，逆に1人当たり社会的厚生が落ちていく．すなわち，最適な児童手当率が存在する．

もっとも1人当たりの社会的厚生が高い財源選択は，ケースB-3の所得税（老年期のみ）とケースC-3の一括税（老年期のみ）の場合である．両者の分析結果は，まったく同じであった．老年期の年金受給額は，老年期世代にとって非弾力的な所得であり，所得税の課税は一括税と同じ意味をもつ．すなわち，年金課税の強化によって児童手当を拡充し，老年期世代から労働期世代への世代間再分配を行うことが，1人当たり社会的厚生を高める意味でもっとも望ましいといえる．

続いて1人当たり社会的厚生が高い財源選択は，ケースC-1の一括税（労働期と老年期）であり，その次にケースAの消費税（労働期と老年期），次に

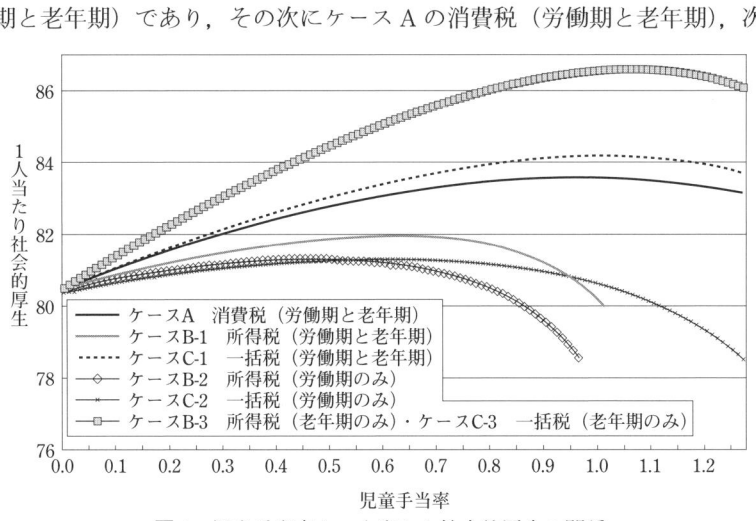

図2 児童手当率と1人当たり社会的厚生の関係

ケース B-1（労働期と老年期）であった．一括税の実現可能性が低いことを考えれば，年金課税の次に望ましいのは消費税であり，その次に所得税となる．

残るケース C-2 の一括税（労働期のみ）とケース B-2 の所得税（労働期のみ）は，ここで考えている財源選択のなかで，もっとも低い 1 人当たり社会的厚生となる．労働期世代に対して課税し，それを児童手当の財源とすることは，単なる世代内再分配である．そのため，労働期世代のみに対する課税では，賦課方式の公的年金によって引き起こされる過小な出生を是正する力に乏しい．

これ以降，本章におけるモデルの特徴でもある動学的変化，つまり，第 2 期に児童手当率を変更し，その後に児童手当率を保つような政策による動学的な変化を分析する．消費税によって児童手当を拡充する場合の動学的な経路は図 3 と図 4 にまとめた．

第 2 期に児童手当を拡充するため，出生率は第 2 期で上昇し，その後高い水準で推移している．その結果，各家計は機会費用を支払うため，労働時間が削られ資本労働比率は一旦上昇するものの，その後，出生率の上昇の影響を受けて，初期よりも低い水準で収束する．出生率と資本労働比率の動きに従って，年金給付額は一旦低下するものの，その後は高い水準で給付される．

これらの影響を受けて，各家計の効用水準の分布はどのような動きをみせるだろうか．それをまとめたものは変動係数の動きとして表されている．変動係数は，各家計の生涯効用の標準偏差を平均で除算した値である．この値が高いほど，効用水準の散らばりが大きいことを意味している．生涯効用は，各世代とも労働期の消費量と老年期の消費量から計算される．そのため，第 2 期の年金給付率の変化を受けて，第 1 期世代の変動係数が一旦上昇している．しかし，児童手当の拡充によって変動係数は大きく低下している．これは図 4 で示されているように，児童手当の拡充によるタイプの収束によるものだと考えられる．

児童手当の拡充によって，子どもを産む費用が低下すると，子どもをもっている家計だけでなく，子どもをもっていない家計も子どもを産むようになる．一方，子どもを産むために貯蓄ができなかった家計は，子どもを産む費用が低下することで，所得を貯蓄に回せるようになる．そのため，図 4 には，児童手当の拡充によって，タイプ 1 とタイプ 3 の家計数が減り，タイプ 2 の家計数が増えたことが示されている．この結果，同じような家計数が増えるため，効用

第7章　児童手当の財源選択と経済厚生　　　189

水準の散らばりを表す変動係数の値も低下したのだと考えられる．

このように児童手当の拡充によって，家計は子どもの数と貯蓄量を変更するため，児童手当の拡充前と後で，タイプが異なる家計が出てくる．そのため，タイプごとの厚生を分析する際には，家計のタイプを確定する時点が問題とな

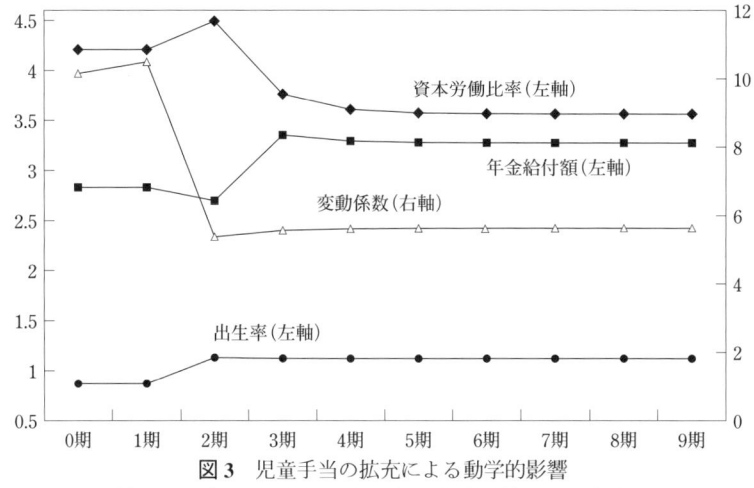

図3 児童手当の拡充による動学的影響
（第2期以降から児童手当を95％に拡充．第2期以降持続）

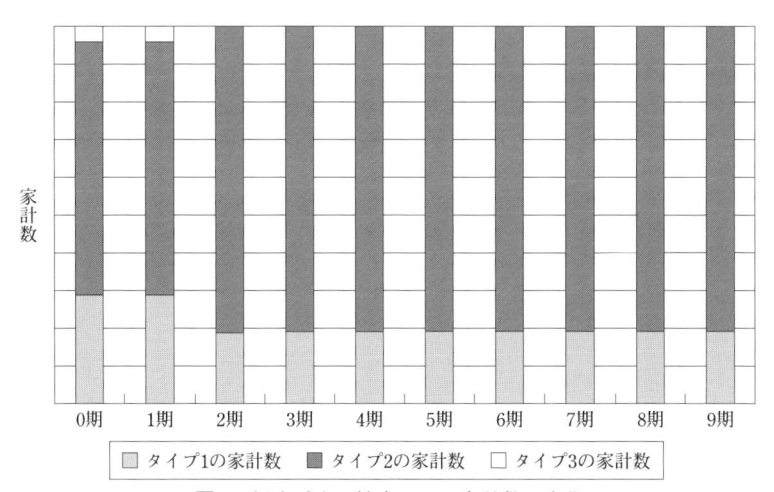

図4 児童手当の拡充による家計数の変化
（第2期に児童手当を95％に拡充．第2期以降持続）

る．ここでは，各家計のタイプを初期時点で確定し，児童手当の拡充による影響をタイプごとにみた場合を最初に考慮する．特に児童手当の拡充によって，家計が集約されるタイプ2を最初に注目する．児童手当率拡充の効果は，図5で表される．所得税による徴収方法以外は，タイプ2の厚生を上昇させ続けている．しかし，所得税を財源とした児童手当拡充政策は，その手当率が80％を超えるあたりから，厚生の改善を負担増が上回るため，厚生が低下することが示されている．

その一方で，児童手当を拡充した後にタイプを確定した場合，児童手当の拡充による影響には変化が生じている．その様子は，図6で表される．厚生水準の高さの順番には変化がないが，およそ20-25％までの間までは，厚生が低下している．これは児童手当の拡充により育児費用が低下したために子どもをもとうとする家計や，貯蓄をしていなかった家計が育児費用低下のため貯蓄しはじめる家計が増えるなど，他のタイプからタイプ2の家計への流入により，タイプ2の家計の絶対数が増えるためだと考えられる．そして，児童手当率が25％以上になると，すべての家計がタイプ2に集約され，それ以上の家計の流入がなくなる．これ以上の児童手当率は，すべての家計がタイプ2になり，流入による厚生の低下はなく，厚生水準を改善させることになる．

このように，児童手当拡充の厚生への影響をタイプ別で比較する場合，タイプを確定する時点が問題であり，児童手当拡充後でタイプを確定した場合，タイプの異なる家計の流入による影響も考慮する必要がある．さらに，タイプ移行後の厚生を考えた場合，小規模な児童手当の拡充ではなく，十分高い児童手当の拡充が必要であることが含意される．

次に初期時点においてタイプを確定し，児童手当拡充後の新たな定常状態における厚生を分析する．タイプ1は図7で，タイプ3は図8で表される．タイプ2は，先述の図5である．児童手当の拡充によって，タイプ1（子どもなし・貯蓄あり）の家計の厚生が低下し，タイプ3（子どもあり・貯蓄なし）の家計の厚生が上昇することが示されている．タイプ1とタイプ2の家計の厚生は，一括税＞消費税＞所得税の順番で高い．しかし，タイプ3に関しては，消費税＞一括税＞所得税の順番になっている．このような結果が出たのには，課税方式によって次のような影響の差が出ているためと考えられる．

消費税によって課税した場合，消費量が多いほど税を負担する．子どもの数が多いタイプ3の家計は，出産・育児に時間を割いたため所得が少なく，消費量も少ない．そのため，消費税による負担も少ない．一方，子どもを産まない，あるいは子どもの数が少ないタイプ1，タイプ2の家計は，消費量も多く，税負担が比較的多い．そのため，一括税よりもゆがみがあるとされている消費税による課税方式であっても，タイプ3の家計にとっては，課税負担が少ないた

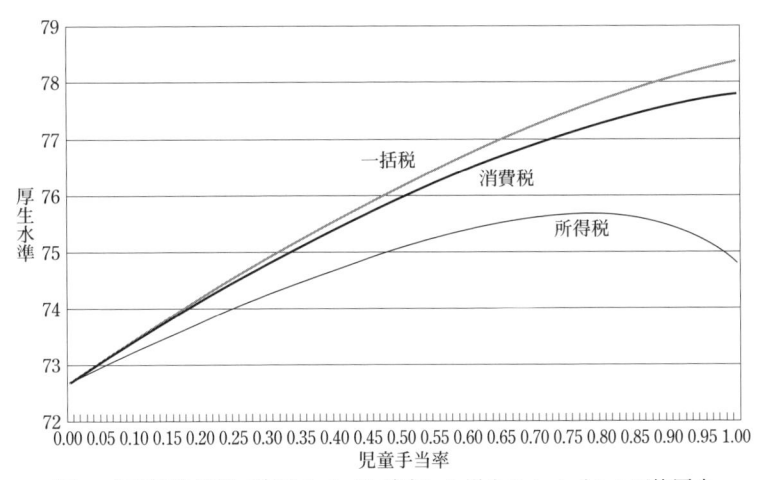

図5 初期定常状態で家計タイプを確定した場合のタイプ2の平均厚生

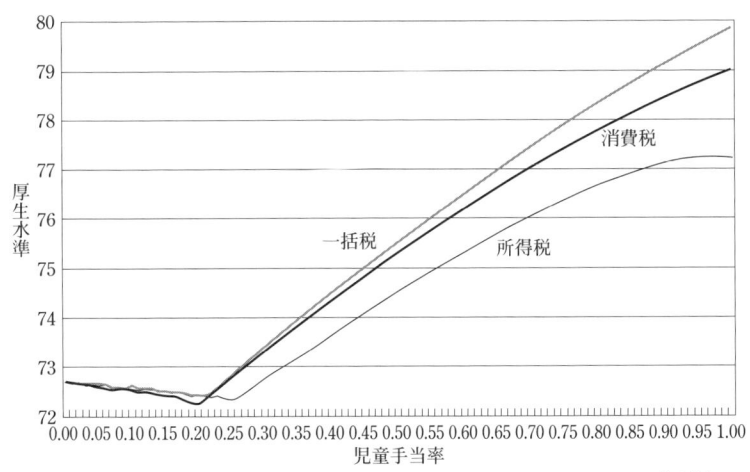

図6 児童手当拡充後，家計タイプを確定した場合のタイプ2の平均厚生

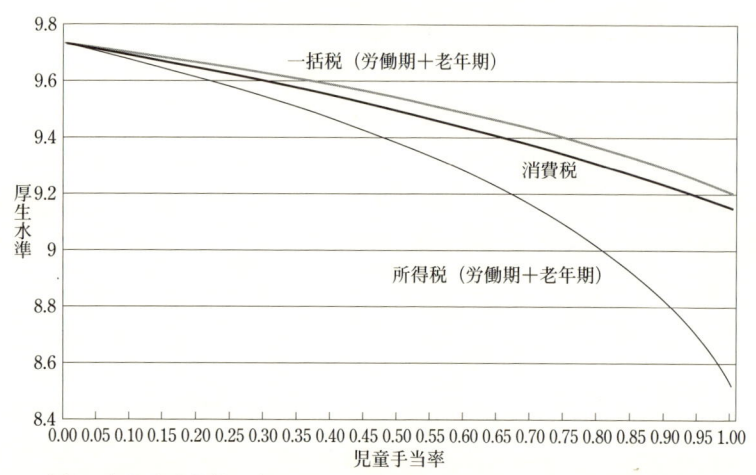

図7 初期定常状態で家計タイプを確定した場合のタイプ1の平均厚生

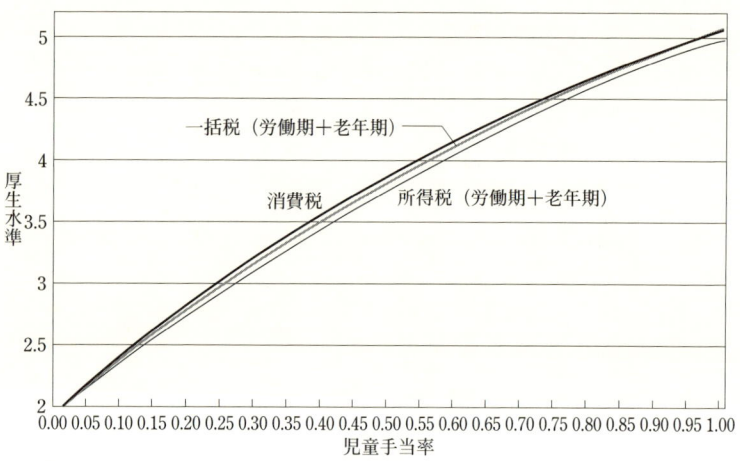

図8 初期定常状態で家計タイプを確定した場合のタイプ3の平均厚生

め,消費税方式のほうが好ましい結果が得られたと考えられる[16].

5 まとめ

本章では,児童手当の拡充について,どのような財源選択を行えばよいのか,子どもに対する選好に差のある家計が共存する世代重複モデルによって分析し

た．高齢者向け社会保障の比重が大きい日本に対して，本章の分析結果からは次のような政策的含意が導かれることになる．

児童手当の拡充などの家族政策は社会的厚生を改善する．そして，その財源には年金課税や消費税が望ましい．公的年金は世代間の所得分配を強制的にゆがめる効果ももっている．そのゆがみを縮小させるような課税政策によって，児童手当の財源選択が決定される必要がある．一括税を現実性の点で財源の候補から除外したときには，消費税は児童手当の拡充の財源として望ましい．児童手当の拡充が政策として決定するならば，その財源としての消費税は，すべてのタイプの家計が支持する．ただし，児童手当拡充後のタイプ2の家計にとっては，十分に高い児童手当率でなければ，1人当たり社会的厚生は改善されないことが示された．

上村・神野（2008）でも指摘したように，日本の社会保障現金給付における現役世代への給付割合はきわめて低く，労働世代と老年世代に関する世代間給付比率はかなり老年世代に偏りをみせている．本章の分析でも，老年世代に対する課税をして現役世代への給付である児童手当を拡充する政策が厚生を一番高めたように，老年世代から現役世代への所得移転でもある児童手当の拡充は大変好ましい政策である．

民主党の子ども手当には，財源の不安がつきまとっている．民主党は所得控除の廃止や無駄の排除による財源の捻出を検討している．しかしながら，今後の社会保障費の増加傾向を考えれば，増税は避けられない．本章が分析対象とした子ども手当の財源は，今後の重要な政策的課題となるだろう．

補論　本章のモデル

各家計は，子ども期・労働期・老年期の3期間生存する．子ども期に育児費として解釈される一定値の消費 C^R を行うが，それ以外の経済活動は行わないと仮定する[17]．政府が子ども1人に対して支出する児童手当額を Φ_t とする．育児費に対する補助額の割合を児童手当率 Φ_t で表せば $\phi_t \equiv \dfrac{\Phi_t}{C^R}$ となる．よって，各家計が子ども1人を育児する際の金銭的な費用は $[(1+\tau_t^C) - \phi_t]C^R$ で

表される.τ_t^C は,児童手当をまかなうために課される消費税である.また,時間的コストとして子どもを育てる機会費用を Ew_t で表す.ここで,E は機会費用として費やされる時間,w_t は賃金率を表している.

子ども1人当たりの育児費用は,金銭的な育児費用 $[(1+\tau_t^C)-\phi_t]C^R$ と時間的な機会費用 Ew_t の合計となる.各家計の労働時間は,子どもを育てる機会費用分だけ減らされて $(1-En_t^i)$ となる[18].労働期にある各家計は,非弾力的に労働を供給し,労働市場から与えられた賃金率 w_t,公的年金の保険料率 p と各家計に対して一定額の年金給付 b_t のもと,最適な子どもの数 n_t^i と貯蓄 s_t^i を選択する.

老年期の各家計は,労働期の貯蓄に利子を加えた額と年金給付額の合計を消費に向ける.遺産動機は考えない.以上より,第 t 期世代の労働期と老年期の予算制約は次のようになる.

$$(1+\tau_t^C)c_{t,y}^i = (1-p-\tau_{t,y}^E)w_t - n_t^i\theta_t - s_t^i - \tau_{t,y}^L \tag{3}$$

$$(1+\tau_{t+1}^C)c_{t+1,o}^i = (1-\tau_{t+1,o}^E)b_{t+1} + (1+r_{t+1})s_t^i - \tau_{t+1,o}^L \tag{4}$$

ここで,$\theta_t \equiv [(1+\tau_t^C)-\phi_t]C^R + (1-p_t-\tau_{t,y}^E)Ew_t$ であり,r_{t+1} は貯蓄に付与される利子率を表している.そして,τ_t^C は消費税率,$\tau_{t,y}^E$ は労働期世代の労働所得への所得税率,$\tau_{t,o}^E$ は老年期世代の年金給付額への所得税率,$\tau_{t,y}^L$ は労働期世代への一括税,そして $\tau_{t,o}^L$ は老年期世代への一括税である.これらすべての租税は,児童手当の財源に充てられる.

(1)式で表された効用関数を最大化するように子どもの数と貯蓄量を選択する.最適な子どもの数と貯蓄量は,

$$n_t^{i*} = \frac{(\alpha+\beta)}{\Delta}D^i + \gamma\frac{(1+r_{t+1})(\omega_t - \tau_{t,y}^L) + (1-\tau_{t+1,o}^E)b_{t+1} - \tau_{t+1,o}^L}{\Delta(1+r_{t+1})\theta_t} \tag{5}$$

$$s_t^{i*} = -\frac{\theta_t\beta}{\Delta}D^i - \frac{(\alpha+\gamma)[(1-\tau_{t+1,o}^E)b_{t+1} - \tau_{t+1,o}^L] - \beta(1+r_{t+1})(\omega_t - \tau_{t,y}^L)}{\Delta(1+r_{t+1})} \tag{6}$$

となる[19].ここで,$\varpi_t \equiv (1-p-\tau_{t,y}^E)w_t$,$\Delta \equiv \alpha+\beta+\gamma$ である.最適な子どもの数と貯蓄は,子どもへの選好を表す D^i に対して,それぞれ負の関係あるいは正の関係であることがわかる.

ここで,貯蓄に対して流動性制約を課すと,子どもの数が正負になる境界 D_t^n と貯蓄が正負になる境界 D_t^s が次のように存在することがわかる.

第 7 章 児童手当の財源選択と経済厚生

$$D_t^n \equiv -\gamma \frac{(1+r_{t+1})(\omega_t - \tau_{t,y}^L) + (1-\tau_{t+1,o}^E)b_{t+1} - \tau_{t+1,o}^L}{(\alpha+\beta)(1+r_{t+1})\theta_t} \tag{7}$$

$$D_t^s \equiv \frac{\beta(1+r_{t+1})(\omega_t - \tau_{t,y}^L) - (\alpha+\gamma)[(1-\tau_{t+1,o}^E)b_{t+1} - \tau_{t+1,o}^L]}{\beta(1+r_{t+1})\theta_t} \tag{8}$$

(7)式は子どもを産むか否かの境界であり，D_t^n よりも低い D^i をもつ家計は子どもを産まない．一方，(8)式は貯蓄する境界であり，D_t^s よりも高い D^i をもつ家計は貯蓄をしない．マクロの貯蓄が正となる条件を課せば $D_t^n < D_t^s$ となる．したがって D^i の値によって，表 1 のように 3 種類のタイプの家計が存在する．

各タイプの家計がそれぞれ最適化問題を解くと，最適な貯蓄と子どもの数は次のようになる．ただし，n^{nos} は貯蓄を行わず子どもをもつ家計の最適な子どもの数，s^{noc} は子どもをもたず貯蓄を行う家計の最適な貯蓄量とする．

$$n_t^{i**} = \begin{cases} 0 & \bar{\underline{D}} \leq D^i \leq D_t^n \\ n_t^{i*} & D_t^n < D_t^i < D_t^s \\ \dfrac{\alpha}{\alpha+\gamma}D^i + \gamma \dfrac{\varpi_t - \tau_{t,y}^L}{(\alpha+\gamma)\theta_t} \equiv n^{nos} & D_t^s \leq D_t^i \leq \bar{D} \end{cases} \tag{5'}$$

$$s_t^{i**} = \begin{cases} -\dfrac{\alpha((1-\tau_{t+1,o}^E)b_{t+1} - \tau_{t+1,o}^L)}{(\alpha+\beta)(1+r_{t+1})} + \beta \dfrac{\varpi_t - \tau_{t,y}^L}{\alpha+\beta} \equiv s^{noc} & \bar{\underline{D}} \leq D^i \leq D_t^n \\ s_t^{i*} & D_t^n < D^i < D_t^s \\ 0 & D_t^s \leq D^i \leq \bar{D} \end{cases} \tag{6'}$$

企業については，コブ＝ダグラス型の生産関数をもつ代表的企業が存在する完全競争市場を仮定する．総生産量 Y_t は，

$$Y_t = \phi K_t^a L_t^{1-a} \tag{9}$$

となり，ここで $a \in (0,1)$ は資本分配率，ϕ はスケールパラメータ，K_t は第 t 期に存在する資本量，L_t は第 t 期に供給される労働量を表している．資本量と労働量は次のように集計される．

$$K_t = \hat{s}_{t-1} N_{t-1} = d \cdot h_{t-1} \sum_{D^i=\underline{D}}^{\bar{D}} s_{t-1}^{i**}(D^i) \tag{10}$$

$$L_t = d \cdot h_t \sum_{D^i=\underline{D}}^{\bar{D}} [1 - n_t^{i**}(D^i) E] \tag{11}$$

すなわち，第 t 期に存在する資本量は，第 $t-1$ 期世代の労働期の貯蓄の合計

値であり，第 t 期に供給される労働量は，第 t 期世代が労働期に供給する労働量の合計である．簡略化のために，資本は1期ですべて減耗してしまうと仮定している．

なお，第 t 期世代の子どもの数の平均値 $\hat{n}$ および貯蓄の平均値 $\hat{s}$ は，次のようになる．ここで，$d \cdot h_t = N_t/I$ の関係を用いている．

$$\hat{n}_t = \frac{1}{I}\sum_{D^i=\underline{D}}^{\bar{D}} n_t^{i**}(D^i), \qquad \hat{s}_t = \frac{1}{I}\sum_{D^i=\underline{D}}^{\bar{D}} s_t^{i**}(D^i) \qquad (12)$$

企業の利潤最大化条件より，利子率と賃金率は次のように導かれる．

$$(1+r_t) = a\frac{Y_t}{K_t}, \qquad w_t = (1-a)\frac{Y_t}{L_t} \qquad (13)$$

政府は，各家計から徴収した租税を財源として児童手当を給付する一方で，労働期世代の労働所得から年金保険料を徴収し，老年期世代へ給付する．まず，児童手当についての1家計当たりの収支均衡式は次のように示される．

$$\phi_t C^R \sum_{D^i=\underline{D}}^{\bar{D}} n_t^{i**} = \sum_{D^i=\underline{D}}^{\bar{D}} \tau_t^C\left(c_{t,y}^i + \frac{c_{t,o}^i}{n_{t-1}^{i**}} + n_t^{i**} C^R\right)$$
$$+ \sum_{D^i=\underline{D}}^{\bar{D}}\left(\tau_{t,y}^E w_t + \tau_{t,o}^E \frac{b_t}{n_{t-1}^{i**}}\right) + \sum_{D^i=\underline{D}}^{\bar{D}}\left(\tau_{t,y}^L + \frac{\tau_{t,o}^L}{n_{t-1}^{i**}}\right) \qquad (14)$$

次に，公的年金の保険料率 p は，時間を通じて一定とする．この仮定のため，給付額は子どもの数に応じて異なる．この関係をまとめると，公的年金の1家計当たりの収支均衡式は以下のようになる．このような設定のもと，児童手当拡充の効果を分析する．

$$p\sum_{D^i=\underline{D}}^{\bar{n}} n_t^{i**}(1-n_t^{i**}E)w_{t+1} = b_t \qquad (15)$$

注

1) 本章の元論文について，第12回公共選択学会（関西大学）で討論者の福井唯嗣（京都産業大学），国立社会保障・人口問題研究所での研究報告で討論者の安岡匡也（北九州大学）といった先生方から有益なコメントを頂戴した．
2) たとえば，内閣府共生社会政策統括官（2007）などを参照．
3) Esping-Andersen（1990 ; 1999）の福祉レジーム論では，日本の福祉レジームはイタリアと同様に家族主義的な要素が強く，特に公的年金についてはドイツのように保守的な要素ももち合わせていることが指摘されている．福祉レジーム論のアプローチでは，福祉は国家，市場，家族の3つが供給すると考える．日本の福祉は家

族が主となり，一部の大企業で福祉が充実しているが，国家による福祉の供給は相対的に小さい．
4) 阿部（2007）は，所得格差に関する主な実証研究についてのコンパクトかつ有用なサーベイである．
5) Esping-Andersen（1999；2001）では，日本はアメリカに比べて賃金格差が大きくないために，福祉を市場から低コストで調達することが難しく，加えて家族主義が強いことから，若年期のリスクと不確実性の除去が，今後の国による福祉政策の役割として求められることが強調されている．
6) もちろん，児童手当だけなく，保育サービスの充実も求められている．ただし，本章の分析は，児童手当と公的年金といった現金給付の社会保障に限定する．保育サービスを充実させる場合でも，現金給付を伴うことが政策効果を高めるだろう．
7) その他に，Groezen, Leers and Meijdam（2003）やGroezen and Meijdam（2008）などは，高齢者向けの社会保障制度の充実が，最適な資本労働比率からの乖離を引き起こすことを示している．
8) 安岡（2006）も同様の問題意識を共有している．
9) 上村・神野（2008）は，労働期世代のみへの一括税を児童手当の財源としていたが，本章では財源選択のバラエティを増やす．なお，Groezen, Leers and Meijdam（2003），安岡（2006），Groezen and Meijdam（2008）が代表的家計しか扱っていないのに対して，上村・神野（2008）は子どもと貯蓄に関して異質な家計を導入している．
10) 本章とは異なり，子どもを産む家計と産まない家計の割合が固定された経済において，児童手当拡充の効果を分析したものにJinno（2008）がある．Jinno（2008）は，子どもを産まず補助金がもらえない家計であっても，年金給付が増えることによってその家計の厚生が改善する可能性を示した．
11) 子どもも産まず，貯蓄もしない家計も実際には存在するが，本章では排除している．モデル分析において，最適化問題を各家計が解いた結果，各家計に分類されたが，子どもも貯蓄もしない家計は導出されなかった．また本章では，暗に家計に対して流動性制約を課し，借り入れを行わない設定にしてある．この流動性制約を課していることによって，導出された定常状態の資本労働比率が高くなっていることには注意が必要である．
12) このような仮定が必要なのは次の理由による．本章のモデルには，子どもを産まない家計が存在する．そのため，同じ家計が時間を通じて同じ選好をもち続けると，将来的に子どもを産まない家計が消滅し，すべての家計が子どもを産むタイプになってしまう．
13) 効用関数における稲田条件とは，

$$\left.\frac{\partial U_t^i}{\partial n_t^i}\right|_{n_t^i=0} = \infty \text{ および, } \left.\frac{\partial U_t^i}{\partial n_t^i}\right|_{n_t^i=\infty}$$

の関係が成立することである．稲田条件の直感的な意味は次のとおりである．子どもがまったくいない状態で，子どもを増やすことによって得られる効用の増分はき

わめて高く，子どもが極端に多い状態で子どもを増やした場合，まったく効用が増えない．すべての家計がこの条件を満たした場合，子どもの数がゼロの家計にとって，子どもを産むことの効用の増分がきわめて高いため，どのような家計であっても必ず子どもを産む結果となる．

14) 老年期世代の利子所得にも所得税を課税するケースを考えることもできるが，本章では想定しなかった．その理由は，本章のような資本蓄積をともなうモデルにおいて，利子所得への課税は，効率性をもっとも阻害することが明白であるからである．

15) 図における児童手当率が1.0を超えているのは，育児費以上の児童手当を政府が支出する場合を考えているためである．

16) ただし，図8ではわかりにくいが，消費税がタイプ3にとって好ましい状況も，児童手当率が低い水準の間だけのことである．児童手当率が高くなれば，ゆがみの少ない一括税のほうがより好ましくなることが数値上では導かれている．

17) 本章では教育を考えていない．育児費は決められた消費を行うだけなので，効用には影響しないと想定している．労働期の親世代は，消費 C^R を子どもを育てるために必要な育児費とみなす．

18) 各家計の労働保有量は1に基準化されている．ただし，子どもを育てる機会費用にも労働保有量が使えるとしている．

19) さらに，$[(1-\tau^E_{t+1,o})b_{t+1}-\tau^L_{t+1}]/[\beta(1+r_{t+1})] < (\varpi_t-\tau^L_{t,y})/\alpha$ を仮定する．これは，効用で測った年金の現在価値が効用で測った可処分所得の価値よりも小さいことを意味する．この仮定は，マクロの貯蓄（集計すれば資本量）が正になるための必要条件である．さらに D^i の上限が $[\omega_t-\tau^L_{t,y}]/\theta_t-[(\alpha+\gamma)\tau^L_{t,y}/(\alpha\theta_t)]$ よりも大きくなると，貯蓄の流動性制約を課すときには，子どもの数が多すぎて労働期の消費がマイナスになる．本章では，このような可能性を排除するため，$\bar{D} < [\omega_t-\tau^L_{t,y}]/\theta_t-[(\alpha+\gamma)\tau^L_{t,y}/(\alpha\theta_t)]$ も仮定する．

参考文献

阿部彩（2007）「日本の所得格差と貧困——研究の蓄積」福原宏幸編著『社会的排除/包摂と社会政策』補論，法律文化社，pp. 243-262.

上村敏之・神野真敏（2008）「公的年金と児童手当——出生率を内生化した世代重複モデルによる分析」『季刊社会保障研究』第43巻第4号，184-200.

加藤久和（1999）「人口とマクロ経済の同時均衡モデルの試み」『少子化に関する家族・労働政策の影響と少子化のみ投資に関する研究』厚生科学研究政策科学推進研究事業，pp. 185-196.

加藤久和（2000）「出生，結婚および労働市場の計量分析」『人口問題研究』第56巻第1号，38-60.

所道彦（2004）「子どもを持つ家計への経済支援策の国際比較研究——税・社会保障パッケージと家族の多様化」『生活経済学研究』第19号，225-233.

内閣府共生社会政策統括官（2007）『平成19年版　少子化社会白書』日経印刷．

増田幹人（2008）「出生率の将来シミュレーションと少子化対策効果の分析」『少子化関連施策の効果と出生率の見通しに関する研究』厚生労働科学研究政策科学推進研究事業報告書, pp. 52-72.

安岡匡也（2006）「出生率と課税政策の関係」『季刊社会保障研究』第42巻第1号, 80-90.

Cigno, A. (1993) "Intergenerational Transfers without Altruism," *European Journal of Political Economy*, Vol. 9, 505-518.

Esping-Andersen, G. (1990) *The Three Worlds of Welfare Capitalism*, Polity Press, Cambridge and Princeton University Press, Princeton, NJ. (G. エスピン・アンデルセン（岡澤憲芙・宮本太郎監訳）『福祉資本主義の3つの世界』ミネルヴァ書房, 2001年).

Esping-Andersen, G. (1999) *Social Foundation of Postindustrial Economies*, Oxford University Press, Oxford. (G. エスピン・アンデルセン（渡辺雅男・渡辺景子訳）『ポスト工業経済の社会的基礎——市場・福祉国家・家族の政治経済学』桜井書店, 2000年).

Esping-Andersen, G. (2001) *A Welfare State for the 21th Century*. (G. エスピン・アンデルセン（渡辺雅男・渡辺景子訳 2001『福祉国家の可能性——改革の戦略と理論的基礎』桜井書店).

Groezen, B. V. and L. Meijdam (2008) "Growing Old and Staying Young: Population Policy in an Ageing Closed Economy," *Journal of Population Economics*, Vol. 21, 573-588.

Groezen, B. V., T. Leers and L. Meijdam (2003) "Social Security and Endogenous Fertility: Pensions and Child Allowances as Siamese Twins," *Journal of Public Economics*, Vol. 87, 233-251.

Jinno, M. (2008) "Is it Beneficial for Households Without Children to Subsidy the Cost of Rearing Children to Increase Pension Benefits?," *Economics Bulletin*, Vol. 8, No. 9, 1-7.

第8章　長寿高齢化と年金財政
―― OLG モデルと年金数理モデルを用いた分析[1] ――

中田大悟
蓮見　亮

1　長寿化と年金制度

(1)　長寿化の進展と人口構造

　長寿化の進展は，出生率の低下と並んで，人口構造の高齢化の主要因であるが，年金財政に影響を与える要因として，出生率ほどには世論の関心を集めてこなかった．2004 年の制度改正時においても，1.39 という，足下の実績値よりも高い合計特殊出生率（TFR）推計が年金財政再計算の前提となっていることに，メディアの注目が集まることはあったが，平均余命の伸びが年金財政にどのような影響を及ぼすのか，という議論はあまりなされなかったといってよいだろう．

　目立たないが，将来人口推計における平均寿命の見通しは，現実の平均寿命の伸びに対応する形で，上方改訂され続けている．1997 年推計と 2006 年推計を比べると，2050 年時点の見通しで，男性：3.94 歳，女性：3.60 歳の上方改訂になっている（図1）．このような平均寿命の上方改訂が，人口構造にどれだけの影響を与えるか，という問には，2002 年推計と 2006 年推計を比較するとわかりやすい．2006 年発表の将来人口推計では，これまでの出生率の変化だけを想定した推計とは異なり，死亡率（生命表）に関しても複数のシナリオを想定した推計が公表されている．

　図 2 は 1997 年（出生）中位推計，2002 年（出生）中位推計と（出生）低位推計，2006 年出生中位死亡中位推計と出生中位死亡低位推計を 65 歳以上人口と 15-64 歳人口の比で比較したものであるが，注目すべきは 2002 年（出生）

年齢

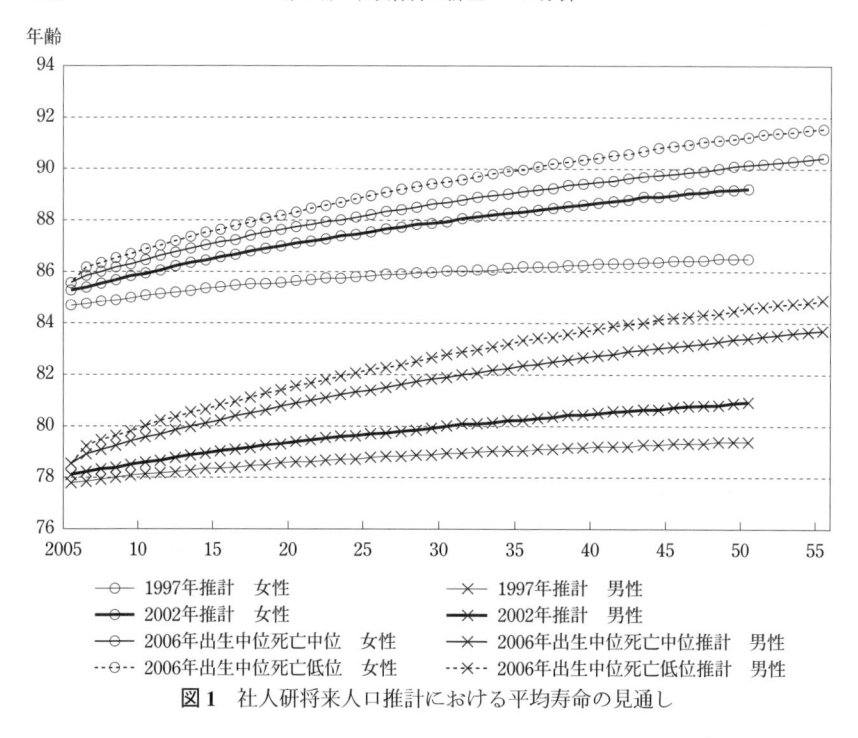

図1 社人研将来人口推計における平均寿命の見通し

凡例:
- ―○― 1997年推計　女性
- ―×― 1997年推計　男性
- ―●― 2002年推計　女性
- ―×― 2002年推計　男性
- ―○― 2006年出生中位死亡中位　女性
- ―×― 2006年出生中位死亡中位推計　男性
- ··○·· 2006年出生中位死亡低位　女性
- ··×·· 2006年出生中位死亡低位推計　男性

低位推計と2006年出生中位死亡中位推計の関係である．2006年（出生）中位推計では，2050年時点におけるTFRを1.264と仮定している．これは2002年（出生）中位推計におけるTFR：1.39，おなじく2002年（出生）低位推計におけるTFR：1.10のおよそ中間の値である．しかし，65歳以上の年金受給世代と15-64歳の現役世代の比で人口構造の高齢化度をみた場合，2002年（出生）低位推計よりも高いTFRを仮定したはずの2006年出生中位死亡中位推計のほうが，人口構造がより高齢化している．

(2) 年金制度の対応

厚生労働省は，2007年2月，この新たな人口推計を受けて，急きょ，新しい年金財政見通しを発表した．この財政見通しは，国民年金法および厚生年金法に定められた5年に1度の財政検証とは別に，暫定的に，新しい人口推計が予測する少子高齢化の進展が，年金財政にどのような影響を及ぼすかを試算す

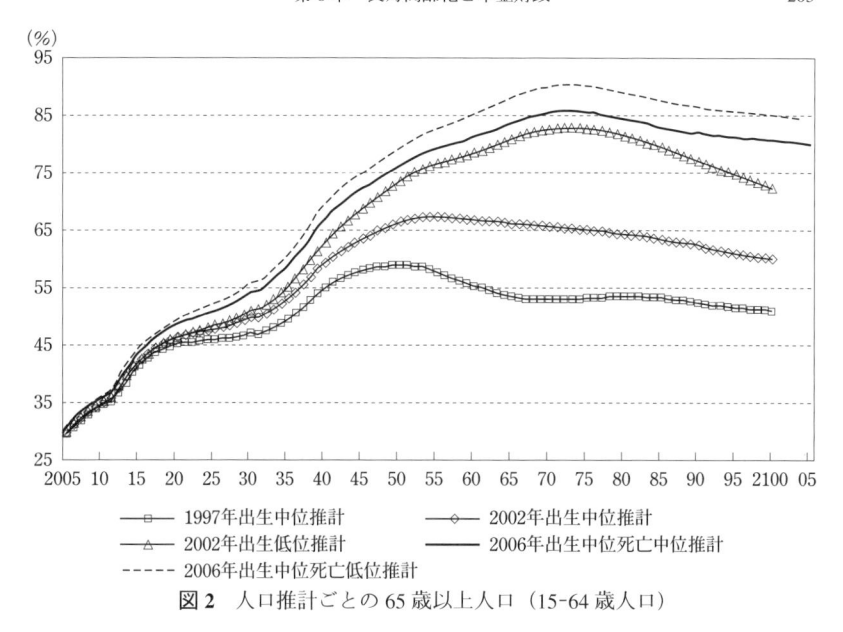

図2 人口推計ごとの65歳以上人口（15-64歳人口）

凡例:
- 1997年出生中位推計
- 2002年出生中位推計
- 2002年出生低位推計
- 2006年出生中位死亡中位推計
- 2006年出生中位死亡低位推計

る，という位置づけのものであった（以下，これを暫定試算と呼ぶ）．暫定試算では，細かな試算結果は明らかにされなかったものの，2006年推計人口における出生中位死亡中位推計と出生中位死亡低位推計では，年金財政の条件悪化を受けて，マクロ経済スライドの適用延長を施すことで，最終的な厚生年金モデル世帯の所得代替率が1.5％ポイント程度低下することを示した．同暫定試算で，出生中位死亡中位推計を用いた場合のモデル世帯所得代替率が51.6％であったことと，過去において，わが国の平均余命は予測値よりもより長寿化してきたことを鑑みると，長寿化に対応した制度改正，特に，さらなる支給開始年齢の引き上げなどを検討する必要性は高まっているといえよう．

　わが国では，1994年改正で定額部分の支給開始を段階的に65歳に引き上げ，2000年改正で報酬比例部分も段階的に65歳に引き上げることが決定されており，現在も段階的に引き上げられている途上にある．2025年には男性が，2030年には女性が65歳受給開始となる予定である．しかし，近年，諸外国では人口構造高齢化に対応するために，さらなる受給開始年齢引き上げの動きが活発化している．ドイツでは2012年から，1947年以降に生まれた国民は毎年

1ヵ月ずつ，1959年以降に生まれた国民は毎年2ヵ月ずつ支給開始年齢を引き上げ，2029年には67歳受給開始となる予定である．当初，ドイツの引き上げスケジュールは，毎年1ヵ月ずつ引き上げるものであり，2035年に完結する予定であったが，2007年3月にそれを繰り上げて6年前倒しする決定がなされたものである．アメリカでは，早々と1983年の改正段階で67歳への引き上げを決定しており，2003年から毎年2ヵ月ずつ受給開始を遅らせて2009年に66歳とし，2021年から再度，毎年2ヵ月ずつ遅らせることで2027年には67歳受給開始となる予定である．イギリスでは，現在，女性の受給開始を2020年までに60歳から65歳に引き上げようとしている最中であるが，この完了後，男女ともに，2024年から2046年にかけて段階的に68歳支給開始となることが予定されている．そのほか，デンマークでは国民年金の支給開始を2027年までに67歳とすることを2006年に決定しており[2]，ノルウェーでは，現在も67歳受給開始が基本となっているものの，62歳以降であれば減額なしに繰り上げできる制度を改め，2010年以降は満額受給可能な年齢を67歳とする方針である．さらに，フランスでは，満額受給のための拠出期間を41年9ヵ月にすることで，実質的に給付開始を1年9ヵ月引き上げる予定となっている．

上記のような，各国の動きを鑑みれば，世界トップクラスのスピードで，人口構造が高齢化していくわが国が，はたして，今後も65歳支給開始を維持しつつ年金財政の長期的均衡を保ちうるか自然な疑問が生じてくる．そこで，第2節では，生命表について複数の想定をもつ2006年人口推計を用いて，より長寿化が進展した場合の年金財政の持続可能性を，筆者らの開発した年金数理モデル（RIETIモデル）を用いて検討する．特に，給付開始年齢の引き上げによって，どの程度の財政の持続可能性の改善が見込まれるか，検討する．

(3) 長寿化と年金推計

厚生労働省の暫定推計では，2002年推計人口に比してより厳しい見通しの2006年推計人口を用いたにもかかわらず，将来的な厚生年金モデル世帯の所得代替率が2004年財政再計算時の50.2％を上回る見通しとなったことに関して世論の関心が高まった．これには短期的な経済前提だけでなく長期的な経済前提が大きく変化したこと，特に，長期的な運用利回りの想定が名目3.2％

表 1 厚生労働省暫定試算における経済想定

(単位：%)

	2006	2007	2008	2009	2010	2011	2012-
物価上昇率	0.3	0.5	1.2	1.7	1.9	1.9	1.0
名目賃金上昇率	0.0	2.5	3.0	3.5	3.8	4.1	2.5
名目運用利回り	1.7	2.4	3.0	3.7	4.1	4.4	4.1
実質運用利回り	1.4	1.9	1.8	2.0	2.2	2.5	3.1

(実質2.2%)から名目4.1%(実質3.1%)に引き上げられたことが大きく影響を及ぼしたと考えられる．賦課方式を基本としつつも，現時点で単年度給付額のおよそ5倍という多額の積立金を有する修正積立方式で運用されるわが国の公的年金財政は，その運用利回りに関する見通しに大きく左右されるからである．

ところで，わが国の年金財政の将来見通しはおおよそ100年間を推計期間とする超長期の推計である．この推計期間のうち，当初の8年程度は，内閣府がマクロ計量モデルを用いて推計した経済前提を用いるが，それ以降の約90年間に関しては，過去の実績値やコブ＝ダグラス型生産関数から導かれる各経済変数の関係式を用いて推計された通時的に一定の経済前提を用いることになる[3] (表1参照)．しかし，推計期間の大半を一定の経済前提をもとに推計を行うことには留意を要する．特に，長期的に人口構造が大きく変動する際には，より一層の検討が求められる．なぜならば，政府による年金財政推計にはマクロ経済のライフサイクル変動の視点が十分に組み込まれていないからである．経済前提のあり方について，人口構造と生産要素市場との関係を明示的に考慮した議論の必要性がある．家計がライフサイクル仮説に従うとしたならば，つまり，家計が生涯効用を最大化するように，生涯の予算制約に基づき若年期・壮年期には労働市場で賃金所得を得て貯蓄を行い，老年期にはそれを取り崩す形で毎期の消費と貯蓄の動学的経路を決定するという仮説に従った行動をとるとするならば，高齢化は，相対的な労働供給の減少が賃金価格や保険料収入に影響するだけでなく，マクロの貯蓄の増減，すなわち資本供給量の増加・減少を介して資本市場で成立する運用利回りに影響を及ぼすであろう．

そこで，第3節では，長寿化を通した人口構造の変化がマクロ経済に与える影響を織り込んだ年金財政シミュレーション分析を行うために，年金数理モデ

ルの経済前提の導出ツールとして，世代重複モデル（OLGモデル：Overlapping Generations Model）を用いた年金財政シミュレーション分析を行う．具体的には，まず，世代重複モデルを使用し，長寿化と人口構造の変化が生産要素価格の変動に及ぼす影響のシミュレーションを試みる．さらに，この世代重複モデルを使用することによって得られた長寿化と生産要素価格との関係に関する定量的な分析結果を，筆者らの開発した年金数理モデル（RIETIモデル）における経済前提として適用する[4]．このように，家計のライフサイクル行動を通した超長期のマクロ経済変動に適応可能な基本的な経済モデルとしての世代重複モデルを，年金数理モデルの経済前提導出のツールとして併用することで，長寿化が賃金率・利子率に与える影響を，ライフサイクル仮説の観点からみて整合的に年金数理モデルに織り込みつつ，通時的に一定の経済前提を用いる政府の年金財政推計と比較することで，年金財政推計における経済前提のあり方に関する検討が可能となる．

(4) 既存研究および本分析の特徴

既存研究

次節のシミュレーション分析に先立って，年金財政推計における既存研究のあらましと，本研究の特徴について確認しておく．年金財政推計の定量的モデルには，大別して2つのタイプがある．ひとつはAuerbach and Kotlikoff (1983 ; 1987) を嚆矢とする計算可能なOLGモデルを用いたものであり，もうひとつは年金数理に基づいた年金数理モデルを用いて，将来の年金財政収支を推計するものである．

前者の世代重複モデルは，わが国においても政策分析，特に財政政策および公的年金政策の分析に広く用いられている．世代重複モデルをわが国の政府債務に関する問題に適用した例としては，たとえば佐藤・中東・吉野（2004）およびKato（2002）などがあり，社会保障・公的年金の分野に応用した例としては，Kato（1998），宮里・金子（2001），橘木ほか（2006），および木村（2006）などが挙げられる．宮里・金子（2001）は所得階層を考慮しており，橘木ほか（2006）は定常状態のみのモデルだが医療・介護も含む社会保障制度全体を考慮した分析を行っている．宮里・金子（2001）はその後，金子・中

田・宮里（2003 ; 2006），金子・石川・中田（2004），Nakata and Kaneko（2007）と拡張されている．Sadahiro and Shimasawa（2004）は，2国間世代重複モデルを使用して高齢化が国際資本移動に与える影響を分析している．木村（2006）は静学予見型の世代重複モデルを基礎として定常状態を逐次均衡的につなげるというモデルを使用して，2004年度年金制度改正について分析を行っている[5]．

後者の年金数理モデルのわが国における先駆的研究は八田・小口（1999）であろう．八田・小口（1999）で提示されたOSUモデルは一般に公表されたデータをもとに厚生労働省の年金財政推計をトラックすることを目的に作成され，その後，鈴木・小口・小塩（2005），小口・鈴木・松崎（2005）でメンテナンスされている．また，筆者らのRIETIモデルとほぼ同時期に発表された年金数理モデルとしては駒村編（2005）があり，国民年金・被用者年金を統合する改革案の評価が行われているが，これもOSUモデルを出発点として開発されている．また，金（2007）もOSUモデルを出発点として，エクセル・ベースのモデルを開発している．ほかにはニッセイ基礎研究所が類似のモデルを開発しており，臼杵・北村・中嶋（2003），北村・中嶋（2004）で資本収益率に関する確率的モデルに拡張し分析を行っている．確率的モデルに関しては鈴木・湯田・川崎（2003）もOSUモデルを人口推計に関する確率モデルに拡張し分析を行っている．

本分析の特徴

本章の分析が問題にするのは，厚生労働省の年金財政推計が通時的に一定の経済前提を仮定してしまうがために，ライフサイクル変動の影響を推計に十分に反映できなくなる可能性があるということである．長寿化は人びとのライフサイクル行動に大きな影響を与える．この意味で，長寿化が年金財政に与える影響を適正に評価するには，何らかの手法で経済のライフサイクル変動が年金財政に与える影響を組み入れる手法が必要とされる．

ここで，厚生労働省の年金財政推計を検証するためには，それをできるだけ忠実に再現する年金数理モデルが必要であり，かつその計算結果が政府・厚生労働省の年金数理モデルのアウトプットと比較可能であることが好ましい．このために，本章では，筆者らの開発したRIETIモデルを使用して，年金財政

のシミュレーションを行うこととした[6]．

　前述のように，年金数理モデルにパラメータとして与えられる経済前提の検討には世代重複モデルを用いる．これに対し，年金制度も世代重複モデル内に導入して分析を完結させたほうが，整合性がとれて望ましいという見方もある．たとえば上記で列挙したような，既存研究の多くが世代重複モデルに年金財政を組み込むという方法を採用している．しかし，現実の複雑な年金制度を，世代重複モデルのような計算可能な動学的マクロ経済モデルに，精確に反映させることは事実上不可能である．その結果，すべての既存研究において，年金制度はきわめて簡単化された形でモデル内に導入されているに過ぎない．そもそも，このような分析手法では，政府の年金財政推計との比較可能性は限りなく皆無であり，年金財政推計の経済想定の検討評価という目的は達することができない．

　そこで本分析では，世代重複モデルから算出される賃金率・利子率を，一般均衡論的見地から可能な限り整合性が保たれた年金財政推計の経済前提算出のためのツールとして用いることで，政府推計との比較可能性を保ちつつ，年金財政の経済想定のあり方を検討する．そもそも年金数理モデルによる分析では，種々の基礎率・基礎数および経済前提はモデル外部の推計に依拠せざるをえず，そこでは，各前提間で一般均衡的な整合性が保たれる保証はない．本分析の主張は，人口構造が激変する時代における年金財政推計では，可能な限り一般均衡論的に整合的な想定を採用すべきであり，経済前提の推計に世代重複モデルを用いることで，これまで注目されてこなかった，長寿化が年金財政に与える影響が評価できる，ということにある．

2　長寿化に対応した年金制度改正案とその効果——年金数理モデルによる分析

(1)　長寿化の影響と給付開始年齢引き上げの効果

　本節では，厚生労働省の暫定試算と同様の想定のもとで，長寿化と給付開始年齢の引き上げが年金財政にどの程度のインパクトをもつか，シミュレーショ

ン分析で明らかにする[7]．用いるモデルはRIETIモデルであり，人口想定は2006年人口推計のうち，基準ケースである出生中位死亡中位推計と，生命表においてより長寿化が進展することを想定した出生中位死亡低位推計を用いる．出生中位死亡低位推計では，出生中位死亡中位推計と比して，2055年時点において，男性は1.26歳，女性は1.17歳だけ長寿化していると推計されている．

また，年金数理モデルの推計にパラメータとして用いられる経済前提は，名目賃金上昇率，名目利回り，物価上昇率の3種類であるが，本節では，これらはそれぞれ，厚生労働省の暫定試算と同じ値を用いることとする（表1）．すなわち，2012年以降の長期的な経済前提は，実質賃金上昇率1.5%，実質運用利回りは3.1%で通時的に一定である．

マクロ経済スライドについては，次のように仮定する[8]．人口想定がよりシビアなものになったとしても，それに対応するだけ，マクロ経済スライドの適用期間を延ばせば，財政のバランスは自動的に保たれることになる．この場合，人口の長寿化が年金財政に与えるインパクトがみえにくくなるため，最初に，出生中位死亡中位推計を用いた暫定試算と同じく，マクロ経済スライドの適用期間を2026年までと統一してシミュレーションし，その後，2100年時点の積立度合が1以上になるという制約のもとで，内生的にマクロ経済スライドの適用をストップさせるケースをシミュレーションする．

給付開始年齢の引き上げスケジュールに関しては，次のように仮定する．先にも述べたとおり，わが国の年金制度における支給開始年齢は，2030年に男女とも65歳で統一される予定となっているが，本分析では，翌年の2031年から再び，これまで65歳引き上げに用いてきたスケジュールと同様に，3年に1歳ずつあげるペースで男女ともに引き上げていく．想定する引き上げ支給開始年齢は，67歳と70歳である．よって，67歳支給開始の完成年次は2037年，70歳支給開始の場合は2042年である．

最初のシミュレーション結果は図3のようになった．ここでは，年金財政の変動と持続可能性を示す数値として，マクロ経済スライドの適用の指標となっている，積立度合（ある時点における積立残高と給付総額の比率）を用いることとする．まず，死亡中位推計で現行制度と同じく65歳支給開始を維持した場合，暫定試算とほぼ等しく，最終年次の積立度合は1.1に収まった．次に，

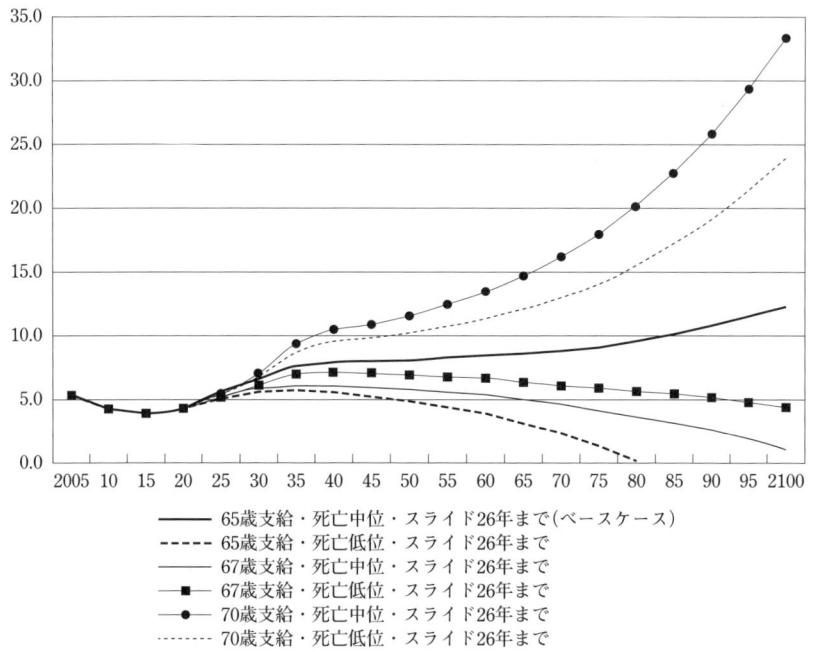

図3 マクロ経済スライドを2026年までとした場合の積立度合の推移

凡例:
— 65歳支給・死亡中位・スライド26年まで(ベースケース)
--- 65歳支給・死亡低位・スライド26年まで
— 67歳支給・死亡中位・スライド26年まで
—■— 67歳支給・死亡低位・スライド26年まで
—●— 70歳支給・死亡中位・スライド26年まで
……… 70歳支給・死亡低位・スライド26年まで

死亡低位推計を用いた場合，給付が伸びることで積立の取り崩しが速まり，2083年には積立金が枯渇してしまう．これは，長寿化がわずかにでも進み，平均余命が1歳強伸びただけで，年金の持続可能性が損なわれてしまうことを示している．そこで，出生中位死亡低位の推計のもとで，上述のスケジュールで67歳まで支給開始年齢を引き上げたならばどうなるだろうか．本分析では，支給開始年齢を2歳引き上げれば，2100年の積立度合は4.2となり，この程度の長寿化であれば吸収してあまりあるほどの財政改善能力があることが示された．さらに，給付開始年齢を70歳まで引き上げ続けた場合には，積立金が劇的に積みあがってしまうほどの効果が現れている．

　もちろん，これらの財政改善効果は，容易に想像できるように，給付の削減によってもたらされるものである．図4は，それぞれのケースにおいて，65歳支給開始で出生中位死亡中位推計を用いたベースケースから，給付総額がどれだけ乖離しているか示したものであるが，65歳支給開始・出生中位死亡低

第8章　長寿高齢化と年金財政　　　　　　　　　　　　　　211

(兆円)

凡例:
― ベースケース
― 67歳支給・死亡中位・スライド26年まで
―●― 70歳支給・死亡中位・スライド26年まで
--- 65歳支給・死亡低位・スライド26年まで
―■― 65歳支給・死亡低位・スライド26年まで
---- 70歳支給・死亡中位・スライド26年まで

図4　給付総額のベースケースからの乖離

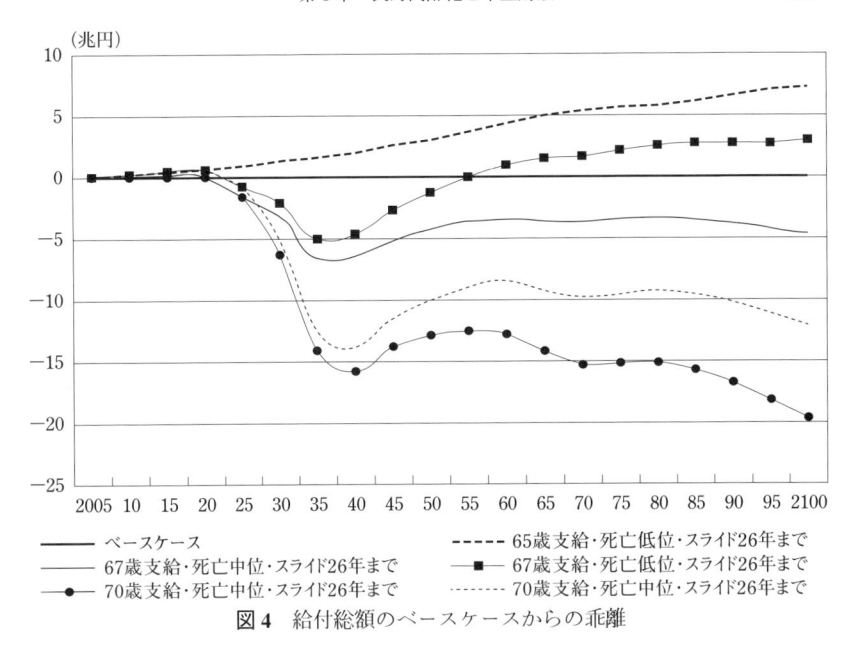

位推計のケースの場合は，一貫して給付額が増大し続けるのに対して，67歳支給開始・出生中位死亡低位推計では，均衡期間の後半においてはベースケースよりも給付額が上積みされているものの，前半期間で給付を十分に抑えられていることから，均衡期間を走りきるだけの積立金を積み増すことができ，財政を持続可能なものにしていることが伺える．

しかしながら，本来マクロ経済スライドは，財政均衡期間の最終年度に積立度合1が保たれることを目安に適用が休止するものであるから，人口構造が長寿化したり，支給開始年齢を引き上げた場合，どれだけマクロ経済スライドの適用期間とフローの給付水準が変化するかについても確認しておかねばならないだろう．その結果は，図5に示されている．仮に，65歳支給で死亡低位推計に沿った人口動態の変化が起きたとしたならば，マクロ経済スライドを死亡中位推計のベースケースが想定する2026年より4年延長して，2030年まで適用し続けることにより，最終年度の積立度合2.8を確保することができる．これにより，厚生年金モデル世帯の所得代替率は約2％ポイント減少することになる．厚生労働省の暫定試算によれば，厚生労働省年金局の年金数理モデルを

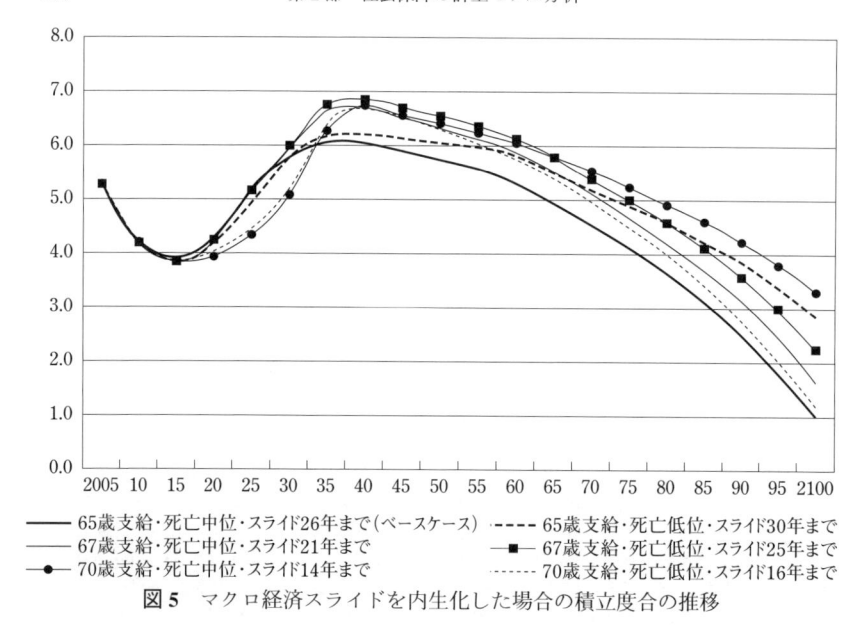

```
　　　　　　　凡例
―――― 65歳支給・死亡中位・スライド26年まで（ベースケース）    ‐‐‐‐ 65歳支給・死亡低位・スライド30年まで
―――― 67歳支給・死亡中位・スライド21年まで                      ―■― 67歳支給・死亡低位・スライド25年まで
―●― 70歳支給・死亡中位・スライド14年まで                      ‐‐‐‐ 70歳支給・死亡低位・スライド16年まで
```

図 5　マクロ経済スライドを内生化した場合の積立度合の推移

用いて，死亡低位推計を仮定して推計した場合，モデル世帯所得代替率が約1.5%ポイント減少するということになっているが，われわれの推計はこれに近い結果となっている．われわれの推計では，マクロ経済スライドの適用を2029年までで停止すれば，最終年度の積立度合が1を割り込んでしまったため，あえて1年間延長し，2030年までの適用とした．そのため，最終年度積立度合が2.8と，多少大きめになっている．この点を考慮すれば，厚生労働省の推計とわれわれの推計はかなり近いものになっていることがわかる．

さらに，支給開始年齢を引き上げた場合はどのようになるであろうか．まず，死亡低位推計のもとで支給開始年齢を67歳に引き上げた場合，マクロ経済スライドはベースケースより1年短く（最終年度積立度合2.2），モデル世帯の所得代替率は52.1%となり，死亡中位推計のもとで支給開始年齢を67歳に引き上げた場合は，マクロ経済スライドを2021年でストップさせて（最終年度積立度合1.6），モデル世帯所得代替率は54.1%となった．さらに，支給開始年齢を70歳にまで引き上げた場合は，死亡低位推計のもとではマクロ経済スライドを2016年に停止でき（最終年度積立度合1.1），モデル世帯所得代替率

は 56.1％，死亡中位推計のもとでは，2014 年までの適用でよく（最終年度積立度合 3.3），モデル世帯所得代替率は現行と大差のない，57.1％となった．これらの結果は，給付開始年齢の引き上げは，フローでみた給付水準維持のためには非常に有効な手段となりうることを示している．

3 長寿化がマクロ経済と年金財政に与える影響――ライフサイクルモデルの観点

本節では，長寿化を通した人口構造の高齢化が，家計のライフサイクル行動を通して，マクロ経済に与える影響を織り込んだ経済前提を用いて，年金財政のシミュレーション分析を行う．以下では，まず，世代重複モデルによる家計のライフサイクル行動を反映した経済前提の算出を行う．世代重複モデルには，家計のライフサイクルを通じた最適化行動を考慮しつつ，人口構造の変化を明示的に取り入れた長期推計が可能であるという元来の利点がある．この世代重複モデルを用いて導出した長期的な経済前提を，RIETI モデルにパラメータとして与えることで，経済の長期的な変動が年金財政に与える影響を，厚生労働省の年金財政推計と比較可能な形で，描き出そうというのが本節の趣旨である．ただし，2011 年までの短期的な経済想定に関しては厚生労働省暫定推計におけるものと同一と仮定し（表1），物価上昇率についてのみ暫定推計と同様に長期的に 1％ で一定と仮定したうえで，それ以外の経済想定，すなわち実質賃金上昇率および実質運用利回りに関して，世代重複モデルによるシミュレーションから得られる賃金上昇率と利子率によって決定するものとする

この世代重複モデルに関する詳細な説明は補論で行うが，概要を以下に示す．モデルは，労働供給が外生であり，同質の家計，1 財のみを生産する企業，そして政府を有する経済モデルである．政府は，所得税，消費税および法人税を徴収し，政府債務に関する予算制約に基づいて，政府支出として毎期全人口に平等に配分する．政府はまた，拠出建ての年金会計を有している．推計期間は 1960 年を初期年，1 年を 1 期間とし，定常状態に収束するまで計算する．想定する人口は，2006 年推計の出生中位死亡中位推計，出生中位死亡低位推計である．解としては完全予見解を求めている．

パラメータに関しては、生産性の上昇率は年率 1.5% とおいている[9]．生産関数がハロッド中立であるため，実質賃金上昇率もこの近傍で変動する．政府債務，年金積立の規模は外生的に与えている．効用関数を構成する割引因子についてキャリブレーションを行い，モデル解として求められる利子率が現実の値に近づくように考慮している（補論参照）．

また，これまで述べてきたように，わが国の年金財政が積立金に依拠する度合いは大きく，積立金の運用利回りは資本市場に大きくされる．人口構造の変化がマクロの貯蓄の増減を介して資本市場で成立する利子率を左右するとすれば，その効果を何らかの形で年金数理モデルに反映させる必要がある．このような観点からは，年金積立金の取り崩し自体が資本市場に与える影響も無視できないため，年金数理モデルから予測される積立金の取り崩しスケジュールを外生的に与えることで，その効果を世代重複モデルにフィードバックさせることとした．

(1) OLG モデルによる推計結果

以下では，年金財政モデルの経済前提となる世代重複モデルによるシミュレーションの結果について概観する．図6および図7に，それぞれの人口想定と支給開始年齢引き上げスケジュールに対応する税引き後実質利子率および実質賃金上昇率の推移を示す．

まず，利子率の全体的な傾向についてだが，2020 年ころに局所的なピークを迎えるがその後一旦落ち込み，2035 年から再び反転して，その後 2080 年ころまで上昇し続ける．2020 年ころの局所的なピークは団塊世代が労働市場から退出し，貯蓄の取り崩しがはじまることを反映している．図8には，各想定別の効率労働単位当たり資本の推移を示しているが，ここでも，2020 年頃において，1 人当たり資本が減少していることがみて取れる．その後，2035 年までに再び資本深化が進むが，これは団塊ジュニア世代が高齢化して貯蓄残高を増やしていくことに対応している．そのため，資本の限界生産性の低下を反映して利回りも低下していくことになる．しかし，団塊ジュニア世代が労働市場から退出しはじめると，資本の供給主体が経済内に少なくなることを反映して，効率労働単位当たり資本は一貫して減少傾向を描く．そのため，利回りは高く

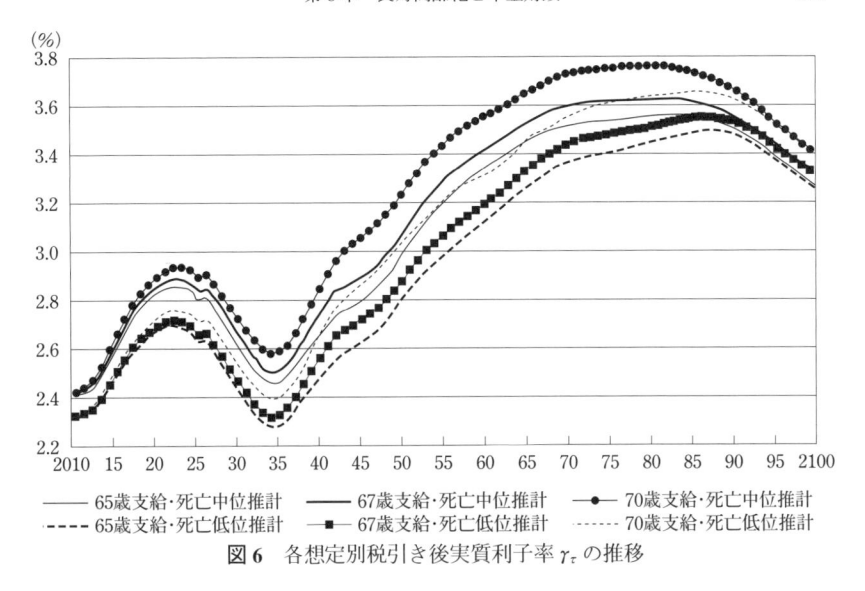

第 8 章　長寿高齢化と年金財政　　215

図 6　各想定別税引き後実質利子率 γ_τ の推移

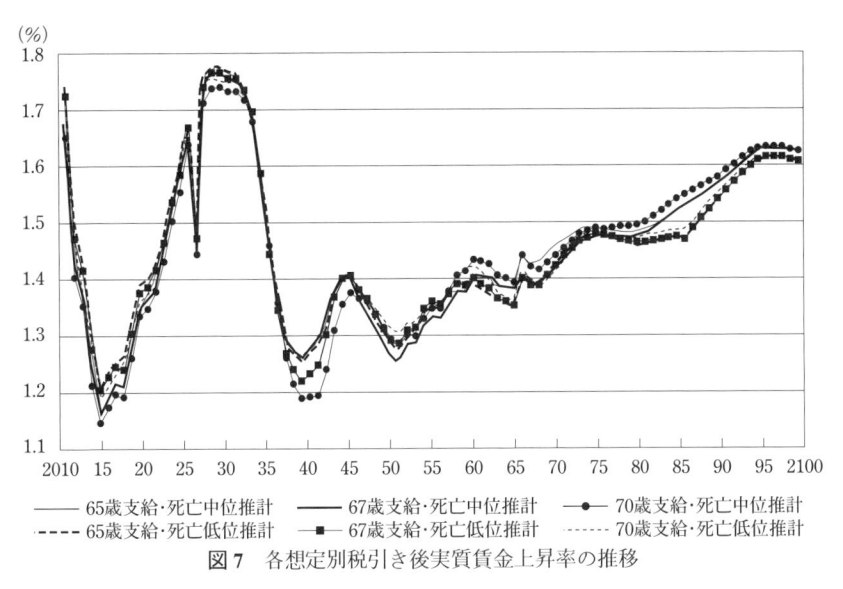

図 7　各想定別税引き後実質賃金上昇率の推移

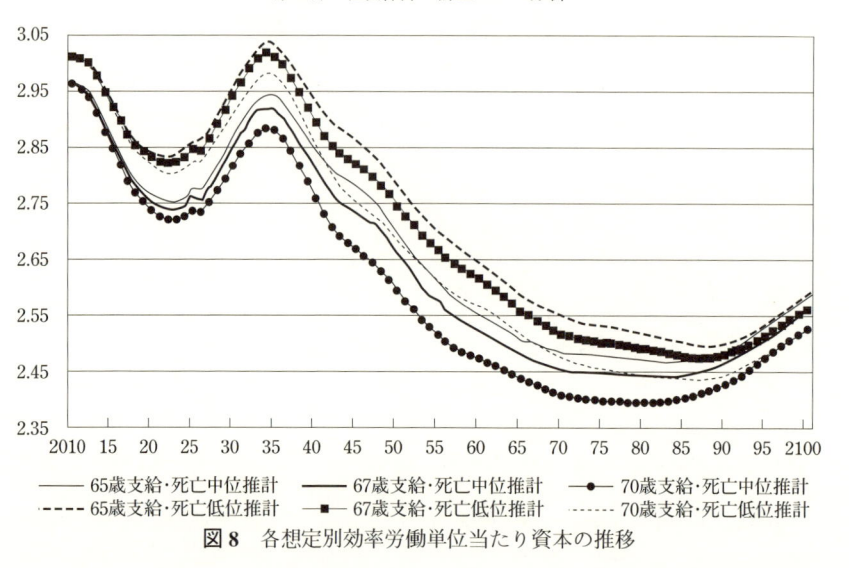

```
3.05
2.95
2.85
2.75
2.65
2.55
2.45
2.35
    2010 15  20  25  30  35  40  45  50  55  60  65  70  75  80  85  90  95 2100
```
―― 65歳支給・死亡中位推計　　―― 67歳支給・死亡中位推計　　―●― 70歳支給・死亡中位推計
---- 65歳支給・死亡低位推計　　―■― 67歳支給・死亡低位推計　　...... 70歳支給・死亡低位推計

図8　各想定別効率労働単位当たり資本の推移

推移することとなる．

さて，その利回りを想定別にみると，次のような傾向がみられる．まず，人口想定を死亡中位に絞ってみた場合，ベースケースよりも支給開始年齢を67歳・70歳に引き上げたほうが利回りが高く推移する．これは，支給開始年齢を引き上げた場合，家計の貯蓄取り崩しのペースが速まって資本深化が進まないことが原因となっている．また，人口想定が死亡低位推計であった場合は，長寿を見越した家計の貯蓄が積みあがっていくため，資本深化が進み，結果として利回りは低調になる傾向がみて取れる．

結果として得られる，各想定別の平均実質利回りを表2に示した．厚生労働省の暫定試算では，2012年以降の平均実質利回りが3.1%（インフレ率1%）で通時的に一定と仮定されているが，本分析における当該期間の平均実質利回りは，それに近い値をとっている．特に，ベースケースではほぼ等しい値となっている．

賃金上昇率に関しては，そもそも各想定別に労働供給量が変化しているわけではないので，それほど大きな変化はみられない．この程度の差であれば，年金財政にはほとんど影響をもたらさないと予想される．なぜならば，現在の賃金上昇率の低下は将来の給付額の低下につながり，逆に，現在の賃金上昇率の

第8章　長寿高齢化と年金財政

表2　2012-2100年間における各想定別平均実質利回り (r_t)

人口・引き上げ想定	期間内平均実質利回り
65歳支給・死亡中位推計	3.10%
65歳支給・死亡低位推計	2.96%
67歳支給・死亡中位推計	3.17%
67歳支給・死亡低位推計	3.02%
70歳支給・死亡中位推計	3.27%
70歳支給・死亡低位推計	3.11%

表3　2012-2100年間における各想定別平均実質賃金上昇率

人口・引き上げ想定	期間内平均実質賃金上昇率
65歳支給・死亡中位推計	1.454%
65歳支給・死亡低位推計	1.449%
67歳支給・死亡中位推計	1.452%
67歳支給・死亡低位推計	1.445%
70歳支給・死亡中位推計	1.447%
70歳支給・死亡低位推計	1.441%

上昇は将来の年金給付額の増大につながるが，これらの変化は積立金の取り崩しの増減を通して，ほぼ相殺されてしまうからである．また，表3のとおり，期間平均でみると，おおむね厚生労働省の暫定試算が仮定する2012年以降の実質賃金上昇率1.5%（インフレ率1%）とほぼ同じ値となっている．

(2) 年金財政モデルを用いた推計

暫定試算との比較

　さて，ここでは，(1)項で得られた人口想定別・支給開始年齢別の経済想定を，年金財政シミュレーション・モデルにパラメータとして与えることで，通時的に一定の経済前提を用いる政府の年金財政推計とどのような違いが生じるか，という点について考察を加える．

　まず，厚生労働省の推計（暫定試算）との比較のために，マクロ経済スライドを2026年で停止させた場合の年金積立金の積立度合の推移を図9に示す．ここで，注目されるのが，65歳支給開始・死亡中位で，経済想定だけをOLG

モデルから得られたものに入れ替えたケースで年金財政が悪化し，2090年ころには積立金を枯渇させることで制度の持続可能性が失われている点である．前節で述べたとおり，暫定試算基準のベースケースと本分析における65歳支給開始・死亡中位ケースは，2011年までの経済前提はまったく同一であり，かつ2012年以降の経済前提についても，その平均値でみればほぼ等しい．しかし，それでも両ケースに差が生じるのは，均衡期間前半において，思うほどの利回り収入が得られず，そのため，積立金を必要な水準まで積み増すことができないからである．2004年の年金制度改正で導入された有限均衡方式と保険料固定方式のもとで，わが国のような長期的に人口構造の高齢化が進むと予測される国が最終年次に積立度合1を達成するためには，財政均衡期間（2100年までのおよそ100年間）の前半約50年で可能な限りの積立金を積み上げることで，高い水準の運用収入を得るとともに，後半期間約50年での積立金取り崩しに対応していくことが必要となるが，先のOLGモデル分析でわかったように，家計のライフサイクル行動を反映して，2050年ころまでの利回りは政

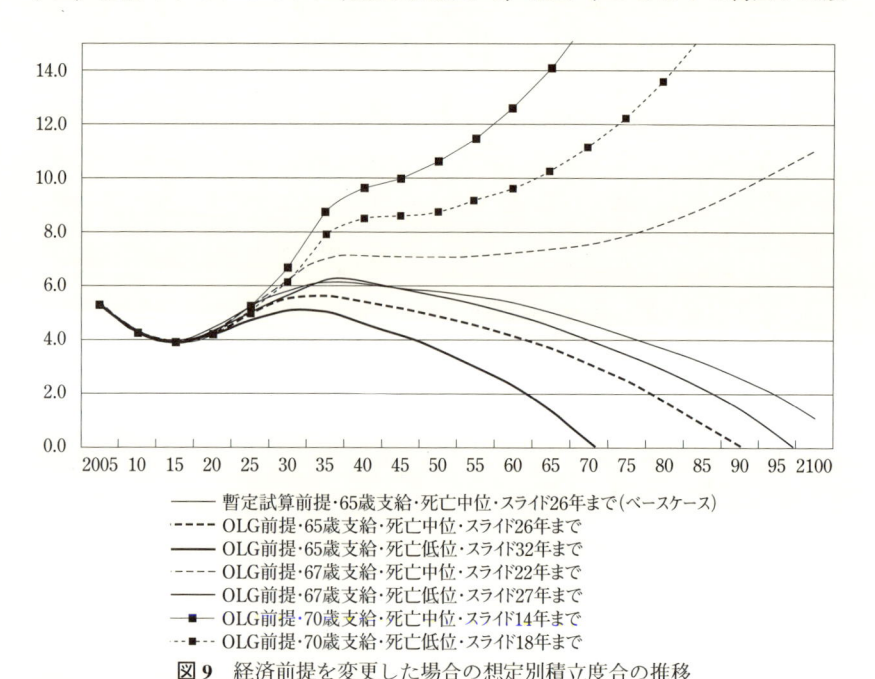

図9 経済前提を変更した場合の想定別積立度合の推移

第 8 章 長寿高齢化と年金財政

府の想定する実質 3.1% を下回って推移する．この結果，運用収入が思うように得られず，均衡期間後半を走り切るだけの積立金の積み上げが達成できない．

そのほかにも，65 歳支給開始で死亡低位推計を用いた場合と，67 歳支給で死亡低位推計を用いたケースで積立金が枯渇している．これらも運用収入が思うように得られなかったことと，平均寿命が延びることで給付総額が高く推移することが影響している．注意すべきは，前節で行った，一定の経済前提を用いた分析では，67 歳支給・死亡低位推計のケースは特に，財政の持続可能性上問題なかったケースであったことである．家計のライフサイクル行動がマクロ経済に与える影響も織り込んで考えれば，長寿化が年金財政に与える影響は意外に大きく，2 歳程度の支給開始年齢引き上げでは吸収しきれなくなる可能性を示唆している．

そのほかのケースに関しては，2040 年ころまで保険料収入が暫定試算ベースを下回ってしまうものの，その後の支給開始年齢引き上げを通した給付抑制がドミナントな効果となって，積立金は非常に高い水準まで発散していく．

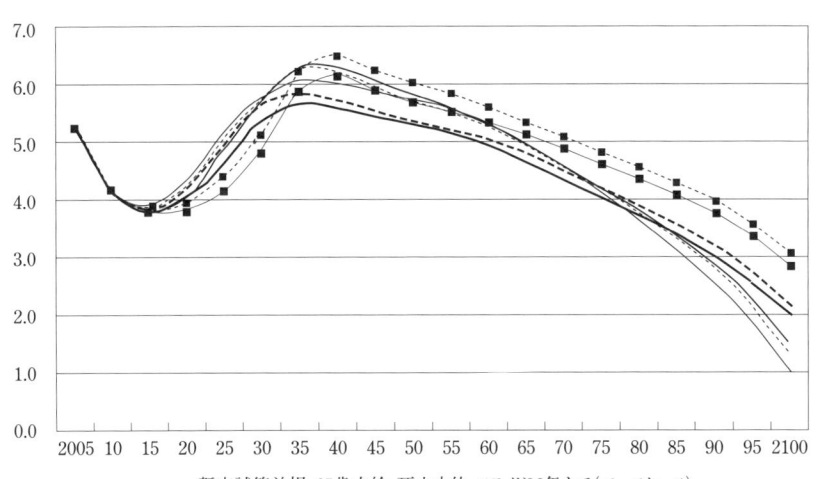

図 10 マクロ経済スライドを内生化した場合の積立度合の推移

凡例:
── 暫定試算前提・65歳支給・死亡中位・スライド26年まで（ベースケース）
---- OLG前提・65歳支給・死亡中位・スライド28年まで
── OLG前提・65歳支給・死亡低位・スライド32年まで
⋯⋯ OLG前提・67歳支給・死亡中位・スライド22年まで
── OLG前提・67歳支給・死亡低位・スライド27年まで
─■─ OLG前提・70歳支給・死亡中位・スライド14年まで
⋯■⋯ OLG前提・70歳支給・死亡低位・スライド18年まで

マクロ経済スライドを内生化した場合

前節での議論同様，マクロ経済スライドを最終年次の積立度合が1以上が担保されるという制約のもとで内生的に停止させ，そのもとで給付水準がどのように変化するか確認しておこう．前節との違いは，2012年以降の経済前提が本分析のOLGモデルから導出されたものを使用していることのみである．図10に，各想定でマクロ経済スライドを内生的に停止させた場合の積立度合の推移を示している．また，表4には，通時的に一定の厚労省推計（暫定試算）での経済前提と，本分析でのOLGモデルから得られた経済前提を用いたそれぞれの場合におけるマクロ経済スライドの適用年限と厚生年金モデルの世帯所得代替率を一覧してある．

各想定でマクロ経済スライドを内生的に停止させた場合，65歳支給開始・死亡中位のケース，すなわち，厚生労働省推計（暫定試算）の基準ケースから経済前提だけをOLGモデルのものに入れ替えた場合，2年間だけマクロ経済スライドの適用期間を延長する必要が生じ（最終年次積立度合2.1），所得代替率は1％ポイント低下し，50.6％となった．また，65歳支給・死亡低位で長寿化を想定した場合は，2032年まで6年間のマクロ経済スライド延長を必要とし（最終年次積立度合1.9），所得代替率は48.6％となった．支給開始年齢を引き上げた場合には，67歳支給・死亡中位で2022年までのマクロ経済スライド適用（最終年次積立度合1.3），所得代替率は53.6％．67歳支給・死亡低位であれば，2027年までのマクロ経済スライド適用（最終年次積立度合1.5），所得代替率は51.1％となった．67歳支給・死亡低位のケースは，厚生労働省推計（暫定試算）同様の通時的一定の経済前提を用いれば財政上問題の

表4 各想定・経済前提別のマクロ経済スライド適用年限と所得代替率

経済前提	OLG前提		厚労省暫定試算前提	
人口・支給開始年齢想定	マクロ経済スライド	所得代替率	マクロ経済スライド	所得代替率
65歳支給・死亡中位	2028年まで	50.6％	2026年まで	51.6％
65歳支給・死亡低位	2032年まで	48.6％	2030年まで	49.6％
67歳支給・死亡中位	2022年まで	53.6％	2021年まで	54.1％
67歳支給・死亡低位	2027年まで	51.1％	2025年まで	52.1％
70歳支給・死亡中位	2014年まで	57.1％	2014年まで	57.1％
70歳支給・死亡低位	2018年まで	55.1％	2016年まで	56.1％

ないケースであったが,ライフサイクル行動を考慮した経済前提のもとでは,財政の持続可能性維持のために1年だけマクロ経済スライドの適用を延長する必要が生じることになる.70歳までの引き上げを実施した場合は,死亡中位推計と死亡低位推計とで,最終積立度合に若干の差はあるものの(死亡中位:2.8,死亡低位:3.0),厚生労働省推計(暫定試算)の前提を用いた場合とそれほど大差のない結果が得られた.

このような結果は,(1)項での議論のとおり,家計のライフサイクル行動が均衡期間前半の運用収益を低めてしまうことに対して,マクロ経済スライドと支給開始年齢の引き上げという2つのツールで給付総額を削減する必要性に迫られることから生じている.図11には,それぞれの想定のもとでの給付総額が,厚生労働省推計(暫定試算)での経済前提を用いたベースケースからどの程度乖離しているかの推移を示しているが,これらをみてわかるとおり,運用収入の減少を帳消しにするだけの給付削減が,支給開始年齢引き上げの完成する前

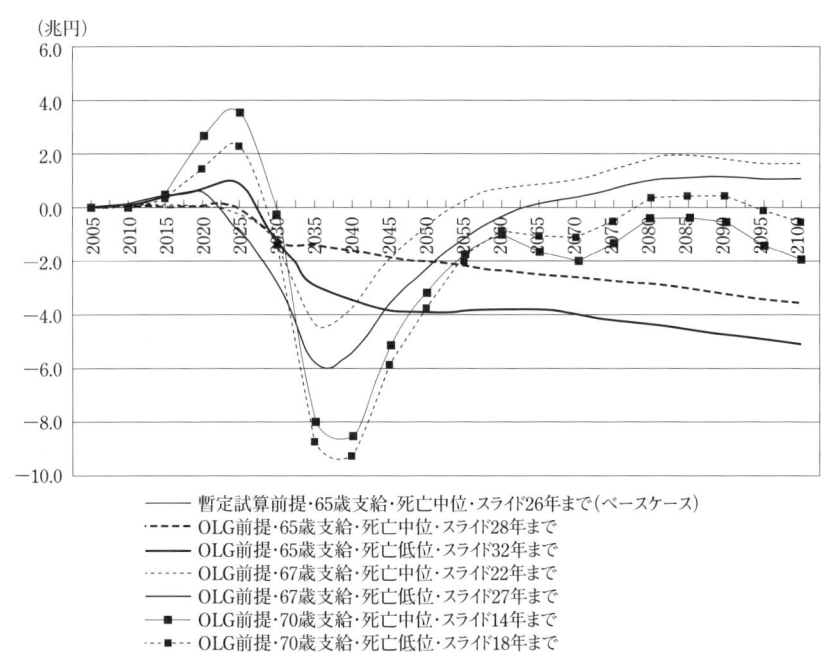

図11 各想定別の給付総額のベースケースからの乖離

後とマクロ経済スライドの適用期間内に生じている.

4 人口構造の変動期における年金財政推計のあり方について

現在でも,年金財政の維持には人口構造が決定的な要因となることは広く知られている.まず,生産年齢人口の急激な減少は,賦課方式年金の持続可能性に直接的な影響を及ぼす.また,長寿化は受給者数の増大を通じて,年金財政を悪化させる.しかし,本章の分析からわかることは,人口構造の高齢化は上記の経路以外からも,年金財政に影響を及ぼしうるということである.なぜなら,家計が将来を見越したライフサイクル行動を取ることで,貯蓄率に大きな変化が生じ,資本市場と労働市場で成立する価格の経路が変動し,特に運用利回りが変化するからである.このような変化が年金財政の持続可能性に及ぼす影響は,厚生労働省が通常仮定するような,長期間にわたって一定の経済前提を用いた分析では分析しにくい.しかも,このような価格変動の程度は,人口構造の変化の度合いによっても異なる.すなわち,長寿化や少子化がより進展した場合には,それぞれのケースに応じて,利回りや賃金上昇率が基準ケースとは異なる将来パスを描くことになる.厚生労働省の年金推計は,どのような人口想定を用いた場合でも,おおむね基準ケースと変わらない一定の経済前提を使用しているが,長期的なマクロ変動が年金財政の持続可能性を考慮するには,人口想定の差異がライフサイクル行動を通じて及ぼす影響を考慮した経済前提を検討したほうがよい可能性を本章の分析結果は示している.

人口構造の変化に対して,わが国の現行制度は純粋な賦課方式ではなく,賦課方式に積立方式の要素も加味した修正積立方式を採用することで対処している.しかし,このような修正積立方式のもとでは,最大で当該期給付額の約6倍という多額の積立金を準備することとなり,制度維持の可否そのものが運用利回りの影響を受けやすくなる.修正積立方式の採用自体は,世代間の負担格差を緩和するという観点から基本的には望ましいと考えられる.しかし,運用利回り次第では,約束した給付水準が守れなくなるリスクを考慮すれば,見込み運用利回りは慎重に推定する必要がある.この意味からも,年金財政の持続可能性を考える際に,推計の全期間に一定の運用利回りを想定するのではなく,

運用利回りの長期変動というリスクを考慮すること，特に，人口想定ごとに異なる見込み利回りを設定することが重要となるであろう．

これまで，長寿化が運用利回りに大きな影響を与えうるという可能性は，あまり着目されてこなかった．しかし，現代の日本のように労働力人口の急激な先細りと長寿化の進行が予測される場合には，このような効果は無視することができない．本分析の結果は，年金財政の持続可能性を探るための年金財政推計について，それがおおよそ100年という超長期のタームを対象としているが故に，高齢化とライフサイクルというダイナミックなマクロ変動をより考慮する必要性があることを示唆している．

補論　世代重複モデルについて

A1.　モデル

以下では，年金財政モデルによる分析の基礎数を得るために構築した世代重複モデルについて詳述する．この世代重複モデルの経済主体は，各世代の代表的家計，同質の企業および政府である．政府は，所得税，消費税および法人税を徴収し，政府債務に関する予算制約に基づいて，政府支出として毎期全人口に平等に配分する．モデルは政府会計と別個に拠出建ての年金会計を有し，年金債務の規模は外生的に与える．また，政府債務と企業の資本は，家計にとって投資対象として差異がないものとする．労働供給は外生で与える．

家計主体の期待形成を完全予見とし，自己の死亡確率も既知とするが，実際に死亡するかに関してはまったく不確実であるものとする．死亡確率に関するもの以外に，確率変数は使用しない．家計はコホートごとすべて同質であり，$s_0 = 20$ 歳で労働市場に登場し $s_r = 59$ 歳を最後の期として労働市場から引退するものとする．家計の毎期の死亡率を q_j とし，s 歳まで生存する確率を p_s とおくと，

$$p_s = \prod_{j}^{s}(1-q_j),$$

である[10]．このような想定のもと，c を消費の列とする場合の効用関数 $U(c)$

を,

$$U = \sum_s p_s \beta^s \frac{c_s^{1-\frac{1}{\gamma}}}{1-\frac{1}{\gamma}} \qquad (1)$$

とおく．これは，時間に関して分離可能な相対的危険回避度一定型（CRRA）効用関数であり，β は割引因子，γ は異時点間の代替の弾力性（相対的危険回避度の逆数）である．完全予見ではあるが自分が実際にいつ死亡するかについては不知であるとの想定のもとで，このような効用関数を仮定する場合，消費水準は長生きによって相対的に低下するが，消費がゼロに落ち込むことはない．また，自分が実際にいつ死亡するかについては不知であるので，遺産が発生する．

t 期における s 歳の家計の予算制約は，1単位の s 歳の家計の t 期における期初の貯蓄を $a_s(t)$，単位当たり賃金水準を $w(t)$，税引き後利子率を $r_\tau(t)$ とおき，τ_c を消費税率，τ_w を所得税率，ρ を年金保険料とすると，$s_0 \leq s \leq s_r$ に対して，

$$a_{s+1}(t+1) = (1+r_t(t))a_s(t) + b(t) + (1-T_w-p)w(t) + g(t) - (1+T_c)c_s(t), \qquad (2)$$

と定まる．ただし $b(t)$ は，s 歳の家計が t 期において受け取る遺産であり，毎期生産年齢人口に平等に配分される．$g(t)$ は政府消費であり，毎期全人口に平等に配分される．すべての家計の最初期の貯蓄 $a_1(t)$ はゼロとおいている．一方，$s \geq s_r+1$ に対する予算制約は，

$$a_{s+1}(t+1) = (1+r_\tau(t))a_s(t) + g(t) + h(t) - (1+\tau_c)c_s(t) \qquad (3)$$

である．ただし $h(t)$ は，t 期の年金額である．

したがって，すべての t について賃金水準 $w(t)$，税引き後利子率 $r_\tau(t)$ および遺産 $b(t)$ が既知のもと，家計の最適化行動，すなわち(2)式または(3)式を制約条件として(1)式を最大化するように s 歳の家計が t 期の消費 $c_s(t)$ を決定する結果，最適消費経路は

$$c_{s+1}(t+1) = \left\{\left(\frac{p_{s+1}}{p_s}\right)\beta(1+\gamma_T(t))\right\}^Y c_s(t)$$

と決定される．

次に，すべての企業が同質で完全競争下にあるものとし，企業部門の生産関数 $Y(t)$ を

$$Y(t) = K(t)^{\alpha}(A(t)L(t))^{1-\alpha},$$

とおく．ただし，$A(t)$ は労働生産性，$K(t)$ は総資本，$L(t)$ は労働供給であり，α は資本分配率である．これは，ハロッド中立なコブ＝ダグラス型生産関数である．このような型の生産関数は，いわゆるカルドアの定型化された事実と整合的である．家計が供給する労働には年齢・コホートにかかわらず差異がないものとするため，t 期における s 歳の人口を $n_s(t)$ とおけば，

$$L(t) = \sum_{s=s_0}^{s_r} n_s(t)$$

である．$S_h(t)$ を家計の貯蓄，$D(t)$，$S_p(t)$ をそれぞれ t 期の政府債務および年金積立金とすると，

$$S_n(t) = \sum_s a_s(t) n_s(t) = K(t) + D(t) - S_p(t)$$

である．この式は，資産市場の均衡式であり，これが成り立つように各期の利子率 $r(t)$ が決まる．マクロの消費 $C(t)$ は，

$$C(t) = \sum_s c_s(t) n_s(t)$$

である．δ を資本減耗率とすると，資本の遷移式は

$$K(t+1) = (1-\delta)K(t) + Y(t) - C(t)$$

である．

このとき，完全競争下における企業部門の利潤最大化行動により，単位当たり賃金水準 $w(t)$ および利子率 $r(t)$ が

$$w(t) = (1-\alpha)A(t)\left(\frac{K(t)}{A(t)L(t)}\right)^{\alpha} \tag{4}$$

$$r(t) = \alpha\left(\frac{K(t)}{A(t)L(t)}\right)^{\alpha-1} - \delta \tag{5}$$

と定まる．貯蓄率 $R_S(t)$ は，

$$R_s(t) = \frac{\Delta S_n(t) + \Delta S_p(t)}{Y(t)} = \frac{S_h(t) - S_h(t-1) + S_p(t) - S_p(t-1)}{Y(t)}$$

で与えられる．

政府の予算制約は，政府債務の利回りを $r_g(t)$ とおくと，

$$D(t) = (1+r_g(t))D(t-1) + \sum_s g(t)n_s(t) - T(t)$$

である．ただし，モデル上政府の債務と企業の資本は家計にとって投資対象として差異がないものとするため，$r_g(t) = r_\tau(t)$ である．$T(t)$ は t 期の税収であり，τ_r を法人税率とすると，

$$T(t) = T_c C(t) + T_w \sum_{s=s_0}^{s_r} w(t)n_s(t) + T_r r(t)K(t)$$

である．家計が直面する税引き後利子率 $r_\tau(t)$ と，利子率 $r(t)$ との関係は，

$$r_T(t) = (1-T_r)r(t)$$

となる．同様に，年金会計の予算制約は，

$$S_p(t) = (1+r_T(t))S_p(t-1) + p\sum_{s=s_0}^{s_r} w(t)n_s(t) - \sum_{s=s_r+1} h(t)n_s(t)$$

である．なお，この種のモデルはガウス＝ザイデル法によって計算可能であることが広くしられている[11]．

A2. 仮定とパラメータの設定

推計期間は1960年を初期年，1期間を1年とする．資産の初期値，この場合初期（1960年）の各世代の期初資産は，任意に設定する必要がある．今回の計算では，まず生存率が初期から第2期にかかるものと同一であり，かつ人口増加率が0であるという設定のもとで初期定常状態を作り，この結果を初期値としている．なお，いずれかの時点から人口増加率 (n') および生産性の増加率 (A') が一定となれば，状態変数は定常な状態に収束するので，特に最終年度を設ける必要がない．特に，このシミュレーションで想定する人口は，2210年度以降いずれも変化率0かつ同一の人口構成とするので，どんな人口を選んだとしても，収束する経済は規模の違いを除いて同一である．

このシミュレーションのためにあらかじめ決定すべきパラメータは，人口 ($n_s(t)$)，生産性 ($A(t)$) または生産性の増加率 (A')，割引因子 (β)，異時点間の代替の弾力性 (γ)，資本分配率 (α)，資本減耗率 (δ)，政府債務の規模

($D(t)$),税率(τ_w, τ_c, τ_r)および年金保険料率(ρ)である.

まず,人口に関しては,2004年度以前の人口は総務省統計局の推計人口を利用し,将来人口は国立社会保障・人口問題研究所2006年推計を基礎とする.これによると,2005年度から2055年度にかけて合計特殊出生率(TFR)が一定値に収束し,その後の「参考推計」では,TFRが一定であると仮定している.本章の分析では2105年度までは国立社会保障・人口問題研究所のそれを使用し,その後の出生数は2105年度と同一とする.2106年度以降の期間に関しては,2104年度のコホートに対する2105年度の同一コホートの比率を求め,この関係が将来も変わらないものとして計算している.結果として,2210年度以降に人口構成および総人口が一定の人口構成に関するあるひとつの定常状態に入る.

政府債務の規模($D(t)$)については,まず,1976年から2010年まで対生産量($Y(t)$)比で0から1.75まで線形で増加し,その後2105年にかけて対生産量($Y(t)$)比1まで線形で減少するもの仮定してあらかじめ静学予見解を求め,その際に内生的に定まった政府支出の金額($g(t)$)と政府債務の規模($D(t)$)が与件であるとの想定のもとで完全予見解を求めている.税率は,所得税率$\tau_w=0.22$,消費税率$\tau_c=0.05$,法人税率$\tau_r=0.4$とおく.所得税率は,厚生年金モデル世帯の想定年収が560万円であり,このときの所得税・住民税の実効税率が約0.22であることによる.消費税率および法人税率は現行の実効税率による.年金保険料率(ρ)は,現行の厚生年金の最終保険料率に合わせて0.183とおく.年金債務(D_p)の与え方の方法は,政府債務に関するものと同一である.数値的には,1960年から2005年まで0から現在の現実の対GDP

主なパラメータの設定値

代替の弾力性	γ	1.000
割引因子	β	0.986
生産性の増加率	A'	1.015
資本分配率	α	0.300
資本減耗率	δ	0.100
所得税率	τ_w	0.220
消費税率	τ_c	0.050
法人税率	τ_r	0.400
年金保険料率	ρ	0.183

比(約0.38)まで線形で増加し,その後2100年までの期間にかけて,各ケースを仮定したときに年金財政モデルによって計算された積立金取り崩しスケジュールに合わせて対生産量($Y(t)$)比で減少するように与えた.

生産性の増加率(A')に関しては$A'=1.015$(年率1.5%成長)を仮定し,異時点間の代替の弾力性は$\gamma=1$,資本分配率は$\alpha=0.3$,資本減耗率は$\delta=0.1$とおく[12].異時点間の代替の弾力性(γ)を1とおくのは,異時点間の代替の弾力性と割引因子との間の識別性が乏しいため,モデルの制御変数としては割引因子(β)のみで十分であると考えるからである[13].

一方で,割引因子(β)に関してはキャリブレーションによって求める.具体的には,割引因子(β)を一定に固定したうえで,人口に中位推計を仮定した場合の1990年から2006年までの期間にかかる税引き後利子率$r_\tau(t, \beta)$の推移をモデルにより計算し,実際の実質利子率(r^{obs})との誤差の2乗和を最小にするような割引因子(β)を選択するという方法を採用した.すなわち,

$$arg_\beta \min \sum_{t=1988}^{2006} (\gamma_T(t, \beta) - \gamma^{obs}(t))^2$$

の値をβの設定値とした.

このとき,名目利子率を東証国債先物利回り(出所:日本銀行),物価上昇率を消費者物価指数の上昇率(出所:総務省統計局)とし,各年の1月におけるこれらの差をその年の実質利子率とみなして計算した.キャリブレーションの結果,このシミュレーションでは割引因子(β)について$\beta=0.986$とおくこととした.

注
1) 本章における見解は筆者個人の学術的見解であり,経済産業研究所,経済産業省,および日本経済研究センターの見解を示すものではないことをお断りしておく.もちろん,本稿のありうべき誤りはすべて筆者に帰するものである.なお,本研究において,中田は日本学術振興会科学研究費補助金(若手研究(B)(課題番号20730199))の助成を受けている.
2) デンマークでは,1997年の改正で,従前では67歳であった支給開始年齢を65歳に引き下げた経緯がある.
3) 詳しくは厚生労働省年金局数理課(2007)および厚生労働省年金局数理課(2009)を参照されたい.

4) 経済主体の合理的なライフサイクル行動を重視する立場からは，現行の実質的な賦課方式年金制度から積立方式への制度移行と年金純債務の解消を志向した分析が多いが（八田・小口，1999；麻生，2005a, b など），本章の目的は，あくまで現行の制度を前提としたうえで，ライフサイクルの観点を導入すれば，従来は考慮されなかった人口構造変化のリスクが明らかになることを，政府推計との比較を通じて示すことにあり，財政方式の転換といった問題は本章の射程外にある．
5) 上村（2002）はこれらのほか，わが国における世代重複モデルを使用した分析の有用なサーベイを行っている．
6) RIETI モデルは，色々な経路で入手可能な公表情報を最大限利用することにより，プログラム上に日本の公的年金制度をできる限り再現し，さまざまなケースについてシミュレーションを行うことを可能にしたものである．RIETI モデルを用いた分析については深尾ほか（2006），深尾・蓮見・中田（2007）などを参照．また RIETI モデルの詳細については，深尾・中田・蓮見（2007）の補論を参照されたい．
7) 本章の分析後，厚生労働省より新しい財政検証結果が公表された（厚生労働省年金局，2009）．これらのより詳しい内容に関しては，本書第 9 章を参照されたい．この新しい財政検証は，世界的な金融危機を受けて，短期的な経済前提がより悪化したことも考慮された試算となっている．ただし，国民がより長寿化した場合の影響に関する分析は含まれていない点が暫定試算とは異なる．
8) マクロ経済スライドとは，財政均衡期間（後述）の最終年次（本章の分析では 2100 年）において，積立金が当該年次の給付総額の 1 年分だけ残存するように，給付を自動的に抑制する制度のことであるが，具体的には，次のようにスライド率を抑制するものである．

スライド率＝本来のスライド率（名目賃金上昇率・物価上昇率）
　　　　　－（被保険者数減少率＋0.3％）

つまり，物価水準や賃金水準の上昇に伴って，本来ならば引き上げられていくはずの給付水準を，制度の支え手である被保険者の減少率と 0.3％ 分だけ引き上げずに，実質的な給付水準を抑制していく制度をマクロ経済スライドという．この給付スライドの抑制は，推計時の年金財政の均衡期間（おおよそ 100 年間）の最終年次において，積立金が当該年次の給付 1 年分だけ残存するようになると予測されるまで適用され続ける．ちなみに，ここで 0.3％ とは，厚生労働省年金局数理課（2005）によれば，長寿化を反映した数値とされているが，現実の長寿化の進展にかかわらず通時的に一定に減率されていくものである．また，マクロ経済スライドを適用しても，事後の改定率はマイナスにならない範囲に留め置かれるという制約も課されている．

さらに，財政均衡期間とは，政府が年金財政のバランスを計算する際のタイムスパンのことであるが，2004 年改正以前の年金制度では，これは無期限であるとされていた．これに対し，2004 年改正では，政府が年金財政バランスの維持を図る期間を有限期間（おおよそ 100 年間）とし，この期間内の年金財政の持続可能性が保たれるかどうかを逐次的に検証していくこととなった．これを政府は「有限均衡

方式」と呼んでいる.
9) その他のパラメータも含め,詳細な説明は補論を参照.
10) q_j は,国立社会保障・人口問題研究所の推計人口に合わせて各年各歳別に外生的に与えた人口から逆算される形で決まる.
11) 具体的な解法については上村(2002),Judd(2001),Heer and Maussner (2005) などを参照されたい.
12) 先行する研究においても,コブ=ダグラス型の生産関数を仮定する場合の各パラメータの選択値は,おおむね $0.2 \leqq \alpha \leqq 0.4$, $0.05 \leqq \delta \leqq 0.1$ 程度である.
13) パラメータの識別性の問題に関しては,深尾・蓮見・中田(2007)の補論を参照されたい.

参考文献

麻生良文(2005a)「年金財政の現状と問題点(1)」『法学研究』第78(6)巻.
―――(2005b)「年金財政の現状と問題点(2)」『法学研究』第78(7)巻.
上村敏之(2002)「社会保障のライフサイクル一般均衡分析――モデル・手法・展望」『経済論集』第28巻第1号,15-36.
臼杵政治・北村智紀・中嶋邦夫(2003)「厚生年金財政の予測とリスクの分析――保険料固定モデルの議論を中心に」『ニッセイ基礎研究所所報』第29巻,1-56.
小口登良・鈴木亘・松崎いずみ(2005)「公的年金財政の評価」『社会保障財政の全体像と改革の方向』社団法人日本経済研究センター.
金子能宏・石川英樹・中田大悟(2004)「非正規就業者増大のもとでの厚生年金適用拡大と国民年金の経済的効果」『季刊社会保障研究』第40巻第2号.
金子能宏・中田大悟・宮里尚三(2003)「年金と財政――基礎年金給付の国庫負担水準の影響」『季刊家計経済研究』第60巻.
―――(2006)「厚生年金における保険料水準固定と財源選択の効果」府川哲夫・加藤久和編『年金改革の経済分析――数量モデルによる評価』日本評論社.
木村真(2006)「2004年年金改革のライフサイクル一般均衡分析」*HOPS Discussion Paper Series*, 1.
金明中(2007)「公的年金制度に対する最近の議論と持続可能性に対する分析――年金財政シミュレーションを通じて」日本財政学会第64回大会報告論文.
北村智紀・中嶋邦夫(2004)「2004年厚生年金改革案のリスク分析」『ニッセイ基礎研究所所報』第32巻,1-20.
厚生労働省年金局数理課(2005)「厚生年金・国民年金平成16年財政再計算結果」.
―――(2007)「人口の変化等を踏まえた年金財政への影響(暫定試算)(平成19年2月)」.
厚生労働省年金局数理課(2009)「国民年金及び厚生年金に係る財政の現況及び見通し――平成21年財政検証結果」.
国立社会保障・人口問題研究所(2006)「日本の将来推計人口(平成18年12月推計)」.

駒村康平編（2005）『年金改革安心・信頼のできる年金制度改革』社会経済生産性本部生産性労働情報センター．
佐藤格・中東雅樹・吉野直行（2004）「財政の持続可能性に関するシミュレーション分析」『フィナンシャル・レビュー』第74巻，125-145．
鈴木亘・小口登良・小塩隆士（2005）「年金財政モデルによる2004年年金改正の評価」『社会保障財政の全体像と改革の方向』日本経済研究センター．
鈴木亘・湯田道生・川崎一泰（2003）「人口予測の不確実性と年金財政――モンテカルロシミュレーションを用いた人口予測の信頼区間算出と年金財政収支への影響」『会計計算研究』第28巻，101-112．
総合研究開発機構（NIRA）（2008）「家計に眠る『過剰貯蓄』――国民生活の質の向上には『貯蓄から消費へ』という発想が不可欠」『研究報告書，日本経済の中期展望に関する研究』．
橘木俊詔・岡本章・川出真清ほか（2006）「社会保障制度における望ましい財源調達手段」*RIETI Discussion Paper Series*．06-J-057
八田達夫・小口登良（1999）『年金改革論積立方式へ移行せよ』日本経済新聞社．
深尾光洋・金子能宏・中田大悟・蓮見亮（2006）「年金制度をより持続可能にするための原理・原則と課題」*RIETI Discussion Paper Series*, 06-J-012．
深尾光洋・中田大悟・蓮見亮（2007）「遺族年金改正のシミュレーション分析」*RIETI Discussion Paper Series*, 07-J-020．
深尾光洋・蓮見亮・中田大悟（2007）「少子高齢化，ライフサイクルと公的年金財政」*RIETI Discussion Paper Series*, 07-J-019．
宮里尚三・金子能宏（2001）「一般均衡マクロ動学モデルによる公的年金改革の経済分析」『季刊社会保障研究』第37巻，第2号，174-182．

Auerbach, A. J. and L. J. Kotlikoff (1983) "An Examination of Empirical Tests of Social Security and Savings," Helpman, E., Razin, A. and Sadka E. eds., *Social Policy Evaluation: An Economic Perspective*, New York, Academic Press.

Auerbach, A. J. and L. J. Kotlikoff (1987) *Dynamic Fiscal Policy*, Cambridge, Cambridge University Press.

Diamond, P. A. and P. R. Orszag (2004) *Saving Social Security: A Balanced Approach*, Washington, D. C., Brookings Institution Press.

Heer, B. and A. Maussner (2005) *Dynamic General Equilibrium Modelling*, Berlin-Heidelberg, Springer Verlag.

Judd, K. L. (2001) *Numerical Methods in Economics*, Cambridge, MIT Press.

Kato, R. (1998) "Transition to an Aging Japan: Public Pension, Savings, and Capital Taxation," *Journal of the Japanese and International Economies*, Vol. 12, No. 3, 204-231.

Kato, R. (2002) "Government Deficit, Public Investment, and Public Capital in the Transition to an Aging Japan," *Journal of the Japanese and International Economies*, Vol. 16, No. 4, 462-491.

Modigliani, F. and A. Muralidhar (2004) *Rethinking Pension Reform*, Cambridge, Cambridge University Press.

Nakata, D. and Y. Kaneko (2007) "Covering Part-time Workers by Employee's Pension Insurance: A Simulation Analysis with Overlapping Generations Model," *International Forum of the Collaboration Projects on Studying Economic and Social System in the 21st Century*, Economic and Social Research Institute.

Sadahiro, A. and M. Shimasawa (2004) "Ageing, Policy Reforms and International Capital Flow in a Computable Two-country OLG Model," *ESRI Discussion Paper Series*, 97.

第9章 厚生年金保険のシミュレーション分析[1]

山本克也
金山　峻
大塚　昇
杉田知格

1　はじめに

　本章では，保険数理的保守主義の考え方に基づいて，公的年金のシミュレーション分析を行う．具体的には 2009 年 3 月 23 日に厚生労働省（以下，厚労省）が公開した財政検証用プログラムとデータ[2]を用い，年金財政が持続するための条件を探ることを目的とする．保険数理的保守主義（actuarial conservatism）とは，最悪の状況を想定して計算基数を設定することである．たとえば，高度経済成長期には市中金利は 10％ を超えていたが，厚生年金保険の予定利率は 5.5％ であった．このように，現状よりも厳しい状況を想定して計算を行うのが本来の保険数理の仕事である[3]．

　保険数理的なモデルの構築は国立社会保障・人口問題研究所でも 1999 年からなされてきたが，2009 年財政検証において厚労省から検証のためのデータとプログラムが公開されたことで年金研究の構造変化が起こると思われる．これまでのモデルのように補正値をつけて厚労省の推計値にあったモデルを作成し，それを基準にシミュレーション分析を行うという手法は必要がなくなる．その代わり，バックデータや基礎率は厚労省モデルに合わせ，パラダイマティックな改革案の分析を示すような形に OSU モデルや RIETI モデルは進化するであろうし，パラメトリックな改革案を分析するというのが社人研モデルの特徴となるであろう．

　本章の構成は以下の通りである．第 2 節で財政検証の簡単な説明を行う．また，第 3 節では本節で考察される制度改正案（年金財政シミュレーション）の設定（支給開始年齢を 67 歳，70 歳に引き上げた場合，給付算定方法をアメリ

カフ方式に切り替えた場合，クローバック制を採用した場合）を説明し，第4節で個々人に対する制度改正案の影響を考察し，これをふまえて第5節では年金財政シミュレーションの結果を示す．最後に，第6節で簡単にまとめを記している．なお，シミュレーションは2009年財政検証の結果に準拠し，推計期間は2105年までを基本としている．

2 財政検証の簡単な説明

(1) 財政検証の方法

厚労省の財政検証の方法は，被保険者数や受給者数を先に計算し，そこに報酬の分布をあてはめて保険料や年金給付額を決定する．そして，それらを足し上げれば保険料の総額や年金給付額の総額が求められる．厚労省では，被保険者推計，基礎年金，厚生年金（給付費推計と収支計算），そして国民年金というように5つのプログラム群で財政検証をしている[4]．

まず被保険者の推計であるが，後述される就業者予測に従って厚生年金（ここには，旧国鉄，旧電電公社，農林年金が含まれる）と国家公務員共済（長期），地方公務員共済（長期），私学共済および国民年金の被保険者が推計されている．基本的に，被保険者が加齢していくと（各歳での死亡率を乗じることで求められる），受給者（新規裁定者）になる．人口を POP，就業率を EMP，被保険者を IR，死亡率を DR，年齢を x で表すと，

$$IR(x) = POP(x) \times EMP(x)$$
$$IR(x+1) = IR(x) \times DR(x)$$

という関係にある．

一方，給付額は厚生年金の収支計算以外のプログラム群で計算される．国民年金でいえば平均の年金給付額を年々の受給者数に乗じることで計算されている．また，厚生年金をはじめとした被用者年金は，加重平均された年金給付額を受給者数に乗じることで計算される．正確には，過去数年分の総報酬とそれに対応する被保険者の人数をデータベースとしてもっており，これを用いて総報酬の加重平均を作成する[5]．そして給付算定式，

$$\text{給付額} = \frac{\text{平均総報酬月額} \times \text{給付乗率} \times \text{加入月数}}{480 \times \text{スライド係数} + \text{定額部分}}$$

にあてはめれば1人当たり年金給付額が算出でき，これを受給者数に乗じれば年々の給付総額が求まる．また，総報酬に経済的仮定の賃金上昇率を乗じることで，将来分は推計している．

被保険者についても同様に人数と報酬のデータベースをもっており，加重平均された報酬に保険料率を乗じることで1人当たり保険料が算出できる．保険料の総額は，人数×1人当たり保険料で算出できる．最後に収支計算であるが，t 年の積立 $F(t)$，保険料収入を $C(t)$，年金給付支出を $B(t)$，利回りを $r(t)$ とすると，

$$F(t+1) = C(t) - B(t) + (1+r(t))F(t)$$

という関係になることを利用する．この利回りと報酬の将来推移を決めるのが経済的仮定である．今回の財政検証では，経済中位ケースとして，物価上昇率1.0%，賃金上昇率2.5%，運用利回り4.1%が仮定されている[6]．

(2) 被保険者・受給者の推計

実際の財政検証の被保険者の推計では，この労働部門での推計値のほかに使用されるデータとして合計特殊出生率と死亡率がある．合計特殊出生率は，低位1.06，中位1.26，高位1.55であり，また死亡率は平均寿命を，低位：男84.93歳，女91.51歳，中位：男83.67歳，女90.34歳，高位：男82.41歳，

表1 2030年以降の労働力，労働力率および就業率

	2030年			基準（2006年）
	ケースA	ケースB	ケースC	
労働力人口（2006年との差）	−1,073万人	−750万人	−477万人	0
労働力人口の性別構成（女性の割合）	41.5%	41.3%	42.8%	41.4%
年齢別構成（60歳以上の者の割合）	18.6%	20.6%	20.6%	14.5%
労働力率	53.7%	56.8%	59.4%	60.4%
就業者数（2006年の労働力人口との差）	−1,019万人	−640万人	−375万人	0
就業率	51.5%	55.2%	57.7%	57.9%

注：ケースA：性，年齢別の労働力率が2006年と同じ水準で推移すると仮定したケース．
　　ケースB：女性，若年者，高齢者の労働市場への参加が一定程度進むと仮定したケース．
　　ケースC：女性，若年者，高齢者の労働市場への参加が進むと仮定したケース．
出所：労働政策研究・研修機構『平成19年労働力需給の推計』．

女 89.17 歳として設定される（「日本の将来推計人口（平成 18 年 12 月推計）国立社会保障・人口問題研究所」）．また，財政検証では独立行政法人労働政策研究・研修機構で推計される『平成 19 年労働力需給の推計』を被保険者の基礎数として用いている．この推計では，ケース A，ケース B，ケース C を推計し，就業者数の多さからいえば，ケース C＞ケース B＞ケース A の順である（表 1）．財政検証で公開されている基礎率はケース A とケース C のみであるので，これを議論の対象にする．また，この労働力率の推計は 2030 年までであるが，財政検証は 2031 年以降は 2030 年の値を一定値であると仮定してそのまま利用している．

図 1 に以上の仮定を用いた被保険者の推移を挙げた．出生中位・死亡中位でケース C を基準値として，同様に低・中ケース C，中・中ケース A，低・中ケース A がどのように推移するかを示している．出生中位・死亡中位の場合はケース C とケース A の差はおよそ 0.05 であり，被保険者水準ではほとんど変わらない．しかし，出生率は大きく被保険者数と関連し，出生低位・死亡中位のケース A では 2050 年に基準ケースを 10％ も下回り，また 2010 年には 30％ 程度も下回る．注目すべきは出生低位・死亡中位のケース C であり，

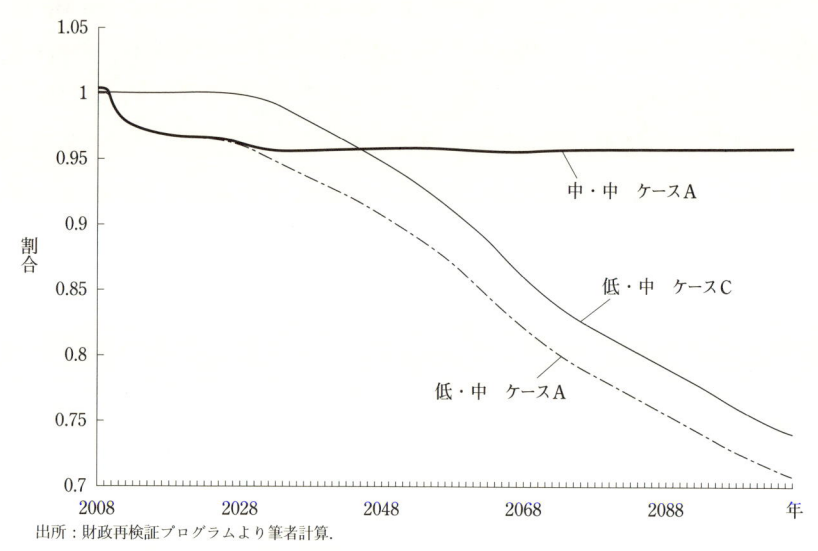

出所：財政再検証プログラムより筆者計算．

図 1 仮定別被保険者の推移（基準ケースを 1 とした場合）

2045年には出生中位・死亡中位でケースAをも下回る水準となっていく．

　ここから得られる重要な点は，被保険者の推定については人口要因（出生率）が重要な役割を担うという点である．厚生年金保険の場合，中学校卒業の15歳から被保険者となる可能性がある．そのため，15年後から被保険者数に影響を及ぼしはじめることになる．一方，死亡率のほうは影響を及ぼさない．それは，死亡率の改善は70歳以上，特に後期高齢者で起こっているためである．

　それでは，受給者の人数にはどう影響を与えるのであろうか．繰り返しになるが，労働力率などの仮定（ケースCとケースA）については被保険者に与える影響は基準ケースと比べて5％程度であった．この被保険者はやがて受給者に変わっていくから，労働力率などの受給者に与える影響も5％程度である．受給者についても，人口要因のほうが与える影響が大きい．まず，出生率の影響であるが，65歳支給開始を前提に考えれば，65年後の2073年から影響が出はじめる．低い出生率で生まれた者たちは，小さな受給者集団しか構成しない．また，死亡率の改善であるが，これは現行の支給開始年齢である61歳以上の者たちに対して影響を与える．今回の想定では，特に高齢者の死亡率の改善がみられることから，死亡低位の場合は死亡中位の推計よりも受給者が増加することとなる．その意味でいえば，受給者の推計に関しては死亡率が低位の場合を考慮したほうがよいことになる．

　保険数理的保守主義の考え方に基づけば，年金財政に悪影響を及ぼす仮定として議論すべきは，被保険者を少なく見積もる仮定と受給者を多く見積もる仮定である．すなわち，出生率も死亡率も低位であれば，被保険者・受給者ともに最悪のケースを仮定したことになる．被保険者の減少は保険料収入の低下を示し，受給者の増大は年金給付額の増加を示す．

　実際に出生率，死亡率と後述する経済的仮定，そして労働力率など（ケースAやケースC）を考慮に入れれば，その組み合わせは実に54通りの場合が考えられる．もちろん，これらをすべて考慮に入れるという方法もあるが，紙幅の関係から今後は上述の出生低位，死亡低位でケースAのパターンを基準ケース（出生中位，死亡中位，ケースC）と比較することとする．これは，ケースAの場合がもっとも被保険者が少なく，かつ，寿命が長いので受給者が多くなるという年金財政にとっては負担がかかるからである．公表されているパ

ターンの場合，労働力率などの仮定はすべてケース C[7]であり，ケース A の場合はまったく公表されていない．

また，経済的仮定についても多くの議論があるように，中位をそのまま用いるのではなく，低位を用いることで保険数理的保守主義に基づく計算が可能である．もっとも，利回り 3.9 という低位の数値でも株式投資などの割合を相当に増やさねばならず，それに伴うリスクを考えると 3.9 という数値自体を目標としてよいかという問題もある．本章においては，支給開始年齢の調整や適切な年金給付の調整を通じてこの問題に対処する．

3　シミュレーションの設定

それでは，出生低位，死亡低位でケース A の条件のもと，何らかの制度改革案を打てるだろうか．本節では，①支給開始年齢の引き上げ，②アメリカ方式の採用（報酬比例部分のカット），③クローバック制の導入（定額部分のカット）という，いわば年金給付の調整を制度改革案としてシミュレーションしていくことにする．

実際，年金改革にはパラメトリックな改革とパラダイマティックな改革の 2 種類あるといわれている（有森，2006）．パラメトリックな改革には，①保険料の引き上げ，②給付削減（所得代替率の引き下げ，スライド調整の変更，受給要件の変更），③支給開始年齢の引き上げ，④新たな財源の投入が挙げられる．しかし，どの方法も政策的に可能かといわれると難しい側面をもつ．反対にパラダイマティックな改革とは抜本的な改革ともいえるようなものであり，1981 年のチリの改革や 1999 年のスウェーデンの改革[8]を指す．多くの先進国においては，抜本的な改革を実行するには，特に人口の規模からみた場合に，影響を受ける国民の数が多すぎることや，財政負担を考慮して，パラダイマティックな改革が行われることはほとんどなく，一部手直しといったパラメトリックな改革が成される場合が多いように思われる[9]．それでも，数十年してみれば大きな改革を成し遂げた（たとえば，1986 年の基礎年金の導入など）との評価ができる場合もある．これが，本章においてパラダイマティックな改革案ではなく，パラメトリックな改革案を提示する最大の理由である．

もちろん，社会保険パラドックスについては承知している．社会保険パラドックスとは，人口成長率と賃金成長率の和が利子率よりも小さい場合には，積立方式の年金制度が賦課方式の年金制度に比べて個人の厚生を増大させることである．多くの経済学者は，この社会保険パラドックスに基づいて積立方式の年金制度を念頭においた年金制度改革論を提示している．仮に，人口の仮定（出生中位，死亡中位），労働の仮定ケースC，経済的仮定中位で計算すると，給付現価にして1,291.2兆円（2008年からスタートするとして，利息収入と年金基金の取り崩しで年金給付を賄い，2105年には1年分の給付を賄う水準まで基金の取り崩しを続けるとして）が必要である．2008年の積立金額を差し引いても1,145.9兆円という現在のGDPの約2倍の規模が年金基金に必要なのである．本章では，このような規模の基金を蓄積する手段に対しては実行可能ではないと判断する．万一，基金が蓄積されたとしても外部性を考慮した場合，それは問題が大きいと考えている．もちろん，公的年金自体をコンパクトにスリム化し（基金の規模も小さくし），民間の個人年金や企業年金と併存させるという方法もあるが，所得分布をみた場合に個人年金や企業年金の恩恵に浴せられるものはどれほどいるのであろうか？．その意味で，現状の制度からそれほど離れずに，かつ，所得分布を考慮した改革案が必要であると考える．

(1) 支給開始年齢の引き上げ

パラメトリックな改革のなかでも，先進国の多くで取られている方策が支給開始年齢の引き上げである．ドイツでは2007年の3月末に年金支給開始年齢を65歳から67歳に引き上げる年金改革法が成立した．年金改革法は，2012年から29年にかけて年金支給開始年齢を現行の65歳から段階的に引き上げて67歳とする．支給開始年齢は，12年から毎年1ヵ月ずつ，24年からは2ヵ月ずつ引き上げられる．アメリカも1983年に支給開始年齢の67歳への引き上げを決めており，改革が進行中で，2027年から67歳になる（繰り上げ支給は減額率が3割にもなる）．イギリスでは男性65歳，女性60歳であるが，2020年までに女性を男性並みの65歳支給開始となる．さらに，2046年までに男女とも68歳に引き上げることが決まっている．フランスは年金を満額受給できる年齢を1歳9ヵ月引き上げる．現在は40年間の保険料支払いで年金を満額受

給できるが,段階的に41年9ヵ月間に延長する.ベルギーやオーストリアも女性の支給開始年齢を現行の62歳から65歳にすることが決まっている.いわば,先進各国も支給開始年齢の引き上げに対しては,まだその余地があるとみているようである.

年金支給開始年齢を引き上げることは,被保険者期間を延ばすという意味で保険料収入が引き上がり,受給者の年金受給期間を短くするという意味で年金給付額が引き下がる.これは,平成12(2000)年の改正時に多少議論されたことである.年金給付は昭和36(1961)年4月1日(女性は昭和41(1966)年4月1日)以降生まれの者から報酬比例部分も65歳支給になるが,2008年の簡易生命表でみても65歳の男性の平均余命は18.60年,女性では23.64年にもなる.この支給期間は長いのではないだろうか.そこで,

1) 年金支給開始年齢を67歳に引き上げ
2) 年金支給開始年齢を70歳に引き上げ

の2つのパターンについてシミュレーションを試みることにする(対照として65歳支給も推計してある).67歳あるいは70歳への年金支給開始年齢の引き上げは,男女とも引退年齢が65歳に完全になった次の年,すなわち平成26(2014)年から男女一緒に引き上がっていく(3年で1歳のペース)とする.もちろん,退職年齢が65歳にさえなっていない(2004年に改正高齢者雇用法は成立しているが)ので,年金支給開始まで3-5年程度の空き時間があることになるが,一層の雇用延長などの雇用政策との連携は必要かもしれない.

(2) アメリカ方式の採用

次に本節で考えるのは,年金給付算定方式の変更である.年金給付の算定方法は定額給付(flat-rate)と所得比例給付(earnings-related)に大別されるが,わが国の国民年金は定額給付,厚生年金保険は定額給付(基礎年金)+報酬比例であることは周知の通りである.年金の理念とその給付態様には大きく分けて,

① 年金は最低保障(基礎年金)重視
② 年金は退職前所得の保障(報酬比例年金)重視
③ ①と②のハイブリッド

の3つに分類できる．当然のことながら，それぞれの方法には一長一短がある．①の場合は，定額給付を基本に付加部分を加える（たとえばイギリスの第二国家年金）のような方法があるが，定額拠出による逆進性の問題が短所である．一方で，給付の個人単位化が容易というメリットもある．②の場合は，報酬比例給付＋定率拠出の組み合わせが一般であり，従前所得の一定割合を維持するものであるから，退職後の生活水準の急激な低下を抑えることが可能となる．しかし，この裏返しとして，勤労期の所得格差のもち越しにもつながる．言い換えれば，所得の高かった者には高い水準の年金が支給され，所得の低かった者には低い水準の年金が支給される．そのため，再分配効果をどのように取り込むのか，低所得者対策の必要（最低保証的な給付の必要）という問題を抱える．一方，③は報酬比例の給付乗率を屈曲させる（ベンドポイント方式）方法や，定額部分と報酬比例部分をもつわが国の厚生年金保険のような方法が代表的である．実際には，上記のような方法をさまざまな国が取っている．

　わが国のように，所得比例型年金のメリットは拠出と給付の関係が明瞭なことであり，デメリットは勤労期の所得格差が年金給付にも反映されることである．加入インセンティブ，制度の透明性という点では所得比例型年金は優れて

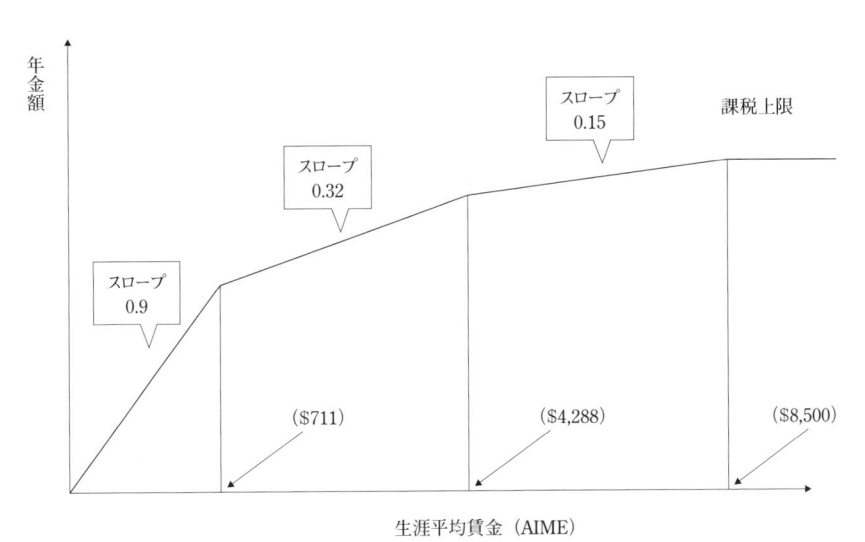

注：金額は月額．

図2　アメリカの給付算定方式の模式図（2008年）

いる．しかし，再分配の可能性となると，きめ細かい給付設定を行うことが可能なベンドポイント方式のほうが優れている．そこで，このアメリカの給付算定方式をわが国に用いたらどのような結果になるかということをシミュレーションしてみる．

ちなみに，アメリカの給付算定方法であるが，2008年の値では，ベンドポイントを2点[10]（711ドルと4,288ドル）設け，そこに至るまでの給付乗率を0.9，0.32とし，4,288ドルを超える部分の給付乗率を0.15とすることで，いわば低所得者のほうの年金額を高く設定している．保険料のほうは定率で賦課しているので，ここには所得の再分配が生じることになる（図2）．アメリカの社会保障年金の給付額[11]は，再評価後の生涯平均賃金（AIME）をベースに，次の計算式で求められる[12]．

$$給付額 = 0.9A \times 0.32B \times 0.15C^{[13]}$$

である．

しかし，アメリカの方法をそのままとると全所得階級にわたって給付額が現行の厚生年金制度よりも大きくなってしまう．いくつかの試行実験の結果，総報酬月額30万円未満までは給付額が現行制度よりも高いが，30万円以上になると給付額が現行制度よりも減るベンドポイントとスロープの組み合わせをみつけることができた．それは，第1ベンドポイントは6.59万円，第2ベンドポイントは39.85万円，原点-第1ベンドポイントまでのスロープは0.9，第1-第2ベンドポイントまでのスロープは0.22，第2ベンドポイント-課税所得上限までは0.07である．この給付算定方法を用いると総報酬月額30万円未満の階層は平均で現行制度よりも1.09倍の給付（最下層は1.23倍）を受けることができ，また，総報酬月額30万円以上は平均で0.9倍（最上層は0.83）の給付になる．

(3) クローバック制の採用

一方，同様に高所得者の年金給付を抑える方法にクローバック方式という方法もある．これは，一定所得以上の年金受給者から基礎年金部分を国庫に取り戻す方法として理解されている．特にカナダの満額の老齢保障年金（OAS）は，このクローバック制を採用した国として有名である．カナダでは，OAS

第9章　厚生年金保険のシミュレーション分析　　　　　　　　　　　243

の額は40年のカナダ居住期間を有する場合に支給（40年未満の場合は不足1年につき満額の40分の1に相当する額を減額）することになっている．また，OASの受給者であって，総所得額が一定額（月額5,393.17カナダドル（約40.4万円））を超える場合は，総所得額のうち当該一定額を超える部分の額の15％に相当する額を税として国に払い戻すことになっている．総所得が8,741.92カナダドル（約65.6万円）以上の場合は，OASが全額支給停止になる．この方法も，日本に直接は導入できないが，一定の考慮を加えたうえでシミュレーションを試みる．

具体的には，代替率50％を超えた者は，基礎年金で年金額を調整するという方法を取る．その際，考慮すべきは世帯の類型である．単身世帯であれば，理論値で代替率50％を超えるのは，総報酬月額40万円以上の者である．また，夫婦（片稼ぎ）であれば，およそ夫の収入が総報酬月額20万円を超えると代替率が50％を超える．問題は共稼ぎ夫婦である．JILPTが毎年出している「ユースフル労働統計」では，厚労省の「賃金構造基本調査」のデータを用い

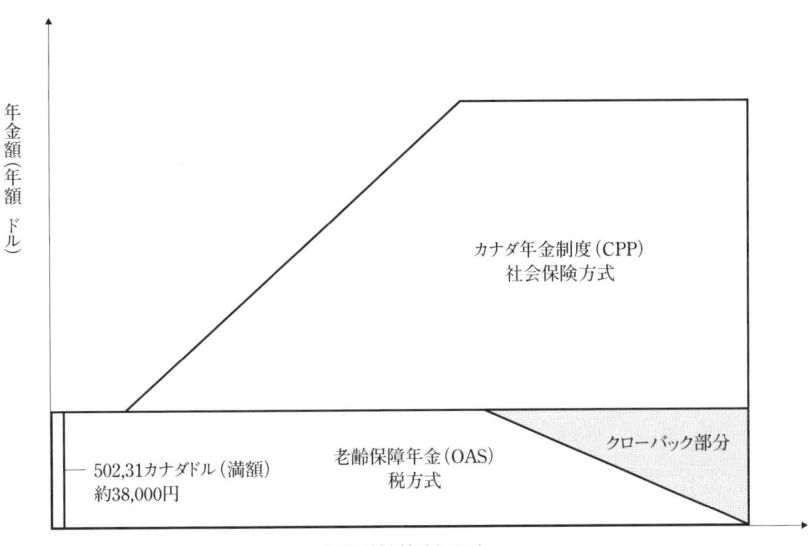

注：1カナダドル=75円（2009年2月2日の実勢レート）．
　　給付額は月額（数値は2008年1月現在）．
出所：筆者作成．

図3　クローバックの模式図

て男女の賃金格差の研究を行っている．それによると，1990年以降，傾向として女性の賃金水準は男性を100とした場合に75程度である．それを勘案すると，およそ夫の総報酬月額が13万円で50％を超えてしまうことになる．しかし，これも上述したように，給付に対して何の抑制策も施していない場合である．厚労省と同様な抑制策を施すと，夫婦の総報酬月額が30万円程度なら，代替率50％を上回ることになる．以上の検討から，片稼ぎ・単身者については代替率50％を超える総報酬月額がおよそ36-40万円以上，共稼ぎ世帯については30万円以上が減額の対象となる．減額の方法であるが，図3に示したように，対象となる総報酬月額から62万円の上限（この水準では基礎年金額は全額クローバックの対象となる）まで，直線的に削減することとした．クローバック後の様子は，総報酬月額40万円の世帯は8％ほどの給付削減であるが，62万円だと28％の削減になる．

4 個々人に及ぼされる影響

それでは，まず，個々人がこのような制度改正の影響をどのように受けるのかについて検討しよう．現行制度が継続した場合，アメリカ方式を採用した場合，クローバック制を採用した場合について順次確認していくことにする．

モデルの設定としては，2008年から厚生年金に加入した者を考えよう．この者たちは生涯サラリーマン（自営業になったりしない）であり，10万円から62万円までの所得を得て保険料を支払う．実質的な昇級はないものとする（物価上昇1％，名目賃金上昇率2.5％とする）．すなわち，所得10万円の者は2年目に10万2,500円を得て，40年目には17万8,721円を得る．また，62万円の者は40年目に110万8,070円を得る．保険料率は2008年には15.35％から2017年の18.3％（以後，固定）までスケジュール通りに上がっていく．ちなみに，10万円の者の払い込む生涯保険料は約730万円（2047年価格），62万円の場合は4,550万円（2047年価格）である．加入期間は480ヵ月（フル加入）としておこう．2004年改正で報酬比例部分は，

$$2003年4月以降：\frac{平均総報酬月額\times(7.308-5.481)}{1,000\times 2003年4月以降の被保険者期間月数}$$

第9章　厚生年金保険のシミュレーション分析　　245

表2　制度別・総報酬月額別の代替率（2053年価格，％）

	総報酬月額	10	20	30	40	50	60	62
現行制度	単身者	22.1	26.2	30.3	34.4	38.5	42.6	43.4
	片稼ぎ	40.1	44.2	45.2	48.3	51.3	54.4	55.0
	共稼ぎ	31.0	33.5	33.5	35.9	40.8	43.2	43.7
アメリカ方式	単身者	27.0	32.1	30.0	31.7	34.1	36.1	35.7
	片稼ぎ	45.0	50.0	45.0	46.2	48.0	49.5	49.2
	共稼ぎ	33.8	36.8	36.8	37.8	38.0	39.2	39.0
クローバック制	単身者	22.0	26.0	30.0	28.7	28.3	25.0	25.0
	片稼ぎ	40.0	44.0	45.0	37.2	31.4	19.9	18.7
	共稼ぎ	30.8	33.2	33.2	29.2	28.8	22.5	21.9

出所：筆者計算．

と計算される．また，賃金の再評価はしていない．なお，想定の基本モデルは，単身者世帯，片稼ぎ世帯，共稼ぎ世帯である．単身者世帯は1人分の基礎年金＋報酬比例年金，片稼ぎ世帯は基礎年金×2＋報酬比例年金，共稼ぎ世帯は基礎年金×2＋報酬比例年金×2を男性の現在の平均寿命である79歳まで受け取ることにして計算した．また，同様に女性は86歳まで生きるものと仮定してある．

最初に代替率を表2に示した．基準となる賃金は賃金構造基本調査の2008年版より，企業規模計・正社員・正職員計・産業計・学歴計の男性および女性の決まって支給する現金給付額382.0千円（男性），262.7千円（女性）を実質賃金上昇率1.5％で伸ばし，年金支給開始である2053年の年金受給額に対する比率として表現している．すなわち，単身者および片稼ぎの場合は年金額÷男性の平均賃金，共稼ぎの場合は年金額÷（男性の平均賃金＋女性の平均賃金）で表現してある．

これを第15回社会保障審議会年金部会資料3-2（2009年5月26日開催）のP2（財政検証の基本ケースを使用）と比較してみよう．同資料では2050年に62.6万円の総報酬月額を得ている者（片稼ぎ）に対する代替率が50.1％となっている．本章のモデルからこの値に近いのは2008年現在で45万円の総報酬月額を得ている者であり，表2のような計算を行えば，この者の代替率は40.7％となる．すなわち，2004年改正の給付算定方式は相当に年金給付を抑制的に調整したことになる．ただし，モデル年金の代替率は50％を下回らな

いように調整されることが法律で決まっているので，何らかの調整を行うことになる．財政検証プログラムでは，モデル年金の代替率が 50％ を下回らないように年金額を調整するロジックが使用されている．表 2 には，この調整を現行制度にあてはめ，調整後の現行制度をアメリカ方式やクローバック制に変更した結果の代替率を示している．年金額の調整を行うと報酬比例部分が存在するので，現行制度は報酬に従って代替率は増加していく．一方，アメリカ方式は低い報酬の者を優遇する方式であるので，総報酬月額が 20 万円の者の代替率が 50％ でもっとも高くなる．またクローバック制は高所得者の年金給付額を減額するだけの方式であるので，結果として高い報酬の者の代替率は低く出るが，代替率 50％ を超える者はいなくなる．クローバック制で，たとえば総報酬月額 20 万円の者の代替率を 50％ にするには，基礎年金を 18％ 増加させるという手段を取る必要がある．

5 年金財政シミュレーションの結果

(1) 出生低位・死亡低位と支給開始年齢

ここからは，年金財政全体の問題を検討していく．まず，検討されるのは支給開始年齢の問題である．実は経済的仮定が低位でも，推計 67 は 2100 年を越えても積立金が 400 兆円近く存在し，また推計 70 では発散経路になる（推計 65 のみ 2060 年には積立金が枯渇する）．これは，経済的仮定の低位でも利回りは 3.9 という高い水準だからである．

近時のデータによれば，物価も賃金もあまり伸びてはいない．また，利回りも 2％ に届くか届かないかであったのが，アメリカの金融危機の影響により，現在は長期金利でさえも 1％ 台をキープするのがやっとという状況である．保険数理的保守主義の考え方に基づけば，この金利も悪化したケースを想定すべきである．そこで，利回りのみを 1.5％ で固定した結果が図 4 である．これをみると，2100 年を越えても推計 70 のみが財政検証並の積立金を保有できることがわかる（推計 65 も推計 67 も，2055 年から 2020 年にかけて積立金が枯渇する）．推計 70 の積立金の経路がフラットな状態なのは，2030 年以降，保険

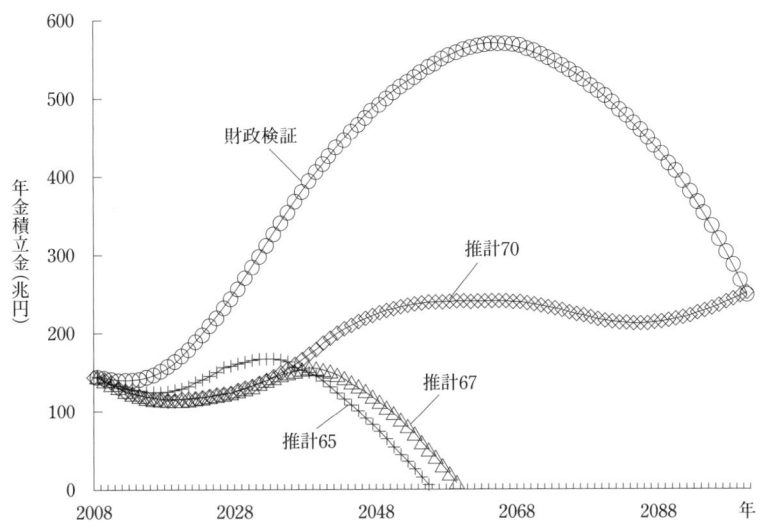

第 9 章　厚生年金保険のシミュレーション分析　　　　　　　　　　　　247

注：凡例の推計 65 とは，出生低位，死亡低位でケース A でかつ経済的仮定を低位においた場合で，年金支給開始年齢は 2030 年に女性が完全に 65 歳に引き上がるパターンである．また，推計 67 とは，2030 年に 65 歳への引き上げが終わってから 67 歳まで 2 年で 1 歳ずつ引き上げていくケースである．また，推計 70 とは，方法は推計 67 と同じで 70 歳まで引き上げていくケースである．
出所：筆者計算．

図 4　出生低位，死亡低位（ケース A），経済的仮定低位
（利回りのみ 1.5 固定の積立金の推移，2008 年価格）

料収入と年金給付がほぼ均衡となるからである．以上の結果から，仮に年金支給開始年齢のみを操作するとしたら，70 歳支給開始を推奨することになる．

(2)　アメリカ方式，クローバック制の導入結果

次に年金給付算定方式にアメリカ方式を採用した場合と，クローバック制を導入した場合の結果である．いずれの場合も，経済的仮定が低位でも利回りが高すぎて積立金は 2100 年以降，発散してしまう．言い換えれば，経済的仮定の低位でも年金財政は安泰であるということを示す．そこで，利回りを 1 にまで落とした場合を図 5 に示した．推計 70 とアメリカ方式 70 は，2100 年を越えても積立金はマイナスにはならない．また，推計 70 基礎減額であれば，積立金は発散経路（2100 年を越えても上方に向かっている）になり，年金財政は持続的に維持されることになる．

しかし，基礎年金額の調整を行うと推計 70 基礎減額 2 のようにおおよそ推

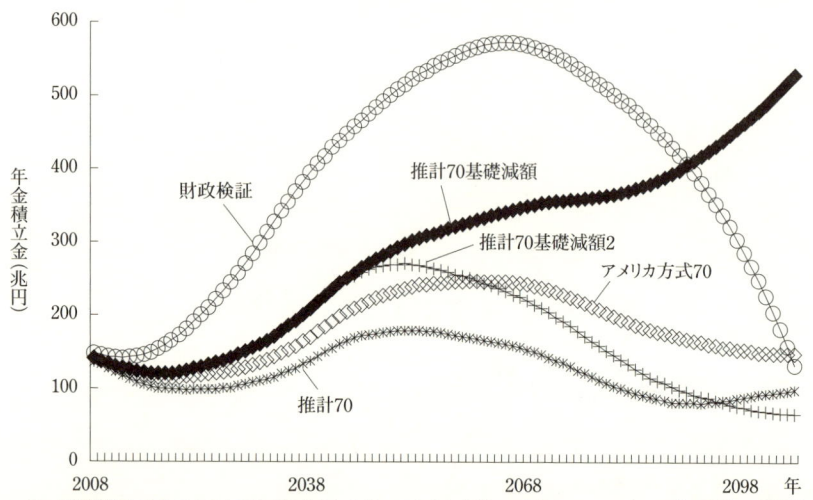

248   第Ⅱ部　社会保障の計量モデル分析

注：凡例は推計70とアメリカ方式の組み合わせは，アメリカ方式70で表し，クローバック制は推計70基礎減額で表すことにする．また，第4節(2)項で述べた基礎年金の調整を施した結果は推計70基礎減額2としてある．
出所：筆者計算．

図5 給付算定方法の操作パターン，経済的仮定低位（利回りのみ1，2008年価格）

計70やアメリカ方式70と同様な経路を辿ることになる．ただし，アメリカ方式や推計70基礎減額2は2100年を越えるとマイナスに振れているが，推計70はプラスに振れていく．これは，報酬の低い者の年金を有利にするという方法をとっているからである．報酬の低い者の人数は多いので，給付がかさむからである．

6　おわりに

本章の結論は以下のようになる．

① 保険数理的保守主義（最悪の状態を想定して計算基数を設定）の考え方に基づいて計算すると（保険料率の引き上げが成されないのであれば），70歳支給開始のみの年金積立金が健全であった．

② また，70歳支給開始であれば，利回りを低く見積もった場合（1%）でも，年金積立金は2105年を越えても枯渇しない．

③ モデル年金やモデル年金よりも低い報酬の者の代替率を50%にし，それ

より高い報酬の者は代替率を下げるという方法（アメリカ方式70や推計70基礎減額2）をとると，積立金の経路は似たようになり，2100年を越えるとマイナスの方向に振れる．

①と②の結論は自明ともいえる．収入の増加が見込めなければ支出を削るしかない．年金制度の多くは，

　　年金給付 ＝ 保険料収入＋積立金利息

という数式で端的に表現できる．現実には，右辺に国からの補助金（財源は税）が加わることが多い．これまでのわが国は，高齢者の豊な老後生活の実現のために左辺を大きくすることに腐心してきた．しかし，上述のように右辺の保険料収入が見込めなければ，左辺を小さくするか，右辺の保険料以外の項目を増加させるしかない．これが，財政からみた年金制度の現実である．また，もともと現行制度は寿命が65-70歳程度の時期に設計されたものであることを考えると，支給開始年齢の引き上げによる支給年の短縮は，年金制度が寿命の伸びに対応する対応する方法として，検討されるべきものであるといえよう．

③は，ある意味で興味深い．高い報酬の者の年金額を調整するというクローバック制も，低い報酬に配慮を加えた途端に，結果はアメリカ方式とそう変わらないということになった．同時に，超長期的にはこれらの方法は年金給付額を増大させ，年金財政の悪化要因ともなりうることもわかった．もちろん，代替率50％にこだわらず，本章のように報酬30万円の者が代替率45％でよい（推計70基礎減額を採用）ということにするならば，クローバック制の導入は長期的にも年金財政を安定化させる効果がある．

最後に本章の課題を挙げておく．まず挙げられるのが，すべての仮定（人口の仮定，労働力率・就業率の仮定，経済的仮定）について確率的な処理を施した推計を行うというものである．特に利回りのボラタリティについてはもう少し配慮が必要である．また，今回は改革案として年金給付に論点をしぼったが既裁定者や積立金に焦点をあてた分析も行う必要がある．これは，本章において既裁定者については何ら手を加えていないことと関連性がある．財政検証の結果によると，年齢によっては年金給付が年金拠出の6.5倍（1940年生まれ）にもなる．しかし，既裁定者の年金給付を大幅に引き下げるというのは現実的ではないし，また実行可能でもない．そうした考えから，本章では既裁定者に

ついては手を加えてはない.しかし,仮に相続税の大幅な引き上げが可能[14]であり,年金給付の過剰給付分を国庫に取り返すことができたら,積立金の増強につながるかもしれない.もちろん,3節で述べた1,145.9兆円にはほど遠いが,公的年金もスリム化できたら必要とされる年金基金も小さくなることは自明であろう.

注

1) 本章は,国立社会保障・人口問題研究所 一般会計プロジェクト 社会保障モデルの評価・実用化事業の成果の一部である.本稿を作成するうえでは研究会メンバーの大林守(専修大学),加藤久和(明治大学),藤川清史(名古屋大学大学院),上村敏之(関西学院大学)稲垣誠一(一橋大学),熊谷成将(近畿大学),佐倉環(日経メディアマーケティング),中田大悟(経済産業研究所),神野真敏(総合研究開発機構),小黒一正(世界平和研究所)といった所外委員の先生方や所内研究者から有益なコメントをいただいた.また,本書の編者者にも有益なコメントをいただいた.なお,財政検証用プログラムの操作および改変は金山峻(慶應義塾大学大学院)と大塚昇(東京農工大学大学院)が担当した.もちろん,本稿に残される誤りのすべては筆者の責任である.また,本稿における見解はすべて筆者個人の見解であり,それぞれの所属機関とはなんら関係がないことをお断りしておく.

2) プログラムおよびデータは,http://www.mhlw.go.jp/shingi/2009/02/s0223-9.html にある(アクセス 2009 年 8 月 12 日).

3) たとえば,Trowblidge (1989) pp.65-73 をみよ.

4) プログラムのコンパイルに際しては,厚労省が用いている Sun Studio 12 という統合型のコンパイラを用いている.また OS も厚労省と同じく Sun の提供する Solaris 10 である.Fortran のプログラムの日本語のコード変換にやや時間を取られたが,プログラムのコンパイル自体は容易であった.厚生年金給付費推計プログラムと収支計算プログラムは,Fortran で開発され,これには厚生年金(ここには,旧国鉄,旧電電公社,農林年金が含まれる)と国家公務員共済(長期),地方公務員共済(長期),私学共済の被用者の年金額の計算を行っている.その他のプログラムは C++ で記述されている.

5) 当然,加入期間などのデータも過去 1 年分をプールして使用している.

6) 厚生労働省「国民年金及び厚生年金に係る財政の現況及び見通し」『平成 21 年財政検証結果』p.6.

7) おそらく,財政検証の過程で積立金が 100 年間もたなかった(100 年経つ間もなく枯渇した)のであろう.上述のように,推奨ケースは中位・中位・中位(出生率,死亡率,経済的仮定)かつ労働力率などはケース C であったとしても,積立金が枯渇したケースを公表しないのはどうであろうか.ここらあたりは議論の余地がありそうである.

第9章　厚生年金保険のシミュレーション分析　　251

8) チリの改革はピノチェト軍事独裁政権化で進められ，また，スウェーデンの人口はおよそ 900 万人である．そのためこれらの改革は例外的とする研究者もいる．
9) 労使が負担する保険料率を変えずに年金財源を調達するためには，国庫負担の引き上げ，あるいは導入という手段がある．日本の 2004 年度改正のように 2009 年度までに基礎年金の国庫負担割合を現行の 3 分の 1 から 2 分の 1 へ国庫負担の割合を引き上げるという例がある．国庫負担の財源は，一般財源から調達する場合と，ドイツの環境税のような目的間接税から調達するケースがみられる．フランスでは，所得を課税ベースとした社会保障目的税（一般社会拠出金）を 1991 年に導入し，93 年からその一部が，無拠出の最低保障年金の財源となる国民連帯基金に充当されている（岡，2005, p.13）．スイスでは，消費税に対して課す付加価値税が導入され，社会保障給付費に充当されている．特殊な例では，高齢化への対応として油田からの収益を積み立てているノルウェーがある（ノルウェーでは，90 年，油田からの収益を原資とするノルウェー政府ペトロリアム・ファンド（The Norwegian Government Petroleum Fund）が設立された．このファンドは，高齢化への財政的な対応を設立の目的のひとつとしており，将来の年金給付費に使われることが想定される．管轄は財務省，資金の運用は中央銀行である Norges Bank が行っている）．また，保険料収入よりも給付支出が上回る場合に備えて積立金を保有している国があるが，この積立金を取り崩し，年金給付に充当するという手法もある．日本の 2004 年年金改正の有限均衡方式もこれに分類されよう．なお，パラダイマティックな改革に関連した財源に関する改革として，財政方式を社会保険方式から税方式へ転換することや，スウェーデンの最低保障年金のように国庫負担の投入先の範囲を変更することが挙げられる（有森，2006）．
10) 「711 ドル」，「4,288 ドル」といった数字は 2008 年のものであり，ベンドポイントは，平均賃金の上昇率に合わせて毎年改定される．例として 2008 年のベンドポイントを小さい方から求めてみよう．2008 年のベンドポイントを求めるには，基準となる Average Wage Index（2006 年）を使い計算される．

$$\$ 180 \times \$ 38{,}651.41 \div \$ 9{,}779.44 = \$ 711.42 \fallingdotseq \$ 711$$

ここで，$\$ 38{,}651.41$ は Average Wage Index（2006 年），$\$ 9{,}779.44$ は Average Wage Index（1977 年）である．同様に次のベンドポイントは

$$\$ 1{,}085 \times \$ 38{,}651.41 \div \$ 9{,}779.44 = \$ 4{,}288.26 \fallingdotseq \$ 4{,}288$$

のように決まる．すなわち，この方法が導入された 1977 年に決まった 180 ドルと 1,085 ドルという基準が，毎年の Average Wage Index（正確には 2 年前が基準）によって改訂されていくという仕組みになっている．保険料率は 12.4％（労使折半）で課税対象の上限は 102,000 ドル（これも，同様に決まる）．
11) PIA とは，Primary Insurance Amounts（退職給付基本年金額）の略で，被保険者が通常の支給開始年齢で老齢年金を受給した場合の老齢年金額に相当する．
12) SSA（2009）p.100．
13) A は再評価後の生涯平均賃金のうち 711 ドルまでの部分，B は平均賃金のうち 711 ドルを超えて 4,288 ドルまでの部分，C は平均賃金のうち 4,288 ドルを超える

部分である.「711 ドル」,「4,288 ドル」といった数字は 2008 年のものであり, ベンドポイントは, 平均賃金の上昇率に合わせて毎年改定される. 例として 2008 年のベンドポイントを小さいほうから求めてみよう. 2008 年のベンドポイントを求めるには, 基準となる Average Wage Index (2006 年) を使い計算される.

$$\$180 \times \$38{,}651.41 \div \$9{,}779.44 = \$711.42 \fallingdotseq \$711$$

ここで, 38,651.41 ドルは Average Wage Index (2006 年), 9,779.44 ドルは Average Wage Index (1977 年) である. 同様に次のベンドポイントは

$$\$1{,}085 \times \$38{,}651.41 \div \$9{,}779.44 = \$4{,}288.26 \fallingdotseq \$4{,}288$$

のように決まる. すなわち, この方法が導入された 1977 年に決まった 180 ドルと 1,085 ドルという基準が, 毎年の Average Wage Index (正確には 2 年前が基準) によって改訂されていくという仕組みになっている. 保険料率は 12.4% (労使折半) で課税対象の上限は 102,000 ドル (これも, 同様に決まる). また, 毎年の年金額については, 消費者物価スライド制により物価上昇率だけ引き上げられる. ここで, 38,651.41 ドルは 2006 年の Average Wage Index, 9,779.44 ドルは 1977 年の Average Wage Index である. 同様に次のベンドポイントは

$$\$1{,}085 \times \$38{,}651.41 \div \$9{,}779.44 = \$4{,}288.26 \fallingdotseq \$4{,}288$$

のように決まる. すなわち, この方法が導入された 1977 年に決まった 180 ドルと 1,085 ドルという基準が, 各年の Average Wage Index によって改訂されていくという仕組みになっている. ちなみに, Average Wage Index は所得分布のメディアン (中央値) に一致する. 第 1 のベンドポイントはメディアンに対して 0.22 の水準におかれ, 第 2 のベンドポイントはメディアンに対して 1.33 の水準におかれている. また, 課税所得の上限 8,500 ドルは 2.64 のところにある. 年金給付額は, 最初のベンドポイントまでのスロープが 0.9 であることから, 月収 500 ドルであった者の年金額は月 450 ドルであり, 月収 3,000 ドルであった者は 1,599.9 ドル, 月収 8,500 ドルであった者は 2,416.34 ドルである (この水準で年金額は頭打ちになる). 第 1 のベンドポイントは給付乗率が 0.9 であるから年金額を AIME で割ったもの (一種の給付代替率) は 0.9 となる. また, 月収 3,000 ドルであったものは 0.45, 月収 4,200 ドルであった者は 0.46 となる. ちなみに, 給付上限 8,500 ドルは 0.28 であるから, 所得の再分配に気を遣った制度であるといえる.

この計算式によって計算された給付額の満額支給開始年齢は, 1999 年までは 65 歳であったが, 2000 年から 2027 年にかけて段階的に 67 歳に引き上げられることとなっている. また, 62 歳からの繰り上げ支給や 70 歳までの繰り下げ支給も認められている. これらの場合の給付額については, 62 歳から繰り上げ支給を開始した場合には減額率 30%, 70 歳から繰り下げ支給を開始した場合には増額率 15% となっている.

14) 現在の高齢者 (特に 70 歳以上) は資産蓄積の機会にも恵まれず, 戦後の荒廃から現在の繁栄の礎を築いてくれた. しかし, 現在の高齢者の子や孫には社会的な配慮の必要はなく, むしろ遺産という形で公的移転分が私的移転に化けることが問題視できる.

参考文献

有森美木(2006)「公的年金の国際的潮流」日本年金学会編集『持続可能な公的年金・企業年金』ぎょうせい.

岡伸一(2005)「フランスの年金改革」清家篤・府川哲夫編著『先進5か国の年金改革と日本』丸善プラネット, pp. 7-26.

厚生省年金局『平成11年度版 年金白書——21世紀の年金を「構築」する』.

―――『平成16年度財政再計算結果』.

厚生統計協会『保険と年金の動向』各年度版.

厚生労働省年金局『平成21年度財政再計算結果』.

厚生労働省保険局『健康保険被保険者実態調査報告』各年度版.

社会保険庁『事業年報』各年度版.

西村淳(2000)「年金制度の基本的課題 上・下——国際比較を踏まえて」『週刊 社会保障』No. 2106, No. 2107.

山本克也(1994)「わが国の人口構造と報酬比例年金の関係」『日本年金学会学会誌』14号.

―――(2010)「厚労省財政検証プログラムを用いた公的年金改革案の提示」『季刊家計経済研究』Forthcoming.

山本克也・佐藤格・岡田壮一郎・齋藤真二(2002)「公的年金財政収支モデルの解説」*SSPEM Discussion Paper Series*, No. 108.

―――(2003)「財政収支から見た短時間労働者の厚生年金保険適用拡大の効果」『季刊社会保障研究』第39巻第3号.

労働省大臣官房政策調査部『賃金構造基本調査』各年度版.

労働政策研究・研修機構『平成19年労働力需給の推計』.

Aaron, H. J. (1966) "The Social Insurance Paradox," *Canadian Journal of Economics and Political Science*, Vol. 32 (August).

Mesa-Lago, C. (2001) "Structural Reform of Social Security Pensions in Latin America: Models, Characteristics, Results and Conclusions," *International Social Security Review*, Vol. 54, No. 4, 67-92.

SSA (2009) *THE 2009 Annual Report of the Board of Trustees of the Federal Old-Age and Survivors Insurance and Federal Disability Insurance Trust Funds*, the Board of Trustees, Federal Old-Age and Survivors Insurance and Federal Disability Insurance Trust Funds.

Trowblidge, C. L. (1989) *Fundamental Concepts of Actuarial Science*, Actuarial Education and Research Fund.

Yamamoto, K. (2007) "The Assessment of the Public Pension Reform in 2004 by the Actuarial Model of the Employees' Pension Insurance," *The Japanese Journal of Social Security Policy*, Vol. 6, No. 2.

第10章　構造的VARモデルによる外来医療費の分析[1]

熊谷成将

　患者自己負担率を引き上げた場合，薬剤供給額の変化も分析すべきである．制度変更後の薬剤供給の増加により，社会的厚生の損失が拡大したと推察されるからである．患者自己負担率の引き上げと薬剤一部負担の導入は，患者の実効自己負担率を高める．本章では，実効自己負担率の引き上げ（需要ショック）と薬剤一部負担の導入・同制度の廃止（供給ショック）の通時的な効果を構造的VAR（Structural VAR）モデルを用いて分析した．

　1997年9月と2003年4月の2度の患者実効自己負担率引き上げの影響を比較するため，1994年1月から2000年8月と1999年8月から2006年3月の政府管掌健康保険のデータを推定に用いた．制度変更後のデータのみを用いると，自己回帰モデルによる予測の精度が低くなる点に留意した推定である．金銭コスト比率，受診率，薬剤供給指数，1件当たり外来医療費で構成されるSVARモデルを推定し，1997年9月と2003年4月の制度変更に対する供給側の反応が異なっていたことを明らかにした．分散分解により，薬剤一部負担廃止後4ヵ月までの期間において，薬剤供給指数の変動が1件当たり外来医療費の予測誤差分散の変動を説明する割合が，同制度導入後の同じ期間に比べて約2倍の水準であることを見出した．このような差が生じた要因として，供給側の反応の違いを挙げ，それが薬剤供給に表れていることを指摘した．インパルス応答関数による分析の結果，需要ショックと供給ショックの双方に対する供給側の反応は2003年のほうが早かった．2003年4月から2年以内に，政府は外来医療サービスの変化をチェックして，社会的厚生の損失が拡大しないよう薬剤の供給に歯止めをかけるべきであった．

1 はじめに

社会保障の2大費目である年金と医療を比較すると，年金の所得代替率のように拠出と関連づけのある形で給付を抑える仕組みが医療保険にはない．公定価格（診療報酬）で医療サービスの単価がコントロールされているが，医療機関へのアクセスがフリーのため，受診の機会費用が低い者の受診を抑制することは難しい．これらを念頭に置いて，1997年度と2003年度の被保険者の患者自己負担率引上げを考察する．

患者自己負担率の引き上げの効果に着目した分析は多い．個票データを用いた研究（鴇田ほか，2000；吉田・伊藤，2000；鴇田ほか，2002；増原ほか，2002；増原，2003；増原・村瀬，2003；Kan and Suzuki，2004；泉田，2004a, b）によると，推計された医療需要の価格弾性値が小さく，患者自己負担率の引き上げによる医療費抑制の効果は小さいと結論づけている．全国消費実態調査のデータを用いた遠藤・篠崎（2003）は，医療費自己負担額の所得に対する比率（支出比率）を算出し，外来・入院の別に支出比率とアクセスの公平性を分析した結果，1997年の改正は入院において低所得者の医療費を相対的に増加させたと論じている．一方，外来受診時の総費用の効果を分析した研究では，非金銭的な費用の増加が健康や医療サービスに対する需要を減少させたとの結論で一致している（Phelps and Newhouse, 1974; Acton, 1975; Cauley, 1987；小椋，1990；山田，2002）．彼らの研究の延長線上に位置し，受診1件当たりの患者自己負担額と時間費用の和を外来受診1件当たりの総費用と定義した熊谷・泉田（2007）は，Vector Auto Regressive（VAR）モデルの推定によって，実効自己負担率の上昇が被保険者の外来受診率を統計的に有意に引き下げたことを明らかにした．

これらの研究では，病床削減の通時的な効果が分析されていない．厚生労働省保険局調査課「医療機関メディアス」（Medical Information Analysis System）によると病院（医科）の病床数（総数）は，2002年10月から2005年10月にかけて164万8908床から164万391床へ0.52%減少した．病床規模別では，100-199床の医療機関において1.4%増加，20-49床の医療機関では7.59%減少した．この間における一般病床数と外来サービスの診療密度の変

第10章 構造的VARモデルによる外来医療費の分析

化を考慮したKumagai（2007）は，1999年11月から2004年3月のデータを用いて4変数VARモデルを構築した．分析の結果，被保険者の患者自己負担率の引き上げは外来医療費を抑制する効果を有するものの，外来医療サービスに対する医療部門の労働投入量の変化は患者の受診行動に永続的な効果を与えないとの結論を得た[2]．

これまでの研究において，次の2点が明らかにされていない．第1は，患者自己負担率を引き上げたことによって社会的厚生の損失がどれほど大きくなったか，換言すれば医療需要曲線の傾きがどれだけ小さくなったかである．第2は，外来医療サービスにおける薬剤供給の変化である．本章では，計量経済モデルを用いて，患者自己負担率引き上げと薬剤一部負担導入の通時的な効果を分析し，その結果に基づいて，今後望まれる医療政策を論じる．

患者自己負担率を30％に引き上げたことにより，政府管掌健康保険被保険者の価格弾性値は1997年9月時点よりも2003年4月時点のほうが弾力的になった（第3節を参照）．その分だけ，事後的モラルハザードは増大したと考えられる．したがって，患者自己負担率の引き上げを続けることによって需要曲線の傾きが一段と小さくなるとは考えにくい．他方，患者自己負担率の引き上げに呼応するように，1件当たり外来医療費が低下した後，調剤医療費の1件当たり外来医療費に占める比率は右肩上がりで推移した．薬剤供給額の増加を抑止できたならば，2003年4月時点の1件当たり外来医療費の水準は観測値よりも低く，社会的厚生の損失が大きくならなかったと考えられる．医療費増大の抑制を目的とする制度変更の影響を考察する際，受診抑制による医療費抑制額の大きさを計測すると同時に，医療機関に対する供給抑制が十分であったかを分析すべきと思われる．特に，薬価差益の存在を念頭に置いて，外来医療サービスの変化を分析すべきであろう．これまでは，患者自己負担率引き上げ後の薬剤供給に対するチェックが不十分であったと推察される．本章では，1994年1月から2000年8月と1999年8月から2006年3月の政府管掌健康保険被保険者のデータを用いて構造的VAR（SVAR）モデルを推定し，1997年9月と2003年4月の制度変更に対する供給側の反応の差を分析する．1997年9月に被用者保険において被保険者本人の外来自己負担率が10％から20％に引き上げられ，外来における投薬の薬剤に対する一部負担（薬剤一部負担）が

導入された．2003年4月に，被保険者本人の外来自己負担率が30%に引き上げられ，薬剤一部負担が廃止された．本章では，薬剤一部負担の導入・同制度の廃止を分析の対象としている．

本章の構成は次の通りである．第2節で投薬にかかる医療機関の行動を考察し，外来受診率（以下では受診率と表記），薬剤供給と1件当たり外来医療費の3変数によって構成されるVARモデルを説明する．今期の1件当たり外来医療費が，前期（1期前）の受診率，前期の薬剤供給と前期の1件当たり外来医療費によって説明されることを示す．第3節では，価格弾力性を構成する受診の弾力性と金銭コスト比率の変化を概観し，金銭コスト比率，受診率，薬剤供給指数と1件当たり外来医療費の4変数の関係を表すフローチャートを提示する．第4節では金銭コスト比率，受診率，薬剤供給指数と1件当たり外来医療費で構成されるSVARモデルの推定結果を考察する．第5節ではSVARモデルから導出されたインパルス応答関数に基づいて，1997年9月と2003年4月の制度変更に対する供給側の反応の差を分析する．第6節では本章の分析結果を要約し，今後の研究課題を述べる．

2 医療機関の行動モデルと薬剤の供給

医療サービスの質は患者1人1日当たり医療従事者数（医師，看護師，医療技術者など）の増加関数であるが，その限界生産性は逓減すると考えられている（西村，1976；Zweifel and Breyer, 1997；佐野2007)[3]．一方，患者1人1日当たり投薬量と医療サービスの質の関係を考えるとき，院外処方に留意する必要がある．一般に，医療機関は院外処方により投薬量を増加させて，患者1人当たりに要する時間を短縮できる[4]．このようにして，医療密度を高めることなく医業収入を増やすことができるが，投薬量の増加により単調に医療サービスの質が良くなると考えることは非現実的であろう．そこで，最適な投薬量に達するまで患者1人1日当たり投薬量の増加は医療サービスの質を高めることに寄与するが，投薬量が最適な水準を上回ると医療サービスの質を低下せしめると想定する．他方，患者自己負担率の引き上げにより患者数の減少に直面した医療機関は，医業収入を維持しようと患者1人1日当たり投薬量を増やす

第10章 構造的VARモデルによる外来医療費の分析

かもしれない.

このような医療機関の行動を念頭に置いて,受診率 (y_t),薬剤供給 (w_t) と1件当たり外来医療費 (z_t) で構成される VAR モデルを考える.医療政策のターゲット変数は受診率であり,政府によってコントロールされるべき変数が薬剤供給である.ここでは,月次データが存在しない医療従事者数を考慮に加えない.u_t, e_t, v_t は平均ゼロ,分散一定の誤差項であり,α, c, β, γ は未知パラメータであり $c \neq 0$ である.受診率の関数 ((1)式) と1件当たり外来医療費の関数 ((3)式) は,説明変数に1期前の自己ラグ項を含む.

$$y_t = \alpha y_{t-1} + c w_{t-1} + u_t \tag{1}$$

$$w_t = -c^{-1}(\alpha y_t - z_t) \tag{2}$$

$$z_t = \beta y_t + \gamma z_{t-1} + e_t \tag{3}$$

(1)式を(2)式と(3)式に逐次代入することによって,(2)′式と(3)′式を得る.

$$w_t = -c^{-1}\{\alpha(\beta-\alpha)y_{t-1} - \alpha c w_{t-1} + \gamma z_{t-1}\} + c^{-1}\{e_t - \alpha u_t\} + v_t \tag{2'}$$

$$z_t = \alpha\beta y_{t-1} + \gamma z_{t-1} + \beta c w_{t-1} + e_t + \beta u_t \tag{3'}$$

(1)式,(2)′式と(3)′式により1次の3変数 VAR モデルが構成される[5].この方程式体系において $v_t = 0$ のとき,誤差項の関係を(4)式のように表すことができる.

$$\begin{bmatrix} \varepsilon_1 \\ \varepsilon_2 \\ \varepsilon_3 \end{bmatrix} = \frac{1}{c} \begin{bmatrix} c u_t \\ -\alpha u_t + e_t \\ \beta c u_t + c e_t \end{bmatrix} \tag{4}$$

$\alpha \neq 0$,$\beta \neq 0$ であれば誤差項に線形結合の関係があり,3変数 VAR モデルの枠組みにおいて変数間の因果性を検討すること (たとえば,グレンジャーの因果性テストを行うこと) は適当でない.一般に,$\alpha \neq 0$, $\beta \neq 0$, $\gamma \neq 0$ であると考えられるから,本章では,誤差項に構造的な関係が存在することを想定した分析を行う.

一方,薬剤供給の変化は(5)式のラスパイレス指数 (価格指数) を用いて表すことができる.(5)式は薬剤一部負担を含む処方箋1枚当たりの薬剤金額を価格とする指数である[6].薬剤一部負担は1997年9月に導入され,同制度は2003年3月まで存続した.(5)式の価格 (p_j, $j=0, t$) には,高薬価シフトに起因する患者1人1日当たり薬価の上昇が反映されている.(5)式を変形して数量指数を作成することも可能であるが,数量指数を用いる場合,医薬分業の進展と処

方箋枚数の変化の関係を考慮する必要がある．本章では，医薬分業と処方箋枚数の共変関係を分析の対象から外して(5)式の価格指数を算出する．価格指数の基準時点（$j=0$）は 1997 年 9 月，政府管掌健康保険被保険者のデータの出所は社会保険庁『事業年報』である．

$$薬剤供給のラスパイレス指数 = \frac{p_t q_0}{p_0 q_0} \tag{5}$$

3 価格弾力性，受診率と薬剤の供給

　価格弾力性を構成する受診の弾力性と金銭コスト比率の変化を概観し，金銭コスト比率，受診率，薬剤供給指数と 1 件当たり外来医療費の 4 変数の関係を表すフローチャートを提示する．

　Phelps and Newhouse（1974）は金銭コスト比率と医療需要の価格弾力性の積を受診の弾力性であると定義している．彼らの定義に従って，金銭コスト比率と受診の弾力性を求めることによって医療需要の価格弾力性を算出できる．金銭コスト比率は外来受診 1 件当たりの患者自己負担額が外来受診 1 件当たりの総費用に占める比率である．受診の弾力性は受診率の変化率（対前月比）を患者の実効自己負担率の変化率（同）で除した値であり，外来受診 1 件当たりの総費用は外来受診 1 件当たりの患者自己負担額と時間費用の和である．小椋（1990）に従って，政府管掌健康保険被保険者の時間費用を勤労時間の機会費用であると考え，1 日当たり勤労所得に 0.4 を乗じることによって求めた．標本期間において政府管掌健康保険の傷病手当金が 1 日当たり勤労所得の 60％の水準で支給されたからである．1 日当たり勤労所得は，1 ヵ月の勤労収入（標準報酬月額）を 25 日で除した金額である．受診率は被保険者 1 人当たりレセプト枚数であり，患者の実効自己負担率と受診率は社会保険庁の『事業年報』から算出した[7]．

　政府管掌健康保険被保険者の医療需要の価格弾性値は 1997 年 9 月，2003 年 4 月の順に−0.085，−0.395 であった．1997 年 9 月時点よりも 2003 年 4 月時点の方が弾力的であり，事後的モラルハザードは拡大したと考えられる．なお，受診の弾力性は 1997 年 9 月，2003 年 4 月の順に−0.035，−0.170 であった．

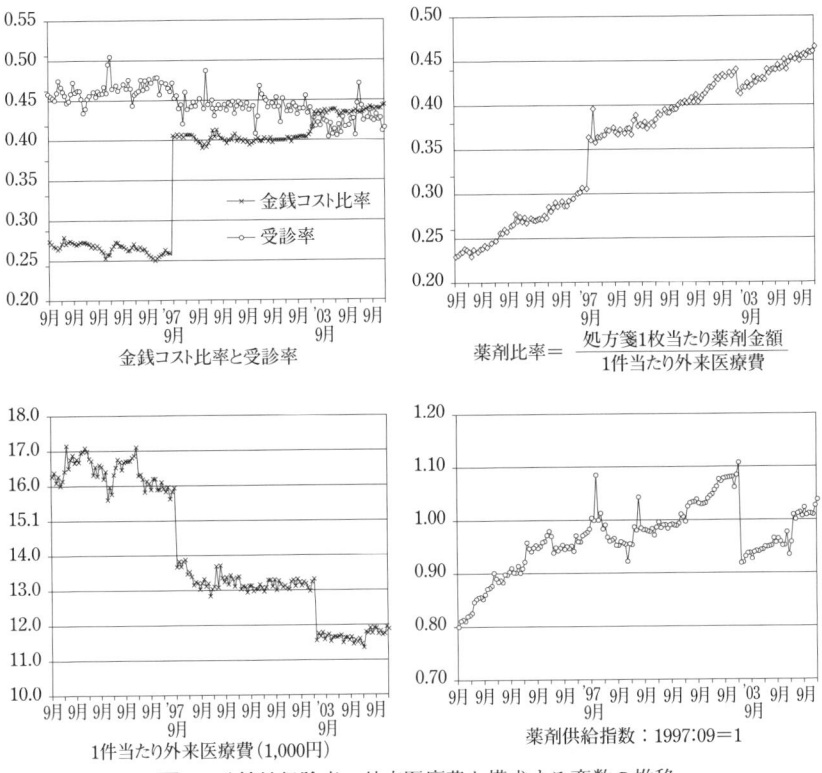

第10章 構造的 VAR モデルによる外来医療費の分析

図1 政管被保険者の外来医療費を構成する変数の推移

金銭コスト比率，受診率など本章で用いるデータ系列の推移が図1に表されている．1997年9月の患者自己負担率引き上げによって，金銭コスト比率は前月の 0.256 から 0.405 に上昇した．同比率は 2003 年 3 月までほぼ横ばいで推移し，2003 年 4 月に 0.23 上昇して 0.43 を上回った．薬剤比率（外来医療費に占める薬剤の比率）は右肩上がりのトレンドを有しており，1997年9月に上昇した点と 2003 年 4 月に下落した点が注目される．薬剤供給指数（1997年9月＝1）は，薬剤一部負担が廃止となった 2003 年 4 月に前月の 1.107 から 0.918 に下落した後，上昇に転じている．1件当たり外来医療費（単位：千円）の下落幅は 2003 年 4 月（1.75）よりも 1997 年 9 月（2.26）のほうが大きい．

患者自己負担率の引き上げ，薬剤一部負担の導入といった医療政策の変更と，金銭コスト比率，受診率などの関係が図2に描かれている．このフローチャー

トは，患者自己負担率の引き上げと薬剤一部負担の導入が，患者の実効自己負担率を高めることを表している．薬剤一部負担の導入は，患者の実効自己負担率を高めて受診の弾力性を低める．本章では，医療政策の影響がおおむね「金銭コスト比率→受診率→薬剤供給指数→1件当たり外来医療費」と波及することを想定している．以下において，実効自己負担率の引き上げを需要ショック，薬剤一部負担の導入・同制度の廃止を供給ショックと呼ぶこととする．患者の薬剤一部負担が患者の実効自己負担率に含まれているため，薬剤一部負担に関して需要ショックと供給ショックを明白に識別できない．需要ショックと供給ショックを識別できれば，医療費増大の抑制を目的とする制度変更の影響を考察する際，需要ショックに基づく医療費抑制額の大きさを正確に計測できる．

非定常な時系列データが用いられる回帰分析において標準の統計学的解釈を行うため，金銭コスト比率，受診率，薬剤供給指数と1件当たり外来医療費のデータ生成過程を単位根検定によって分析する．この検定では構造変化の存在やトレンドの変化に注意が払われる．4変数はすべてセンサスX法によって季節調整値に変換されており，標本期間は1994年1月から2000年8月と1999年8月から2006年3月である[8]．Perronテスト（Perron, 1989；1994）において，1997年9月と2003年4月の構造変化点が外生で与えられた（Perronテストの手順は注8を参照）．表1は薬剤供給指数と1件当たり外来医療費に

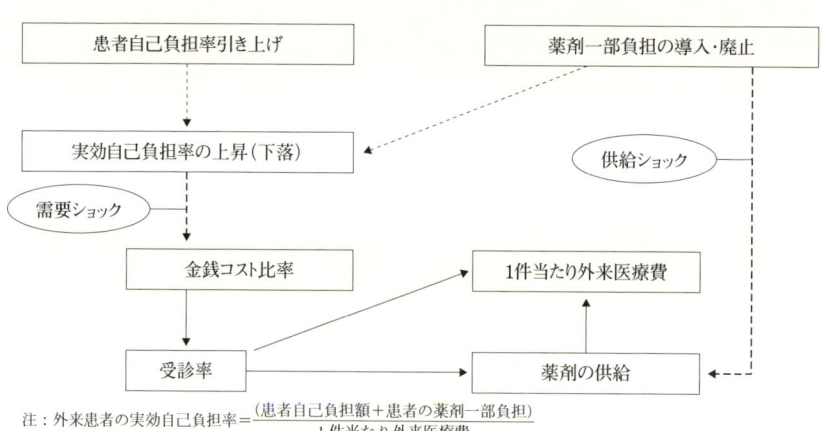

注：外来患者の実効自己負担率 = $\dfrac{\text{患者自己負担額} + \text{患者の薬剤一部負担}}{\text{1件当たり外来医療費}}$

図2 フローチャート

表 1 薬剤供給指数と 1 件当たり外来医療費の単位根検定の結果

標本期間			係数値	標準誤差	t 統計量		
A	薬剤供給指数	定数項	0.357	0.073	4.874	決定係数	0.774
		DU	0.098	0.046	2.104	自由度調整済決定係数	0.758
		タイムトレンド	0.001	0.000	3.515	回帰の標準誤差	0.018
		DT	−0.001	0.000	−2.304	ダービン=ワトソン統計量	2.185
		1 期前のラグ項	0.535	0.093	−5.012		
		階差のラグ項(2 期前)	0.274	0.097	2.832		
B	薬剤供給指数	定数項	0.635	0.032	19.823	決定係数	0.768
		DU	−0.157	0.010	−15.759	自由度調整済決定係数	0.762
		タイムトレンド	0.003	0.000	12.163	回帰の標準誤差	0.023
						ダービン=ワトソン統計量	1.825
A	1 件当たり外来医療費	定数項	17.965	0.305	58.912	決定係数	0.939
		DU	−2.131	0.170	−12.537	自由度調整済決定係数	0.938
		タイムトレンド	−0.021	0.004	−5.686	回帰の標準誤差	0.386
						ダービン=ワトソン統計量	1.398
B	1 件当たり外来医療費	定数項	10.793	2.488	4.337	決定係数	0.914
		DU	−1.177	0.286	−4.114	自由度調整済決定係数	0.911
		1 期前のラグ項	0.177	0.189	−4.354	回帰の標準誤差	0.224
						ダービン=ワトソン統計量	2.092

注:$DU=1$ ($t>TB$), $DU=0$ (その他の期間).
$DT=t$ ($t>TB$), $DT=0$ (その他の期間).
Perron テストの結果(対立仮説を採択したモデル).
標本期間 A:1994 年 1 月-2000 年 8 月,B:1999 年 8 月-2006 年 3 月.

対する単位根検定の結果である.Perron テストの結果,薬剤供給指数に単位根があるという帰無仮説を有意水準 5% で棄却した.1 件当たり外来医療費と金銭コスト比率も,単位根があるという帰無仮説を有意水準 5% で棄却した.また,受診率が単位根過程にあるという帰無仮説を Dickey-Fuller テスト(Dickey and Fuller, 1979) の結果,有意水準 1% で棄却した.

4 モデルの推定

Sims (1980) によって提案された recursive system を用いてモデルを同定し,金銭コスト比率,受診率,薬剤供給指数と 1 件当たり外来医療費が同時決定である構造的 VAR (SVAR) モデルを推定する.VAR モデルは,複数の変数で構成される変数ベクトルを自らの過去の値で説明する回帰方程式である.

SVARモデルの特色は，VARモデルに対する外生的なショックを「構造的なショック」として識別できる点である．「構造的なショック」を説明する(A.5)式は補論を参照されたい．

外生変数を説明変数に含まない場合，ブレイク後のデータのみを用いる自己回帰モデルによる予測は，ブレイク前のデータを含む予測よりもその精度が低いことがしられている．ブレイク前のデータを含む自己回帰モデルの推定によって予測誤差の分散は小さくなる（Pesaran and Timmermann, 2005）．これらに留意し，(A)1994年1月-2000年8月と(B)1999年8月-2006年3月の2期間に分けてSVARモデルの推定を行った．双方とも標本数は80であり，標本期間の中央よりも後方にブレイクポイント（ブレイク後の標本数が35）がある[9]．

推定された(A.5)式のベクトルに関して統計的に有意でない変数にゼロ制約を課したモデル（過剰識別モデル）と制約のないモデル（丁度識別モデル）の対数尤度を用いた尤度比検定により，制約のないモデルを有意水準5％で棄却できなかった．双方のモデルに対して，受診率と1件当たり外来医療費のベクトルにゼロ制約を課した．モデル(A)のχ^2（自由度3）は9.086，モデル(B)のχ^2（自由度3）は29.035であった．推定された過剰識別モデルの構造的なショックの系列は下記の通りであり，括弧内はz統計量である．すべてのベクトルが有意水準1％で統計的に有意であり，4変数が同時決定であるという仮説が採択された．なお，Recursive制約を課す前のVARは互いに無相関の誤差項を有している．双方のモデルとも，AICにより求められたラグ数は3である．VARのラグ数の検定結果は，紙幅の制約により割愛する．

第10章　構造的 VAR モデルによる外来医療費の分析

(A)

$$\varepsilon_t = \begin{pmatrix} \varepsilon_{1t} \\ \varepsilon_{2t} \\ \varepsilon_{3t} \\ \varepsilon_{4t} \end{pmatrix} = \begin{pmatrix} 0.018 u_{1t} \\ (12.65) \\ 0.010 u_{2t} \\ (12.65) \\ -1.491\varepsilon_{1t} - 0.772\varepsilon_{2t} + 0.016 u_{3t} \\ (-14.76)\ (-4.44)\ (12.65) \\ 8.324\varepsilon_{3t} + 0.168 u_{4t} \\ (14.15)\ (12.65) \end{pmatrix}$$

ここで $B = \begin{bmatrix} 1 & 0 & 0 & 0 \\ 0 & 1 & 0 & 0 \\ 1.491 & 0.771 & 1 & 0 \\ 0 & 0 & -8.324 & 1 \end{bmatrix}, A = \begin{bmatrix} 0.018 & 0 & 0 & 0 \\ 0 & 0.010 & 0 & 0 \\ 0 & 0 & 0.016 & 0 \\ 0 & 0 & 0 & 0.168 \end{bmatrix}$ である.

(B)

$$\varepsilon_t = \begin{pmatrix} \varepsilon_{1t} \\ \varepsilon_{2t} \\ \varepsilon_{3t} \\ \varepsilon_{4t} \end{pmatrix} = \begin{pmatrix} 0.004 u_{1t} \\ (12.65) \\ 0.011 u_{2t} \\ (12.65) \\ -1.196\varepsilon_{1t} - 0.438\varepsilon_{2t} + 0.012 u_{3t} \\ (-3.33)\ (-3.48)\ (12.65) \\ 10.133\varepsilon_{3t} + 0.136 u_{4t} \\ (9.27)\ (12.65) \end{pmatrix}$$

ここで $B = \begin{bmatrix} 1 & 0 & 0 & 0 \\ 0 & 1 & 0 & 0 \\ 1.196 & 0.438 & 1 & 0 \\ 0 & 0 & -10.13 & 1 \end{bmatrix}, A = \begin{bmatrix} 0.004 & 0 & 0 & 0 \\ 0 & 0.011 & 0 & 0 \\ 0 & 0 & 0.012 & 0 \\ 0 & 0 & 0 & 0.136 \end{bmatrix}$ である.

5 予測誤差の分散分解とショックに対する反応

SVAR モデルの推定結果に基づいて分散分解とインパルス応答関数（Impulse Response Function）による分析を行い，実効自己負担率の引き上げ（需要ショック）と薬剤一部負担の導入・同制度の廃止（供給ショック）が医療機関の行動に与えた影響を考察する[10]．予測誤差の分散を分解することによって，受診率，薬剤供給指数と1件当たり外来医療費の1期先の予測誤差に対する他の変数の寄与度を測ることができる．

表2 分散分解の結果

受診率の分散分解

月数	A：1994年1月-2000年8月				B：1999年8月-2006年3月			
	金銭コスト比率	受診率	薬剤供給指数	1件当たり外来医療費	金銭コスト比率	受診率	薬剤供給指数	1件当たり外来医療費
1	0.00	100.00	0.00	0.00	0.00	100.00	0.00	0.00
4	23.62	69.05	2.65	4.68	8.33	86.75	2.57	2.35
8	37.90	55.39	2.55	4.16	10.59	83.51	2.83	3.07
12	38.20	54.61	2.70	4.49	10.95	82.58	2.81	3.67
18	37.87	54.70	2.67	4.76	10.90	81.83	2.80	4.47
24	37.76	54.50	2.61	5.14	10.80	81.20	2.84	5.16

薬剤供給指数の分散分解

月数	A：1994年1月-2000年8月				B：1999年8月-2006年3月			
	金銭コスト比率	受診率	薬剤供給指数	1件当たり外来医療費	金銭コスト比率	受診率	薬剤供給指数	1件当たり外来医療費
1	68.60	6.21	25.19	0.00	10.78	11.78	77.44	0.00
4	75.66	7.68	16.56	0.10	35.12	17.44	43.53	3.92
8	73.07	12.68	14.12	0.12	44.26	14.69	35.80	5.26
12	73.19	14.06	12.38	0.37	46.94	13.39	31.67	8.00
18	71.71	16.02	11.07	1.20	46.74	12.56	28.30	12.40
24	69.36	18.08	10.29	2.28	45.23	12.27	26.23	16.26

1件当たり外来医療費の分散分解

月数	A：1994年1月-2000年8月				B：1999年8月-2006年3月			
	金銭コスト比率	受診率	薬剤供給指数	1件当たり外来医療費	金銭コスト比率	受診率	薬剤供給指数	1件当たり外来医療費
1	49.02	4.44	18.00	28.54	5.58	6.10	40.11	48.21
4	50.16	20.64	10.29	18.91	40.40	8.87	17.56	33.17
8	43.06	33.91	7.04	15.98	45.85	7.72	13.40	33.02
12	41.73	36.61	5.42	16.24	45.53	8.02	12.01	34.45
18	38.62	39.25	4.23	17.89	43.03	8.90	11.16	36.91
24	35.34	41.51	3.59	19.55	40.69	9.59	10.83	38.89

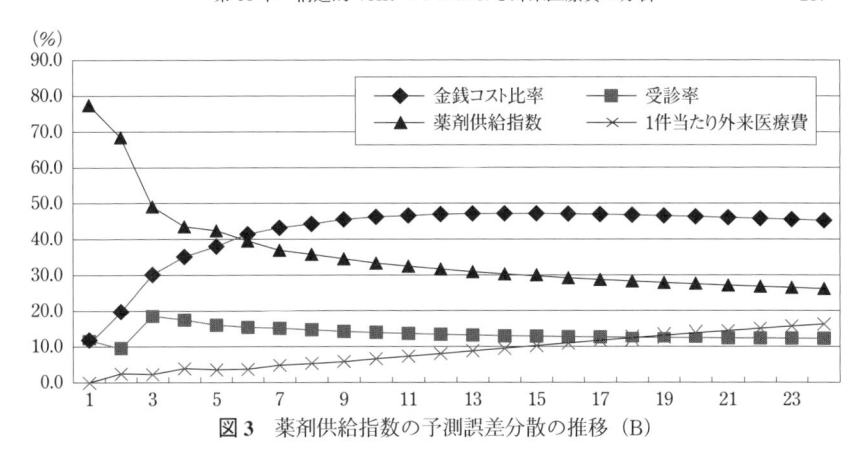

第10章 構造的 VAR モデルによる外来医療費の分析　　267

```
(%)
90.0
80.0                    ◆ 金銭コスト比率    ■ 受診率
70.0                    ▲ 薬剤供給指数      × 1件当たり外来医療費
60.0
50.0
40.0
30.0
20.0
10.0
 0.0
    1   3   5   7   9  11  13  15  17  19  21  23
```
図3 薬剤供給指数の予測誤差分散の推移（B）

　モデル（A）とモデル（B）に対する分散分解の結果が表2に要約されている．実効自己負担率の引き上げ（需要ショック）と薬剤一部負担の導入・同制度の廃止（供給ショック）後24ヵ月間における分散変動を比較する．表2から，①金銭コスト比率の変動が受診率の予測誤差分散の変動を説明する割合（12ヵ月後，24ヵ月後においてBはAの3分の1以下）と，②薬剤供給指数の変動が1件当たり外来医療費の予測誤差分散の変動を説明する割合（4ヵ月後までBはAの約2倍で推移）に，大きな差があることを読み取ることができる．
　このような差が生じた要因として，薬剤供給指数の予測誤差分散の変動の違い，すなわち供給側の反応の差を挙げることができる．（A）では薬剤供給の予測誤差分散の変動の過半を金銭コスト比率の分散変動が説明していたが，（B）では薬剤供給指数自身の変動によって薬剤供給指数の予測誤差分散を説明できる割合が大きい．ショックから5ヵ月間，薬剤供給指数自身が分散変動の40％以上を占めていることを図3から読み取ることができる．これらより供給側では，1997年9月と2003年4月の制度変更に対する反応が異なっていたと考えることができる．
　需要ショックと供給ショックに対する従属変数の反応がインパルス応答関数によって表される[11]．需要ショックと供給ショックに対する受診率と1件当たり外来医療費の反応がそれぞれ，95％信頼区間とともに図4と図5に表されている．横軸の単位は月であり，ショックに対する2年間の軌跡が描かれてい

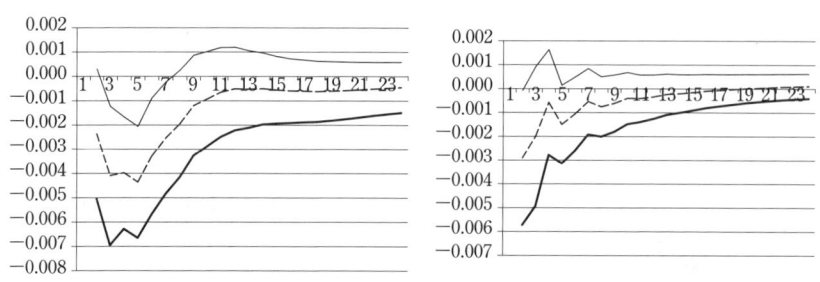

需要ショックに対する受診率のインパルス応答とその信頼区間
(左図:1994年1月-2000年8月, 右図:1999年8月-2006年3月)

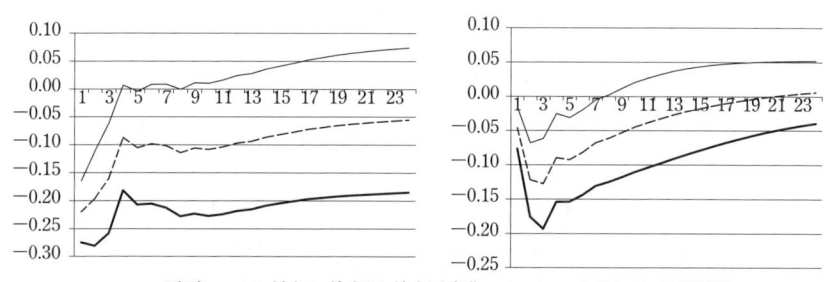

需要ショックに対する1件当たり外来医療費のインパルス応答とその信頼区間
(左図:1994年1月-2000年8月, 右図:1999年8月-2006年3月)

図 4 需要ショックに対する反応

る．図4と図5から，次の2点を読み取ることができる．第1に，需要ショックに対する受診率と1件当たり外来医療費の反応は(B)のほうが早い．図4の右図において受診率のインパルス応答が18ヵ月，1件当たり外来医療費のインパルス応答が21ヵ月でゼロの近傍に収束することを読み取れる．後者より，需要ショックに対する供給側の反応は2003年のほうが早かったと考えられる．第2に，供給ショックに対して1件当たり外来医療費がゼロに向かって収束するスピードは(B)のほうが2ヵ月ほど早い（図5の右図においてインパルス応答が5ヵ月で0.01台になる）．また，供給ショックに対して受診率のインパルス応答がゼロに収束するまでの期間は(B)のほうが短い．以上より，需要ショックと供給ショックの双方に対する供給側の反応は2003年のほうが早かったといえる．

これまでの分析により，薬剤比率（外来医療費に占める薬剤の比率）を上昇させる形で供給側が需要ショックを吸収する傾向が近年強まっていると思われ

第 10 章 構造的 VAR モデルによる外来医療費の分析

供給ショックに対する受診率のインパルス応答とその信頼区間
（左図:1994年1月-2000年8月, 右図:1999年8月-2006年3月）

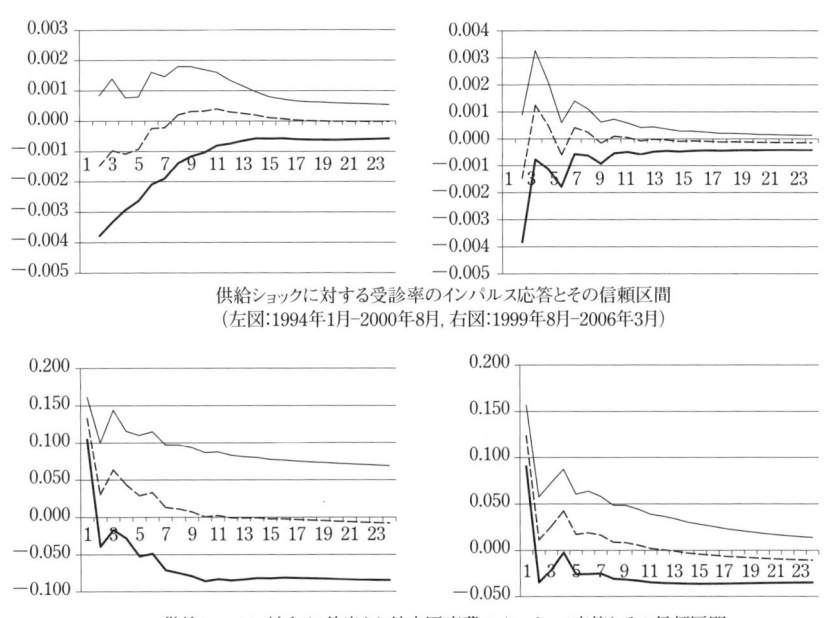

供給ショックに対する1件当たり外来医療費のインパルス応答とその信頼区間
（左図:1994年1月-2000年8月, 右図:1999年8月-2006年3月）

図 5 供給ショックに対する反応

る．なぜ医療機関は薬剤比率を上昇させたか．2002 年 4 月の診療報酬改定によって診療報酬の引き下げに直面した医療機関が，医業収益を確保するために薬剤供給を増加させたと推察される．医療機関が薬剤供給を増加させやすかった要因として，2002 年 4 月の薬剤投与期間にかかる規制廃止により医療機関が大量の薬剤を一度に処方しやすくなったことと，外来医療サービスでは薬剤費を公定の薬価基準に従って出来高払いで請求できることを挙げることができる．2002 年 4 月の改定では，薬価基準収載後 1 年以内の医薬品など例外を除いて原則，薬剤投与期間にかかる規制が廃止された[12]．

6　おわりに

医療費増大の抑制を目的とする制度変更の影響を考察する際，受診抑制による医療費抑制額の大きさを計測すると同時に，医療機関に対する供給抑制が十

分であったかを分析すべきと思われる．患者自己負担率の引き上げと薬剤一部負担の導入は，患者の実効自己負担率を高める．その半面，供給側において制度変更後に薬剤供給が増加していれば，社会的厚生の損失が拡大したと考えられるからである．本章では，薬剤供給を考慮した3変数 VAR モデルの誤差項に構造的な関係が存在することを指摘した．その結果に基づいて，金銭コスト比率，受診率，薬剤供給指数，1件当たり外来医療費の4変数で構成される SVAR モデルを推定し，実効自己負担率の引き上げ（需要ショック）と薬剤一部負担の導入・同制度の廃止（供給ショック）という制度変更の通時的な効果を分析した．

1997年9月と2003年4月の2度の患者実効自己負担率引き上げの影響を比較するため SVAR モデルを2本推定し，双方に対して4変数が同時決定であるという仮説が採択された．制度変更後のデータのみを用いると，自己回帰モデルによる予測の精度が低くなる点に留意し，1994年1月から2000年8月と1999年8月から2006年3月の政府管掌健康保険被保険者のデータを推定に用いた．2期間の分析結果の比較を通して，1997年9月と2003年4月の制度変更に対する供給側の反応が異なっていたことを明らかにした．分散分解により，薬剤一部負担廃止後4ヵ月までの期間において，薬剤供給指数の変動が1件当たり外来医療費の予測誤差分散の変動を説明する割合が，同制度導入後の同じ期間に比べて約2倍の水準であることを見出した．他方，2003年4月の患者自己負担率引き上げ後12ヵ月までの期間において，金銭コスト比率の変動が受診率の予測誤差分散の変動を説明する割合は，1997年9月の患者自己負担率引き上げ後の同じ期間に比べて3分の1である．このような差が生じた要因として供給側の反応の違いを挙げ，それが薬剤供給に表れていることを指摘した．インパルス応答関数による分析の結果，需要ショックに対する1件当たり外来医療費のインパルス応答が21ヵ月でゼロの近傍に収束したことなど，需要ショックと供給ショックの双方に対する供給側の反応は2003年のほうが早かったことを明らかにした．2002年4月の診療報酬改定によって診療報酬の引き下げに直面した医療機関が，医業収益を確保するために薬剤供給を増加させ，供給側が需要ショックを吸収する傾向が近年強まっていると考えられる．医療機関が薬剤供給を増加させやすかった要因として，2002年4月の薬剤投

与期間にかかる規制廃止により医療機関が大量の薬剤を一度に処方しやすくなったことと,外来医療サービスでは薬剤費を出来高払いで請求できることを挙げることができる.

本章の分析結果に基づいて老人医療費に関する政策を検討する.老人の自己負担率を引き上げることによって受診抑制は期待できないであろう.老人の自己負担率の弾力性は非弾力的であることがしられているからである[13].他方,老人の薬剤比率が若年者のそれよりも高いことを念頭に置いて,老人の薬剤比率の推移に留意する必要がある.老人医療費が相対的に高い地域においては,老人の薬剤比率を下げることによって医療費の地域間格差を小さくできよう.

患者自己負担率を30%に引き上げて薬剤一部負担の制度を廃止した2003年4月から2年以内に,政府は外来医療サービスの変化(薬剤比率の上昇など)をチェックして,薬剤の供給に歯止めをかけるべきであったと思われる.他方,被保険者の患者自己負担率を引き上げたことによって,受診の機会費用が相対的に低い被扶養者に対する診療内容も変化したかもしれない.被扶養者に対する薬剤供給の分析は今後の課題である.

補論　構造的VAR (SVAR)

SVARを推定することにより,「構造的なショック」に対して経済学的な解釈を与えることが可能となる.分析の対象とする推定期間における経済構造が同一であるとみなせば,患者自己負担率の引き上げという医療政策の変更は「構造的なショック」である.

構造的なショックが,モデルの内生的な相互依存のメカニズムに対して影響を与えないと想定すると,変数間の内生的な相互依存関係を表す係数行列を用いて,SVARを(A.1)式のように表すことができる.構造的なショックがVARのシステムに影響を与える経路が行列Bの構造によって決まることを(A.1)式が表している.ここで行列AとBは$k \times k$次の逆転可能な行列であり,ε_tは観察不可能な構造的なショックを含む$k \times 1$次のベクトルである.簡単化のため,決定論的な項(定数項)は省略されている.(A.2)式において構造的なショックは相互に相関しないと仮定されており,その分散は1に正規化され

ている．

$$AX_t = A_1 X_{t-1} + \cdots + A_p X_{t-p} + B\varepsilon_t \tag{A.1}$$

$$\textstyle\sum_\varepsilon = E[\varepsilon_t \varepsilon_t'] = I_k \tag{A.2}$$

行列 A の逆行列を両辺の左側から乗じることによって(A.1)式と関連づけのある(A.3)式を得る．(A.3)式は誘導型の残差 u_t とその基礎にある構造的なショック ε_t を関連づけている．

$$\begin{aligned}X_t &= A^{-1}A_1 X_{t-1} + \cdots + A^{-1}A_p X_{t-p} + A^{-1}B\varepsilon_t \\ &= \varGamma_1 X_{t-1} + \cdots + \varGamma_p X_{t-p} + u_t \end{aligned} \tag{A.3}$$

$$\text{where } \varGamma_1 = A^{-1}A_1, \cdots, \varGamma_p = A^{-1}A_p \text{ and } u_t = A^{-1}B\varepsilon_t$$

行列 A を(A.3)式の両辺の左側から乗じて次式を得る[14]．

$$B\varepsilon_t = Au_t \tag{A.4}$$

以上より，構造的なショックを次のように表すことができる．

$$\varepsilon_t = B^{-1}Au_t \tag{A.5}$$

注

1) この研究は文部科学省科学研究費補助金「特別推進研究（研究代表者：高山憲之）」，研究課題『世代間問題の経済分析』の助成を受けた．本章の作成過程において小椋正立教授（法政大学経済学部），中山徳良教授（名古屋市立大学大学院経済学研究科），本書の編者である加藤久和教授（明治大学政治経済学部）と府川哲夫部長（国立社会保障・人口問題研究所社会保障基礎理論研究部）から有益な助言を頂いた．しかしながら，本章に残る誤りはすべて筆者の責任である．

2) VAR を構成する変数は，受診1件当たり総費用（外来），受診率（同），診療密度（同）と1件当たり外来医療費である．Kumagai (2007) は，資本生産性の変化をとらえるために一般病床数の1階の階差系列をVARモデルの外生変数として用いており，インパルス応答関数と分散分解の結果，短期では診療密度の上昇が受診率を減少せしめるが，受診1件当たり総費用の上昇が患者と医療機関の双方の行動を長期間支配することを見出した．

一方，熊谷・泉田・山田 (2005) は，実効自己負担率の上昇が受診率に与える効果について，被保険者と被扶養者の間に差異があることを見出した．

3) 医療機関は利潤を追求するだけでなく，医療サービスの質を高めるよう行動すると仮定する．患者1人当たりの平均的な医療サービスの質は，医療従事者数や投薬量などの関数として表される．医療機関が公立病院であれば，経済採算性の低い領域での医療サービスを提供するために，国と地方自治体から財源が補塡されていることを追加的に考慮する必要がある．住民の健康状態を表す変数と公立病院のデータをマッチングした熊谷 (2007) は，負担金が高所得者に対して有利に繰り入れら

れており，水平的に不公平であったことを明らかにした．
4) 院外処方では，処方の費用を「処方箋料」として医療機関が算定し，薬剤と「調剤料」など調剤の費用を調剤薬局が算定する．院内処方では「処方料」「調剤料」「薬剤料」を医療機関が算定する．医薬分業率は処方箋料の算定回数を処方料と処方箋料の算定回数の和で除した値である．1992年度に14.1％であった医薬分業率は，1997年度（26％）以降に上昇のテンポを速め，2003年度に50％を上回った（51.6％）．
5) 3変数VARモデルの導出は，Granger（1988）に基づいている．
6) 保険医療機関の異なる診療科で異なる医師から同一の患者に交付された処方箋を，保険薬局で同時に受け付けた場合，原則として処方箋ごとに薬の種類数を数え，それぞれに薬剤一部負担金を算定する．同一服用時点の内服薬は，1剤1日分の薬剤が205円以下であれば1種類の薬と数え，薬剤一部負担金は0円である．薬剤の合計金額が205円を超えるとレセプトに薬剤名が記載される．内服薬の場合，薬剤一部負担金は2-3種類で1日30円，4-5種類で1日60円，6種類以上で1日100円である．
7) 1件当たりの医療費は外来医療費と調剤費の合計を外来レセプト枚数で除した金額である．診療報酬（医科）の改定率を用いて外来医療費を，薬価基準の改定率を用いて薬剤（医科）を実質化した．同様に，診療報酬（調剤）の改定率を用いて調剤医療費（薬剤）と調剤の系列を実質化し，これら4系列を用いて「1件当たり外来医療費」を算出した．
8) CensusX12のSeasonal IMA modelによる（月次：$s=12$）．$(1-L)(1-L^s)y_t = (1-\Phi_1)L(1-\Phi_s L^s)\varepsilon_t$

Perronテストは(B.1)式と(B.2)式によって行われ，臨界値はPerron（1994）が用いられた．以下において構造変化点（TB）は，(A) 1994年1月-2000年8月が1997年9月，(B) 1999年8月-2006年3月が2003年4月である．検定対象の変数が単位根過程にある，もしくはレベル変数に1度のジャンプがあるという帰無仮説に対し，対立仮説は検定対象の変数がトレンド定常な変数であり，データ生成過程において切片項に1度のジャンプがあるというものである．$\theta=1$でかつ$\beta_1=\beta_2=0$が統計的に有意であれば，単位根過程にあるという帰無仮説が採択される．対立仮説は$\theta<1$，$\beta_1\neq 0$，$\beta_2\neq 0$である．

$$y_t = \alpha_1 + \alpha_2 DU_t + \alpha_3 D(TB)_t + \beta_1 t + \theta y_{t-1} + \sum_{j=1}^{k}\theta_i \triangle y_{t-i} + \varepsilon_t \quad (B.1)$$

$$y_t = \alpha_1 + \alpha_2 DU_t + \alpha_3 D(TB)_t + \beta_1 t + \beta_2 DT_t + \theta y_{t-1} + \sum_{i=1}^{k}\theta_i \triangle y_{t-i} + \varepsilon_t \quad (B.2)$$

ここでtは1次のタイムトレンドである．DU_tはレベル変数のダミー変数であり，$t>TB$の時$DU_t=1$であり，それ以外の期間は0である．$D(TB)_t$は一時点のショックをとらえるダミー変数（a pulse dummy variable）であり，$t=TB+1$のとき$D(TB)_t=1$であり，それ以外の期間は0である．トレンド定常であるという対立仮説は，$t>TB$の期間におけるトレンドの傾きの変化を含む．DT_tはタイムトレン

ドのダミー変数を表しており，$t>TB$ において $DT_t=t$ であり，それ以外の期間は 0 である．
9) 1992 年 4 月-2003 年 3 月の標本を用いて SVAR モデルを推定し，インパルス応答関数を求めた．インパルス応答関数による分析の結果，1997 年 9 月の制度変更の影響（需要ショックと供給ショック）がおおむね 24 ヵ月でゼロに収束することを見出した．この結果に基づいて，モデル(B)の標本期間を定めた．
10) 外生性はある変数自身のイノベーションがその変数の分散のすべてを説明するという条件と等しい（Sims, 1980）．3 変数の VAR を用い，熊谷・泉田（2007）は 1 件当たり外来医療費の予測誤差分散の変動を受診 1 件当たりの総費用の変動で説明できる割合が 3-5 ヵ月で約 50% に達することを明らかにした．

わが国において長期では，医療費の増大が社会保険負担率（勤労者世帯）を上昇せしめたことを Kumagai and Takabayashi (2008) が明らかにした．一方，分散分解を通じて Kumagai (2009) は，ショックから 6 年後の期間において，社会保険負担率（同）の分散変動の過半を医療費の変動が説明できることを見出した．このように社会保険負担率に対する医療費の影響が大きい理由として，Kumagai (2009) は賦課方式の医療保険制度に，拠出と関連づけのある形で給付を抑える仕組みがない点を挙げている．

11) インパルス応答関数を用いることによって，ある時点において構造ショックが 1 単位増えたときの被説明変数に対する動学的な効果を分析できる．2 変数モデルの場合，2 変数の平均値 $(\bar{y}, \bar{z})$ を用い，2 変数 VAR を行列式の体系に書き改めて (C.1) 式を得る．

$$\begin{bmatrix} y_t \\ z_t \end{bmatrix} = \begin{bmatrix} \bar{y} \\ \bar{z} \end{bmatrix} + \sum_{i=0}^{\infty} \begin{bmatrix} a_{11} & a_{12} \\ a_{21} & a_{22} \end{bmatrix}^i \begin{bmatrix} e_{1t-i} \\ e_{2t-i} \end{bmatrix} \tag{C.1}$$

(C.1) 式の残差系列 $[e_{1t}]$ と $[e_{2t}]$ は，推定されたモデルの背後にある関数の未知パラメータを用いて，次のように書き換えることができる．

$$\begin{bmatrix} e_{1t} \\ e_{2t} \end{bmatrix} = \begin{bmatrix} \dfrac{1}{(1-b_{12}b_{21})} \end{bmatrix} \begin{bmatrix} 1 & -b_{12} \\ -b_{21} & 1 \end{bmatrix} \begin{bmatrix} \varepsilon_{yt} \\ \varepsilon_{zt} \end{bmatrix} \tag{C.2}$$

(C.1) 式と (C.2) 式を組み合わせることによって，(C.3) 式が導出される．

$$\begin{bmatrix} y_t \\ z_t \end{bmatrix} = \begin{bmatrix} \bar{y} \\ \bar{z} \end{bmatrix} + \begin{bmatrix} \dfrac{1}{(1-b_{12}b_{21})} \end{bmatrix} \sum_{i=0}^{\infty} \begin{bmatrix} a_{11} & a_{12} \\ a_{21} & a_{22} \end{bmatrix}^i \begin{bmatrix} 1 & -b_{12} \\ -b_{21} & 1 \end{bmatrix} \begin{bmatrix} \varepsilon_{yt} \\ \varepsilon_{zt} \end{bmatrix} \tag{C.3}$$

ここで，求めるインパルス応答の係数を

$$\phi_i = \begin{bmatrix} \dfrac{1}{(1-b_{12}b_{21})} \end{bmatrix} \begin{bmatrix} a_{11} & a_{12} \\ a_{21} & a_{22} \end{bmatrix}^i \begin{bmatrix} 1 & -b_{12} \\ -b_{21} & 1 \end{bmatrix}$$

とおけば，(C.4) 式を得る．(C.4) 式がインパルス応答関数の体系である．

$$\begin{bmatrix} y_t \\ z_t \end{bmatrix} = \begin{bmatrix} \bar{y} \\ \bar{z} \end{bmatrix} + \sum_{i=0}^{\infty} \phi_i \begin{bmatrix} \varepsilon_{yt-i} \\ \varepsilon_{zt-i} \end{bmatrix} \tag{C.4}$$

12) 2002年4月の改定では，長期入院にかかる保険給付の範囲の見直しが行われ，患者の疾病に応じた医療機関別の包括払いを原則とする医療機関別包括評価が特定機能病院に導入された．
13) 湯田（2007）は老人の患者自己負担率の弾力性よりも（受診の）機会費用の弾力性が大きく，高齢者医療需要が間接費用，なかでも病院での待ち時間など時間的な要素から大きな影響を受けていることを明らかにした．
14) 変数間の関係を因果的に解釈するため，SVAR を識別する仮定が必要である．ε_t と u_t の関係と構造ショックが直交するという仮定より，行列 A と行列 B を構成する未知の $2k^2$ 個の要素に対して $k(k+1)/2$ 個の非線形の制約（識別制約）を課すことができる．この制約を課した SVAR の推定結果を用い，循環的な直交条件の制約（残差の共分散行列に対する制約）を課すことなくインパルス応答関数の分析を行うことができる．

参考文献

泉田信行（2004a）「患者の受診パターンの変化に関する分析」『医療と社会』14(3), 1-20.
――――（2004b）「入院医療サービス利用に関する分析」『季刊社会保障研究』40(3), 214-223.
遠藤久夫・篠崎武久（2003）「患者自己負担と医療アクセスの公平性――支出比率とカクワニ指数から見た患者自己負担の実態」『季刊社会保障研究』39(2), 144-154.
小椋正立（1990）「医療需要の価格弾力性に関する予備的考察」金森久雄・伊部英男編『高齢化社会の経済学』東京大学出版会, 189-210.
熊谷成将・泉田信行・山田武（2005）「医療保険政策の時系列的評価」*IPSS Discussion Paper Series*, 2005-05.
熊谷成将（2007）「公立病院に対する繰入金と医療サービスの水平的公平性」『医療経済研究』19(1), 37-51.
熊谷成将・泉田信行（2007）「患者自己負担率引き上げの時系列的評価」『医療と社会』17(1), 125-140.
佐野洋史（2007）「公立病院行動と財源補塡の目的整合性」『病院管理』44(3), 199-210.
鴇田忠彦・山田武・山本克也・泉田信行・今野広紀（2000）「総覧点検データによる医療需給の決定要因の分析――国民健康保険4道県について」『経済研究』51(4), 289-300.
鴇田忠彦・細谷圭・林行成・熊本尚雄（2002）「レセプトデータによる医療費改定の分析」『経済研究』53(3), 226-235.
西村周三（1976）「わが国の医療制度と公立病院の選択行動」『季刊現代経済』22, 100-113.
増原宏明・今野広紀・比左章一・鴇田忠彦（2002）「医療保険と患者の受診行動――国民健康保険と組合健康保険のレセプトによる分析」『季刊社会保障研究』38(1),

4-13.

増原宏明 (2003)「老人保健制度と外来受診——組合健康保険レセプトデータによる count data 分析」*Discussion Paper*, No.145, Project on Intergenerational Equity Institute of Economic Research, Hitotsubashi University.

増原宏明・村瀬邦彦 (2003)「1999年7月老人保健適用者外来薬剤費一部負担撤廃の効果」*Discussion Paper*, No.144, Project on Intergenerational Equity Institute of Economic Research, Hitotsubashi University.

山田直志 (2002)「健康診断の需要と不確実性」小椋正立・デービッド・ワイズ編『日米比較 医療制度改革』日本経済新聞社, 161-200.

湯田道生 (2007)「高齢者の外来医療需要における総価格弾力性の計測」『日本経済研究』57, 23-52.

吉田あつし・伊藤正一 (2000)「健康保険制度の改正が受診行動に与えた影響」『医療経済研究』7, 101-120.

Acton, J. P. (1975) "Nonmonetary Factors in the Demand for Medical Services: Some Empirical Evidence," *Journal of Political Economy*, 83, 3, 595-614.

Cauley, S. D. (1987) "The Time Price of Medical Care," *The Review of Economics and Statistics*, 69, 1, 59-66.

Dickey, D. A. and W. A. Fuller (1979) "Distribution of the Estimators for Autoregressive Time Series with a Unit Root," *Journal of the American Statistical Association*, 74, 427-431.

Granger, C. W. J. (1988) "Some Recent Developments in A Concept of Causality," *Journal of Econometrics*, 39, 199-211.

Kan, M. and W. Suzuki (2004) "The Demand for Medical Care in Japan: Evidence from Natural Experiment," paper presented at the Annual Meeting of the Japanese Economic Association.

Kumagai, N. (2007) "The Effect of Cost Containment on the Outpatient in Japan," *The Japanese Journal of Social Security Policy*, 6(2), 157-170.

Kumagai, N. (2009) "On the Long-Run Equilibrium Relationship among Health Care Expenditures, Public Pension and Social Insurance Burden Rate in Japan," *Discussion Paper*, Project on Intergenerational Equity, Institute of Economic Research, Hitotsubashi University

Kumagai, N. and K. Takabayashi (2008) "On the Causality among Social Insurance Burden Rate, Health Care Expenditures and Public Pension," *The Hiroshima Economic Review*, 32(2), 33-44.

Perron, P. (1989) "The Great Crash, the Oil Price Shock, and the Unit Root Hypothesis," *Econometrica*, 57, 1361-1401.

Perron, P. (1994) "Trend, Unit Root and Structural Change in Macroecomnomic Time Series," B. Bhaskara Rao ed., *Cointegration for the Applied Econo-*

mist, St. Martin's Press, pp. 113-146.

Pesaran, M. H. and A. Timmermann (2005) "Small Sample Properties of Forecasts from Autoregressive Models Under Structural Breaks," *Journal of Econometrics*, 129, 183-217.

Phelps, C. E. and J. P. Newhouse (1974) "Coinsurance, the Price of Time, and the Demand for Medical Services," *The Review of Economics and Statistics*, 56, 3, 334-342.

Sims, C. A. (1980) "Macroeconomics and Reality," *Econometrica*, 48, 1-48.

Zweifel, P. and F. Breyer (1997) "Hospital Services and Their Payment," *Health Economics*, Oxford University Press, pp. 267-299.

第11章 2030年の高齢者像と年金制度改革
——マイクロ・シミュレーションモデルによる分析——

稲垣誠一

1 はじめに

　わが国は，少子高齢化の急速な進展により，近い将来，世界に類をみない超高齢社会の到来が予測されている．国立社会保障・人口問題研究所（2007；2008）の将来推計によれば，65歳以上の高齢者数は，2005年時点の2,576万人（20.2％）から，2030年には3,667万人（31.8％）に増加し，そのうち，1人暮らしの高齢者（施設入所者を除く）は387万人から717万人に増加するなど，高齢者の同居家族についても大きく変容していくことが見込まれている．

　一方，これらの高齢者の生活の主柱となる公的年金制度については，年金記録問題などが顕在化したこともあり，一般の不安感も大きく，税方式への転換などさまざまな論点から国民的な議論が行われている．平成20年9月29日に開催された社会保障審議会年金部会（2008）の論点整理では，「平成16年改正後に残された課題に対する検討の視点」が7つ示され，その第1の視点として，「低年金・低所得者に対する年金給付の見直しについて」が挙げられた．基礎年金の財政方式を社会保険方式とするか税方式とするかについては意見が分かれているが，この論点の重要性については，いずれの方式の論者も異論はないように思われる．

　それでは，低年金・低所得の高齢者の現状はどうなっており，今後このような高齢者は増加していくのであろうか．残念ながら，政府が公表しているシミュレーション結果は，足元または制度成熟時におけるいくつかのモデルケース家計への影響にとどまっており，年金額の分布などの将来推計結果は示されていない．この点について，社会保障国民会議（2008a）の中間報告では，「現

行の納付率で推移した場合,将来無年金者が大きく増大することは考えにくいが,逆にいえば,現在のままの納付率水準であれば将来にわたって継続的に高齢者の一定割合(約2%)の無年金者が発生し続ける」との指摘にとどまっている.

このような年金額や所得の分布の将来推計を行う手法としては,マイクロ・シミュレーションモデルが知られている.欧米やオーストラリアなどの先進諸国の多くにおいては,その国独自のモデルが開発され,この種のシミュレーションが実施されている.また,実際に政策決定のための参考として利用されている例[1]も多い.このマイクロ・シミュレーションモデル[2]は,Orcutt (1957) により提唱されたモデルであり,税制や年金制度など社会政策の変更や個々人の行動 (behavior) が,個々人の所得や生活にどのような影響を与えるかミクロレベルで評価することを目的としたモデルである.

マイクロ・シミュレーションモデルが広く開発・利用されるようになったのは,1990年代以降のことである.これは,Harding and Gupta (2007) によると,第1に,ミクロデータの利用が可能になったこと,第2に,政策決定の場において,政策変更が所得分布などに及ぼす影響の評価の必要性が増大したこと,第3に,コンピュータの能力が飛躍的に向上したことが挙げられている.このような開発・利用の広がりのなか,2007年には,Orcuttの提唱後50周年を記念して,第1回の国際会議がウィーンで開催され,世界各国のモデルや研究成果の発表が行われた.また,新たにInternational Microsimulation Associationが設立され,ウエブジャーナルとして *The International Journal of Microsimulation* (2007年) が創刊された.

わが国では,筆者が知る限りにおいてはINAHSIM (Integrated Analytical Model for Household Simulation) が唯一の汎用的なモデルである.INAHSIMが初めて開発されたのは1980年代前半であるが,当初は一般世帯の推計にとどまっていた(青井ほか1986).この世帯モデルに,府川 (2004) が身体状況を付加し,その後,稲垣 (2007) が就業状態,稼働所得および健康状態などを,稲垣・金子 (2008) が,施設世帯および年金所得などを付加した.他国のモデルと比べると社会経済属性は少ないが,世帯モデルを出発点としていることもあり,老親との同居や結婚・離婚時の世帯異動といった日本独自のライ

フイベントが含まれるなど，家族・世帯に関する基本的なシミュレーション機能が充実している．また，属性数が少ないことから高速でシミュレーションを行うことができ，通常1回しか行われないシミュレーションを100回実施して平均を取ることにより，標本誤差を最小限に抑えていることも特徴のひとつである．

　将来推計を行うためには，各種の前提条件について一定の想定を行う必要がある．マイクロ・シミュレーションモデルでは，結婚，就職，両親との同居といったさまざまなライフイベントについての個々人の行動を表す遷移確率がそれに相当する．詳細については後述するが，本シミュレーションでは，基本的に，最近の個々人の行動が将来にわたって変化しないという想定を行っている．個々人の行動は，政策変更や意識の変化などによって変わりうるものである．したがって，本シミュレーション結果を利用する場合には，こうした前提であることに十分に留意する必要があり，確定的な将来推計結果ととらえるよりは，むしろ，政策変更や意識の変化がもたらす将来の経済社会への影響を評価するためのベンチマークとしてとらえることが適切であろう．

　本章では，稲垣・金子（2008）で得られたシミュレーション結果のうち，高齢者の子との同居状況や所得分布などにかかわる結果を考察することにより，公的年金制度が有する高齢期の所得保障機能について評価を試みる．第2節では，マイクロ・シミュレーションモデルについて，その仕組み，初期値データ，遷移確率等について，高齢者の同居家族および所得分布の推計に関連する部分を中心に記述する．第3節では，まず，単身高齢者女性に焦点をあて，彼女らの将来の同居家族や年金額の分布について考察する．次いで，高齢者全体にその範囲を拡げ，2030年[3]における高齢者像——家族や世帯の姿，年金額分布や等価所得の分布——を定量的に示すことにより，問題点を明らかにする．第4節では，これまでに提案されている公的年金制度改革案について，高齢者の所得分布への影響を分析するとともに，年金を受給する高齢者の立場からこれらの評価を試みる．さらに，これらの定量的な評価をふまえたうえで，新たな改革案を提案する．第5節では，全体のまとめとマイクロ・シミュレーションモデルの課題や展望について指摘する．

2 研究の方法

(1) マイクロ・シミュレーションモデルの仕組み

マイクロ・シミュレーションモデルは，人びと，家族，世帯など個々人のベースで動作するモデリング技法であり，計算機上に現実社会のミニチュア社会（たとえば，日本の人口の1,000分の1のモデル）を構築し，モンテカルロ法によって，個々人レベルのライフイベントを将来にわたってシミュレートするものである．また，モデルには，社会保障制度や税制など各種の社会政策が組み込まれ，それらの社会政策の効果を測定することができるように仕組まれている．

個々人の行動は，たとえば，18歳で正社員として就業する確率が20％であるといったように遷移確率によって表され，その確率に従ってミニチュア社会の個々人が行動するものとしてシミュレーションが行われる．社会保障制度や税制などはあらかじめその制度内容がモデルに組み込まれており，その制度に従って，個々人が行動する仕組みとなっている．シミュレーションは個々人のレベルで行われることから，このモデルによって，10年後，20年後の社会の状況，たとえば所得分布などを得ることが可能であり，その集計結果に基づいて，社会政策の効果や個々人の行動変化の影響を評価することとなる．社会政策などの変更について，コンピュータ上で「社会実験」をするためのツールと考えることができる．

INAHSIMのシミュレーションの仕組みは，図1に示すとおりであり，各種のライフイベントが1年サイクルで発生するものとしている．このモデルで取り扱っているライフイベントは，出生，健康状態の遷移，死亡，結婚，離婚，就業状態の遷移，稼働所得の決定，単身化，老親との同居，年金の裁定，施設への入所であり，この順で年に1回発生するもの[4]としている．「単身化」は，進学や就職で未婚者が親元を離れるイベント，「老親との同居」は，両親が高齢になったときに子どもが両親と同居を再開するイベント，「施設への入所」は高齢者が老人ホームなどへ入所するイベントを表している．また，「死亡」では遺族年金の裁定，「結婚」では親同居か独立世帯かの選択，「離婚」では親

```
                    ┌─────── 新しい年 ───────┐
                    │                         │
            施設への入所                    出生
                │                             │
            年金の裁定                  健康状態の遷移
                │                             │
            老親との同居                    死亡
                │                             │
             単身化                         結婚
                │                             │
         稼動所得の決定 ← 就業状態の遷移 ← 離婚
```

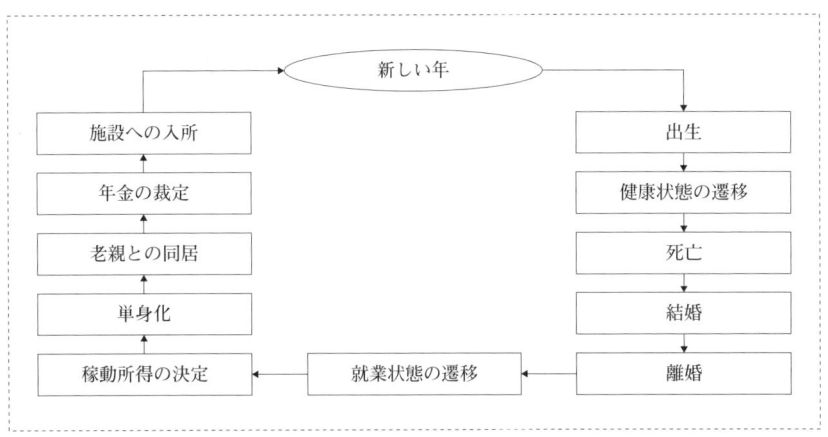

図1 INAHSIM のシミュレーション・サイクル

権の決定や親元に戻るかどうかの選択がシミュレートされている．

モデルの構造や遷移確率，初期値データなどの詳細については，稲垣・金子（2008）および稲垣（2007）に詳しく記述してあるので，ここでは，本章の目的である高齢者の同居家族や所得分布の推計などに深く関連する遷移確率や個々人の属性などを中心に触れることとする．第3節以下において各種のシミュレーション結果を示しているが，これらの結果は，次項以降に示した前提のもとでの将来推計結果であり，分析・利用にあたってはこの点について十分な留意が必要である．

(2) 個々人の属性とシミュレーションの初期値

モデルに含まれる個々人の属性は，そのモデルの機能を規定するものであり，もっとも重要な部分である．もちろん，その属性は多いほど多様なシミュレーションを可能にするが，一方で，信頼できる初期値データが得られるかどうか，また，個々人の属性の遷移が遷移確率として推定可能かどうかに十分に留意する必要がある．

本モデルで取り扱う個々人の属性は，夫婦関係，親子関係，同居関係のほか，一般世帯・施設世帯の別，健康状態，就業状態，配偶状態，年金加入種別，稼働所得基準値，稼働所得，等価所得[5]，公的年金額（基礎年金相当，報酬比例部分）および生涯所得並びに35歳時の就業状態，配偶状態，年金加入種別，

親同居の状況および稼働所得基準値などである．なお，貯蓄や持ち家などストックに関する属性は含まれていない．高齢者にはストックをもっている者も多いが，本章の分析では，このストックの状況が考慮されていないことに留意が必要である．

このうち，就業状態については，正社員，パート等，自営業主，非就業の4区分としているが，職場における呼称ではなく，加入している年金種別を基礎として格づけている．具体的には，第2号被保険者を「正社員」，自営業主を「自営業主」，それ以外の就業者を「パート等」としており，公的年金による老後保障の水準を意識した区分となっている．したがって，本章における「正社員」は一般にいわれている正社員よりも若干範囲が狭くなっていることに留意が必要である．

また，稼働所得基準値は，性別・年齢階級別・就業状態別の稼働所得が対数正規分布に従っていると考え，個々人の稼働所得の対数を標準化したものである．今回のシミュレーションでは，この基準値が生涯にわたって変わらないものと仮定していることから，就職時の所得が低い場合には生涯にわたって相対的に低い所得が続くこととなる．現実社会においてもこのような傾向はあるが，完全に固定化されているわけではないので，本シミュレーションで得られる将来の所得格差などは，本来のものよりも若干大きくなっている可能性があることに留意が必要である．

これらの個々人の属性を含む初期値データについては，2004年国民生活基礎調査所得票の個票[6]から作成した．シミュレーションに用いた初期値データは，日本社会の1,000分の1の規模の人口（12万7,000人）であるが，2004年から2100年までの約100年間のシミュレーションを100回実施し，その平均値を推計結果とした．したがって，モンテカルロ法に由来する標本誤差は小さく，ほとんど無視できる水準となっている．なお，本章では，このシミュレーション結果のうち2030年までのものを分析対象としている．

(3) ライフイベントと遷移確率

遷移確率は，ライフイベントごとに個々人の行動を数値化したものであり，外生的に与えられるものである．本シミュレーションで用いた遷移確率は，直

近の実績[7]から推定したものであり，死亡率と初婚率以外については将来にわたって変化しないものと想定している．

　ライフイベントごとに指定されている遷移確率は，次のとおりである．「出生」は性別・年齢階級別・出生順位別有配偶出生率，「健康状態の遷移」は性別・年齢別健康状態の悪化率，「死亡」は性別・年齢別死亡率，「結婚」は性別・初再婚別・年齢別・就業状態別婚姻率，「離婚」は妻の年齢別離婚率，「就業状態の遷移」は性別・年齢別・配偶状態別遷移確率，「単身化」は性別・年齢別・就業状態別単身化率，「老親との同居」は性別・年齢別同居率，「施設への入所」は性別・年齢別・配偶状態別入所率を用いている．また，結婚時には親との同居に関する確率，離婚時には親権をもつ確率や親元へ戻る確率が仮定されている．これらのうち，死亡率については，2050年までの低下傾向，初婚率については，2012年までの低下傾向を織り込んでいる．

　これらのライフイベントのうち，「老親との同居」は，高齢者の同居家族の形態に大きな影響を及ぼしている．わが国では，高度成長期以降，核家族化が進展しているが，親が高齢になり，夫との死別や健康状態の悪化などを契機に子と同居をはじめるケースも多い．高齢者の子との同居は家族による高齢者の生活保障のなかでもっとも一般的なものであり，高齢者に対する公的な生活保障が充実してきている今日においても，依然として重要な生活保障機能となっている．この老親との同居は，高齢単身者に対して生ずるライフイベントとして，2001年のデータに基づいて推定した性別年齢別同居率が将来にわたって変化しないと想定している．たとえば，80歳では，別居している子がいる高齢単身者のうち，男性では7.7％，女性では5.6％が1年以内に子と同居をはじめると見込んでいる．

　「稼働所得の決定」については，性別・年齢階級別・就業状態別の稼働所得が対数正規分布に従うものとして，稼働所得基準値から毎年の稼働所得額の推定を行っている．ただし，賃金上昇や物価上昇は織り込んでおらず，2004年時点の性別・年齢階級別・就業状態別の稼働所得水準が将来にわたって継続するものとしている．したがって，将来の平均所得などについては，2004年時点の価格表示と考えることができるが，実質賃金の上昇などが織り込まれていないことに留意が必要である．

「年金の裁定」は，本則の支給開始年齢時（報酬比例部分は第2号被保険者でなくなったとき）に行われる仕組みとなっており，繰上げや繰下げは考慮していない．年金額は，35歳時点の年金加入種別と稼働所得基準値によって決定され，年金額の分布は，2004年時点の新規裁定者の分布が将来にわたって変化しないものとしている．また，マクロ経済スライドや既裁定の年金受給者に対する物価スライドなども織り込んでいない．したがって，年金額は2004年の価格表示と考えられるが，各種のスライドによる給付抑制措置を織り込んでいないことから，年金額は現実のものよりも高めの評価となっている．なお，老齢年金以外では，遺族厚生年金（遺族共済年金を含む）の裁定のみ考慮しており，遺族基礎年金や障害年金は考慮していない．

3 シミュレーション結果と考察

(1) 高齢者女性の家族・所得に関する将来推計

社会保障国民会議などの議論では，低年金・低所得者として単身高齢者女性が念頭に置かれている．そこで，65歳以上の高齢者女性について，配偶者の状況，配偶者のいない高齢者女性の同居家族の状況および年金額の分布について，将来推計結果を考察してみることとする．

表1は，高齢者女性人口について，配偶状態別（有配偶，未婚，離別，死別）の将来推計を2030年までみたものである．高齢者女性人口は，2004年の1,433万人から2030年には2,039万人と42％増加するものと見込まれる．ま

表1 配偶状態別高齢者女性人口の将来見通し（万人）

年次	総数	有配偶	未婚	離別	死別
2004	1,433	689	50	41	654
	100.0%	48.1%	3.5%	2.9%	45.6%
2020	1,992	930	79	130	854
	100.0%	46.7%	3.9%	6.5%	42.8%
2030	2,039	860	118	182	880
	100.0%	42.2%	5.8%	8.9%	43.1%

注：INAHSIMにより，筆者推計．

表 2 同居家族別配偶者のいない高齢者女性人口の将来見通し（万人）

年次	総数	単独・施設		子夫婦	配偶者のいない子	その他
		子あり	子なし			
2004	744	335	120	235	137	37
	100.0%	45.1%	16.1%	31.6%	18.4%	4.9%
2020	1,062	580	203	204	224	54
	100.0%	54.6%	19.1%	19.2%	21.1%	5.1%
2030	1,179	658	248	201	259	61
	100.0%	55.8%	21.0%	17.0%	22.0%	5.2%

注：INAHSIMにより，筆者推計.「単独・施設」は1人暮らし，もしくは施設入所者,「子夫婦」は子ども夫婦と同居,「無配偶の子」は配偶者のいない子と同居している者である.

た, 有配偶者の比率は48.1%から42.2%に低下する一方, 未婚, 離別の割合が増加し, 2030年には, 1,000万人を超える高齢者女性が無配偶者になると見込まれる.

高齢者女性の有配偶率の低下は, 生涯未婚率の上昇や熟年離婚など離婚の増加がその主要な要因である. 生涯未婚率の上昇は近年指摘されている現象であるが, これらの世代が高齢者の仲間入りをする2020年代以降, 徐々に未婚者の割合が増加していくこととなる. 一方, 死別は, 生涯夫と連れ添うことが条件であり, 未婚や離別の増加に伴う有配偶率の低下から少し遅れる形でその割合が低下していくこととなる. すなわち, 2030年頃までの配偶状態別高齢者女性人口の推移をみると, 未婚者と離別者の比率が上昇する一方, 有配偶者の比率は低下し, 死別者の比率はあまり変化しないと見込まれる.

配偶者のいない高齢者女性は, 必ずしも単身世帯とは限らない. 特に, 死別者では子と同居している者も多い. これらの女性の同居家族の将来推計をみたものが表2である. 配偶者のいない高齢者女性人口は, 2004年の744万人から2030年には1,179万人と58.5%の増加であるが, 1人暮らし・施設入所者の増加は著しく, 335万人から658万人とほぼ倍増する. これは, 高度成長期以降の核家族化によるところが大きいが, 未婚者と離別者の比率の上昇もその一因と考えられる.

さらに, 1人暮らし・施設入所者のうち, 別居の子どもがいない者（身寄りがないか, 兄弟姉妹, 甥・姪のみ）をみると, 2030年では248万人（37.7%）と見込まれ, 自分自身の年金収入だけが頼りと考えられる者も相当数に上ると

表 3 配偶者のいない高齢者女性の年金額の分布の将来見通し（万人）

年次	総数	0-49万円	50-99万円	100-149万円	150-199万円	200万円以上
2004	744 100.0%	159 21.3%	229 30.7%	155 20.8%	118 15.8%	85 11.4%
2020	1,062 100.0%	119 11.2%	276 25.9%	256 24.1%	230 21.7%	180 17.0%
2030	1,179 100.0%	121 10.2%	280 23.8%	335 28.4%	311 26.4%	132 11.2%

注：INAHSIM により，筆者推計．

見込まれる．すなわち，2030 年における単身高齢者女性人口は，658 万人であり，うち 248 万人は別居の子どももいないということになる．

この配偶者のいない高齢者女性が受給している公的年金の受給額の分布をみたものが表 3 である．低年金・無年金者が増加するような印象があるが，実はその割合は低下していくと見込まれる．これは，女性の年金権の確立など皆年金を目指したこれまでの年金改革の成果が表れたものであり，サラリーマン化した夫の遺族年金受給者の増加もその要因のひとつである．その結果，2030 年までには，低年金・無年金者が減少する一方，100 万円台の年金を受給する者が大幅に増加することとなる．ただし，先に述べたように，1 人暮らし・施設入所者の増加が著しく，子と同居して扶養を受けている者の割合が低下していくことから，低年金・無年金者の減少が配偶者のいない高齢者女性の生活水準の向上を必ずしも意味しないことに留意が必要である．

今日の公的年金の見直し論議は，国民年金の未納問題に端を発していることもあり，低年金・無年金の問題がクローズアップされているが，実は，高齢者女性の年金額の分布に関する将来推計について 2030 年頃までをみると，必ずしもそういうことではない．これは，高齢者女性だけでなく，後述するように，高齢者全体をみても同様であり，低年金・無年金者の割合は減少していくと見込まれるのである．一方，高額な年金の適正化も行われ，年金給付に関する格差は縮小していく．年金額だけをみれば，十分な制度改革が行われてきたとみるべきではないだろうか．

低年金・無年金の問題は，社会保障国民会議などの議論にみられるように，寡婦などの単身高齢者女性が念頭に置かれている．この高齢者女性に代表され

る問題は，年金額よりも，家族の変容が大きな問題である．年金額の水準は確かに改善するが，一方で子との同居が減少し，子が老親を扶養するという伝統的な私的扶養の機能低下が著しい．年金額の改善だけでは，問題が解決しないくらい家族の変容が著しいことが，見直し論議の背景にあると考えられる．これは，女性だけでなく，高齢者全体の問題である．以下においては，高齢者全体について考察することとする．

(2) 高齢者の同居家族の変容と所得水準の変化の見通し（2030年の高齢者像）

公的年金制度が有する高齢期の所得保障機能について評価するためには，公的年金の水準のみならず，子など同居家族から受けられる経済的支援などの将来推計が必要不可欠である．ここでは，いわゆる団塊の世代が80歳を超え，高齢者のなかでもさらに高齢の者が急増する時期である2030年にターゲットをおいて，①高齢者が受給する公的年金額の分布（公的扶養），②同居家族形態別の高齢者数（私的扶養），③高齢者の等価所得の分布（生活水準）の中長期的な将来見通しを，75歳未満と75歳以上の高齢者に区分して示すことにより，現行制度が将来にわたって十分な生活保障機能を果たすことが期待できるかどうかについて考察を行う．なお，ここでは，他の統計資料や医療保険制度などに合わせ，便宜的に75歳で，高齢者を若いグループとより高齢のグループに区分して分析した．このより高齢のグループは，就業者の割合が非常に低く，寡婦など単身者が多いことが特徴であり，若いグループとはその特性がかなり異なるものと考えられる．

表4は，現行の年金制度を維持した場合における高齢者の年金額の分布の将来推計をみたものである．

公的年金の成熟化や厚生年金への加入率の上昇などにより，2030年までには，50万円未満といった低い年金額の高齢者は，その比率だけでなく，実人員についても減少するもの[8]と見込まれる．これは，1985年改正によって女性の年金権が確立され，夫の厚生年金の一部が基礎年金として妻の名義に振り替えられたため，女性の低年金・無年金が減少していくことがその理由のひとつと考えられる．また，75歳以上の高齢者では，自分名義の年金がないか少額であった妻が，夫の死亡により遺族年金を受給するようになることなども考え

表4 年金額の分布の将来見通し

(1) 75歳未満の高齢者

年次	総数	0-49万円	50-99万円	100-149万円	150-199万円	200万円以上
2004	1,378 100.0%	214 15.5%	413 30.0%	243 17.6%	152 11.0%	356 25.9%
2020	1,689 100.0%	183 10.8%	567 33.6%	283 16.8%	404 23.9%	252 14.9%
2030	1,387 100.0%	182 13.1%	449 32.4%	235 17.0%	335 24.1%	186 13.4%

(2) 75歳以上の高齢者

年次	総数	0-49万円	50-99万円	100-149万円	150-199万円	200万円以上
2004	1,111 100.0%	255 22.9%	313 28.2%	178 16.1%	132 11.8%	233 20.9%
2020	1,779 100.0%	255 14.3%	465 26.1%	310 17.4%	303 17.0%	446 25.1%
2030	2,106 100.0%	219 10.4%	578 27.5%	405 19.3%	524 24.9%	380 18.0%

注：INAHSIMにより，筆者推計．

られる．なお，200万円以上の年金受給者の比率が減少しているが，これは，基礎年金の導入や年金額の適正化に伴う男性の年金水準の低下が寄与しているものと考えられる．

　表5は，高齢者の同居家族の見通しを，施設入所者のほか，1人暮らし，夫婦のみの世帯，子夫婦との同居，配偶者のいない子との同居，その他の世帯に区分してみたものである．75歳未満・75歳以上高齢者のいずれも1人暮らしの増加が著しい．家族と同居していない1人暮らしと施設入所者の合計の人数をみると，75歳未満の高齢者では2004年の208万人（15.1％）から2030年の346万人（24.9％）に，75歳以上の高齢者では2004年の282万人（25.4％）から733万人（34.9％）に増加するものと見込まれる．なお，このうち，子がいない75歳以上の高齢者（身寄りがないか，兄弟姉妹または甥・姪のみ）は293万人（2004年では95万人）に上り，必ずしも子との別居を選択しているというわけではない．

　また，配偶者のいない子と同居している高齢者も大幅に増加する．この「配偶者のいない子」は，現時点のパラサイト・シングルの将来の姿であるケース

表 5 同居家族別にみた高齢者数の将来見通し

(1) 75歳未満の高齢者

年次	総数	1人暮らし	夫婦のみ	子夫婦と同居	配偶者のいない子	その他	施設入所
2004	1,378 100.0%	183 13.3%	555 40.3%	223 16.2%	334 24.2%	59 4.3%	25 1.8%
2020	1,689 100.0%	329 19.4%	582 34.4%	147 8.7%	460 27.2%	128 7.6%	44 2.6%
2030	1,387 100.0%	305 22.0%	413 29.7%	108 7.8%	384 27.7%	137 9.9%	41 3.0%

(2) 75歳以上の高齢者

年次	総数	1人暮らし	夫婦のみ	子夫婦と同居	配偶者のいない子	その他	施設入所
2004	1,111 100.0%	187 16.8%	252 22.7%	360 32.4%	183 16.5%	33 3.0%	95 8.6%
2020	1,779 100.0%	384 21.6%	480 27.0%	310 17.4%	378 21.3%	52 2.9%	175 9.8%
2030	2,106 100.0%	511 24.3%	514 24.4%	314 14.9%	477 22.7%	67 3.2%	222 10.5%

注:INAHSIMにより,筆者推計.

が多い.非正規雇用などによって十分な経済力がないことから親元から独立することができず,親同居未婚のままの状態で両親が高齢者になったケースである.この場合,同居している子の経済力をあまり期待できないことに留意が必要である.

このように,高齢者の同居家族の変容は著しいものがあり,将来の高齢者の生活水準を考える場合,単純に年金額の分布をみるだけでは不十分である.そこで,高齢者の公的年金と同居家族の所得(高齢者本人の稼働所得を含む)を合算した世帯の所得を世帯人数の平方根で除した等価所得を考察することとする.表6は,その等価所得の分布の将来推計を表したものである.

75歳未満の高齢者では,2030年までに,150万円以上200万円未満の層が増え,それ以上の高所得者層が若干減少するものの,低所得者層の割合・実人員は大きく変化しない.低年金・無年金者を中心に公的年金水準の底上げが図られたにもかかわらず,低所得者層の割合に大きな変化がみられないのは,1人暮らしの高齢者が増加することによって,子との同居による私的扶養が縮小していくためと考えられる.

表6 高齢者の等価所得の分布の将来見通し

(1) 75歳未満の高齢者

年次	総数	0-49万円	50-99万円	100-149万円	150-199万円	200-249万円	250万円以上
2004	1,378	40	87	129	153	205	765
	100.0%	2.9%	6.3%	9.3%	11.1%	14.9%	55.5%
2020	1,689	32	120	184	303	244	806
	100.0%	1.9%	7.1%	10.9%	17.9%	14.5%	47.7%
2030	1,387	46	97	156	248	186	653
	100.0%	3.3%	7.0%	11.3%	17.9%	13.4%	47.1%

(2) 75歳以上の高齢者

年次	総数	0-49万円	50-99万円	100-149万円	150-199万円	200-249万円	250万円以上
2004	1,111	54	123	128	130	124	553
	100.0%	4.8%	11.0%	11.5%	11.7%	11.2%	49.8%
2020	1,779	73	180	221	270	271	763
	100.0%	4.1%	10.1%	12.4%	15.2%	15.3%	42.9%
2030	2,106	76	227	296	434	311	760
	100.0%	3.6%	10.8%	14.1%	20.6%	14.8%	36.1%

注:INAHSIMにより,筆者推計.

　75歳以上の高齢者の所得分布についても,75歳未満の高齢者とほぼ同様の傾向になるものと見込まれる.しかしながら,75歳以上の高齢者数そのものが1,111万人から2,106万人へとほぼ倍増することから,低所得者層の実人員が大きく増加することとなる.実際,50万円未満の層では54万人から76万人に,50万円以上100万円未満の層では123万人から227万人に増加すると見込まれる.日本の人口が減少していくなかで,このような低所得者層の実人員の増加は,日本社会に少なからぬ影響を与えることが懸念される.

4　2030年の高齢者像からみた公的年金制度改革案の評価

(1) 公的年金制度改革案の評価

　前節で述べたように,現行の公的年金制度を維持した場合におけるシミュレーション結果によると,75歳未満の高齢者では低所得者層の実人員はほとんど増加しないが,75歳以上の高齢者では大幅に増加することが示された.こ

の増加する低所得者層に対して，これまでに提案されている税方式化を念頭に置いた年金制度改革案がどのような効果を有しているかについて，マイクロ・シミュレーションモデルを用いてその評価を試みた．

これらの改革案にはさまざまなバリエーションがあるが，社会保障国民会議(2008b) 第一分科会 (所得確保・保障 (雇用・年金)) の中間とりまとめ「社会保障制度健全化の鍵は現役世代の活力」では，これらを3つに類型化して財政に関する定量的なシミュレーションが行われている．そこで，本章では，これらのケースA，ケースBおよびケースC'について評価を試みた．比較を行った制度改革案は，いずれも65歳から税方式の基礎年金を支給する方式であり，最終的な姿は同一である．しかしながら，これまでの保険料納付実績への対応について違いがあり，A案は納付実績を考慮しない一律給付，B案は未納期間に相当する給付を減額，C案は納付期間に相当する給付を上乗せするという考え方である．したがって，現在の20歳の被保険者が全員死亡するまでの間は，A案を除いてこの経過措置が残ることとなる．

表7は，2030年における75歳未満・75歳以上高齢者の等価所得分布を比較したものである．現行制度では，等価所得が100万円未満の低所得層は，75歳未満の高齢者で143万人 (10.3％)，75歳以上の高齢者で303万人 (14.4％) となっている．本表は，この低所得者層が2030年までに年金制度改革によってどの程度減少するかを示している．なお，2030年はおよそ20年後のことであり，各制度改革案の経過措置の違いが，高齢者の等価所得の分布に大きく反映されている．

まず，75歳未満の高齢者をみると，等価所得が100万円未満の低所得層は，A案が100万人 (7.2％)，B案が130万人 (9.4％)，C案が31万人 (2.2％) といずれも減少するが，B案では0.9ポイントの低下にとどまり，改革の効果は小さい．B案は，2009年以降の期間について国民年金の保険料を納付したとみなすという考え方に相当するが，これは現行制度であれば未納であったであろう者の年金額がその分引き上げられるだけであり，2030年の時点ではまだその効果が小さいことを意味している．一方，A案およびC案は，65歳以上の高齢者全員に対して満額の基礎年金 (約80万円) が支給されることから，低年金・無年金が解消され，低所得層が大幅に減少することとなる．特に，C

表7 制度改革案別にみた高齢者の等価所得の分布（2030年）

(1) 75歳未満の高齢者

	総数	0-49万円	50-99万円	100-149万円	150-199万円	200-249万円	250万円以上
現行制度	1,387 100.0%	46 3.3%	97 7.0%	156 11.3%	248 17.9%	186 13.4%	653 47.1%
A案	1,387 100.0%	1 0.1%	99 7.1%	113 8.2%	229 16.5%	230 16.6%	716 51.6%
B案	1,387 100.0%	32 2.3%	98 7.1%	145 10.4%	250 18.0%	196 14.1%	667 48.1%
C案	1,387 100.0%	0 0.0%	31 2.2%	89 6.4%	123 8.9%	190 13.7%	954 68.8%

(2) 75歳以上の高齢者

	総数	0-49万円	50-99万円	100-149万円	150-199万円	200-249万円	250万円以上
現行制度	2,106 100.0%	76 3.6%	227 10.8%	296 14.1%	434 20.6%	311 14.8%	760 36.1%
A案	2,106 100.0%	1 0.1%	203 9.7%	232 11.0%	420 20.0%	392 18.6%	857 40.7%
B案	2,106 100.0%	72 3.4%	226 10.7%	292 13.9%	435 20.7%	315 14.9%	765 36.3%
C案	2,106 100.0%	0 0.0%	26 1.2%	141 6.7%	212 10.1%	330 15.7%	1,396 66.3%

注：INAHSIMにより，筆者推計．

案では，満額の基礎年金に加え，過去の納付期間に応じた給付が上乗せして支給されることから，その効果は大きい．

一方，等価所得が250万円以上の75歳未満の高齢者は，A案およびB案ではあまり増加しないが，C案では，現行制度の653万人（47.1%）から954万人（68.8%）と大幅に増加する．これは，C案では現在の所得に満額の基礎年金を上乗せして支給することになるため，高所得層を新たに生み出すことを意味している．したがって，C案は，低年金・低所得者対策としては，不要な給付が多いのではないかと考えられる．

次に，75歳以上の高齢者についてみると，等価所得が100万円未満の低所得層は，A案が204万人（9.8%），B案が298万人（14.1%），C案が26万人（1.2%）といずれも減少するが，B案ではわずか0.3ポイントの低下にとどまり，改革の効果はほとんどみられない．これは，B案では，75歳未満の高齢

者よりもさらに10年遅れてその効果が現れるからである．A案およびC案は，B案のような遅れがないことから，75歳未満の高齢者と同様に直ちに改革の効果が現れる．

これらの年金制度改革案を低年金・低所得者対策と考えた場合，B案では少なくとも2030年頃まではほとんど改革の効果がみられないこと，C案では高所得者層にも上乗せ給付を支給することから，費用がかさむという問題を有している．一方，A案は，等価所得の分布をみる限りにおいては，低年金・低所得者対策として効果的と考えられる．しかしながら，過去の保険料の納付実績を無視することから，まじめに保険料を納付してきた者も，まったく保険料を納付しなかった者も生涯同じ年金額ということになり，公平性の観点から納得されるとは考えにくい．

このように，いずれの年金制度改革案も低年金・低所得者対策としては十分ではなく，現行制度に比べて特に優れているとは考えられない．言い換えると，現行の基礎年金を単純に社会保険方式から税方式に切り替える改革案については，経過措置を工夫したとしてもあまり実用的ではないと考えられる．

(2) 新しい年金制度改革案

前項では，マイクロ・シミュレーションモデルによる将来の高齢者の等価所得分布などの推計結果を基礎として，低年金・低所得者に対する所得保障の観点から，現行制度や提案されている年金制度改革案（税方式）について評価を行った．この観点からはA案が望ましいが，まじめに保険料納付をしてきた人びととの公平性が確保されないという問題点を有しているなど，いずれの方法も現行制度と比べて優れているとは判断できないという結果であった．しかしながら，前節で述べたように，今後年金水準の底上げが図られるものの，高齢者の同居家族の著しい変容によって，所得水準の低い高齢者の実人員が増加するという問題は避けられないことも事実である．

このような所得水準の低い高齢者については，どのような施策を講じることが適切であろうか．無年金・低年金者と高齢者の所得保障について，年金と生活保護との関係を中心に考察した田中（2006）によると，現行制度のもとでは，公的年金で不足する生活費について，ミーンズテストなどを行ったうえで，生

活保護に頼らざるを得ない場合には生活保護制度からその差額分が支払われる．すなわち，資産等がなく，生活保護に頼らざるを得ない高齢者にとっては，公的年金の多寡にかかわらず，国から一定の給付が受けられる仕組みとなっており，年金保険料を納める意欲をそぐおそれがあると指摘している．また，生活保護制度には自立支援機能の強化[9]が重要との指摘や，就労を考えにくい高齢者には，自立助長を目的とする現役層向けの制度とは別立ての生活保護制度の創設[10]も提言されているとしている．

しかしながら，生活保護制度での対応には，スティグマの問題や保護対象者の増大に伴う事務負担増など，さまざまな問題が想定される．そのため，冒頭に述べたように，「低年金・低所得者に対する年金給付の見直しについて」が重要な課題となっており，年金制度での対応も積極的に検討されている．実際，社会保障審議会年金部会では，税方式への転換のほか，社会保険方式を維持したうえで，給付時における対応と拠出時における対応が提案されており，それぞれの方式の問題点や効果などが整理されている．

給付時における対応は，低年金者に対する最低保障年金制度の導入である．ただし，低年金であることをもって加入期間によらず一定額の年金を支給することが，社会保険方式のもとで適当かどうかよく検討することが必要である．現時点における低年金の高齢者は，年金権が十分に確立していない頃の女性を除けば，未加入・未納の期間が長いケースが大半である．受給間近の者にもこのような者は多い．さらに，第2号被保険者については，最低保障給付的な基礎年金（定額給付）もある．この最低保障年金制度は，未加入・未納の期間に対する給付としての色彩が濃いことに留意が必要であろう．

拠出時における対応は，保険料拠出時において所得に応じて保険料の一部を軽減し，その分公的に支援するしくみが想定されている．第1号被保険者には，自営業者や非就業の者だけでなく，被用者も多く含まれている．この自営業者と被用者の間では，所得の捕捉に関して不公平感が強く，第1号被保険者に所得比例保険料を導入できない大きな理由となっている．このような状況下で，現実問題として公平なしくみが導入できるかどうか，十分な検討が必要となるであろう．

このように，低年金・低所得者に対する年金給付の見直しは，公平性の観点

や費用の面から容易ではないことがわかる．しかしながら，マイクロ・シミュレーションモデルの将来推計結果をみると，高齢者のなかでも75歳以上の高齢者において低所得層の実人員の増加が著しいこと[11]が示されている．これは，75歳以上の高齢者数の増加に加え，1人暮らしが多いことがその要因と考えられる．これまでに提案されている改革案は，65歳以上の高齢者すべてを対象としたものであったが，ここでは，低年金・低所得者に対する年金給付の見直しを，改革の必要性がより大きく，効果的と考えられる75歳以上の高齢者[12]に限定して実施するという案を提案したい．

具体的には，75歳以上の高齢者の基礎年金をA案による税方式とする一方，75歳未満の高齢者の基礎年金は現行制度の仕組みを維持するが，その財源は全額社会保険料負担とするというもの（詳細は，稲垣，2009）である．75歳未満と75歳以上の高齢者で財源を振り替えることにより，社会保険料から税への負担のシフトを避けるとともに，経過措置なしに，直ちに低年金・低所得者対策を講じるという仕組みである．社会保険方式の年金と税方式の年金が明確に区別されるため，わかりやすい仕組みではないだろうか．

それでは，この対象者の絞り込みによって，税方式の代表的な問題点とされている5つの論点について，すなわち，①移行のための経過措置，②保険料の納付実績をふまえた公平性，③巨額の追加負担，④保険料から税負担へのシフト，⑤所得制限にかかる問題が解消されているかどうかについて，順に検討してみよう．

第1に，経過措置は基本的に不要である．受給者からみると，75歳以上の高齢者の基礎年金が満額に改定されるだけである．財源の振替は，帳簿上の再計算と積立金の運用計画の見直しなどにより実施が可能であり，特段の経過措置は必要とならない．

第2に，保険料の納付実績に対する公平性の確保の問題はほとんど生じない．75歳未満の高齢者の基礎年金に過去の納付実績が反映されるからである．実際，65歳から74歳までの10年間の基礎年金給付は約800万円であり，40年間の保険料拠出総額[13]を上回っている．

第3に，巨額の追加負担は発生しない．もちろん，75歳以上の高齢者に対して満額の基礎年金で下支えすることから，ある程度の追加負担は生ずるが，

その規模はA案を実施したときよりもかなり小さいものとなる．

　第4に，社会保険料から税への負担のシフトの問題は，当分の間はほとんど生じない．現在の税負担は基礎年金給付費の2分の1であるが，75歳未満と75歳以上の高齢者の人口はおおむね半々であること[14]から，財源の振り替えによって税負担の割合に大きな変動はない．

　第5に，税を財源とした場合には，負担増を避ける観点から所得制限の導入が不可避とされるが，75歳以上の高齢者では就業者がきわめて少ないことから，所得制限の効果が限定的であるという点である．これは，逆に，公的年金の必要性が高いことや画一的な給付による過剰給付が少ないことを意味している．さらに，公的年金等控除を廃止することにより，税負担の累進性は確保されることから，年金給付に対する所得制限は必ずしも必要ではないと考えられる．

　ただし，この新しい改革案では，低年金・低所得者対策が75歳未満の高齢者に対して講じられないことが問題として残されることとなる．しかしながら，75歳くらいまでは，健康状態や現役時代の蓄えなど個人差が大きく，就業者の比率も比較的高いことから，画一的な給付はあまり適切とは考えられない．仮に，75歳未満の高齢者に対しても税方式年金を導入するのであれば，大幅な負担増を避ける観点から所得制限の実施が避けられず，事務的にも複雑な仕組みにならざるを得ないと考えられる．また，自営業者の所得把握の問題もあり，公平な仕組みを講ずることは容易ではない．現行の社会保険方式の年金を維持し，必要に応じて個人年金などの自助努力で備えることとしたほうがむしろ適切であろう．

　最後に，この新しい改革案を生活保護との関係で考えてみると，「税方式年金」というよりは，自立助長を目的としない高齢者向けの別立ての生活保護制度の創設と考えることもできるであろう．この場合，公的年金制度と生活保護制度の一体的な大改革とみなすことができ，よりわかりやすい制度体系になるものと考えられる．なお，本章では，便宜的に75歳を区切りとしたが，75歳に特別な意味があるわけではなく，現実に制度改革を行う際には，財源の裏づけや給付の必要性などを考慮してより適切な年齢を選択することになるであろう．

5　マイクロ・シミュレーションモデルの課題と展望

わが国の経済社会は，高齢化の一層の進行や人口減少社会への転換など，急激な変化が避けられない．一方，高齢者が増加するなかで社会保障のニーズは拡大する一方であり，縮小するおそれのあるパイをいかに効率的に社会保障給付に分配していくかが重要な政策課題となっている．しかしながら，人口構造や社会保障費の総額などマクロ的な将来推計は実施されているが，世帯の所得分布などミクロ的な将来推計は，その重要性は認識されながらも，ほとんど実施されていない．

マイクロ・シミュレーションモデルは，そのミクロ的な将来推計を行うためのツールである．本章では，INAHSIM を用いて将来の高齢者像（家族や世帯の姿，年金額分布や等価所得の分布）を描くことにより，公的年金給付の分配がどのように行われているかミクロの視点から考察を行った．その考察を通して，現行の年金制度が抱えている問題や年金制度改革案の政策効果の一端が明らかになった．

第3節においては，現行の公的年金制度を維持したときの 2030 年の高齢者像を明らかにした．シミュレーション結果は，低年金・無年金者の年金水準の底上げは図られるものの，1人暮らしの高齢者が増大するなど家族の変容が著しいことから，等価所得の低い高齢者の実人員が 75 歳以上の高齢者で大幅に増加することを示している．わが国はすでに人口減少社会に入っているが，高齢者の貧困層の増加が避けられないということである．

第4節においては，税方式化を念頭においた年金制度改革案についてシミュレーションを行い，その政策効果を明らかにした．その結果，65 歳以上の高齢者全員を対象とした税方式への移行は，低年金・低所得者対策として必ずしも実用的ではないことを示すことができた．さらに，75 歳以上の高齢者において低所得者層の実人員の増加が著しいことに着目し，公的年金による低年金・低所得者対策を 75 歳以上の高齢者に限定する方法についても提案し，その有効性について確認を行った．

このように，マイクロ・シミュレーションモデルは，政策評価を行ううえできわめて有益な分析ツールであり，すでに多くの欧米諸国やオーストラリアな

どではモデルを活用した政策シミュレーションが数多く実施されている．本章では，年金制度改革に関する政策シミュレーションを行ったが，医療保険制度や介護保険制度，生活保護やその他の福祉政策，税制，あるいは雇用政策の分析にも十分に活用することが可能である．INAHSIM に残された課題としては，貯蓄や財産収入，社会保障負担や税負担を考慮した可処分所得，賃金上昇率や物価上昇率などの経済変数，要介護度などの身体状況などを考慮することが挙げられる．また，国際人口移動についての検討も必要であろう．初期値・基礎率の変動に対する感応度[15]を解析するなど，モデルの信頼性を評価することも重要である．今後は，さまざまな分野における政策立案に利活用できるよう，政策立案部門・統計部門・各分野の研究者などを含めた組織的なモデル開発・政策シミュレーションの実施が必要となっていくであろう．

注
1) たとえば，スウェーデンでは，財務省が研究者の協力のもとでモデル (SESIM) の開発が行われ，ソースコードについてもホームページ上で公表されている．また，イギリスでは SAGEMOD，アメリカでは DYNASIM，オーストラリアでは APPSIM など，多くのモデルが開発されている．各国の開発状況・論文等については，International Microsimulation Association のウエブサイト〈http://www.microsimulation.org/IMA/IMA.htm〉が詳しい．
2) マイクロ・シミュレーションモデルには，一時点の政策評価を精緻に行うための静的モデル (static model) と個々人の生涯にわたる効果など将来推計を含めた政策評価を行う動的モデル (dynamic model) があるが，本章では世帯をベースとした動的モデルを取り扱う．
3) 2030 年に特別な意味はないが，団塊の世代も 80 歳を超え，超高齢社会の問題がさまざまな形で顕在化・深刻化する時期と考え，この時点をターゲットとして分析した．
4) ライフイベントが年 1 回，かつ，有配偶者に限定した出生が結婚よりも先に発生するという順になっていることから，婚前妊娠による出産（正確には，結婚後 6 ヵ月以内の出産）は 1 年遅れでモデル上に反映される．
5) 等価所得とは，世帯の所得を世帯人員の平方根で除したものであり，世帯規模を補正した所得水準を表す指標として広く利用されているものである．
6) 2007 年度厚生労働科学研究費補助金（政策科学推進研究事業）「所得・資産・消費と社会保険料・税との関係に着目した社会保障の給付と負担に関する研究」（国立社会保障・人口問題研究所）において使用が認められた（統発第 121006 号）2004 年国民生活基礎調査所得票の個票を用いて作成したものである．

7) 稼働所得および新規裁定年金額の分布は2004年の実績，その他の遷移確率は2001年の実績に基づいて推定したものである．
8) マクロ経済スライドなどの効果を見込んでいないことから，年金額が高め（2030年では15％程度）に推定されている．したがって，実際の低年金者の比率は，シミュレーション結果よりも高くなると見込まれる．さらに，年金の裁定後は，賃金上昇率ではなく，物価上昇率に応じて年金額が改定されるため，年齢が高いほど実質的な年金額は低い（75歳以上の高齢者では10％程度）ため，留意が必要である．
9) 厚生労働省に設置された生活保護のあり方に関する専門委員会の報告書（2004年12月15日）などで指摘されている．厚生労働省ウエブサイト〈http://www.mhlw.go.jp/shingi/2004/12/s1215-8a.html〉
10) 指定都市市長会による「生活保護制度の抜本改革に向けての提案」（2005年7月27日）．指定都市市長会ウエブサイト〈http://www.siteitosi.jp/st_syutyou/st_syutyou_honbun/h17_07_27_06.pdf〉
11) 今回のシミュレーションでは，既裁定者に対する物価スライドによる実質的な年金額の低下を考慮に入れていないが，75歳以上の高齢者では，この影響が75歳未満の高齢者よりも大きいため，低所得者の割合はより大きいと考えられる．
12) 本章では，便宜的に75歳を区切りとしたが，現実には，ほとんどの者が就業しなくなる年齢による区分が望ましいと考えられる．
13) 2009年度の国民年金保険料は月額14,660円であり，この場合の40年間の保険料総額は約704万円である．ただし，過去の保険料はこれよりも低いことから，実際に納付した保険料総額はさらに少ない．
14) 将来は75歳以上の高齢者数が75歳未満の高齢者数をかなり上回ることから，徐々に税負担の割合が高まるが，急激なシフトは生じない．
15) 本章では，高齢者をターゲットとし，近未来の2030年までのシミュレーション結果を利用していること（2005年時点で40歳以上）から不確定要素が少なく，基礎率変動の影響は比較的小さいと考えられる．

参考文献

青井和夫・岡崎陽一・府川哲夫・花田恭・稲垣誠一ほか（1986）『世帯情報解析モデルによる世帯の将来推計』寿命額研究会．

稲垣誠一（2007）『日本の将来社会・人口構造分析——マイクロ・シミュレーションモデル（INAHSIM）による推計』日本統計協会．

——（2009）「将来における高齢者の等価所得分布からみた年金制度改革のあり方：75歳以上高齢者への最低保障年金の導入について」駒村康平編著『年金を選択する』慶應義塾大学出版会．

稲垣誠一・金子能宏（2008）「マイクロ・シミュレーションモデル（INAHSIM）による所得分布の将来推計」厚生労働科学研究費（政策科学総合研究事業）『所得・資産・消費と社会保障・税の関係に着目した社会保障の給付と負担の在り方に関する研究——平成19年度総括・分担報告書』pp. 383-410.

国立社会保障・人口問題研究所（2007）『日本の将来推計人口——平成18年12月推計』厚生統計協会.
―――（2008）『日本の世帯数の将来推計（全国推計）——2005（平成17）年-2030（平成42）年』厚生統計協会.
社会保障国民会議（2008a）『社会保障国民会議中間報告』〈http://www.kantei.go.jp/jp/singi/syakaihosyoukokuminkaigi/chukan/siryou_1.pdf〉（アクセス日：2008年12月30日）.
―――（2008b）『社会保障国民会議第一分科会（所得確保・保障（雇用・年金））中間とりまとめ：社会保障制度健全化の鍵は現役世代の活力』〈http://www.kantei.go.jp/jp/singi/syakaihosyoukokuminkaigi/chukan/siryou_3.pdf〉（アクセス日：2008年12月30日）.
社会保障審議会年金部会（2008）「平成16年度改正後の残された課題に対する検討の視点」社会保障審議会年金部会（第11回），資料3，〈http://www.mhlw.go.jp/shingi/2008/09/dl/s0929-9n.pdf〉（アクセス日：2008年12月30日）.
田中敏（2006），「無年金・低年金者と高齢者の所得保障」国立国会図書館『調査と情報——ISSUE BRIEF』No. 528（MAR. 30. 2006）.
府川哲夫（2004）「INAHSIMを用いた世帯の将来推計」『人口学研究』第36号，1-12.

Harding, A. and A. Gupta eds.（2007）*Modelling Our Future: Population Ageing, Social Security and Taxation*, 15, Amsterdam, Elsevier B. V.
International Microsimulation Association（2007）*International Journal of Microsimulation*. 〈http://www.microsimulation.org/IJM/IJM.htm〉（アクセス日：2008年12月30日）.
Orcutt, G.（1957）"A New Type of Socio-economic System," *Review of Economics and Statistics*, 39（2），116-123.

第12章 INAHSIMによる世帯推計および医療・介護費推計

府川哲夫

1 はじめに

　マイクロ・シミュレーションモデルによる世帯情報の予測・解析は，種々の属性を有する個人データをもとに，出生・死亡・結婚・離婚といった人口動態事象や世帯の変動に関する事象を確率的に発生させ，それによって変化した個人データを集計・分析して，その集団の変動を把握する方法である．マクロモデルが決定論的に人口を配分し，集団としての人口動態を発生させていくのに対して，マイクロ・モデルでは人口動態事象の発生とそのタイミングは，個人のレベルで確率的に決定される．マイクロ・シミュレーションモデルは各種の事象発生について個人レベルで直接的な処理をするために，家族や世帯の変動を多種多様な角度から観察し，その将来を予測する手法としてはきわめて有効な方法である．

　ダイナミック・マイクロ・シミュレーションモデルのひとつである「世帯情報解析モデル」INAHSIMでは，出生，死亡，結婚，離婚の人口動態事象とそれに付随する同別居関係のほかに，単身化（未婚者および有配偶者のうち家族同居者が単身世帯化する事象），復帰（単身化した者が前世帯に復帰する事象），世帯合併（子ども夫婦が老親を引き取る事象など）について世帯の変動をフォローしている．このモデルから得られる情報は世帯構造別世帯数の将来推計のほかに，世帯動態，高齢者の世帯状況，ファミリー・ライフサイクルに関する情報，基礎率を変化させた場合の世帯構造への影響評価，など多岐にわたっている．本章ではINAHSIM 2009推計による世帯推計の結果を述べるとともに，その応用例のひとつとして行った医療・介護費推計について議論する．ここで

行った介護費推計は高齢者の身体状態別将来人口を用いた点が新しい．なお，ダイナミック・マイクロ・シミュレーションモデルでは初期値の入手が大きな障害となることが多いが，ここで用いている INAHSIM モデルでは初期値も INAHSIM モデルを用いて作成している（この点は第11章と大きく異なっている）ため，初期値を実績値に合わせる補正に苦労する反面，モデル利用の一般性・汎用性は高まっていると考えられる．

2　INAHSIM 2009 推計

(1)　INAHSIM モデルの概要と 2009 年推計の特徴

「世帯情報解析モデル」INAHSIM は 1981-82 年および 1984-85 年にかけて「世帯モデル研究会」によって開発された．INAHSIM は世帯，世帯員（個人），夫婦（配偶関係）の3つの情報単位（セグメントと呼ぶ）で実社会の世帯を表現し，基礎率として出生率，死亡率，結婚率，離婚率，単身化率および復帰率，世帯合併率などを用いて実社会の世帯の変動をシミュレートしている．モデルの詳細は稲垣（2007）に詳しく述べられている．各事象は年1回，結婚，出生，死亡，離婚，高齢者の世帯合併，単身化の順に処理している．

INAHSIM のこれまでの主な変遷は注1に示した[1]．INAHSIM（1994年推計）では初期値も INAHSIM を用いて作成する方式をとり，初期値作成のための基礎率は1990年の実績に合うような初期値を作成することを主眼として，シミュレーション本体の基礎率とは異なるセットを用いた．1994年推計の結果，世帯調査から初期値を得られない場合にも INAHSIM による世帯推計は可能であることが確認された．

INAHSIM（2004年推計）では，65歳以上の個人セグメントに身体状態を付加し，初期値作成は次の3段階で行うように改良した[2]．
Step 1：20-39歳の独身男女それぞれ 6,000 人（1990 年の 20-39 歳の年齢分布に従う）を INAHSIM に入力して 200 年間シミュレーションを実施し，最終状態を保存する．初期値作成のための基礎率はシミュレーション本体の基礎率に比べて出生率，死亡率，結婚率は高めにし，世帯合併に関する率（結婚時同居

率，高齢者合併率）も高く設定した．一方，20-39歳の独身人口からの出発であることから，単身化率は著しく低くした．
Step 2：Step 1に引き続き出生率と結婚率を年次変化させながら60年間シミュレーションを実施した．このStep 2の目的は団塊の世代の形成である．
Step 3：団塊世代補正，高齢者補正，年少者補正，世帯分離

INAHSIM（2009年推計）では高齢者の移動先に施設を追加し，2005年の実績値を出発点とした．それ以外は基本的にINAHSIM 2004を踏襲した．INAHSIM 2009の特徴をまとめると次のとおりである．

・初期値もINAHSIMを用いて作成した．
・初期値作成は3ステップで行い，2005年の実績に合うよう補正した．
・65歳以上人口に身体状態の情報を付加し，高齢者の移動先に施設を追加した．

(2) 初期値の作成

INAHSIM（2009年推計）の初期値はINAHSIM（2004年推計）と同様にStep 1，Step 2を経た後に，Step 3として「その他」世帯，年少者，高齢者，単独世帯をそれぞれ減少させた．Step 2で団塊の世代はほぼ形成されたが，年少者および高齢者が過剰であったため補正を行った．「その他」世帯および単独世帯の補正も2005年の実績値に合わせるために必要であった．これらの補正の結果，2005年の実績値に近似した初期値が得られたと考えられる（表1）．

(3) 基礎率

INAHSIMに投入する基礎率は注3のとおりである[3]．実績値の得られるものについては，基礎率の基準値をすべて2005年実績に置き換えた．65歳以上の身体状態については次の5分類とした．

　　0：健康で完全に自立（障害なし）
　　1：軽度の障害はあるが，自宅で自立した生活ができる（軽度障害）
　　2：要介護度4，5以外の要介護度認定を受けた（軽中度要介護）
　　3：要介護度4または5（重度要介護）

表1 初期値作成（2005年）

(単位：％)

	Step 1	Step 2	補正 M1	M2	M3	M4	2005 実績
人口の年齢構成							
0-14	22.7	15.9	16.4	13.2	13.8	13.8	13.8
15-64	55.4	60.1	60.6	62.9	66.0	66.0	66.1
65+	21.9	24.0	23.0	23.9	20.2	20.2	20.1
世帯構造							
単独世帯（1P）	30.3	33.1	35.8	35.8	32.7	30.8	29.5
夫婦のみ（Co）	19.0	19.7	21.4	23.2	22.6	21.1	19.6
夫婦と子（CC）	30.2	23.5	25.5	24.0	26.2	28.2	29.9
ひとり親と子（SC）	3.8	5.4	5.9	5.9	6.4	6.8	8.4
3世代世帯（3G）	8.2	7.3	7.9	7.4	8.1	8.2	8.6
その他（Oth）	8.6	10.9	3.6	3.8	4.1	4.9	4.0
65歳以上の者のいる世帯							
単独世帯	32.0	30.3	34.8	34.8	23.4	22.4	22.5
夫婦のみ	29.4	28.3	32.4	32.5	33.9	28.2	27.8
子夫婦と同居	24.1	23.5	18.7	18.7	24.4	24.4	20.9
単身の子と同居	8.9	11.5	9.9	9.9	12.9	19.3	21.2
その他	5.6	6.3	4.2	4.1	5.4	5.7	7.6
（再）3世代世帯	17.5	16.1	18.4	17.4	22.7	22.7	21.2
65歳以上人口の住まい方							
単独世帯	22.5	21.2	24.6	24.6	15.8	15.2	14.7 a
夫婦のみ	36.6	34.1	39.6	39.7	39.6	32.6	36.0 a
子夫婦と同居	20.9	20.2	17.0	17.0	21.2	21.2	23.6 a
単身の子と同居	8.7	10.8	9.4	9.4	11.7	19.3	21.9 a
その他	8.6	10.5	5.4	5.4	6.7	6.9	3.8 a
施設	2.8	3.3	3.9	3.9	4.8	4.8	5.4
（再）3世代世帯	16.3	15.0	17.4	16.4	20.5	20.5	…

注：M1=「その他」世帯の補正，M2=年少者補正，M3=高齢者補正，M4=単独世帯の補正．
a=2004．

4：死

レベル2と3が介護保険の要介護認定者で，レベル3が要介護度4以上に対応する．2005年における65歳以上の性・年齢階級別身体状態別出現率および身体状態の年間遷移確率は府川（2003）の結果を修正して用いた．各身体状態から「4」への1年間の遷移の合計がその年齢階級における1年間の死亡数に相当し，今回の推計ではシミュレーション期間中の死亡率の年次変化は「死亡への遷移確率の変化」として与えた．

シミュレーション期間中の基礎率については，出生率をはじめ多くは標準値

を50年間変化させずに用いたが，死亡率は次第に低下（2050年の平均寿命は男82.8年，女89.6年），結婚率・離婚率はゆるやかに増加すると仮定した．なお，出生率はTFR＝1.3を基本としたが，出生率の影響を評価するため図1では複数の値を検討した．

今回の推計では高齢者の移動先に施設が追加された．高齢者が施設に入る条件は次のように設定した．

- 単身の場合：身体状態2なら子と同居，同居できない場合は施設に入る．身体状態3なら常に施設に入る．
- 夫婦の場合：身体状態の組み合わせで次のように設定

	0	1	2	3
0	*	*	*	b
1	*	*	a	b
2	*	a	+	+
3	b	b	+	+

＊：2人とも施設には入らない
a：子と同居，同居できない場合はレベル2の人だけ施設に入る
b：レベル3の人だけ常に施設に入る
＋：2人とも常に施設に入る

ここでの施設入所者数は，実際に施設に入所できる・できないにかかわらずに決められていることに注意を要する．

(4) 基本的な推計結果

表2は人口および世帯に関する基本的な推計結果を示したものである．シミ

表2 2050年までの人口および世帯の推計

年	人口（100万人）						世帯数（100万）			0-14歳の子の分布（%）		
	総人口	65歳以上人口	年齢構成（%）				計	65歳以上が世帯主	65歳以上がいる世帯	夫婦と子	1人親と子	3世代世帯
			0-14	15-64	65+	75+						
2000	126.9	22.0	14.6	68.1	17.4	7.1	45.5		15.6			
2005	127.8	25.7	13.8	66.1	20.2	9.1	48.0	13.5	17.2			
2010	127.3	29.9	14.0	62.5	23.5	9.9	50.9	14.9	19.2	72.0	9.1	14.0
2020	123.1	36.3	11.5	58.9	29.5	15.8	52.5	19.1	23.2	68.2	7.9	14.9
2030	115.4	35.6	10.1	59.1	30.9	20.1	50.6	17.8	22.7	66.6	8.4	15.9
2040	105.6	37.2	10.0	54.7	35.3	19.9	47.7	18.5	23.1	64.9	8.8	15.5
2050	95.3	38.3	9.1	50.7	40.2	24.5	43.3	19.3	23.6	65.2	9.1	16.0

注：点線より上は実績．

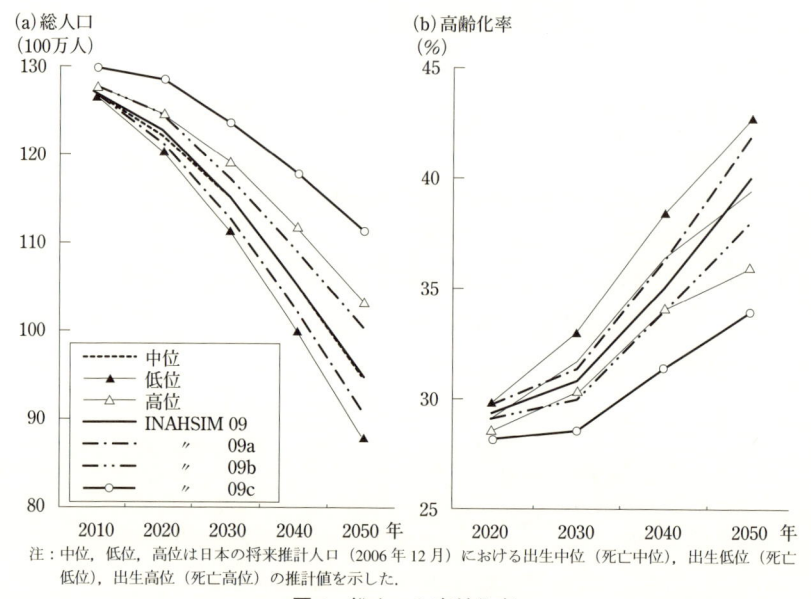

図1 総人口と高齢化率

注:中位,低位,高位は日本の将来推計人口(2006年12月)における出生中位(死亡中位),出生低位(死亡低位),出生高位(死亡高位)の推計値を示した.

ュレーション結果の表示では2005年の総人口1億2,780万人,総世帯4,800万世帯に合わせた倍率をかけて示した.総人口は2005年以降減少しはじめ,65歳以上人口の割合(高齢化率)は2050年まで上昇を続けた.75歳以上人口の割合は2030年には20%に達するとみられる.また,2030年における世帯主が65歳以上の世帯の割合は35%で,国立社会保障・人口問題研究所の2008年3月推計(39%)よりやや少ないという結果であった.

図1は将来の総人口および65歳以上人口割合を国立社会保障・人口問題研究所の2006年12月推計との対比で図示したものである.さらにこの図には,INAHSIM 09の出生率(TFR=1.3)のほかに,INAHSIM 09a,09b,09cとしてそれぞれTFR=1.2,1.4,1.7と仮定した結果も示されている.TFR=1.7を仮定すると,2050年の総人口は1億1,200万人程になり,高齢化率も34%程にとどまる.

(5) 子ども

2010年における0-14歳の世帯状況をみると,72%が「夫婦と子」の世帯,

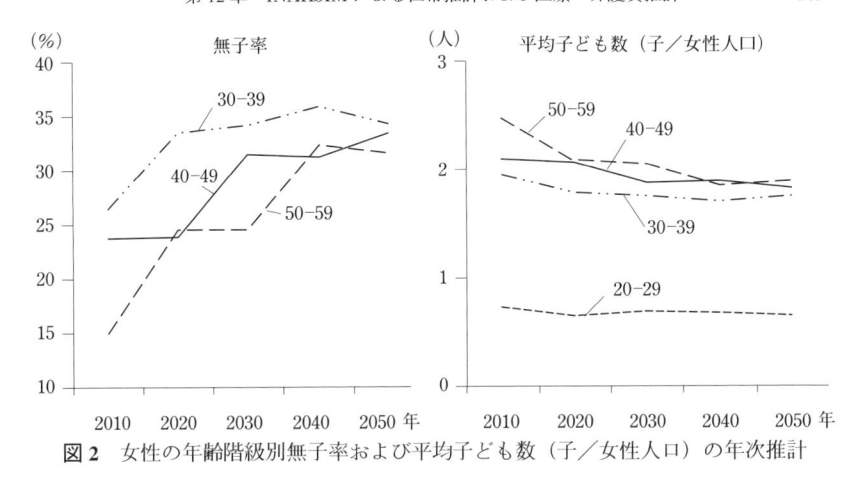

第 12 章　INAHSIM による世帯推計および医療・介護費推計　　309

図 2　女性の年齢階級別無子率および平均子ども数（子／女性人口）の年次推計

14％が 3 世代世帯に暮らし，「1 人親と子」の世帯に住んでいる子どもはおよそ 9％である（表 2）．子の世帯状況は子の年齢によって変わり，「夫婦と子」の世帯に住んでいる子の割合は 0-4 歳で 76％と高く，年齢の上昇とともに低下する．

図 2 は女性の年齢階級別無子率および平均子ども数（子／女性人口）の年次推移を示したものである．平均子ども数は年次による変化があまり大きくないが，子のいない女性の割合は次第に上昇している．

(6)　高齢者

2007 年国民生活基礎調査によると，65 歳以上の者の 15.7％が単独世帯，36.7％が夫婦のみ世帯，19.6％が子夫婦と同居，24.0％が無配偶の子と同居，4.0％がその他の世帯に住んでいた（表 3）．また，2005 年国勢調査によると，65 歳以上の 5.4％は施設に入所していた．今回のシミュレーション結果によると，単独世帯の割合は 2020 年には 28％に増加し，これを男女別にみると男性の 22％に対して，女性は 32％と男性より 10％ポイント程高い値である（表 3）．年齢階級別に単独世帯の割合をみると，男性は年齢による変化が比較的少ないが，女性は 80 歳以降急速に減少し，95 歳以上では女性より男性のほうが単独世帯の割合が高い．子と同居する割合は男女とも 75 歳以降年齢とともに上昇するが，同居率は年次とともに低下している（図 3）．施設に移る人

表3　65歳以上人口の住まい方

(単位:％)

年	計						男性					女性				
	子と非同居		子と同居			施設	子と非同居		子と同居			子と非同居		子と同居		
	1P	Co	a	b	c	d		1P	Co	a	b	c	d	1P	Co	a	b	c	d
2007	15.7	36.7	19.6		24.0			9.7	46.1	15.0		25.3		20.4	29.3	23.2		23.0	
2010	22.3	35.6	7.5	10.1	9.5	4.3	3.6	17.5	43.1	8.3	4.6	12.6	2.1	26.5	29.1	6.8	14.8	6.9	6.2
2020	27.7	34.3	6.1	8.0	6.8	4.1	4.7	21.9	42.5	7.1	3.3	9.1	2.0	32.4	27.6	5.3	11.9	4.9	5.7
2030	27.8	30.9	5.1	9.5	5.3	5.0	7.4	21.8	40.2	6.1	4.3	7.4	2.4	32.4	23.7	4.4	13.6	3.8	7.0
2040	27.8	31.2	4.0	8.7	5.9	5.1	7.7	22.5	39.4	4.8	4.1	8.3	2.5	31.9	24.8	3.4	12.3	4.0	7.1
2050	29.5	29.9	4.1	7.7	5.6	5.2	8.4	26.0	36.0	4.7	3.4	8.0	2.7	32.2	25.1	3.5	11.1	3.8	7.1

注1：1P＝単独世帯，Co＝夫婦のみ．
　　a+b＝子夫婦と同居．高齢者が夫婦の場合をa，単身の場合をbと区分している．
　　c+d＝単身の子と同居．高齢者が夫婦の場合をc，単身の場合をdと区分している．
注2：2007年は国民生活基礎調査の結果を示した．

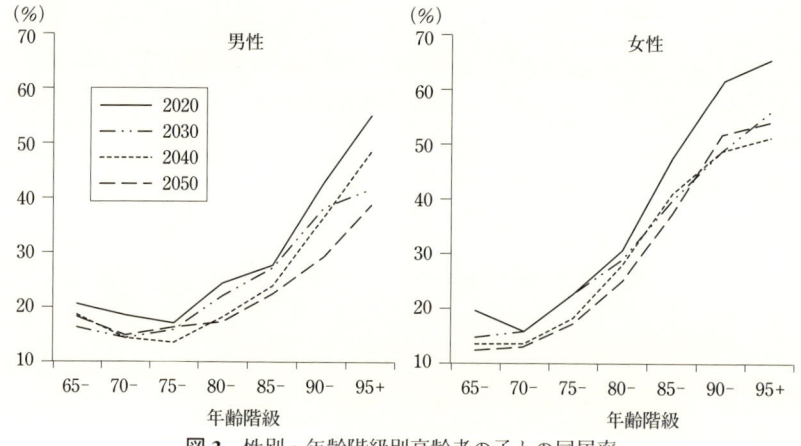

図3　性別・年齢階級別高齢者の子との同居率

の割合は男女とも65歳以上に比べて75歳以上ではるかに高くなっている．

表4は65歳以上人口の身体状態分布の年次推移を性別に示したものである．2008年の値は介護保険の要介護認定者数の65歳以上人口に対する割合である．人口の高齢化に伴って，女性の重度要介護状態の割合が増加することが注目される．

親子兄弟チェイン[4]を使って子の年齢階級・兄弟数別に親の人数分布をとることができる．yを子の年齢階級，nを兄弟姉妹数として，子の人数を$F(y,$

第12章 INAHSIMによる世帯推計および医療・介護費推計　311

表4　65歳以上の身体状態別分布

(単位:%)

年	計				男				女			
	身体状態				身体状態				身体状態			
	0	1	2	3	0	1	2	3	0	1	2	3
2008	88.0		8.1	3.9	91.4		6.0	2.6	85.5		9.7	4.8
2010	73.3	13.6	8.7	4.4	70.7	17.8	8.1	3.4	75.5	10.1	9.2	5.2
2020	70.2	15.3	9.6	4.9	66.9	20.4	8.9	3.8	72.9	11.1	10.2	5.8
2030	64.6	15.8	12.4	7.2	61.2	22.0	11.3	5.6	67.3	10.9	13.3	8.5
2040	65.1	14.8	11.7	8.3	62.9	20.3	11.0	5.9	66.9	10.5	12.4	10.2
2050	64.0	15.8	12.1	8.1	61.1	21.3	11.4	6.1	66.3	11.3	12.7	9.7

注:身体状態　0:健康で完全に自立　1:軽度障害&自立
　　　　　　2:軽中度要介護　3:重度要介護

n),親の人数を$G(y,n)$とおいたとき,子の兄弟数を考慮した親の相対人数$R(y)$を次のように定義する.

$$R(y) = \frac{G(y)}{F(y)}$$

$$F(y) = \sum_n F(y,n)$$

$$G(y) = \frac{\sum_n G(y,n)}{n}$$

　図4は2010年,2030年および2050年における$R(y)$のグラフである.50-54歳をみると親の相対人数は2010年の0.52人(父0.21人,母0.31人)から2050年には0.82人(父0.33人,母0.49人)と増加している.子の年齢が中年以降になれば$R(y)$は親の介護負担を示すひとつの指標とみられる.親の人数$G(y,n)$を数える際に親の身体状態を考慮に入れて(たとえば,軽中度要介護の場合は1.5倍,重度要介護の場合は2倍に)数えると,親の相対人数はさらに増加する.

(7)　世帯動態

　世帯はさまざまな要因によって変化する.そのような世帯の動態を把握することは一般に容易ではないが,マイクロ・シミュレーションモデルからこのよ

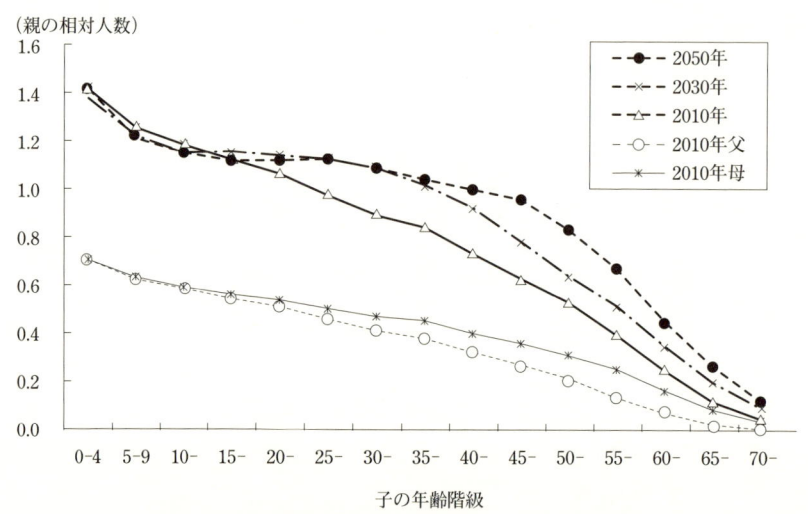

図4　子の年齢階級別兄弟数を考慮した親の相対人数

うな情報も得ることができる．表5は2019-2020年の1年間の世帯構造別世帯動態を示したものである．世帯構造ごとの1年間の世帯数の変化は小さいものの，世帯構造間の移行はかなりのものであり，また，世帯構造間の移行にはある一定の方向性がみられる．すなわち，単独世帯では世帯の発生と消滅が多く，「夫婦のみ」や「1人親と子」の世帯から単独世帯の移行が比較的多い．夫婦のみ世帯は「夫婦と子」世帯との間で双方向の移行が多いほか，配偶者の死亡による単独世帯への移行が多い．「1人親と子」世帯の移行先は単独世帯がもっとも多い．3世代世帯と「その他の世帯」との間の双方向の移行も比較的多い．

65歳以上の個人について2019年から2020年の1年間の世帯状況の変遷をみると，単独世帯の移行先は「子と同居」世帯か施設が多い．また，夫婦のみ世帯は1年間におよそ95％が夫婦のみ世帯のままであるが，配偶者の死亡による単独世帯への移行が多いほか，「子（単身）と同居」世帯との間で双方向の移行が多い．

表5から特定の世帯構造の期待持続期間が計算される．2019年から2020年の間に単独世帯は平均して2,178万世帯で，そのうち2,043万世帯には変化がなかった．つまり，1年間に135万世帯が変化したことになり，これは単独世

第12章　INAHSIMによる世帯推計および医療・介護費推計

表5　1年間の遷移：2019-20年

全世帯の遷移（52,463-52,463）　　　　　　　　　　　　　　　　　　　（単位：1,000世帯）

世帯構造	世帯数 (2019年)	世帯数（2020年）						消滅
		1P	Co	CC	SC	3G	Oth	
計	52,463	21,891	10,752	10,334	2,618	2,698	4,171	1,027
単独世帯（1P）	21,667	20,433	189	83	54	3	71	833
夫婦のみ（Co）	10,826	409	10,057	173	3	3	83	98
夫婦と子（CC）	10,500	9	277	9,900	149	134	25	7
1人親と子（SC）	2,644	137	0	16	2,382	13	23	73
3世代世帯（3G）	2,708	0	7	67	6	2,497	130	1
その他（Oth）	4,118	74	133	12	9	47	3,830	15
新規発生	―	829	89	83	16	1	9	―

表6　世帯の1年間の変動率および継続期間の期待値：世帯構造別

世帯構造	2019年→2020年			2049年→2050年		
	平均世帯数（千）	年間変動率（％）	期待継続期間(年)	平均世帯数（千）	年間変動率（％）	期待継続期間(年)
計	52,463	6.4	15.6	43,539	6.5	15.5
単独世帯	21,779	6.2	16.2	20,848	5.7	17.6
夫婦のみ	10,789	6.8	14.7	8,521	6.5	15.3
夫婦と子	10,417	5.0	20.1	5,750	6.2	16.2
1人親と子	2,631	9.5	10.6	2,210	10.9	9.2
3世代世帯	2,703	7.6	13.1	1,895	9.2	10.9
その他	4,145	7.6	13.2	4,316	7.1	14.1

帯の6.2％に相当する．したがって，新たに単独世帯となった世帯は今後16.2年間単独世帯にとどまることが期待される（表6）．期待持続期間は2020年では「夫婦と子」世帯がもっとも長いが，2050年には単独世帯がもっとも長い．一方，「1人親と子」世帯の期待持続期間はもっとも短い．

3　医療・介護費推計

　INAHSIM 2009の推計結果を応用して，将来の医療費・介護費を推計することができる．

　2006年度の国民医療費は33.1兆円でGDPの6.5％であった．Fukawa (2007)は2005年度の年齢階級別人口1人当たり医療費（A）と，65歳以上人口の医療費がさらに減少した場合の年齢階級別人口1人当たり医療費（B）

を試算している（A，Bとも対1人当たりGDP比）．A，BにINAHSIM 2008-09から得られる男女別将来人口を掛けて将来の医療費が推計される．

2006年度の介護費は6.4兆円でGDPの1.3%であった．Fukawa（2007）は65歳以上の介護費について，2005年並の利用状況の場合の身体状態別人口1人当たり介護費（D1），利用率が上限に達した場合の介護費（D2），受給者がD2より一律に2割減少した場合の介護費（D3）を試算している（D1, D2, D3とも対1人当たりGDP比）．これらにINAHSIM 2009から得られる65歳以上の性・身体状態別将来人口を掛けて将来の介護費が推計される．

図5は2005年における年齢階級別人口1人当たり医療費＋介護費（対1人当たりGDP比）を示したものである．医療費＋介護費は次の3ケースを想定した．

　ケース1：A＋D1
　ケース2：B＋D2
　ケース3：(A＋B)/2＋D3

図6は将来の性別医療費・介護費（対GDP比：2005年価格）の推計結果である[5]．男女の違いは人口の年齢構成の違いのみによる．表7は男女計の医療費・介護費（対GDP比）の推計結果を年次別に示し，他の推計結果と比較し

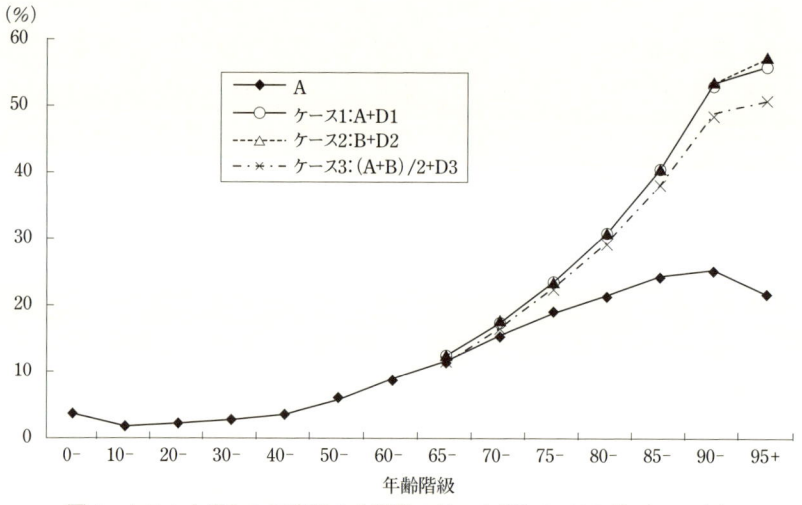

図5 人口1人当たり医療費＋介護費の対1人当たりGDP比（2005年）

第 12 章　INAHSIM による世帯推計および医療・介護費推計　　315

表7　医療費・介護費（対 GDP 比）の将来推計

(単位：%)

年度	医療費		介護費			計		
	A	B	D1	D2	D3	ケース1	ケース2	ケース3
2006	6.5		1.3			7.7		
2010	7.0	6.8	1.5	1.7	1.4	8.4	8.5	8.2
2020	7.6	7.4	2.0	2.3	1.8	9.6	9.7	9.3
2030	7.9	7.5	2.7	3.0	2.4	10.5	10.6	10.1
2040	7.6	7.3	3.3	3.8	3.0	10.9	11.1	10.5
2050	7.4	7.0	3.4	3.8	3.1	10.8	10.9	10.3
2025 a	7.9		2.4			10.3		
2025 b	8.6-8.9		3.0			11.6-11.9		
2050 c	8.5-10.3		2.4-3.1			10.9-13.4		

注：a＝厚生労働省（2006）．
　　b＝社会保障国民会議（2008）．
　　c＝OECD（2006）．

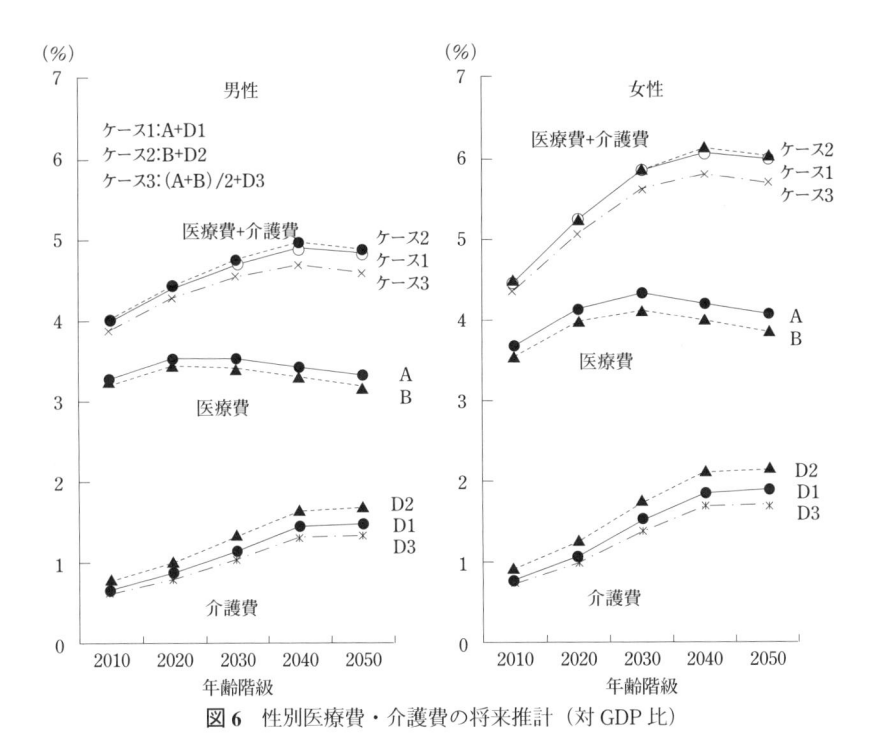

図6　性別医療費・介護費の将来推計（対 GDP 比）

たものである．主に介護費の上昇圧力により，将来の医療費＋介護費は2040年までは上昇するという結果になっている．

4　考察と今後の課題

(1)　マイクロ・シミュレーションモデルによる世帯推計

　INAHSIM（2009推計）ではモデルによる初期値作成のプロセスを改良し，高齢者の個人セグメントに身体状態を付加して，2005年を起点として2050年までの45年間のシミュレーションを行った．シミュレーション期間中の出生率を1.3と仮定すると，2050年の高齢化率は40％となったが，出生率の仮定を変えることによって2050年の高齢化率はかなりの幅で変動した（図1）．高齢者の世帯状況に関する出力や高齢者の世帯状況と身体状態のクロス表は介護サービスにおける重要な情報を提供すると考えられる．

　子どもの世帯分布（表2）は子育て支援策を考えるうえで基礎的な情報である．子に対する親の相対人数は子の年齢が中年以降になれば老親の介護負担を示す指標となり，そこに親の身体状態を加味すれば指標の現実性が増加する．さらに，親子関係に義理の親子まで加える発展が考えられる．

　世帯動態についてはすでに1985年推計で結果が述べられているが，その後の初期値作成方法の改良や初期値の規模拡大，および単独世帯の増加などによって，推計結果にはかなりの差がみられた．

(2)　医療・介護費の将来

　高齢者介護に要する総コストはGDPの1.5％程度あるいはそれ以下の国が多いが，北欧諸国はこの比率が高く，その多くが公的制度によるものである（OECD, 2006）．将来の高齢者介護のコストは高齢者の健康状態や寿命の動向に依存する．人口高齢化の影響は高齢者の健康状態の向上によってある程度相殺される可能性がある．

　医療と介護の関係については，医療の最後の部分に介護を位置づけて医療サービスの一部として介護サービスを提供している国もあるが，医療と介護を別

の制度で提供している国もある．介護サービスを提供する施設としては病院のコストがもっとも高く，コストおよび提供されるサービスの質の両面で介護施設の拡充が求められている．また，施設サービスと在宅サービスのバランスも，負担増の抑制と介護サービスの質の調和を図るうえで重要な論点である．公的年金の充実などにより高齢者の所得水準が向上したため，日常生活にかかる出費に相当する部分は利用者負担（少なくとも部分的な）が求められるのが普通になっている．医療では高額な出費から患者を守ることが一般的な原則になっているが，介護ではコストのかかる介護施設への受入れは要介護度の重い人に限る措置がとられることが一般的である（OECD, 1999）．

日本では介護保険の導入によって「社会的入院」がなくなることが期待されている．2006年度で65歳以上の医療費と介護費の合計はGDPの4.6％であった．高齢者の増加および介護サービスの充実によって，65歳以上の医療費＋介護費は2050年にはGDPの9％程度に増加することが見込まれる．医療費＋介護費の増加を許容する前提として，①介護施設サービスが必要な人はそのサービスを受けられること，②医療・介護サービス提供の効率化，③医療・介護サービスの質の向上，などがあげられる．医療サービスや介護サービスにおいては予防を重視することが支出増加を抑制するための根本的な解決策につながると考えられる．

(3) INAHSIM——今後の課題

INAHSIM（2009推計）の基礎率では単身化率，復帰率，世帯合併率（特に高齢者の世帯合併率），などでまだ十分な実績値が得られていない．ファミリー・ライフサイクルを考えるうえでは世帯合併に関する諸率は重要であり，今後いろいろな角度からの検討が必要である．高齢者の身体状態に関する遷移確率については，各身体状態から死亡への遷移確率と死亡率との関係について，さらに検討することが必要である．身体状態に関する遷移確率の精度が向上すれば，今後多くの有益な情報が得られるようになると期待される．

上述のように，より正確な各種の基礎率が得られれば，マイクロ・シミュレーションでしか得られない個人・世帯に関する情報をINAHSIMから引き出すことができる．INAHSIMの今後の発展の可能性としては，地域・住宅・就業

に関する情報をモデルに付加することによって，INAHSIM の有用性を飛躍的に高めることができる．稲垣（2007）は INAHSIM に就業状態を付加し，2001年国民生活基礎調査から初期値を作成して，近年の労働市場の変化が将来の出生率や人口構造にどのような影響を与えるかをシミュレーション分析している．保健・医療・福祉サービスを総合的・効率的に提供していくシステムを考えるうえで，マイクロ・シミュレーションモデルから得られる個人・世帯に関する情報およびシミュレーション分析による政策影響評価は，今後ますます重要になると考えられる．

注
1) INAHSIM のこれまでの主な変遷は以下のとおりである．
  INAHSIM 1985
  ・初期値は 1974 年厚生行政基礎調査（個票データ）から作成
  ・初期値の規模は人口 3.2 万人，世帯数 1.0 万世帯
  ・シミュレーション期間：1975-2025 年
  INAHSIM 1994
  ・初期値も INAHSIM を用いて作成する方式を採用
  ・初期値作成は Step 1 および Step 2（団塊世代補正，高齢者補正，年少者補正）
  ・初期値の規模は人口 1.7 万人，世帯数 0.6 万世帯
  ・シミュレーション期間：1990-2040 年
  INAHSIM 2004
  ・初期値作成プロセスは Step 1，Step 2，Step 3（補正，3 世代世帯の分離）
  ・65 歳以上の個人セグメントに身体状態の情報を付加
  ・出生率の与え方を変更
  ・死亡率の年次変化は「死亡への遷移確率の変化」として与えた
  ・結婚・出生・死亡・離婚・世帯変動の順に変更
  ・初期値の規模は人口 20.1 万人，世帯数 7.3 万世帯
  ・シミュレーション期間：2000-2050 年
  INAHSIM 2009
  ・INAHSIM 2004 を踏襲
  ・高齢者の移動先に施設を追加
  ・初期値の規模は人口 6.4 万人，世帯数 2.4 万世帯
  ・シミュレーション期間：2005-2050 年
2) 65 歳以上に身体状態を付加したため，65 歳未満の死亡率の与え方は変わらないが，65 歳以上の死亡率は性・年齢・身体状態別遷移確率のなかに組み込まれた．また，出生率は「末子の出産年齢（または結婚年齢）・出生順位・出生間隔別」か

ら「母親の年齢・出生順位別」に変更した．出生率の与え方を変更したのは，仮定値の変更やその影響評価を容易にするためである．さらに，当該年に結婚した夫婦からの出生数の過少評価を避けるため，結婚の処理を最初に行うように変更した．2004年推計ではこの他に次のような変更を行った．
- 団塊世代の補正：それまで夫婦だけをコピーしていたが，世帯全体をコピー
- 年少者補正：それまであたった世帯内の子全員を消去していたが，子ども1人1人を個別に処理した．

3) 基礎率は次のとおりである．各事象は年1回，結婚，出生，死亡，離婚，高齢者の子との同居および施設への移動，単身化の順に行っている．なお，高齢者以外の世帯合併はそれぞれ結婚，死亡，離婚の際にあわせて処理している．
出生：出生率＝母の年齢・出生順位別
　　　出生性比＝女児100に対して男児105.5
死亡：死亡率＝0-64歳について性・年齢別
　　　遷移確率＝65歳以上について性・年齢・身体状態別
結婚：初婚率＝性・年齢別
　　　再婚率＝性・年齢別
離婚：離婚率＝結婚期間別
　　　離婚時に夫が世帯分離する確率＝0.6939
単身化：単身化率＝性・年齢・配偶状態別
　　　　復帰率＝性・年齢・配偶状態別
世帯合併
(1)結婚時の親との同居確率：0.40901（夫方同居），0.17647（妻方同居－兄弟なし），
　　　　　　　　　　　　　0.02373（妻方同居－兄弟あり）
(2)死別後の親元の世帯への復帰確率：0.3
(3)離婚後の親元の世帯への復帰確率：0.43（男），0.35（女）
(4)高齢者の子との同居確率：標準値は以下のとおり（夫婦の場合は平均年齢）

		年齢							
		65	70	75	80	85	90	95	100
単身	男	0.015	0.026	0.045	0.077	0.134	0.207	0.207	0.207
	女	0.015	0.023	0.036	0.056	0.086	0.123	0.123	0.123
夫婦		0.0	0.002	0.003	0.004	0.007	0.01	0.03	0.05

高齢者の身体状態によって標準値を次のように修正する．

	身体状態			
	0	1	2	3
単身	×0.8	×1.0	×1.5	常に1.0
夫婦	×0.5	×0.5	×0.7	×1.0

4) INAHSIMは世帯，世帯員（個人），夫婦（配偶関係）の3つの情報単位（セグ

メント）があり，そのなかで親子や兄弟の関係はセグメントナンバーをポインターとして使用して表現されている．これを親子兄弟チェインと呼んでいる．
5) 将来の医療費・介護費（対 GDP 比）では人口の変化以外は考慮されていない．つまり，物価の変動や技術進歩などの影響はすべて無視している．

参考文献

青井和夫・岡崎陽一・府川哲夫・花田恭，ほか（1986）「世帯情報解析モデル（INAHSIM）による世帯の将来予測」寿命学研究会『ライフ・スパン』Vol. 6.

稲垣誠一（1986）「世帯情報解析モデル（INAHSIM）について」『アクチュアリー会特別会報』．

─── （2007）『日本の将来社会・人口構造分析──マイクロ・シミュレーションモデル（INAHSIM）による推計』日本統計協会．

河野稠果（1984）「家族人口学の展望」『人口問題研究』第 170 号，1-17.

花田恭・畑満・佐藤良（1980）「世帯モデルによる公的年金の将来推計」『季刊年金研究』No. 8.

府川哲夫（2003）「高齢者の身体状態の遷移」『生存科学』13B，33-43.

─── （2005）「INAHSIM を用いた世帯の将来推計（2004）」『人口学研究』第 36 号 1-12.

Fukawa, T. (1995)「Future Trends of Japanese Households through Micro-simulation Model──An application of INAHSIM」『人口学研究』第 18 号，13-27.

Fukawa, T. (2007) "Health and Long-term Care Expenditures of the Elderly in Japan Using a Micro-simulation Model," *The Japanese Journal of Social Security Policy*, 6 (2), 199-206.

Fukawa, T., T. Itoh, K. Hanada and Y. Okazaki (1988) "A Micro-simulation Approach to Household Projection: INAHSIM Model and its Application to Japan," *Working Paper*.

Hanada, K., T. Itoh and S. Kono (1988) "The Future of Japanese Families: A Micro Simulation Study," *Paper Submitted to the IUSSP Seminar on Theories of Family Changes*, Tokyo, November 29 - December 2, 1988.

Harding, A., ed. (1996) *Microsimulation and Public Policy*, North-Holland.

Harding, A. and A. Gupta ed. (2007) *Modelling Our Future ─ Population Ageing*, Social Security and Taxation, Elsevier.

Haveman, R. H. and K. Hollenbeck ed. (1980). *Microeconomic Simulation Models for Public Policy Analysis*, Academic Press.

OECD (1999) *A Caring World: The New Social Policy Agenda*.

OECD (2006) "Projecting OECD Health and Long-term Care Expenditures: What Are the Main Drivers?," *OECD Economic Department Working Papers*, No. 477.

終章 計量モデル分析から展望する今後の社会保障*

加藤久和
井堀利宏
府川哲夫

1 モデル分析研究の今後

本書の第Ⅱ部では各種のモデルを用いて社会保障に関するさまざまな分析が行われている．以下，各章にいくらかコメントを加えて結びとしたい．

第Ⅱ部の各章の概要は以下のとおりである．第5章では短期マクロモデルを用いて，負担の分配の変更がマクロ経済に及ぼす短期的影響を評価している．第6章は長期マクロモデルを用いて，複数のシナリオを作成して社会保障の将来の規模を推計したものである．第7章では，子どもに対する選好に差のある家計が共存する世代重複モデル（OLGモデル）を使い，児童手当を拡充する際の財源選択の問題を分析している．第8章のOLGモデルと年金数理モデルを用いた年金財政の分析では，運用収益の低下にはマクロ経済スライドと支給開始年齢の引き上げによる対応が必要であることが示されている．第9章は，保険数理的保守主義の考え方に基づいて公的年金のシミュレーション分析を行い，年金財政が持続するための条件を探ったものである．第10章では，診療報酬の引き下げに直面すると医療機関は薬剤供給を増加させ，供給側が需要ショックを吸収する傾向があることが示されている．第11章は高齢者の子との同居状況や所得分布に関する結果を考察し，公的年金制度の有する高齢期の所得保障機能について評価を行っている．第12章ではマイクロ・シミュレーションモデルによる世帯推計結果を応用して将来の医療費・介護費を推計している．

本節では社会保障制度に関するモデル分析の目的，異なるモデル間での連携の可能性，モデル分析の今後の可能性，について考察している．

(1) 社会保障制度に関するモデル分析の目的と方法

さまざまなモデルを用いた社会保障制度に関する分析の対象は社会保障財政そのものから，マクロ経済への影響，財源選択の評価，所得分配に対する評価，医療行動への影響など多岐にわたる．社会保障制度に関してこのようなモデル分析によって示される内容を整理すると，大別して2つになるだろう．ひとつは社会保障財政を中心としたシナリオ予測である．社会保障にかかわる政策の評価とともに財政に及ぼす影響を試算することが主たる目的になる．もうひとつは，モデルを用いた経済分析である．所得分配に対する評価や医療行動への影響を取り上げた章はまさにこれに該当し，またOLGモデルなどで用いられる代表的個人の効用比較などもそのひとつである．もちろん，モデル分析を活用する場合にはほかにもさまざまな目的があるが，以下ではモデル分析の可能性に関して，2つの目的から考察していくこととする．

多くのモデルが目的としている，社会保障財政に関するシナリオ予測の意義はどのようなものだろうか．社会保障関連の財政見込みに関してはすでに厚生労働省がさまざまな試算を示している．公的年金制度については，2004年度年金制度改革や2009年に行われた財政検証によって詳細な将来見込みが公表されている．医療制度改革についても2005年度に与党と政府がとりまとめた医療制度改革大綱に基づいた試算が行われている．さらに，介護保険については2004年の「介護保険制度における第1号保険料及び給付費の見通し」があり，2006年には「社会保障の給付と負担の見通し」として社会保障制度全般に関する試算も公表されている．いずれにせよ，モデル作成に携わる研究者に比べより多くの情報をもち，未公表のデータも使用可能である厚生労働省の予測を上回る精度の財政見込みを作成することは困難であり，また同様な試算を行うことの意味を見出すことも難しいと考えられる．では，なぜあえて社会保障財政を中心としたシナリオ予測に取り組む必要があるのだろうか．この点に関しては，以下の3つの理由が考えられる．

第1は，厚生労働省の試算が前提としている条件の変更や前提条件そのものを予測する必要性である．2009年に行われた公的年金制度の財政検証では「経済中位ケース」として名目で2.5%の経済成長，4.1%の運用利回りが前

提となっている．これらの前提が変化した場合，年金財政の将来パスはどう変更されるのか，という問題意識からモデル分析を行うモチベーションが生まれる．もちろん厚生労働省の試算においてもいくつかのバリエーションが公表されているが，より柔軟な前提条件の採用や前提条件そのものの見直しを行うということになる．本書に含まれる第6章，第8章，第9章における試みがこれに該当する．さらには，本書では扱っていないが，出生率や死亡率など人口に関する前提条件のさまざまな変更とその影響に関する分析もこうした範疇に含まれる．

第2は，モデルと対象範囲の拡大である．社会保障制度そのものの規模の拡大とともに，一般政府の財政やマクロ経済との関連が従来にも増して強くなっている．経済状況の変化が社会保障財政に影響を及ぼすだけではなく，社会保障制度そのものがマクロ経済に影響を与えるようになると，将来の財政見込みを試算するためには社会保障制度のみならずマクロ経済環境なども同時に推計し将来試算を行う必要がある．これは労働市場や中央政府の財政などに関しても同様である．モデルとその扱う対象範囲の拡大によって，より整合的な試算を行うことが，モデル分析のもうひとつの目的となろう．第5章で示された労働市場に関する試算などはその典型的な例となる．さらには社会保障財政と財源選択の問題（社会保険料か租税か）などもこれに含まれる．

第3は，厚生労働省の将来見込みでは示されないような，個人あるいは世帯動向が及ぼす影響の把握である．世帯や家族構成の変化が，社会保障制度・財政にどのような影響をもたらすか，という視点からの分析例として第11章や第12章などで採用されたマイクロ・シミュレーションモデルがある．今後，高齢単身世帯が増加することによる医療・介護給付の姿は，世帯構造などの多様な要因からの分析が求められることになるが，世帯動向までを視野に含むにはマイクロ・シミュレーションモデルの利用は不可欠であろう．

モデル分析が担う役割にはもうひとつ，「モデルによる経済分析」があった．本書の第2章でサーベイされているOLGモデルなど一般均衡型モデルを用いて社会保障制度の変化がもたらす個人の厚生や所得分配への影響の分析を行うことは，そのもっとも典型的なものである．第7章の児童手当と財源選択や最適政策の検討，第10章の医療行動と医療供給体制の分析はこうした目的に沿

うものである．

　社会保障制度に関する計量モデル分析で使用されるモデルを大別すると，経済・財政事情を取り込む目的をもつ伝統的なマクロ計量経済モデル，ミクロ経済学的基礎をもつ一般均衡型の OLG モデル，保険数理面に特徴をもつ保険数理モデル，それに前述したマイクロ・シミュレーションモデルなどがある．一般均衡型の OLG モデルは理論的な点からみて，「モデルによる経済分析」にもっとも適したものである一方，現実の財政見込みの試算などに関してはやや抽象的すぎる側面もあり，反対に伝統的なマクロ計量モデルは将来試算の算出には有用であるが，経済学的な意味合いが曖昧になる可能性を併せもつ．モデル使用の目的は以上のとおりであるが，目的に沿ってどのようにモデルを選択するかが重要となる．

(2) モデル間の連携の可能性

モデル分析の役割・目的

　モデル分析は複雑に絡まった現実事象のなかから重要な部分，あるいは本質的な部分を取り出し，これを抽象化・簡素化してわかりやすく表現することが目的である．核心は抽象化・簡素化の度合いである．現実をそのまま記述する場合，得られる情報量は多い半面，特徴や課題などを明確化することが難しくなる．一方，過度に抽象化した理論モデルでは問題の本質は浮かんでくるが，現実妥当性に関して課題が残る．公的年金制度を例にとれば，コホート別の詳細な給付と負担に関心をもてばできる限り詳細な情報を駆使して，現実妥当性を追求することが必要となる．その反面少子高齢化などの人口動向を反映した傾向を探るには一定の抽象化が必要であり，とりわけ長期の動向を見極めるにはコホートに注目するよりも全体の人口集団に着目する必要が生じる．

　モデルの役割は現実事象の抽象化・簡素化であると述べたが，モデルによってもその抽象化・簡素化には違いが生じる．ミクロ経済学的な基礎をもち最適化行動を前提とした OLG モデルのような一般均衡型モデルと，保険数理を前提としてより現実的な妥当性を追求する保険数理モデルではモデルの特性に大きな違いがあることは明らかである．また，OLG モデル，伝統的なマクロ計量モデル，VAR モデルなどを比較しても，現実事象の抽象化・簡素化に関し

てそれぞれ特徴をもつ．こうしたモデルの違いは，後述するように，モデル間の連携可能性をもたらすことになる．

それぞれのモデルにはそれぞれの作成目的があり，モデルの数ほど目的も多様であると考えられる．ここでは「政策評価」の視点からモデルの目的を整理しておく．複数の政策がある場合，どのような政策を採用するのか，という問題を統一的な視点から示すにはモデル分析は有用である．その場合の評価視点としては，①財源・負担度合い，②個人や世帯への厚生への影響，③マクロ経済や財政への影響，③効率性・公平性（分配）に対する効果などが考えられる．こうした視点を前提に政策評価を行う場合，モデル分析を行わない限り比較考量は難しいだろう．これがモデル分析の目的となる．

ここでひとつの課題がある．異なるモデルをもとに，いくつかの政策効果をシミュレーションした場合，その結果に矛盾が生じることはないのか，という問題である．結論を急げば，モデルの違いが結果の違いを生むことは十分ありうることである．そのため，目的としての政策選択の結論をどのように示せばよいのかということも，またモデル間の連携可能性にとって重要なモチベーションになると考えられる．

モデル間の連携の可能性

上記のモデルの役割や目的をふまえると，モデル間の連携の可能性としてタテの連携とヨコの連携の2つが考えられる．

タテの連携とは，一言でいえば抽象化の違いによる連携である．一般均衡型モデルのように理論的視点を重視するモデルと，伝統的マクロ計量モデルや保険数理モデルのような現実妥当性を重視するモデルでは担うべき役割や目的が異なることが考えられる．しかしながら，このことから双方のタイプのモデルを対立するものとせず，異なる視点からのアプローチとして俯瞰することが望ましい．たとえば，年金制度改革でマクロスライドを延長させる政策を評価することを考えよう．OLGモデルを用いてライフサイクルの効用がどのように変化するかを見極め，コホートごとの比較動学を行うことは政策評価を行う際には重要である．一方，経済学的な基礎とは別に制度化されている社会保障財政の仕組みを前提に財政収支を推計するには伝統的なマクロ計量モデルや保険数理的なアプローチが有効になる．複数の抽象化の異なるモデルを用いて，総

合的に政策評価を行うことこそがまさにモデル間の連携の成果ということになろう．

もうひとつのヨコの連携とは，モデルの目的に沿った連携である．モデルの種類によっては，マクロ経済など巨視的な側面を重視するマクロ計量モデルなどや個人や世帯の構造などに関心をもつマイクロ・シミュレーションモデルなどに分類される．前述のマクロ経済スライドによる影響を分析する場合，前者のモデルではマクロ経済や財政に及ぼす影響を考察するのに対し，後者のモデルでは政策変更が及ぼす影響の大きさを世帯構造や個人の属性ごとに示すことが可能である．

このように，性質の異なる多様なモデルであっても，タテの連携，ヨコの連携を図ることによって，さまざまな視点からの分析が可能になる．換言すれば，こうしたモデル間の連携を図ることで多様なモデルの特徴をより有効活用することができると考えられる．本書のもとになったプロジェクトは，まさにこうした趣旨から組織されたものである．

モデル・プロジェクト遂行の課題

多様なモデル間の連携をとることの利点はすでに述べたが，留意すべき点もある．社会保障制度に関する経済分析について述べると，①前提条件の整合性の吟味，②モデルに組み込む社会保障制度の調整，がその代表的な課題となる．

ひとつのプロジェクトに含まれる多様なモデル間の連携を行う場合，前提条件の整合性を図ることが不可欠である．逆にいえば前提条件の整合性を図れることが，ひとつのプロジェクトを組織する利点になる．しかしすでに述べたように，それぞれのモデルの特徴や内容によって同じ前提条件であっても異なる計算結果などが得られる可能性もある．伝統的なマクロ計量モデルであっても短期的なモデルか（第5章），長期的なモデルか（第6章）によって，社会保障制度改革に関する計算結果が異なることはありうることである．しかしながら，現実の社会保障制度を反映するモデルであれば，モデルの計算結果が多少異なったとしても正反対の政策採用の結論が導かれるとは考えにくい．前提条件の整合性を整えてあれば，政策評価に関しては整合的な結論が得られると期待できる．

多様なモデルを用いて政策を比較考量する場合，モデルに組み込まれる制度

面の整合性や統一性についても留意すべきである．もちろん制度面に関するモデル化，言い換えれば抽象化の程度はモデルによって異なるものであるが，可能な限りイコール・フッティングとなるような努力は必要であろう．公的年金制度をモデル化する際，あるモデルではマクロ経済スライドを重視した構成となっているのに対し，他のモデルでは捨象しているようなことがある場合には，両モデルで給付水準の将来パスを比較することは意味のないものとなる．ひとつのプロジェクトで多様なモデルを抱えることは，プロジェクト内部で制度間の調整を図ることができるという意味でも好ましい研究体制となろう．

(3) 今後のモデル分析研究の可能性

モデル分析の評価と方法のあり方——不確実性への対応

　一般均衡型モデル，伝統的マクロ計量モデル，あるいは保険数理的なアプローチなどのいずれのモデルを選択してもその計算結果については不確実性がつきまとう．計算結果の不確実性については大きく分けて3つの原因が関連している．第1はモデルを構築するために用いられるデータそのものの不確実性である．計量モデルなどでは公表されたさまざまな変数を用いるが，これらの変数自体が確率変数であって不確実な要因を内包している．第2はモデルそのものがもつ不確実性である．これにはさらに2つの不確実性の原因があり，ひとつは推定されたパラメータやカリブレートされたパラメータなどの不確実性であり，もうひとつはモデルの定式化そのものの不確実性（言い換えれば真の定式化が不明であることから生じる不確実性）である．第3はシミュレーションにおける前提条件の不確実性であり，マクロ計量モデルでは外生変数の将来の不確実性として分類されるものである．

　モデル分析の結果はあくまでもひとつのシナリオとしてとらえるべきであって，決定論的なパスを試算するということとは違う．現実にはモデルではとらえきれない不確実性のもとで将来予測等が困難なケースも多い．その意味ではモデル分析においてもできる限りの不確実性をとらえた手法を採用していく必要があろう．具体的には確率シミュレーションやモンテカルロ実験を組み込んだ分析が望まれるということである．

　ひとつの例をあげてみよう．一般均衡型モデル（OLGモデル）であろうと

マクロ計量モデルであろうと，将来人口の動向は重要な前提条件となる．一般には国立社会保障・人口問題研究所が公表している将来推計人口を利用することとなるが，その結果は決定論的なものであって，出生率や死亡率には不確実な要素はないとしてモデルに取り込まれている．しかしながら人口変数もまた確率的な要素をもっており，これらの確率的要素を念頭にシミュレーションを行うことも検討されるべきであろう（鈴木・湯田・川崎，2003；加藤，2005参照）．

モデル分析の今後のテーマ

本書における分析対象は（第7章を除き）伝統的な社会保障の範囲を対象としている．もちろん第5章の分析にあるような労働市場などとの関連を模索するものがないわけではないが，今後は分析の対象を拡大していくことも必要であろう．具体的には，マクロ経済との関連性の強化，労働市場の取り込み，少子化対策や最低賃金制度などの新たな社会保障分野などを対象としたモデル研究が必要になろう．

モデル分析を前提として，社会保障制度に関する分析対象に次のようなテーマが浮かぶ．医療に関しては医師不足などに関連した医療供給体制のあり方が重要なテーマであることは間違いない．また，将来の国民医療費を試算する場合には，医療制度改革がもたらす医療のパフォーマンス向上の評価（たとえば，生活習慣病削減が果たしてどの程度まで進み，これが医療費をどこまで削減するのか，などの評価）が重要となろう．医療供給体制に関連した研究は本書の第10章でも試みられているが，さらなる発展が必要である．加えて，医療費については国民医療費に含まれないものの，OECD基準に含まれる医療費の取り扱いなども検討する必要があろう（井伊，2008参照）．

年金に関してはさまざまなテーマによって多くの研究が行われており，厚生労働省の財政検証に関する試算プログラムも公表されるなど，多くの情報が提供されつつある．その一方，マクロ経済や労働市場との関連に関する分析は十分とはいい難く（もちろん実証分析として多数あるが），年金制度と雇用形態（正規・非正規就業など）の相互依存関係などについての課題は多い．また，最近の金融危機などで注目を集めた年金積立金の運用面に関する不確実性に関する研究も待たれる．ただし，運用利回りの分析では金融市場の取り込みや金

融工学の知識も重要となるので，関連する分野の研究者との共同プロジェクトが必要になろう．その他，年金課税の分析や移民による効果の測定などもホットな話題である（島澤・小黒，2009；Miyazato, 2008 参照）．

介護に関しては介護給付費や保険料などに関する分析はみられるものの，要介護者の動向，介護従事者などの供給体制，さらには介護産業の行方などについての検討が十分ではないとみられる．またマイクロ・シミュレーションモデルなどによる家族構造の変化と介護需要の分析も高齢化社会のなかでは不可欠なテーマである．

公的扶助に関する理論的な検証や実証的な研究が進んでいる半面（阿部ほか，2008 など），生活保護に関する財政見通しや景気変動との関連などについては十分なモデル分析が行われているとはいい難い．最低賃金，基礎年金などと関連したナショナル・ミニマムのあり方に関しても今後のテーマとなっている．

最後に今後のテーマ選択と関連して，計量モデル分析の限界に関しても言及しておきたい．モデル分析は打ち出の小槌ではなく，モデル分析で評価しにくいものもある．とりわけ，伝統的なマクロ計量モデルなどでは現行制度の変更に関する評価は可能であっても，制度そのものを抜本的に変更する改革の評価には困難な点が多い．たとえば公的年金制度における積立方式への移行，過去の介護保険制度導入や育児保険制度といった新たな社会保険制度の評価を行うことは難しい．一般均衡型モデルでは理論的視点からこのような抜本改革を扱うことは可能であっても，新たな制度であるのでその取り扱いは自由度が大きく，試算結果の評価の取り扱いも難しい．このようなテーマは今後その重要性を高めると考えられるが，いかに挑戦を続けるかもまたモデル研究に残された大きな課題のひとつであろう．

2　公的年金の将来展望

本書の第Ⅱ部では詳細なデータを用いて年金，医療，介護の制度改革がどのような効果をもつのかを，さまざまな側面から定量的に検証しており，今後のわが国の社会保障制度改革を議論するうえで有益な材料を提供している．本節では，今後の議論のたたき台として，年金制度のあるべき将来像に関してあえ

て私見を述べたい．本書においてこれまでの各章で展開された社会保障モデルを使ったシミュレーション分析結果は，わが国の社会保障の将来像について，厳しい内容になっている．なかでも，本節の議論と関連するものとして，以下のような分析結果に留意したい．

すなわち，長期のマクロモデルを用いた社会保障制度改正の分析（第6章）では，基礎年金部分の消費税化は貯蓄率を上昇させるとともに財政収支も好転させ，GDPも増大させる．人口変動への対応として，介護給付の効率化，重点化がマクロ経済スライドよりも有効である．マクロ経済スライドでは，現行のスライド調整率では不十分である，などの分析結果が示されている．子どもに対する選好に差のある家計が共存するOLGモデルを用いて，児童手当を拡充する際の財源選択問題の分析（第7章）では，年金課税や消費税が望ましいとしている．保険数理的保守主義の考え方に基づいて，公的年金のシミュレーション分析を行い，年金財政が持続するための条件を探ると（第9章），現行制度を続けているのであれば，将来的には年金支給開始年齢を70歳まで引き上げることが必要であり，報酬比例部分の給付削減も有効であるとしている．高齢者の子との同居状況や所得分布に関する結果を考察して，公的年金制度の高齢期所得保障機能について評価すると（第11章），高齢者全体を対象とした税方式への移行は，低年金・低所得者対策として必ずしも実用的でないことが示されている．

日本の公的年金が今後とも厳しい状況に直面するという第Ⅱ部の定量的な結果は，抜本的な制度改革の必要性を示唆している．そのためのひとつの案として，筆者が考える3原則に則した公的年金改革について以下で検討する．

(1) 公的年金の問題点

賦課方式の功罪

わが国も含めて，多くの国で，年金制度は事実上賦課方式で運営されている．賦課方式それ自体が非効率で不公平な社会保障制度であるとはいえない．人口が増大し，高度成長で勤労者の賃金所得が上昇していた高度成長期には，賦課方式は有利な財源調達方式であった．しかし，少子高齢化社会を前提とする限り，社会保障の現状や改革案が厳しい内容となるのは，わが国の公的年金や医

療制度が賦課方式の財源調達で運営されている点によるところが大きい.

　財源面に注目すると，賦課方式は将来世代がずっと負担し続けることを想定した財源調達方式である．すなわち，若い世代が加入し続けることではじめて，年金財政が維持可能となる．将来生まれる世代をあてにして，最初の世代が年金給付という受益を，自らの負担なしに手にできる．賦課方式のもとで人口，労働賃金が増加していく高度成長期の日本経済が永遠に続けば，すべての世代にとって一生の間で公的年金からのネットの受け取りがプラスになる（＝得をする）はずだった．

　賦課方式の公的年金の制度は，経済成長率が高く，勤労世代の賃金が上昇していた経済状況のもとでは，それなりに有益である．しかも，勤労人口が増加していた時期には，勤労世代1人当たりではあまり負担をしなくても，老年世代の年金給付をカバーすることができた．1970年代に公的年金制度が拡充された当時の老人世代は，若年期に十分な自助努力による積立が行えなかった．そうした世代への年金給付を政府が行うのは，公平性の価値判断から正当化できた．年金給付に対する政治的期待も高く，また，高度成長が続くという安心感もあって，本来積立方式として出発したはずの公的年金が，次第に賦課方式に転化していった．

少子高齢社会での賦課方式

　しかし，現実には高齢化・少子化が急速に進行して，将来世代ほどその人口規模が縮小する状況になった．少子高齢社会で賦課方式は若い世代から古い世代への世代間再分配効果をもっている．老年世代がプラス（受け取り超過）で若年世代がマイナス（支払い超過）になっている．これは，世代間で助け合いをしているから，そうなっているのではない．

　こうした状況でも賦課方式を続けると，負担を先送りすることでみんなが損をする．特にわが国では，出生率の低下が急激であり，賦課方式の年金の収益率は大きく落ち込んでいる．他方で，マクロ経済状況も大きく変化し，数十年前と比較すれば，老年世代も総じて豊かになった．今日の老年世代，あるいは，老年を迎えつつある団塊の世代は総じて，経済的に恵まれている．1970年代とは経済・人口の環境が大きく変化しているにもかかわらず，賦課方式による勤労世代から老年世代への再分配が維持されているのは，いわば老年世代の既

得権となっている．

このまま賦課方式を維持すると，若年世代や将来世代の年金負担は所得税よりもはるかに多くなってしまう．賦課方式の年金制度を中長期的に維持するのは困難である．国民皆年金が前提の国民年金では徴収体制が完全には整備されておらず，未加入者が相当数存在する．若い世代を中心に未加入者が今後増加すれば，正直に保険料を納めている人が損をすることになりかねない．これを放置しておくと，年金制度や租税制度の維持運営に支障をきたすほどの，合法・非合法の負担回避行動が将来予想される．

公的年金給付の問題点

高齢者が総じて貧しい従来の時代は，年金による高齢者への補助金給付は，社会的な公平感に合致していた．しかし，最近では，本書のシミュレーションでも示されているように，高齢者は平均的にみると他の年齢層と遜色ない所得を得ている．たとえば，世帯人員当たりの平均所得額をみると（2004年の全国消費実態調査），全世帯の平均所得が206万円であるのに対して，65歳以上の世帯では186万円となっている．また，高齢者世帯は平均的に勤労者世帯の1.5倍の貯蓄残高がある．勤労者世帯の貯蓄額1,264万円，高齢者世帯貯蓄額2,428万円．また，実物資産も考慮した資産全体でみても，全世帯平均で3,900万円であるのに対して，70歳以上の世帯で5,961万円となっている．

もちろん，高齢者のなかには貧しい人びとも多い．年齢とともに同じ世代内での格差は拡大するから，平均的な高齢者の総資産が6,000万円ある（2004年の全国消費実態調査）としても，ほとんど資産のない高齢者も多く存在する．そうした貧しい高齢者への公的年給支給は，当然，公平性の観点から正当化される．しかし，同時に，裕福な高齢者が増えていることも事実である．裕福な高齢者に相対的に貧しい勤労世代から年金という形で所得を再分配することは，公平性の観点から正当化しにくい．ただし，高齢者も勤労者の時代にそれなりの年金保険料を支払っている．それに対応する貯蓄部分は当然受け取る権利がある．それを上回る額が過大な給付とみなせる．

世代間の不公平と自発的移転

こうした問題点に対して，「賦課方式は世代間の助け合いだから，世代間で損得が生じてもかまわない」という議論がある．これは，今までの正論ではあ

るが，今日では説得力が乏しい．勤労世代が老年世代を助けるのが世代間の助け合いだとしても，すべての人は両方の世代を経験するから，一生を通じての損得はすべての世代でゼロになるべきだろう．一方的にある世代が（青年期と老年期を通じて）損をして，別の世代が得をするのを，世代間の助け合いとは呼べない．高齢世代ほど総じて恵まれている社会では，こうした世代間所得再分配政策は弊害が大きい．

ところで，逆向きの世代間再分配がある点にも注意すべきだろう．これは，政府による公的な再分配ではなく，遺産や贈与の形をとる民間の自発的な所得再分配である．遺産や生前贈与が大きければ，若い世代が公的年金で大きな負担を強いられるとしても，そうした負担は緩和される．特に，少子化社会では子どもの数も少ないから，若い世代が1人当たりで手にする遺産や贈与の額も大きくなる．世代間の公平性を議論するには，こうした自発的な，逆向きの再分配も考慮する必要がある．

ただし，こうした自発的再分配は子どもの世代がかわいそうだという「利他的な」遺産動機を前提としている．利他的な遺産動機だけが現実の遺産動機ではないから，自発的な再分配だけで世代間の公平性は確保されない．まして，親世代が遺産をどの程度もっているかは，親世代内でも大きな格差がある．そもそも親の遺産が乏しい若い人にとって，自発的な再分配で公的年金の負担は軽減されない．

また，世代間公平を考えるうえで経済成長も重要である．すなわち，中長期的にみると，どの時期，どの世代がより厳しい経済環境に直面しそうかという判断が，重要である．高齢世代が急増する一方で勤労人口が減少し，貯蓄も底をつき，技術革新の余地が乏しいわが国の将来を展望すると，100年に一度の危機とされる2008年後半以降の経済危機が克服されたとしても，中長期的にわが国の経済成長率が3％程度の安定成長を維持できる保障はない．高齢社会で高齢者の医療・年金を支える勤労世代の負担増が予想される一方で，グローバル化の圧力で賃金所得の増加が期待できないことを考慮すると，当面の危機に直面している現在世代よりも，将来世代の経済環境のほうがもっと深刻である．将来世代に膨大な財政赤字を残さないようにすべきだろう．

(2) 公的年金の将来像

再分配の3原則

わが国における再分配政策として，量的にもっとも大規模に行われているのが，公的年金を通じる世代間再分配政策である．社会保障制度がなければ，少子化に伴って親の扶養や介護などの私的な負担が増大したはずである．社会保障制度は私的な負担を結果的に肩代わりしている．それでも，急速な少子高齢化社会では，賦課方式の公的年金制度を維持する限り，若年世代，将来世代から老年世代，現役世代へ再分配が行われる．

そもそも再分配政策を有効に，かつ，望ましい方向で実施するには，以下の3原則が重要である．

① 対象を特定する
② 期間を特定する
③ 経済的制約を考慮する

以下，これら3つの原則に基づいて改革の方向性を説明しよう．

「再分配3原則」の第1は，再分配政策で給付すべき対象者を適切に特定することである．再分配政策で給付すべき対象を適切，明確に特定して，はじめて再分配政策は意味をもつ．一般的には社会的弱者をその対象とすべきだろう．弱者でない人に給付したり，弱者であるのに給付対象から外したりしない対策が必要である．これは当然の原則であるが，実現は難しい．

その際に，弱者の定義が問題となる．通常は，所得水準，あるいは資産水準の高さで人の経済状態を判断している．しかし，所得や資産の定義や捕捉は，実は相当やっかいである．また，現在の弱者が将来も弱者であり続けるとも限らない．この点を克服して，透明性の高い形で実行することが，信頼性のある再分配政策に重要である．

第2の原則は，期間を厳格に設定することである．再分配政策は，未来永劫に実施すべきものではない．特に，弱者が（潜在能力でみて）自立できるなら，その努力を助ける方向に誘導すべきである．将来も給付が続くと想定すると，それをあてにして，自助努力ができる人でも，そうした努力を怠る可能性がある．もちろん，通常の再分配政策では，所得や資産がある一定レベルに到達す

れば，給付対象からはずれるが，それだけでは不十分である．所得や資産の水準とある程度切り離して，期限がくれば給付対象から外すという政策が有効である．期限を事前のルールとすることで，将来の準備として早めに自助努力をする誘因が生まれる．

第3の原則は，経済的制約を十分に考慮することである．再分配政策が有効であるには，経済的制約を十分考慮したものでなければならない．再分配政策があるときとないときでは，人びとの行動も異なる．また，再分配政策の内容，規模によっても人びとの行動は影響される．さらに，人びとの再分配政策に対する考え方，評価，行動自体が，再分配政策の効果やその維持可能性にも影響する．こうした経済的制約（さらには経済的以外の広い意味での社会的な制約）を十分に考慮して，はじめて意味のある再分配政策が実施できる．

「再分配政策の3原則」のうち，まず誰を給付の対象とするのかという第1の基準で見ると，公的年金の給付対象者は明確に老年世代である．受給要件は一定の年齢であるから，透明性は確保されている．ただし，国民年金の未納，未加入問題が示すように，保険料の納付記録に不備があれば，給付対象に恣意性がつきまとう．問題は老年世代への給付水準が適切かどうか，また，その対象者が高齢者のなかで本当に給付すべき人に適切に限定されているのかどうかである．

こうした観点でみると，現行の公的年金制度には弊害が大きい．なぜなら，保有資産を比較すると，総じて若い世代よりも老年世代のほうが裕福だからである（小池，2007）．たとえば，前述したように，高齢者世帯は平均的に勤労者世帯の1.5倍の貯蓄残高がある．勤労者世帯の貯蓄額1,264万円に対して，高齢者世帯の貯蓄額は2,428万円である[1]．また，実物資産も考慮した資産全体でみても，全世帯平均で3,900万円であるのに対して，70歳以上の世帯で5,961万円となっている．貧しい現役世代，将来世代から裕福な老年世代に所得を移転することは，この基準からみて正当化しがたい．公平性の観点からは，世代間の格差が年金制度を通じてこれ以上拡大しない政策的対応が望まれる．急速な少子化，高齢化は税制改革の課題とされ，賦課方式を前提としているわが国公的年金のあり方に根本的な問題を投げかけている．

公的年金の守備範囲

　老後の消費には，基礎的な生活のための消費と，海外旅行などより余裕のある生活のための消費の2つがある．現在の年金制度では，平均給付額は概算で年額200万円（1人当たり：約50兆円／2,500万人）くらいである．こうした給付水準を今後も維持・拡充して，公的年金で老後の生活（余裕のある生活のための消費も含む）のかなりの部分をカバーするという政策を期待する声は大きい．高齢者の年金給付を削減する政策は政治的に実施するのが困難である．たとえば，デフレの時期に年金給付の名目額を切り下げることに，政治的な抵抗が強かった．しかし，他方で勤労世代，将来世代の負担に限界がある．公的年金給付を必要最小限の生活費の一部にとどめることを年金制度の理念とすべきであろう．

　公的年金の基本的役割が「長生きすることで生活費が予想以上の年数にわたって必要になる」というリスクをカバーすることにあると考えると，平均寿命よりも長生きすることのリスクのみをカバーすればよい．保険の基本的考え方は，悪いこと（極端に長く生きることで予想外の生活費がかさむ）が生じるリスクを全員でカバーすることである．わが国では男性は79歳，女性は86歳まで平均寿命が伸びている．国民全体が平均的により長生きすれば，賦課方式の給付開始時期を調整することで，賦課方式に伴う人口変動のリスクを軽減することが望ましい．したがって，60歳から65歳へと支給開始年齢の5年程度の引き上げでは，まだ不十分である．

　たとえば，男性80歳，女性86歳を公的年金の支給開始年齢とする．そして，それまでの時期については，企業年金，私的年金などの自助努力をともなう私的年金や貯蓄，老年期雇用の拡大・整備で対応し，平均寿命を超えるまで長生きした人びとに対してのみ，賦課方式による公的年金で対応する．そうすれば，賦課方式の年金給付総額はマクロ的に大幅に削減できるから，将来の勤労世代の負担も大幅に軽減される．

　もちろん，本当の弱者には再分配政策的な配慮が必要である．しかし，経済的に恵まれている年金受給者にこうした配慮は必要ない．裕福な高齢者にもう少し負担を求める（あるいは給付を削減する）ことで，将来の若い世代の負担が大きく軽減するという視点も重要である．

生活保護との役割分担

　必要最小限の生存リスクの備えに限定して，それ以上の安定した老後の生活をおくりたければ，自助努力（私的な貯蓄）の結果を反映する個人年金で対応すべきであろう．もちろん，個人年金を充実させる制度上，税制上の整備は有益である．しかし，最低レベル以上の生活を享受する資金については，基本的に自助努力にまかせるべきであって，政府が介入する分野ではない．

　そもそも生活保護制度がセーフティー・ネットとしてうまく機能する限り，あえて，公的年金制度による給付額を大規模に維持する必要はない．ところで，現実の生活保護制度は必ずしもうまくいっているともいえない．すべての資産状態や所得を捕捉するのは，実際問題，難しい．地域間で生活保護の受給率に大きな差があるのは，対象を的確に認定することが困難であることを示唆している．

　したがって，生活保護制度を補完する政策として，（月額1人6万5,000円程度の）基礎年金に限定した確定給付型の公的年金も存在意義がある．ただし，高齢者すべてに給付する必要はない．国民全員で苦しい高齢者だけを支える年金制度で十分である．再分配の原則1が重要になる．

　すなわち，基礎年金の受給対象者を低所得・低資産の高齢者に限定すべきである．これは「資産のテスト」（受給対象者の金融資産，実物資産を細かくチェックすること）を行うことでも可能であるが，より簡便な方法は，平均よりも長生きしている高齢者に対象を限定することである．年齢を基準とすることでより客観的な手段で対象を特定できるし，平均寿命以上の高齢者に限定することで，過度の給付を抑制することもできる．そのような高齢者は高水準の消費意欲がないから，高水準の給付を必要としない．また，そうした高齢者の資産は遺産となるから，相続税で対応すればよい．

個人勘定年金の役割

　今後のわが国でも中途退職が一般化すると，終身雇用，年功序列賃金を前提として制度設計がなされている旧来の年金制度は，効率的な市場機能の活用に障害となる．こうした観点から自由度の高い年金制度は，確定拠出の個人勘定方式である．基礎年金は平均的な生存期間を超えた老後の生活に必要な最小限の給付水準に限定して，それ以前の期間の年金給付は個人勘定年金の拡充によ

って対応すべきだろう．すなわち，60歳から80歳の期間だけ引き出し可能な個人勘定年金を設立し，若いとき（20歳から60歳まで）からその勘定に積み立てて，老後の生活資金を自助努力で準備する．

個人勘定方式のメリットは，家族形態，就業形態が多様化する社会で，年金制度が個人の意思決定と中立的になることで，経済の活性化に適応しやすい点にある．個人勘定であるから，自分の家族形態が結婚や離婚で変化しても，また，就業形態が転職や離職で変化しても，年金給付は一切影響を受けない．個人の意思決定に中立な年金制度である．こうした自助努力を促すために，一定の税制上の優遇措置があってもよい．

デメリットは，自己責任原則が求められるために，世代内でも運用実績の格差が生じることである．日本の政治環境では，確定拠出で運用した後で，結果が思わしくなければ，事後的に政策的な補塡が行われる可能性が高い．したがって，それを見越して，ハイリスク・ハイリターンの株式などに運用バイアスがかかることが予想される．モラルハザードの弊害である．これを抑制するには，個人勘定における運用に関して事後的補塡を禁止するとともに，危険資産（たとえば，株式）の運用割合に枠を設定するなど，ある程度の運用規制が必要である．

移行のメリットと二重の負担

以上議論したように，年金改革のあるべき方向は積立方式（個人勘定の民営化）への移行である．しかし，これには政治的障害がある．すなわち，移行時点での勤労世代は，同時期の老人世代の年金給付の財源を負担すると同時に，自らの老後のための積立も自ら行わなければならない．これが「二重の負担」と呼ばれる問題である．二重の負担を移行時点での勤労世代に負わせる改革には，移行時点での勤労世代から政治的な反発が予想される．しかし，このまま賦課方式を維持すると，その後の世代が負担するコストも大きくなる．

すでに保険料を納めたことに対応する年金給付債務のうちで，将来の保険料の引き上げによって賄われることとなっている部分は，厚生年金の報酬比例部分で330兆円程度存在すると試算されている．完全な積立方式に直ちに移行するには，現役世代はこれからこの金額を負担しながら，自己の年金部分についても積み立てるという二重の負担をしなければならない．330兆円の負担は，

一時金換算で被保険者1人当たり1,000万円，一定の保険料率で永久償却しても，保険料率5％，30年間で償却する場合は保険料率11％または毎年18兆円という金額に相当する．これを一時に顕在化することは現実的な選択肢ではない．

しかし，積立方式あるいは私的年金への移行は，即座に行う必要はない．たとえば，50年かけて徐々に行えばよい．問題は，50年後に完全に移行が完了するというコミットメント（約束）を直ちに示すことである．すなわち，来年以降に20歳になる世代（新世代）から順次新しい年金制度（基礎年金のみが公的年金として存続し，個人勘定の私的年金がそれを補完する制度）に加入する．こうすれば，新世代の人は基礎年金をのぞいて前の世代の年金給付を支える必要はなく，人口構成の変化とは無関係に，自分の将来設計が可能となる．改革後の将来像が明確になれば，若年世代あるいは将来世代の過度の不安感，不透明感は相当程度解消されるだろう．また，50年後にはすべての世代が新世代になるので，新しい年金制度への移行も徐々にではあるが完全に完了する．

(3) 抜本的な改革の必要性

2004年の年金改正では，中長期的にある程度の給付の切り下げ，抑制とある程度の負担増加を併用して，公的年金制度を財政的に維持可能にしようとしている．

すなわち，保険料水準上限設定とマクロ経済スライドによる給付の自動調整（2023年度まで）という仕組みが採用された．これは，保険料水準に上限を設けたうえで，その収入の範囲内で給付水準を自動的に調整する仕組み（2017年度以降保険料水準固定方式）である．社会全体の保険料負担能力の伸びを反映させることで，給付水準を調整する．年金額は通常の場合，賃金や物価の伸びに応じて増えていくが，年金額の調整を行っている期間は，年金を支える力の減少や平均余命の伸びを年金額の改定に反映させ，その伸びを賃金や物価の伸びよりも抑えることとしている．ただし調整は名目額を下限とし，名目額は維持する．また，給付水準の調整を行っても，厚生年金の標準的な年金世帯の給付水準は，現役世代の平均的収入の50％を上回るものとするという政治的配慮も追加された．

しかし，現行制度の根幹を維持したままでの微調整の改革にとどまっており，世代間の不公平，若い世代の不安，不信感の解消にはほど遠いように思われる．

2009年度から基礎年金への国庫補助（税金投入）の割合が3分の1から2分の1に引き上げられるが，年金財政を維持するために今後も税金投入を増やすことが想定される．しかし，払うほうからみれば，税金と社会保険料は同じ負担である．少子高齢化社会では社会保障の給付と負担のバランスをとることが困難になる．若年世代や将来世代の負担は限界を超えるのではないか，社会保障負担の増大に日本経済は耐えられるのか，単身世帯の増加や家族制度・労働市場の変容に公的年金は整合性を維持できるのか．こうした観点から公的年金を抜本的に改革する必要があるのではないか．

賦課方式のみに依存する制度からできるだけ早く脱却して，個人勘定の積立方式を整備するとともに，公的年金に内在する過大な給付を縮小することで，民間との役割分担を再検討することができる．国民が公的年金に過度に期待しなければ，セーフティー・ネットの役割を最低限の水準に抑制し，それを超える保障は私的市場に委ねることができる．少子高齢社会では，自助努力を阻害しない社会保障の抜本的なあり方を考えることが重要である．

3 社会保障政策への示唆

本節は終章の最後のむすびとして第Ⅱ部の分析結果をもとに将来の社会保障の規模を概観し，社会保障政策への示唆を考察する．給付の財源をどこに（誰に）求めるかは，制度の基本原理にかかわるものである．公費（税），保険料，利用者負担の間の望ましいバランスは制度の対象範囲によって異なる．保険料負担をフェアなものにする努力の一環として世代間格差の是正問題があり，サービス利用を適切な水準に保つためのインセンティブとして利用者・患者負担が課されている．社会保障が労働供給や企業の国際競争力などにそれなりの影響を及ぼし，事業主負担の扱いはひとつの焦点になっている[2]．社会保障を支える根底には社会連帯があり，これが社会の安定化をもたらす原動力でもある．本節の主な結論をまとめると次のとおりである．(1) 将来の医療費プラス介護費は年金給付費に匹敵し，中長期的には給付に見合った負担は避けることがで

きない．(2) 社会保障の機能強化は一般論ではなく，その細目が重要である．
(3) 社会保障の規模・機能・財源は一体としてとらえないと綻びが生ずる．

(1) 社会保障の規模——これまでと今後の展望

　社会保障の規模およびその分野別配分をみるには通常，社会保障給付費が用いられる．最新の社会保障給付費によると2006年度の給付費総額は89.1兆円（GDPの17.4％）で，その内訳は医療28.1兆円（GDPの5.5％，以下同じ），年金47.3兆円（9.3％），福祉・その他13.7兆円（2.7％；うち介護は6.0兆円，GDPの1.2％）であった．現金給付が52.6兆円で全体の約6割を占めていた．これまで社会保障給付（対GDP比）は特に年金を中心に増加の一途であった（表1）．しかし，2004年の改正で年金給付の増加を抑制する仕組みが導入され，今後の社会保障給付は医療費や介護費の動向がカギとなる．なお，今日の人口学では75歳以上を後期高齢者と呼ぶが，近い将来にはそもそも65歳以上を高齢者と呼ぶことが不適切な状況になるのではなかろうか．65-74歳人口対75歳以上人口は今日でこそ1対0.9であるが，たとえば2030年には1対1.6と75歳以上人口のほうが多くなり，表1をみるといずれ75歳以上を高齢者と呼ぶのがふさわしい時代になると予想される．

　社会保障の将来方向についてはおおむね次のような国民的合意があるとみられる．まず，社会保険は制度分立から制度一元化をめざすことである．現在の被用者保険は正規雇用を対象にしているが，全労働者を対象にするよう改める必要がある．制度ごとに目的を明確にし，制度ごとに公平性を高めるべきであ

表1　人口と社会保障給付費の長期トレンド

年	人口			TFR	平均寿命（年）	GDP（兆円）	社会保障給付費の対GDP比（％）			
	100万人	65+（％）	(再)75+（％）				年金	医療	福祉その他	介護
1960	93.4	5.7	1.7	2.00	67.8	16.7	…	1.8	2.2	…
1970	103.7	7.1	2.1	2.13	72.0	75.3	1.1	2.8	0.8	…
1980	117.1	9.1	3.1	1.75	76.1	248.4	4.2	4.4	1.5	…
1990	123.6	12.1	4.8	1.54	78.9	451.7	5.3	4.1	1.1	…
2000	126.9	17.4	7.1	1.36	81.2	504.1	8.2	5.2	2.2	0.6
2008	127.7	22.1	10.4	1.37	82.7	497.4	9.3 a	5.5 a	2.7 a	1.2 a

注：a＝2006．

表2 分野別社会支出（対 GDP 比）の国際比較（2005 年）

(単位：%)

	フランス	ドイツ	日本	スウェーデン	イギリス	アメリカ
社会支出 a						
公的支出　計	29.2	26.7	18.6	29.4	21.3	15.9
老齢	10.9	11.2	8.6	9.6	6.1	5.3
遺族	1.8	0.4	1.3	0.6	0.2	0.8
障害	1.9	1.9	0.7	5.6	2.4	1.3
保健	7.8	7.7	6.3	6.8	7.0	7.0
家族	3.0	2.2	0.8	3.2	3.2	0.6
労働市場	0.9	1.0	0.3	1.3	0.5	0.1
失業	1.7	1.7	0.3	1.2	0.3	0.3
住宅	0.8	0.6	-	0.5	1.4	-
その他	0.4	0.0	0.3	0.6	0.2	0.5
（再）年金	12.8	12.0	8.9	9.8	6.1	6.7
（再）介護現物	0.3	0.7	1.2	3.8	0.8	0.0
（再）家族手当	1.0	1.1	0.2	0.8	0.8	0.1
私的支出（強制）計	0.4	1.1	0.5	0.4		0.3
老齢	0.1	-	0.3	-	0.6	-
障害	0.1	1.1	0.2	0.4	0.0	0.2
私的支出（任意）計	2.6	1.9	3.3	2.4	6.3	9.8
老齢	0.1	0.7	2.3	2.0	4.2	3.8
障害	0.5	0.1	-	0.3	0.4	0.3
保健	1.4	1.0	0.2	-	1.0	5.6
年金	13.0	12.7	11.5	11.8	10.9	10.5
公的	12.8	12.0	8.9	9.8	6.1	6.7
私的	0.2	0.7	2.6	2.0	4.8	3.8
医療費 b	11.2	10.7	8.2	9.2	8.2	15.2
公的	8.9	8.2	6.7	7.5	7.1	6.9
私的	2.2	2.5	1.4	1.7	1.1	8.4

注：（再）年金は111, 112, 211, 311 の合計.
　　a＝OECD Social Expenditure Database 2008.
　　b＝OECD Health Data 2008.

る．そのために，制度はわかりやすく，給付は普遍的なものにし，例外の少ない制度がよい．働きたいだけ（できるだけ長く）働き，自分で選んだ退職時点から年金で生活する．したがって，高齢者の職場の確保が重要である．公的年金給付の規模拡大はできるだけ抑制する必要がある．一方，医療・介護などの現物給付で社会保障の規模が大きくなるのは是認される．医療保険の患者負担は年齢にかかわらず，たとえば2割の水準にとどめることが検討されてよい．介護の社会化はさらに進めるべきである．障害者の所得保障や児童手当なども

拡充する必要がある．世代間融和型の社会保障をめざし，若い人に対する給付が過小である状態を是正する必要がある．いずれにしても社会保障の所得再分配機能は強めるべきである．拠出にリンクしている給付は保険原理で，そうでない給付は国庫負担で，という整理が必要である．その前提としては行政の効率化が大きな課題であることはいうまでもない．このように大きな方向では大筋で同意があっても，具体的な政策になるとまだ合意が形成されてない論点も多い[3]．

日本の社会保障給付の特徴をつかむには，他の先進諸国と比較するとわかりやすい．表2は主要6ヵ国の2005年における分野別社会支出（対GDP比）を示したものである．

公的支出の対GDP比は日本とアメリカが20％未満で，ヨーロッパ大陸諸国は約30％である．しかし，アメリカでは企業が従業員に提供している医療保険は公的制度ではないため，表2では私的支出（任意）の保健の項に計上されている（GDPの5.6％）．また，イギリスの公的制度による年金給付はGDPの6.1％と低いが，強制適用の企業年金・個人年金まで含めれば11％近くになる可能性がある（表2）．このように国によって仕組みが異なるので，公的支出だけをみていると全体像を見誤る可能性がある．表2には年金給付と医療費について，公私を合わせた支出（対GDP比）も示されている[4]．年金の公私ウエイトをみると，イギリス・アメリカで私的年金のウエイトが相対的に高く，フランス・ドイツでは公的年金が支配的で，日本とスウェーデンはその中間である．医療費に関しては，アメリカ以外の各国で公的医療費が8割前後を占めている．なお，日本の社会支出は高齢者に偏っているとよく指摘されているが，それは日本の年金給付が他の先進国より多いことを意味しているわけではなく，日本の家族給付・障害者給付・福祉給付などが他の先進諸国より少ないことを意味している（表2）．

図1は年金と医療について公私を合わせた支出（対GDP比）を時系列で示した．1980年にアメリカの医療費はドイツやスウェーデンと同様に高かったが，それ以降特異的な高さを続けている．一方，日本の医療費はイギリスに次いで低い時代が続いていたが，最近ではイギリスのほうが日本より高くなった[5]．年金は日本を除くと，医療より動きが少ない．そのなかで，日本は給付

表3 社会保障支出の推計値（対GDP比）

(単位：％)

	2006	2020		2025		2030		2050	
		a	b	a	c	a	b	b	d
年金	9.3	10.1-10.5		9.8-10.3		9.5-10.1			
医療	6.5	6.7-7.0	7.4-7.6	6.7-7.1	8.6-8.9	6.6-7.2	7.5-7.9	7.0-7.4	8.5-10.3
介護	1.3	1.7-2.1	1.8-2.3	1.8-2.3	3.0	2.0-2.5	2.4-3.0	3.1-3.8	2.4-3.1

注：a＝第6章，b＝第12章，c＝社会保障国民会議（2008），d＝OECD（2006）．

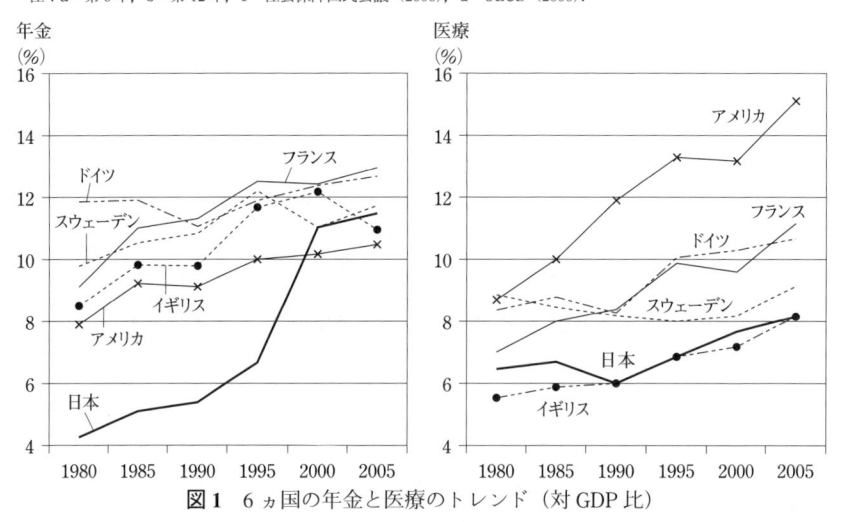

図1　6ヵ国の年金と医療のトレンド（対GDP比）

改善と制度成熟化の影響で1980年の4％から2005年の11.5％と年金給付（対GDP比）が急速に上昇したのが特徴的である．2005年をみると，公的年金のウエイトが高い国ほど公私合計の年金給付（対GDP比）が高い．

表3は社会保障支出のうち年金，医療，介護について将来の推計値（対GDP比）をまとめたものである．2006年度における実績値は年金9.3％，医療6.5％，介護1.3％，などである．この表によると，今後医療費が年金給付額を上回る可能性もあり，介護費は現在の約2倍になるとみられる．先進諸国において介護に要する総費用はおよそGDPの1-3％に分布して大きな差がある（OECD, 2006）．

(2) 年金・医療・介護への示唆

公的年金制度

多くの先進国では生涯所得（lifetime earnings）に基づいた所得再分配を行い，生涯生活水準（lifetime standard of living）を保障しようという考え方に立って公的年金制度が設計されている（府川, 2005）．公的年金の役割を考えるうえで2つの対立軸がある．ひとつは給付水準に関して防貧か所得比例給付かという対立軸，もうひとつは退職所得形成に関する国の関与（積極的か消極的か）である．この2軸に関して国民の合意がはっきりしていれば議論は進めやすい．各国の年金制度はその国の経済社会の状況に応じて発展しており，どの国にもあてはまるひとつの解決策が存在するわけではない．しかしながら，先進諸国のこれまでの経験から一定の共通認識も形成されている（府川, 2008）．

・老後の生活は現役時代の生活を反映したものである（income smoothing）．
・公的年金では低所得層に手厚く給付すべきである（所得再分配）．
・強制適用の公的年金といえども，大多数の国民から支持されないと長続きしない．

日本の公的年金に対して，制度の整合性および運営の面で国民の不信感がきわめて強い．国民が納得する制度への再構築が求められており，そのために残された時間はそれほど多くない．その際考慮すべき重要な論点を列挙すると次の通りである．

・制度がわかりやすいこと．
・負担・給付の両面において不合理な差別がないこと．
・保険料は定率とし，国庫負担で賄う部分が明確に定義されていること．
・給付の規模や支給開始年齢が合理的であること．
・給付の構造・所得再分配の程度が国民の意に沿うものであること．

老後の所得に占める公的年金給付の比重は所得水準によって異なるが，公的年金も income smoothing に関与する必要があり，公的年金制度においては所得比例拠出・所得比例給付がノルムである．引退後の生活は引退前の生活を反映したものであるとしても，それをどのような公私ミックスで実現するかは

それぞれの国民の選択である．低所得層に手厚く給付するため，給付乗率はひとつより複数のほうが柔軟に所得再分配機能を果たせる．

年金制度においては人口の年齢構成の影響を是正する工夫も欠かせない．総人口の40％が引退世代となるような社会では，年金制度において拠出期間と給付期間のバランスを図ることが困難である．たとえば，「定常人口の20％」を高齢者と定義すると，その年齢は1960年で59歳，2008年では68歳に近づき，2050年には71歳となる．公的年金の支給開始年齢は，寿命の伸びも十分に考慮しなければ制度の持続性を高められない．したがって，年金制度のなかに長く働くインセンティブを付与し，平均余命の伸びが年金財政に影響を与えないような仕組みにすることが望まれる．

国民の公的年金に対する信頼を回復するためには制度の整合性を高め，制度運営を透明にすることなどが欠かせない．公的年金給付の機能が「貧困防止」まで縮小するのは不適切である（府川，2009）．最低保障年金は公的扶助とは別に資産調査を伴わずに最低所得保障を行う仕組みであり，高齢者の貧困を防止する．給付単位の問題（1人の生活費を1とすると，2人の生活費は1.5-1.7）はいずれ解決する必要がある．年金制度や介護保険のなかで子育て支援策を考慮する余地はまだあり，家族への支援を社会保障制度のなかで積極的に位置づけることは少子化対策としても有効である．価値観の多様化に伴い，高齢者や女性の柔軟な働き方を許容し，処遇や社会保険適用において労働時間による差別をなくし，柔軟な働き方に対応して給付も柔軟なものにし，就業インセンティブを阻害しない年金制度にすることが重要である（府川，2009）．年金制度の財政的持続可能性を高め，変化していく社会や個人のニーズに対して制度の適応力を高めるための方策として個人勘定の活用も有効な選択肢である．

医療システム

医療システムの最大の目的は，国民が所得やリスクに関係なく平等に医療サービスにアクセスすることを保障することである．医療保険を市場にだけ任せておけば，高リスクの人だけが保険に入るアドバース・セレクションや，反対に，高リスクの人が保険に入れないリスク・セレクションが生じることがしられている．すべての人に医療サービスへのアクセスを保障するため，公的医療保険ではリスクに基づいて保険料率を決めることはしていない．医療や介護の

現物給付はそれによって所得が増えるわけではないが，不測の事態に至った際の高額な出費というリスクを社会システムによって回避できるしくみである（risk pooling）．ライフコースのいつの時点でも医療費の負担について特に心配しなくてよい社会に住めることのメリットは大きく，社会の安定にも大いに寄与している．しかしながら，所得保障制度の一定程度のスリム化を前提とすれば，医療における患者の 3 割負担は重すぎる．医療システム改革においては，財源確保の問題とサービス供給の充足のバランスが保たれていることが重要である．

社会保障費にかかわる歳出管理なしには日本の財政の健全化は図れないが，国庫負担のなかでも医療費に対する支出額が最大である．そして医療費の増加抑制は特に大きな困難を伴う．医療費増加の要因の多くは医療サービス提供側にあり，開業医や一部の病院は現在の診療報酬支払い制度に強固な既得権を有している（府川, 2009）．医療保険は需要と供給の両面で失敗の危険にさらされているため，医療保険を適切に管理するには，今後とも医療の需要と供給の両面において政府の適切な関与が不可欠である．医療費の増加抑制は日本の医療制度の持続可能性に直接的にかかわる課題であるが，医療保険における公費のあり方がその問題の根底にある．

医療サービスに対する国民のニーズが高まるなかで財政的な制約あるいは負担の限界を考慮すれば，医療システムを維持するために医療費増加をコントロールすることが必要であるが，それ以外に医療資源利用の効率化，患者の権利の向上と患者の選択の拡大，プライマリー・ケアと二次・三次医療の連携の向上，などがシステムの機能向上に欠かせない（府川, 2009）．医療費の増加抑制が続くなかで，病院医師の疲弊，小児科や産婦人科などでの閉鎖や医師不足が深刻化している．患者の立場からすれば，良い医療サービスへのアクセスが保証されていることが先決である．救急医療でタライ回しにされないこと，専門医不足で長く待たされないこと，たまたま受診した医療機関で運悪く健康被害にあわないこと，等々の品質保証（quality assurance）はその後の人生のQOL に大きな影響を与えるものである．一方で，患者も医療システムの改善に参画する「患者中心の医療」が求められている（府川, 2009）．高齢人口は病気にかかるリスクが高く，この集団の医療費を国民全体で支えるのは当然の

社会連帯である．

　2006年度の国民医療費における65歳以上（人口の21％）のシェアは52％にのぼっているが，これはもちろん不自然な姿ではない．総人口で年金：医療：介護のコスト比率を10：8：2とすると，65歳以上では年金：医療：介護＝10：4：2という比率になる．高齢者医療の財源確保はもちろん重要であるが，医療現場の疲弊，診療報酬制度のインセンティブの問題，医療システムの全体像を構築するcompetenceの欠如，などより深刻な問題が山積している．適切な給付カタログは何かという観点から，3割の患者一部負担，高額療養費制度の上限額，後期高齢者医療保険制度，などの妥当性を吟味することが求められている．

介護保険

　人口高齢化が進展するなかで，高齢者介護は社会全体としても大きな関心事である．65歳以上の介護保険受給者は65歳以上人口の14％程であるが，この率は年齢が高くなるにつれて急激に上昇し，介護サービスは超高齢者にとって普遍的なニーズであるといえる．日本で介護サービスの提供が措置制度から介護保険制度に変わったことはきわめて大きな前進であるが，介護の分野には今後もっと資源を投入する必要がある．

　高齢者の増加および介護サービスの充実によって，高齢者の医療費と介護費の合計が今後増加することが見込まれるが，その前提としてサービス提供の効率化とサービスの質の向上は不可欠である．サービスの質の面ではサービスの受け手がサービスを選択できることが特に重要である．介護サービスは利用者の自律を支えるものでなければならない．介護費用の抑制策は要介護率の低下や要介護度悪化の遅延以外にない．介護予防には被保険者・受給者の積極的な参加が欠かせない．

　介護施設が不足している状況の解消と在宅サービスの拡充は車の両輪である．介護労働者の不足を解消するには処遇改善が不可欠である．このような量の充足が進むと，サービスの質の問題がクローズ・アップされてくる．介護では民間保険に大きな規制が必要である．したがって，介護サービスに関する客観的・科学的な品質標準（quality standards）を作成する必要がある．

(3) 社会保障政策への示唆

　社会保障の規模は，その持続可能性なくして財政の健全化は考えられない程大きくなっている．社会保障国民会議はその最終報告（2008年11月4日）のなかで「今日の社会保障制度は少子化対策への取組の遅れ，医療・介護サービス提供体制の劣化，セーフティー・ネット機能の低下，制度への信頼の低下等の課題に直面している．……社会保障制度は全ての国民にとって必要なものであり，給付の裏側には必ず負担がある．国民にはサービスを利用する権利と同時に制度を支える責任がある．……制度の持続可能性とともに社会保障の機能強化に向けての改革に取り組むべきである」と述べている．そのうえで，医療サービスに関しては急性期の治療にもっと資源を投入することを提案している．したがって2025年度の医療費がGDPの8.6-8.9％といっても，医療サービスの内容は短期の治療で急性期患者の早い退院を促し，入院から在宅・訪問診療など地域療養にサービスの重点を移すことを想定している．今後，高齢化等によって医療や介護はさらに規模が拡大することが見込まれている[6]．また，家族給付や福祉の分野でも機能強化のための給付拡大が必要とされている．

　一方で，社会保障の財源となる公費・保険料・利用者負担はいずれもそれぞれ問題をかかえていて，現状では増加する給付を十分に賄うことが期待できない．たとえば，医療保険における患者の3割負担は，医療サービス利用者にコスト意識をもってもらうという患者負担の趣旨からみて重すぎる面があるのではないか．また，国と地方を合わせた公的債務残高は2009年度見込みでGDPの174％にのぼり，欧米諸国の60-70％台に比べてはるかに深刻である．

　高齢化の進展は社会保障費などの増加をもたらすため，その財源となる租税・社会保険料の負担増と高い相関関係がある．しかし，租税は社会保障以外の施策の財源でもあり，社会保障に要する負担額は積立金などのない状態ではその給付額に一致するものである．租税・社会保障負担の引き上げは経済成長率を低下させる面があることは確かであろう．しかし問題は低下させる程度であり，経済成長率が多少低下しようとも社会保障給付の必要性に変わりはない[7]．社会保障の規模を考える際には，経済成長に対する悪影響を極力減らすことが求められる．具体的には労働インセンティブを阻害しない年金制度，経

済を活性化させる税制，国民に安心感を与える医療・介護サービス，などが求められる．負担拡大が不可避であるなら，経済成長（効率性）をできるだけ損なわないような負担の仕組みを構築していくことが重要になる．日本は世界一の長寿国であるため，高齢化とともに給付が増加する制度の給付設計では他国に先駆けて各種の工夫をする必要性がもっとも高い．給付の効率化の観点からは，医療の入院給付や介護の施設給付において入院・入所中の食費・宿泊費（いわゆるホテルコスト）の本人負担化もひとつの流れと考えられる．高齢者向け給付と育児や住宅の取得といった若い世代に対する所得移転プログラムのバランスも重要な課題になっている．さらに税制による控除にも社会保障給付と同様の効果をもつものが多いので，社会保障の機能だけを議論しても全体像をみることはできず，税制と社会保障を総合して議論することが不可欠である．さらに，社会保障の経済へのマイナス面だけでなく，プラス面についてもあわせて議論することが必要である．

　橘木（2007）は約1,300人に対するアンケート結果を次のようにまとめている．
・日本人は基本的に「小さな政府」（40％強の国民負担率まで容認）を志向するが，社会保障制度の充実は望んでいる．
・社会保障の財源に関しては，保険料方式への支持が多い．
・日本人は「公共性」に大きな信頼をおいていない．また，社会連帯への支持が薄い．
・ライフサイクル一般均衡モデルによると，日本の最適な国民負担率は50％を超え，社会保障の財源も消費税で調達するほうがより高い厚生が得られるため，最適な消費税率は30％を超える．

　日本人は社会保障制度の充実は望んでいるとあるが，たとえば各人がどのような公私ミックスで老後の所得を確保したいと考えているかが重要である．日本人は現在，政府に対して必ずしも大きな信頼を寄せていないので，大きな政府にしたくないのはそれなりに理解できる．それにもかかわらず，社会保障を充実させれば政府の規模は大きくならざるを得ない．社会保障の財源として保険料方式への支持が多かったということはひとつの結果である．しかし，政府の税金の使い方に対する信頼度が変われば，財源に対する回答もまた変わる．

現在の日本で社会連帯が十分に根づいていないことが仮に事実だとしても，「日本人は社会連帯に価値をおかない民族である」と短絡的に結論づけるのはまだ早いし，おそらく間違いであろう．

　社会保障の給付水準や範囲を引き下げ・縮小して，積立方式あるいは民間保険によって代替するアプローチをとる際は，公的制度の財政的持続可能性とその制度の本来の機能を果たすこととのバランスを十分考慮することが重要である．つまり，現在その機能が十分に果たされていない分野は強化する必要があり，児童・家族関連給付の充実，失業給付などの拡充，公的年金を補完する企業年金等への公的規制の強化などが必要である．社会保障全般に負担はフェアに，給付にはインセンティブ構造を付与することが課題である．当事者集団の一方あるいは一部だけの主張が反映されるような改革はバランスを欠いている．

　日本の社会保障制度が今後とも持続可能で国民の信頼に応えるために，国民に広く根ざした新たな社会連帯の形態が求められている．日本社会の少子化は社会保障に甚大な影響を与えているが，社会保障の枠内での対応には限度があり，その解決には人びとの働き方の見直しといった大きなパラダイム転換が必要である．また，社会保障各制度において高齢化に見合った給付期間等の制度変更を行えば，各制度の持続可能性は大幅に向上するであろう．特に，世界一の長寿化に対応した高齢期の就業形態についての新しいモデルは，日本から世界に発信できる可能性の高い事例である．

　将来の医療費プラス介護費は年金給付費に匹敵することが確実であり，中長期的には給付に見合った負担は避けることができない．少子高齢社会に見合った社会保障の機能強化および新たな社会連帯の形態が求められている以上，社会保障の規模・機能・財源は一体としてとらえ，世代間・分野間のバランスを図ることがきわめて重要である．

注
　＊本章第1節は加藤久和，第2節は井堀利宏，第3節は府川哲夫が執筆した．
　1)　平均値での議論には限界があるが，ここでは話を平明にするために平均値で議論している．
　2)　事業主負担の増加抑制は，近年の先進諸国の社会保障改革の主役となっている．日本の法人税は高いが，法人税額と事業主負担分社会保険料の合計（GDP比）を

3) 合意が形成されてない論点の例（府川，2009）：
   - 非正規就業者の社会保険への任意加入（全額本人負担）を認めるかどうか．
   - 社会保障の財源として消費税に大きく頼るか，累進的な所得税を活用すべきか．
   - 所得再分配機能を強めるために，保険原則から税へもう少しシフトすべきかどうか．
   - 年金制度の枠内で最低保証を行うべきかどうか．
   - 第3号被保険者の仕組みは廃止すべきかどうか．
   - 後期高齢者医療制度の是非
   - 被扶養者にも被保険者の資格を与えるかどうか．
   - 介護保険制度の対象者（負担・給付）を20歳以上とするかどうか．
   - 軽度要介護を給付カタログからはずすべきか否か．
   - 障害者を介護制度の中に統合すべきか否か．
4) この場合の医療費はOECD Health Dataによる．なお，Health DataのTotal Health Expenditureには国によって介護費の一部が含まれているので，比較には注意を要する．
5) イギリスでは施設介護費がNHSに含まれるようになったため，医療費だけの比較は次第に困難になってきている．
6) 社会保障給付によって経済成長率が大きく低下するようであれば，社会保障給付の必要性に疑問の余地が生ずる．
7) Fukawa and Sato (2009) によると2030年度の基準ケース（現行制度をトレースしたケース）では年金・医療・介護の費用はそれぞれGDPの11.0％，9.6％，2.8％と見込まれている．

参考文献

阿部彩・國枝繁樹・鈴木亘・林正義（2008）『生活保護の経済分析』東京大学出版会．
井伊雅子（2008）「医療統計の体系化——統計委員会の基本計画に向けて」『医療経済研究』Vol. 20, No. 1, 5-13.
井堀利宏（2007）『小さな政府の落とし穴』日本経済新聞出版社．
岡部光明（2003）『経済予測——新しいパースペクティブ』日本評論社．
加藤久和（2005）「確率的手法に基づく出生率の将来推計」『政経論叢』Vol. 74, No. 1-2, 265-302.
小池拓自（2007）「家計資産の現状とその格差」『レファレンス』2007年11月号．
島澤諭・小黒一正（2009）「Impact of Immigration on Japanese Economy: A Multi-country Simulation Model」『社会保障モデルの評価・実用化事業2008年度報告書』国立社会保障・人口問題研究所．
社会保障国民会議（2008）最終報告．
国立社会保障・人口問題研究所（2008）平成18年度社会保障給付費．
鈴木亘・湯田道生・川崎一泰（2003）「人口予測の不確実性と年金財政」『会計検査研

究』No. 28, 101-112.
高山憲之（2005）「年金に関する世界銀行の新レポート」『年金と経済』24(2), 54-58.
橘木俊詔（2007）『政府の大きさと社会保障制度』東京大学出版会.
府川哲夫（2005）「公的年金の役割」清家篤・府川哲夫編『先進5か国の年金改革と日本』丸善プラネット.
─── （2006）企業による福祉と社会保障 III. 社会保障と私的保障（企業・個人）の役割分担に関する実証分析. 厚生労働科学研究費補助金　政策科学推進研究事業　平成17年度報告書.
─── （2008）「グローバル化と年金」『年金と経済』26(4), 4-10.
─── （2009）社会保障の機能と将来像. 厚生労働科学研究費補助金　政策科学推進研究事業「社会保障の制度横断的な機能評価に関するシミュレーション分析」平成20年度報告書.

Fukawa, T. and I. Sato (2009) "Projection of Pension, Health and Long-term Care Expenditures in Japan Through Macro Simulation," *The Japanese Journal of Social Security Policy*, 8(1).
Miyazato, N. (2008)「Immigration Policy and Sustainability of Social Security in Japan」2008年春季日本経済学会報告論文.
OECD (2006) *Projecting OECD Health and Long-Term Care Expenditures: What are the Main Drivers?*.
─── (2008) *Social Expenditure Database 2008*.
─── (2009) *Pension at a Glance 2009*.

索　引

ア
育児費用　190, 194
イコン族の生活　17
遺産　53
稲田条件　185
医療・介護費推計　303
医療需要の価格弾力性　260
院外処方　258, 273
インパルス応答関数　255, 265, 266, 270, 272, 274, 275
親の相対人数　316

カ
介護の社会化　342
介護保険　317
外来患者の実効自己負担率　262
家計最終消費支出　133, 138
家計のライフサイクル　179
可処分所得　133
家族給付　343
稼働所得基準値　284-286
カリブレーション　12
感応度分析　53
患者自己負担率の引き上げ　255, 256, 262, 270, 271
機会費用　194
基礎年金　132, 141, 144
基礎率　117, 304
期待持続期間　312
期待年金資産額　113
規範経済学　13
逆選択　9
逆向きの世代間再分配　333
給付算定方法　242
給付の効率化　350
勤労者　332
経済財政諮問会議　124
経済財政モデル　125
経済的制約　335
ケインズ型モデル　137, 147
現物給付　347

後期高齢者医療制度　158
合計特殊出生率　201
公私ミックス　350
厚生年金　132, 141, 143, 151
構造的VAR（SVAR）モデル　255, 257, 263, 270, 271, 274
公的年金の基本的役割　336
公的扶養　289
合理的期待形成仮説（REH）　6
高齢期の就業形態　352
高齢者　332
　──の同居家族　279, 281, 285, 289-291, 295
国内総支出　138
国内総生産　138
国民経済計算（SNA）　110
国民の信頼　352
個人勘定方式　337, 338
子育て支援策　346
国庫補助　340
子ども手当　181
子どもの限界効用　184
子どもの世帯分布　316
コブ＝ダグラス型の生産関数　195
コミットメント　339
混合原理　5

サ
財源確保　348
財政均衡期間　218
財政検証　129, 131, 202, 328
最低保障年金　296
再分配3原則　334
再分配政策　334
サービスの質　348
暫定試算　203
支給開始年齢　239
資産のテスト　337
自助努力　337
施設　307
持続可能性　349
実証経済学　13

356　索　引

実用経済学　13
私的扶養　289, 291
児童手当　180
　　——の財源選択　181
シナリオ予測　322
Sims批判　6
シミュレーション　141
社会支出　343
社会保険方式　279, 295-298
社会保障　2
　　——の規模　340
社会保障給付　341
社会保障国民会議　279, 286, 288, 293
社会保障審議会　279, 296
社会連帯　348
弱者の定義　334
修正積立方式　222
修正賦課方式　131
「自由なソフトウェア」　19
柔軟な働き方　346
寿命の不確実性　55
障害者給付　343
生涯所得　345
生涯生活水準　345
少子高齢化　129
情報の非対称　9
将来生活DI　3
初期値　304
所得階層　53
所得再分配機能　343
所得代替率　132, 204, 211
John Neville Keynesの3分法　13
新古典派モデル　147
身体状態　304
数量モデル　1, 10
スライド制　92, 93
スライド調整率　132
生活DI　3
　　現在——　3
生活保護制度　337
正規雇用者　140
政策影響評価　318
生存確率　56
正統的周辺参加理論　18
税方式　279, 293, 295, 297-299

世帯合併率　317
世代間格差　340
世代間再分配効果　331
世代間の公平性　333
世帯構造　312
世帯推計　303
世代重複モデル（OLGモデル）　1, 53, 182, 193, 206, 321, 324
世帯動態　312
遷移確率　306
全要素生産性（TFP）上昇率　112
相対的危険回避度一定型（CRRA）効用関数　224

タ
代替率　245
多変量時系列（VAR）モデル　1, 324
短期マクロモデル　321
長期マクロモデル　321
積立方式　64, 89
ツールボックスアプローチ　2, 15
デフレギャップ　146
動学的一般均衡（DSGE）モデル　8
等価所得　281, 283, 289, 291, 293-295, 299

ナ
二重の負担　338
2004年の年金改正　339
ニュー・クラシカル派　7
ニュー・ケインジアン派　8
ニュー・成長派　8
年金数理モデル　206, 207, 321

ハ
反事実（Counterfactual）シミュレーション分析　10
非正規雇用者　131, 134, 140
貧困防止　346
品質標準　348
不確実性　327
賦課方式　64, 89, 330
扶助原理　5
負担拡大　350
分散分解　255, 266, 267, 270, 272
変動係数　188

保険原理　4, 343
保険数理　86
　——的保守主義　233
　——モデル　1
保険料固定方式　218
ホテルコスト　350
本当の弱者　336

マ

マイクロ・シミュレーションモデル　1, 303, 321, 323
マクロ経済スライド　131, 132, 158, 209, 229
マクロ計量モデル　33, 129, 131, 324
モデル・コモンズ　20
モデル整合的期待　17

モデルビルダー　18
モラルハザード　9

ヤ

薬剤一部負担の導入　255, 258, 262, 270
薬剤供給　257, 259, 267, 269, 270
薬剤比率　261, 268, 271
有限均衡方式　218
要介護度　306

ラ

ライフサイクル仮説　205
Lucas 批判　6
労働インセンティブ　349

執筆者一覧 （執筆順／所属・肩書は2010年3月現在）

大林　守（おおばやし　まもる）	専修大学商学部教授　序章	
山本克也（やまもと　かつや）	国立社会保障・人口問題研究所室長　第1章・第3章・第9章	
佐藤　格（さとう　いたる）	国立社会保障・人口問題研究所研究員　第1章・第2章・第6章	
藤川清史（ふじかわ　きよし）	名古屋大学大学院国際開発研究科教授　第1章・第5章	
増淵勝彦（ますぶち　かつひこ）	内閣府経済社会総合研究所上席主任研究員　第4章	
佐倉　環（さくら　たまき）	日経メディアマーケティング　日本経済研究センター研究員　第5章	
加藤久和（かとう　ひさかず）	明治大学政治経済学部教授　第6章・終章第1節	
上村敏之（うえむら　としゆき）	関西学院大学経済学部教授　第7章	
神野真敏（じんの　まさとし）	総合研究開発機構研究調査部ジュニアリサーチフェロー　第7章	
中田大悟（なかた　だいご）	経済産業研究所研究員　第8章	
蓮見　亮（はすみ　りょう）	日本経済研究センター研究員　第8章	
金山　峻（かなやま　しゅん）	慶應義塾大学大学院理工学研究科修士課程　第9章	
大塚　昇（おおつか　のぼる）	東京農工大学大学院工学府修士課程　第9章	
杉田知格（すぎた　とものり）	日本生命保険相互会社　第9章	
熊谷成将（くまがい　なりまさ）	近畿大学経済学部准教授　第10章	
稲垣誠一（いながき　せいいち）	一橋大学経済研究所教授　第11章	
府川哲夫（ふかわ　てつお）	国立社会保障・人口問題研究所部長　第12章・終章第3節	
井堀利宏（いほり　としひろ）	東京大学大学院経済学研究科教授　終章第2節	

社会保障の計量モデル分析
これからの年金・医療・介護

2010 年 4 月 2 日　初　版

［検印廃止］

編　者　国立社会保障・人口問題研究所

発行所　財団法人　東京大学出版会
代表者　長谷川寿一
113-8654　東京都文京区本郷 7-3-1 東大構内
電　話 03-3811-8814・振　替 00160-6-59964

印刷所　大日本法令印刷株式会社
製本所　牧製本印刷株式会社

Ⓒ 2010　National Institute of Population and Social
Security Research
ISBN 978-4-13-051132-2　Printed in Japan

Ⓡ〈日本複写権センター委託出版物〉
本書の全部または一部を無断で複写複製（コピー）することは，著作権法上での例外を除き，禁じられています．本書からの複写を希望される場合は，日本複写権センター（03-3401-2382）にご連絡ください．